멀티미디어를 활용한

유아언어활동

Language Arts for Young Children

김경철 저

학지사

머리말

이제 컴퓨터는 우리 생활에 없어서는 안 될 정보 획득 수단이자 사회적 상호작용을 위한 삶의 도구로 사용되고 있다. 그러므로 컴퓨터를 활용하여 유아를 교육하는 것은 일상생활에 필요한 기본 능력과 태도를 기르는 것과 마찬가지로 중요하다.

유아교육에서 멀티미디어 자료를 활용한 교육의 효율성은 아무리 강조해도 지나침이 없다. 이런 사회적인 흐름은 유아교육 현장에서의 멀티미디어 자료의 활용에 대한 높은 관심으로 이어져, 교육의 질적 향상을 위한 교육 경험의 구성 및 교수법 차원에서 다양한 교수 · 학습 매체를 여러 가지 방법으로 활용하려는 추세로 이어지고 있다.

멀티미디어 활용 활동의 한 방법으로 컴퓨터 언어 활동을 제시할 수 있다. 멀티미디어를 활용한 교수 · 학습은 유아의 언어 능력, 문해 발달, 문자 인식 효과, 어휘력, 문제해결력 등에 발전적인 영향을 준다. 이렇게 멀티미디어의 다양한 매체를 적절하게 적용하면 유아의 언어수준은 효과적으로 발달하게 될 것이다.

멀티미디어를 활용한 언어교육은 멀티미디어와 인터넷 사용을 가능케 하는 컴퓨터 기술을 활용하여 유아의 언어학습을 돕는 모든 형태의 언어교육이다. 이 교육 방법은 유아로 하여금 학습에 대한 강한 동기 유발을 부여하고,

개별화학습, 학습자 대 컴퓨터 또는 학습자 간의 상호작용, 학습에 대한 성취감 등을 경험하게 하며, 마우스를 간단히 클릭하는 것만으로 수없이 많은 정보들을 쉽게 접할 수 있고, 유아로 하여금 같은 정보를 여러 가지 방법으로 직접 다루게 함으로써 학습의 교육적인 효과를 높일 수 있다.

또한 멀티미디어를 활용한 언어교육은 하이퍼미디어와 인터넷이 가능한 컴퓨터의 기술을 직·간접적으로 활용하여 프로그램화된 언어학습 자료들을 사용하며, 유아교육현장에서 실제적이고 유의미한 모든 언어 활동까지도 가능케 하는 모든 형태의 언어학습을 의미한다. 그러나 실제 유아교육현장에서 이루어지는 멀티미디어를 활용한 언어교육의 통합적인 접근 방법은 극히 제한적인 경우가 많다.

이에 현장의 유아교사들과 유아교육 전공 학생들에게 필요한 멀티미디어를 활용한 언어교육에 접근할 수 있는 실제 활동과 내용을 담은 자료 개발의 필요성을 인식하여 이 책을 출간하게 되었다.

이 책은 총 8장과 부록으로 구성되어 있으며, 유치원 교육현장의 언어교육에서의 멀티미디어 활용을 중점적으로 고찰하고 있다. 멀티미디어를 활용하여 유치원교육과정 언어교육의 활동을 계획하고 자료를 찾으며 실천하는 것에 대한 구체적인 방법에 대해 다루고 있다. 제1장에서는 유치원교육과정 생활주제 중 '계절'을 주제로 봄, 여름, 가을, 겨울을 다루고 있다. 제2장에서는 '우리 가족'을, 제3장부터 제8장까지는 각각 '우리 동네' '동물' '공룡' '교통기관' '우리나라' '세계 여러 나라'를 다루고 있는데, 각 장 모두 구체적인 활동사례 중심의 활용 방안을 제시하고 있다.

부록에서는 현장의 교사, 예비교사 그리고 유아들이 멀티미디어로 활용할 수 있는 교수학습 참고 자료로 CD-ROM과 인터넷 자료를 제시하였다. 마지막으로 유치원 생활주제별 참고 자료 목록을 제시하여 PPT 자료, 인터넷 자료, CD-ROM 자료, 비디오 자료를 다루어 유아 언어교육에 좀 더 쉽게 멀티미디어를 활용하고 빠르게 적용할 수 있도록 하였다.

이 책을 기획하면서 책의 내용이 현장의 유아교사, 유아교육 전공 학생 그리고 컴퓨터를 활용하여 유아들을 교육하는 관련자들에게 작으나마 꼭 필요한 내용을 담아 내려고 노력하였으나 미진함에 걱정이 앞선다. 이 책이 멀티미디어를 활용하는 유아교육 방향 정립에 조금이나마 보탬이 되었으며 하는 바람이다. 또한 급격히 변화하는 인터넷 환경의 특성상 책의 내용이 이러한 변화를 다 담아 내기에는 벅찬 감이 있다. 이에 대한 양해를 구한다.

끝으로 이 책이 나오기까지 소중한 시간과 노력을 아끼지 않고 쏟아 준, 지금은 한 아이의 엄마가 된 김영란 선생님과 어려운 일을 마다하지 않고 전체 일을 조정해 준 홍정선 박사께 고마운 마음을 전한다. 그리고 약속 기일을 맞추지 못한 저자를 믿고 기다려 준 학지사 관계자들께 죄송함과 고마운 마음을 함께 보낸다.

2008년 8월
다락리에서
김경철

❚차 례❚

제1장 | 계 절

제2장 | 우리 가족

제3장 | 우리 동네

제4장 | 동 물

제5장 | 공 룡

제6장 | 교통기관

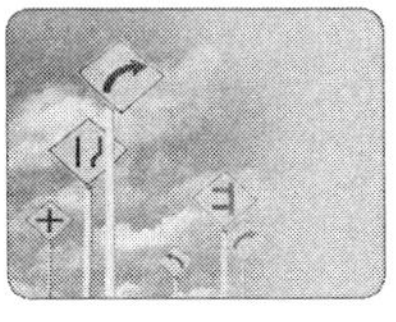

제7장 | 우리나라

제8장 | 세계 여러 나라

부 록

서 론

1 유아언어교육의 목표와 필요성

제7차 유치원 교육과정에서 언어생활의 목표는 말과 글을 바르고 즐겁게 사용하기 위한 기초 능력과 태도를 기르는 것이다. 실생활 속에서 읽고 쓰는 경험을 할 때 유아는 말과 글을 쉽게 익힐 수 있다. 교사는 유아로 하여금 다양한 언어 기능을 알고, 언어를 실생활에서 사용할 수 있도록 다양한 경험을 제공해 주어야 한다.

생각을 표현하는 수단으로 사용되는 언어는 음성언어와 문자언어로 구분되며, 또 음성언어는 말하기와 듣기로, 문자언어는 읽기와 쓰기로 구분할 수 있다. 언어교육에서 말하기 · 듣기의 중요성은 읽기 · 쓰기에 비해 약화되어 있다. 문자언어를 좀 더 일찍 습득케 하려는 부모의 요구에 의해 자칫 형식적으로 지도하는 경우가 있다. 그리고 읽기 · 쓰기는 통합적이고 보완적이며 비형식적인 방법으로 지도하여야 한다(주영희, 2000).

2 유아언어교육의 방법

언어교육의 방법은 두 가지로 나눌 수 있다. 첫째, 음운 중심의 상향식 언어교육 방법이다. 음소-글자의 대응원리를 터득하여 정확한 발음으로 읽기를 하고 철자로 쓰기를 하는 방법이다. 효율적인 읽기 · 쓰기 학습을 위하여 언어의 음운을 익히는 것이다.

둘째, 총체적 언어교육으로 대표되는 하향식 언어교육 방법이다. 글자의 형태보다 글자의 의미를 중심으로, 언어의 규칙성보다는 읽기 · 쓰기의 활용적인 면을 강조한다. 어린 시기부터 생활에서 문자를 접하고 사용하는 상황을 통해 의미를 파악할 수 있도록 한다. 처음부터 음운 규칙에 의해 가르치기보다는 실용적인 읽기 · 쓰기를 제공하는 것이 유아에게 적합하다고 본다.

이러한 두 가지 언어교육 방법에서 어느 것이 효과적이고 바람직한지에 대한 논쟁은 계속되고 있다. 일반적으로 언어의 특성에 따라 음소문자와 표음문자는 상향식 언어교육법이, 음절문자와 표의문자는 하향식 교육방법이 적합하다는 견해가 많다. 그러나 두 가지 방법 모두 장단점이 있으므로 균형 있는 시각을 가지고 적절하게 활용하여야 할 것이다.

최근 유아 언어교육의 교수 방법에서 쟁점이 되어 왔던 '발음중심 교수법'과 '총체적 언어접근법'에 대한 새로운 대안으로 균형적 언어교수법이 강조되고 있다. 여기서 균형적 언어교수법이란 유아에게 질적으로 우수한 문학작품을 접하게 하고, 문자를 탐색하며 읽고 써 볼 수 있는 하향식 언어 교육방법만으로는 충분하지 않으며 상향식 언어교육방법이 결합된 두 언어교수 접근의 방법이 균형을 이루며 진행되어야 한다는 것을 의미한다. 즉, 유아가 일상생활에서 자연스럽게 문자를 익힐 수 있도록 환경과 기회를 의도적으로 만들어 주고, 그 안에서 유아로 하여금 자연스럽게 환경과 상호작용하면서 문학적인 접근과 문자에 대한 기술을 균형 있게 학습할 수 있도록 해야 한다는 것이다.

따라서 유아 언어교육은 기본 개념과 가치를 깨닫고자 하는 유아의 내적욕구에 기초하여, 의미 있고 능동적인 참여, 그리고 주변 사물과 사람 간의 상호작용을 중요시하면서도 발음중심의 교육도 강화하여 이 두 접근법을 상호 보완하는 것이 필요하다. 즉, 유아언어교육은 총체적인 언어접근법과 발음중심 교수법 중 어느 한쪽에 치우치지 않고 조화롭고 균형 있게 적용되어야 할 것이다.

3 멀티미디어를 활용한 유아언어교육

현재 우리 교실환경에서 멀티미디어를 활용하지 않은 언어교육은 생각하기 어렵다. 유치원뿐만 아니라 각 가정에서도 유아는 부모와 함께 인터넷을 활용하고 CD-ROM 등의 다양한 멀티미디어 자료를 경험한다. 또한 현장에서는 다양한 멀티미디어 자료들이 개발되고 활용되고 있다. 그러나 유아교육 현장의 교사들은 멀티미디어 활용의 필요함은 인정하지만 수많은 자료 속에서 어떤 자료를 선택하여 활용할지에 대해 어려움을 느끼고 있다.

멀티미디어를 활용한 언어교육은 다양한 미디어 자료를 활용하여 유아의 언어교육을 돕는 모든 것을 포함한다. 멀티미디어란 간단히 말해서 여러 가지 매체들이 한꺼번에 사용될 수 있는 컴퓨터 기술의 적용을 말하며, 정보들이 그래픽, 그림, 소리, 동영상 등의 형태로 전달되고, 이해되는 쌍방향 의사소통 체계를 말한다(이차숙, 2004).

멀티미디어를 활용한 유아언어교육은 과거의 시청각 교육이 제공하지 못한 여러 가지 장점들을 제공한다. 학습자를 적극적 학습과정으로 유도함으로써 학습자의 동기유발과 흥미를 지속시키고, 학습자 간 그리고 학습자와 교사 간 상호작용을 극대화하며, 무궁무진한 정보의 접속이 가능함으로 말미암아 학습자의 정보 선택과 문제해결력을 신장시키며, 다양한 학습 자료들을 다양한 방법으로 제공함으로써 다양한 학습자의 각양각색의 요구들을 충족시킬 수 있어 개별화 학습을 극대화하며, 학습자로 하여금 학습과정에서 모든 감각을 총동원케 하여 학습의 파지 효과를 극대화한다. 그리고 단어의 분절이나 결합을 쉽게 나타내 보일 수 있고, 그림으로 단어의 맥락을 나타내 보임으로써 유아 언어교육에서 중요하게 다루어야 할 어휘교육을 쉽게 할 수 있다(이차숙, 2004).

따라서 이 책에서는 유아의 발달에 적합한 언어교육이 활성화될 수 있도록 유치원 교육과정의 주제에 따른 적절한 교수 자료를 소개하고 수업에 활용할 수 있도록 도울 뿐만 아니라 자유선택활동 시간에 유아에게 제공할 수 있는 자료를 소개하고 있다.

▌참고문헌▐

이차숙(2004). 유아언어교육의 이론적 탐구. 서울: 학지사

주영희(2001). 유아언어발달과 교육. 서울: 교문사

멀티미디어 교수 자료의 이론적 배경

1 교수-학습 매체로서의 멀티미디어

1) 멀티미디어

다양한 종류의 매체, 즉 텍스트, 그래픽, 정적 이미지, 애니메이션, 비디오, 오디오, 특수 음향효과 등을 동시에 같은 컴퓨터 상에 제시할 수 있는 기능이라고 정의하는(Johnston, 1990) 멀티미디어는 그 어원만 보면 멀티(multi: 다수)와 미디어(media: 정보전달 매체)의 다중 매체이며, 복합 매체다. 멀티미디어는 과학의 발달 및 컴퓨터의 발달과 더불어 20세기 말부터 일상생활에 직접적인 도움을 주는 하드웨어와 소프트웨어의 조합체로서 교육적 가치가 매우 크다. 멀티미디어는 다른 어느 분야보다도 교육 분야에서 관심과 활용이 가장 크다고 할 수 있다.

2) 유아교육과 멀티미디어

교수 매체(instructional media)란 매개체를 뜻한다. 교수 매체는 교수-학습 과정에서 교사와 유아 간에 서로 정보를 전달하는 매개체를 의미한다(권옥자, 1997).

멀티미디어 시스템은 유아로 하여금 시각, 청각, 촉각 등 모든 감각기관을 이용하여 학습하게 함으로써 현실적이고 실제적인 학습을 가능케 하며, 유아의 흥미 유발은 물론 다양한 정보를 제공함으로써 지식을 이해하고 새로운 지식의 창출 및 정보 수집을 위해서 이용될 가치가 매우 높다. 멀티미디어를 학습에 이용하면 짧은 시간 내에 다양한 자료를 효율적으로 제시할 수 있으며, 교육과정의 목표를 성취하는 새로운 학습 방법이 될 수 있을 뿐만 아니라 학습시간의 감소를 꾀할 수 있다.

멀티미디어를 통해 유아는 수동적인 정보의 수용자가 아닌 적극적인 학습의 참여자가 되며, 흥미롭고 효과적인 학습 환경을 제공받을 수 있다. 유아는 실제로 살아 움직이는 그림 이야기를 보면서 자신의 사고를 자유롭게 펼칠 수 있으며, 컴퓨터에서 유아는 자신만의 세계를 만들고 지우고 다시 만드는 과정을 수없이 반복한다. 이런 점에서 앞으로 유아교육은 멀티미디어 발전의 큰 혜택을 입는 분야가 될 것이다(김경철, 유구종, 1994).

3) 멀티미디어와 학습

교육에서 멀티미디어를 활용하는 근거를 백영균(1998)은 다음과 같이 들고 있다. 첫째, 학습 효율성이 증대된다. 둘째, 자신감과 동기를 유발한다. 셋째, 비용을 절감할 수 있다. 멀티미디어를 갖추는 데 비용이 들기는 하지만, 궁극적으로 비용－효과적 측면에서 경제적이다. 넷째, 적극적 학습을 유발한다. 유아는 질문에 응답하고, 메뉴를 선택하고, 프로그램에 또 다른 의미 있는 내용을 투입시킬 수 있다. 적극적인 학습은 주의를 집중시키고, 새로운 지식을 창안하고, 성취를 증대시킨다. 다섯째, 다양한 감각 양식을 활용한 교수다. 여섯째, 동기를 유발한다. 학생들이 즐거움을 느끼고, 이에 따라 학습에 집중하게 되는 것은 가치 있는 장기적 이점이 될 수 있다.

4) 구성주의에서 멀티미디어의 활용

구성주의 이론에 따르면, 유아는 스스로 문제를 해결하기 위해 자료를 찾고 자료를 이용하여 지식을 구성한다.

'교수를 위한 도구(tools for learning)'로서 교수 공학에 입각한 폭넓은 강조

점과 달리 구성주의에서는 학습을 위한 수단(tools for learning)으로서 공학을 사용하는 점에서 매체에 대한 접근이 다르다. 멀티미디어와 관련하여 구성주의에서는 학습의 만들기를 강조하고 있다. 스스로의 제작을 강조하는 이유는 구성주의 학습관을 행할 뿐만 아니라 유아가 배우는 것을 스스로 표현할 필요가 있다는 것이다. 즉, 어디에서 배우든 유아는 프로그램 구조를 만들어 내고 그 프로그램의 어떤 부분들에 대한 것을 다루는 방법들을 완성한다. 교사는 내용에 대한 의문점들을 명확히 해 주고 정보를 제공해 줌으로써 도와준다. 하나의 요소를 완성하는 과정은, 예를 들면 자세히 조사된 표, 계수화된 소리, 글로 쓰여진 자료 그리고 비디오 디스크에서 발췌한 체적, 수학적 특질 또는 과학 개념에 입각하여 기술된 것을 이용하는 것을 포함한다(백영균, 1998).

2 2007년 개정 유치원 교육과정의 방향과 내용

21세기 지식 정보화시대를 주도할 유아에게 2007년 개정 유치원 교육과정의 교육 목적과 목표를 실현하기 위해 교육과정 내용 영역을 반영하여 적절하고 다양한 교수 방법으로 효율적인 교육과정 운영에 도움이 되고자 한다.

2007년 개정 유치원 교육과정에서는 지역 교육청은 시·도 교육청의 유치원 교육과정 편성·운영 지침을 기초로 유치원 교육과정 편성·운영에 관한 장학 자료를 작성하여 유치원에 제시하도록 되어 있다. 교육과정의 다양한 운영과 자율화를 촉진하고, 교육 내용과 방법 개선의 활성화를 이루고자 하는 것이다.

1) 교육과정의 성격

이 교육과정은 유아교육법 제13조 제2항에 의거하여 고시한 것으로 유치원의 교육 목적과 목표를 달성하기 위한 국가 수준의 교육과정이며, 전국의 유치원에서 편성 · 운영하여야 할 학교 교육과정의 공통적, 일반적인 기준을 제시한 것이다. 이 교육과정의 성격은 다음과 같다.

가. 국가에서 공통적으로 지향하는 교육 방향을 제시하며, 지역, 유치원, 유아의 다양성을 존중하는 교육과정이다.
나. 유아의 전인적인 성장 발달과 행복을 추구하기 위한 교육과정이다.
다. 유아의 자율성과 창의성을 신장하기 위한 유아중심의 교육과정이다.
라. 유아의 실생활 속에서 통합적으로 실현해 가는 교육과정이다.
마. 교육청과 유치원, 교원 · 유아 · 학부모가 함께 실현해 가는 교육과정이다.
바. 교육의 질적 수준을 유지, 관리하기 위한 교육과정이다.

2) 교육과정의 구성 방침

이 교육과정은 21세기 지식 정보화시대를 주도할 '사람과 자연을 존중하고 사랑하는 한국인 육성'을 기본 방향으로 한다. 이에 따른 구성 방침은 다음과 같다.

가. 사람을 존중하고 자연을 사랑하는 세계관을 바탕으로 구성한다.
나. 유아의 기본 생활 습관과 전통 문화, 창의성을 강조하여 구성한다.
다. 유아들의 발달 특성을 고려하여 수준별 교육과정을 구성한다.
라. 유치원 교육의 정체성을 살리며 초 · 중등학교와 연계하여 구성한다.
마. 지역과 유치원이 자율적으로 운영하도록 구성한다.
바. 교육과정 평가 체제를 통하여 교육에 대한 질 관리를 강화하도록 구성한다.

3) 교육 목적 및 목표

유치원은 유아를 교육하고 유아에게 알맞은 교육환경을 제공하여 심신의 조화로운 발달을 조장하는 것을 목적으로 한다. 이를 실현하기 위하여 다음과 같은 교육 목표를 둔다.

가. 몸과 마음을 건강하게 하며 기본 생활 습관을 기른다.
나. 더불어 사는 태도와 우리 전통 문화를 사랑하는 마음을 가진다.
다. 자신의 생각과 느낌을 자유롭고 창의적으로 표현하는 경험을 가진다.
라. 의사소통을 위한 언어 능력을 기르며, 바른 언어생활 습관을 가진다.
마. 호기심을 가지고 탐구하며 자연을 존중하는 태도를 가진다.

4) 교육과정의 영역

(1) 건강생활

'건강생활'은 다양한 감각적 활동과 신체 활동을 통하여 긍정적 자아 개념과 일상생활에 필요한 기초 체력을 기르며, 건강하고 안전한 생활 습관을 형성하게 함으로써 유아의 심신을 조화롭게 발달시키기 위한 영역이다.

이 영역은 '나의 몸 인식하기' '나의 몸 움직이기' '건강한 몸과 마음으로 생활하기' '안전하게 생활하기' 등의 네 가지 내용으로 구성된다. '나의 몸 인식하기'는 다양한 감각적 활동과 신체 활동으로 몸의 느낌과 움직임을 지각하고, 기본적인 감각 기능을 기르고 자신과 주변 세계를 긍정적으로 인식하도록 하는 데 중점을 둔다. '나의 몸 움직이기'는 유아기에 해야 할 신체 활동을 체계적으로 실시할 뿐 아니라, 실내・외에서 대근육 활동을 규칙적이고 적극적으로 행함으로써 기본적인 운동능력을 기르고 기초체력을 증진하도록 하는 데 중점을 둔다. '건강한 몸과 마음으로 생활하기'에서는 청결, 영양, 질병예방, 휴식과 같은 신체 건강뿐 아니라 정신 건강을 유지함으로써 건강한 생활 습관을 가지게 하며 또한 자신과 타인의 몸을 소중히 여기는 태도를 기르도록 한다. '안전하게 생활하기'에서는 유아로 하여금 주변에서 발생할 수 있는 위험을 예방하고 대처하는 데 필요한 지식과 기능 및 태도를 기르는 데 중점을 두고, 특히 재해에 대비하여 정기적으로 대피 훈련을 하도록 한다. '안전하게 생활하기'에서는 유아가 주변에서 발생할 수 있는 위험을 예방하고 대처하는 데 필요한 지식과 기능 및 태도를 기르는 데 중점을 둔다. 위험한 장소, 위험한 놀이, 화재 등에 대해 유아가 자신을 보호할 수 있는 지식, 기능, 태도를 기르도록 지속적으로 지도해야 한다. 건강생활 영역은 자신의 신체에 대한 긍정적인 인식과 생활에 필요한 기초 체력을 기르고, 건강하고 안전한 생활 습관을 갖는 데 목표를 둔다.

(2) 사회생활

'사회생활'은 유아가 자신을 소중하게 알고 사랑하며, 자신의 생각과 행동을 조절하여 가족과 친구를 비롯한 다른 사람과 함께 화목하게 살아가는 방법을 익히고, 유아를 둘러싼 생활 세계에 대하여 관심을 갖고 적응해 나갈 수 있는 기초 능력을 기르기 위한 영역이다.

이 영역은 '나를 알고 사랑하기' '가족과 함께 하기' '이웃과 더불어 살기' '사회현상에 관심가지기' 등 네 가지 내용으로 구성된다. '나를 알고 사랑하기'는 유아가 자신을 소중하게 여기며 이를 바탕으로 자신의 일을 스스로 하고, 자기감정을 알고 조절하는 데 중점을 둔다. '가족과 함께 하기'는 유아가 가족과 화목하게 지내고, 협력하며 생활할 것을 강조한다. '이웃과 더불어 살기'는 유아가 다른 사람들과 함께 살아가는 데 기본적으로 필요한 예절 바른 생활 태도를 비롯하여 다른 사람을 이해하고 존중하며 협력하는 능력을 기르는 데 중점을 둔다. 특히 친구와 사이좋게 지내고 공공장소에서 지켜야 할 규칙을 실천하도록 하는 데 중점을 둔다. 사회 현상에 관심 가지기는 유아를 둘러싼 미시적이고 거시적인 문화와 생활양식에 바탕을 두어 유아가 생활하는 주변 지역, 경제생활, 우리나라 정체성 및 세계 여러 나라와 문화에 관심을 가지도록 하는 데 중점을 둔다. 특히 우리나라의 전통문화를 존중하고 즐기며 세계 여러 나라의 다양한 문화와 생활 방식을 이해하도록 하는 데 역점을 둔다. 자신과 다른 사람을 존중하고, 더불어 살아가는 능력을 기른다.

사회생활 영역은 유아가 자신을 소중하게 알고 사랑하며, 가족 및 이웃과 더불어 살아가는 태도와 기술을 익히며, 유아 생활 주변의 사회 현상에 대한 관심과 지식을 쌓아, 사회적 능력을 기르도록 하는 영역이다.

(3) 표현생활

'표현생활'은 유아가 자연과 생활 속에서 소리, 음악, 움직임, 조형물에 관심을 가지고 자신이 느낀 감정을 예술 활동을 통해 경험함으로써 풍부한 감성 및 창의성, 심미적 태도 및 창의적 표현력을 기른다. 또한 감상 활동을 통하여 다양한 예술 표현 방식을 존중하고 우리나라 전통 예술을 즐기는 기초를 기르기 위한 영역이다.

이 영역은 '자연과 생활에서 아름다움 찾아보기' '예술적 표현 즐기기' '감상하기' 등 세 가지 내용으로 구성된다. '자연과 생활에서 아름다움 찾아보기'는 유아가 자연과 주변 환경에서 자연스럽게 느낄 수 있는 소리나 음악, 움직임, 조형물에 관심을 기울이며, 예술 활동의 기본이 되는 다양한 요소를 찾아보는 경험에 중점을 둔다. '예술적 표현 즐기기'는 유아가 다양한 예술 활동에 참여하여 생각과 느낌을 자유롭게 표현하는 데 중점을 둔다. 또한 음악, 춤, 조형 활동, 극 놀이를 통합적으로 경험하도록 강조하며 예술 활동 과정을 즐기는 데 역점을 둔다. '감상하기'는 유아나 다른 사람이 표현한 예술 작품 및 자연과 생활 속의 아름다움, 전통 예술에 관심을 가지고 즐기게 하는 데 중점을 둔다. 자연과 생활 속에서 유아가 느낀 감정을 예술적으로 표현하고 감상함으로써 심미적 태도와 창의적 표현력을 기른다.

(4) 언어생활

'언어생활'은 일상생활에서 언어의 사용을 즐기며, 바른 언어 사용 태도를 갖도록 하기 위한 영역이다. 유아는 실제 사회적 상호작용의 맥락 속에서 언어를 배우고 사용하며, 언어는 유아의 관계 형성 과정에서 중요한 역할을 한다. 유아는 언어를 사용하여 자신의 필요와 생각을 표현할 수 있을 뿐만 아니라 다른 사람의 행동을 이해하고 의사소통하는 과정에도 영향을 주게 된다. 이러한 말과 글의 힘을 유아가 인식하고, 언어를 바르고 아름답게 사용하도록 하는 영역이다.

이 영역은 '듣기' '말하기' '읽기' '쓰기' 등 네 가지 내용으로 구성된다. '듣기'는 일상생활 속에서 인간 간의 관계 형성에 필요한 듣기뿐만 아니라, 읽어 주는 이야기를 듣는 가운데 문학적 소양을 기르고 우리말의 재미를 느끼도록 하는 데 중점을 둔다. '말하기'는 자신의 의도를 반영하여 말하는 능력을 기르며 이 과정에서 상대방을 배려하여 말하는 태도를 강조한다. 이와 함께 쓰기와의 연계를 고려하여 창의적으로 말하는 경험의 중요성을 강조한다. '읽기'는 유아가 일상생활 주변이나 책 속에서 자주 접하여 친숙한 글자에 흥미를 가지고 그 글자가 나타내는 의미에 관심을 가지도록 하는 데 중점을 둔다. '쓰기'는 유아가 말과 글의 관련성을 인식하고 자신의 생각을 그림이나 긁적거리기 등 자신에게 익숙한 형태로 나타내기를 즐기도록 하는 데 중점을 둔다. 이와 함께 자신의 이름 글자 등에서 자주 접하는 한글의 글자 모양에 관심을 가지도록 하는 데 역점을 둔다. 말과 글을 즐겁고 바르게 사용하기 위한 기초 능력과 태도를 기른다.

(5) 탐구생활

'탐구생활'은 인간이 자연과 더불어 조화로운 삶을 살아갈 수 있도록 유아기부터 자연을 존중하는 마음을 바탕으로 창의적으로 사고하고 탐구하며, 실생활의 문제해결 과정에서 논리적이고 합리적으로 사고하는 능력과 태도를 기르기 위한 영역이다. 특히 지식정보사회의 특성과 과학 기술 문명의 역기능 위험이 있는 시대 상황을 반영하여, 유아기부터 과학 및 수학적 지식만이 아니라 탐구적 태도와 기술 그리고 올바른 가치관 교육이 함께 조화를 이룰 수 있도록 한다.

이 영역은 구체적으로 '탐구하는 태도 기르기' '과학적 기초 능력 기르기' '수학적 기초 능력 기르기' 등 세 가지로 구성된다. '탐구하는 태도 기르기'는 탐구의 초석이 되는 내용으로, 주변의 사물과 자연환경에 대해 유아로 하여금 지속적으로 호기심을 가지고 끊임없이 알아 가고자 하는 마음을 가지고 이에 필요한 기초기술을 습득케 하는 것이다. 특히 단편적 지식보다는 창의적으로 사고하고 다양한 탐구 과정을 경험하고 즐기는 태도에 중점을 둔다. '과학적 기초 능력 기르기'는 주변의 사물과 생명체 및 자연현상에 대하여 관심을 가지고 능동적이고 적극적으로 탐색하는 과정을 통해 자연을 존중하는 마음과 과학적 사고를 기르기 위한 것이다. 일상생활 속에서 유아가 쉽게 접할 수 있고 직접 관찰 가능한 자료나 내용을 중심으로 지속적으로 탐구하는 과정을 통해 과학적 사고력을 기를 수 있도록 한다. '수학적 기초 능력 기르기'에서는 유아들이 주변을 탐색하고 놀이하면서 부딪히는 문제를 논리적 · 수학적으로 해결하는 경험을 통하여 기초적인 수, 공간 및 도형과 측정에 대한 통찰력을 기르며, 규칙성을 이해하고 자료 정리 및 결과 나타내기의 능력을 기르는 데 중점을 둔다.

탐구생활에서는 유아가 수학이나 과학적 현상에 흥미를 가지고 지속적으로 몰입할 수 있는 활동 상황과 자료를 제시해 준다. 특히 유아로 하여금 과학적 결과를 얻어 내는 실험과정을 경험하도록 하려면 탐구하고자 하는 하나의 속성으로 변인이 통제된 자료를 제시해 주는 것이 중요하다. 때로 과학적 소양이 높은 유아의 경우 깊이 있는 과학적 개념을 알고자 하는 경우가 있으므로, 이때는 관련 책자나 인터넷을 활용하여 교사가 함께 알아가는 태도를 보여 준다.

교육과정 목표와 성격, 내용 요소를 반영하여 자유선택활동 시 활동 자료뿐만 아니라 교사의 이야기 나누기 교수 자료로 활용할 수 있다.

5) 교육과정을 실현하기 위한 이 책의 생활주제

(1) 계 절

'봄의 생활' '여름의 생활' '가을의 생활' '겨울의 생활'을 중심으로 계절에 따른 사람의 생활과 식물의 변화를 다루었고, 봄과 관련된 동화를 듣거나 동시 및 동요, 그림책을 만들 수 있는 내용으로 구성되어 있다. 이야기 나누기 PPT 자료로는 '봄의 사람의 생활' '겨울의 날씨' '겨울의 식물' '식물은 겨울을 어떻게 보낼까' '눈이 내려요' '불이 났어요'가 포함되고, 오스카의 신기한 자연 이야기, 보리 어린이 식물도감 CD-ROM자료를 참고할 수 있다. 그리고 나비, 잠자리, 곤충의 자세한 생태를 위한 홈페이지와 국가생물종지식정보시스템, 한국의 곤충과 식물 등의 홈페이지를 소개하고 있다. 또한 계절 주제에 알맞은 비디오 자료로는 '배고픈 애벌레' '샐리의 그림일기' '가시덤불 울타리'를 소개하여 적절하게 활용할 수 있도록 안내하였다.

(2) 우리 가족

우리 가족뿐만 아니라 다양한 가족에 대해서 알아보며, 가족과 협력하며 화목하게 지내는 내용으로 가족과 다른 사람을 이해하고 존중할 수 있도록 하는 내용으로 구성되어 있다. 가족을 사랑하고 고마움을 알고 따뜻한 마음을 가질 수 있는 '할머니와 둘이서' '우리 할아버지' '아빠와 둘이서' '엄마와 둘이서'와 같은 CD-ROM 및 비디오 자료를 소개하고 있다.

(3) 우리 동네

유아로 하여금 자신이 사는 주변지역에 관심을 가지고 자부심을 가질 수 있도록 하는 경험 위주의 내용과 직업에 관한 내용으로 구성되어 있다. PPT 자료로는 '우리가 사는 동네가 서로 달라요' '친절한 행동과 불친절한 행동이 있어요' 가 포함되고, 우정박물관, 사이버 경찰청, 소방서와 같은 여러 가지 기관들의 홈페이지를 소개하여 다양한 직업에 대하여 알아보고, 인터넷과' 소방관 샘 아저씨' '딩동댕 우체부 아저씨'와 같은 비디오 자료 소개를 통해서 다양한 직업을 친근하게 접할 수 있도록 하였다.

(4) 동 물

'애완동물' '농장 동물' '동물원 동물' '사라진 동물'에 대한 이야기 나누기 자료 및 동물 책 만들기와 동시 · 동요 감상, 동극하기 내용이 있다. '동물들은 사는 곳이 달라요' PPT 자료 그리고 'I Spy Puppet' '보리 어린이 동물도감' '신기한 동물의 왕국'과 같은 CD-ROM 자료를 통하여 여러 가지 동물에 대하여 알아볼 수 있고, 또한 동물책을 꾸며 보고, 동시, 동요, 동극을 만들 수 있는 내용으로 구성되어 있다. 더불어 사이버 동물원, 한국동물보호연합 등과 같은 홈페이지를 소개하고 있다.

(5) 공 룡

'사라진 동물'인 다양한 공룡의 생김새 및 특징에 대해 다양한 자료를 이용하여 알아보고 공룡책 만들기나 동극하기 내용이 구성되어 있다. 'DINOSAURS' CD-ROM 자료, '고성 사이버 공룡 테마파크'와 '공룡선생과 함께하는 공룡학습 놀이터' 홈페이지, '공룡대탐험' 비디오 자료 등을 제시하여 유아가 공룡에 대해 더 친근하게 접할 수 있도록 하였다.

(6) 교통기관

여러 가지 다양한 교통기관에 대해 알아보고 이와 관련된 부분에 관심을 가지는 내용과 실생활 속에서 교통과 관련된 기본 생활 습관을 형성하도록 하였다. 교통과 관련된 규칙, 질서, 예절 등을 실천하기 위한 내용이 포함되어 있다. 여러 가지 교통기관을 알아보기 위해 PPT 자료로 '교통기관 소리를 듣고 알아맞혀 보세요' '무슨 일을 하는 사람일까요'가 포함되어 있으며, '유아를 위한 안전교육 지도자료' CD-ROM 자료, '인터넷 삼성교통박물관' 홈페이지의 어린이 교통안전 교육 프로그램을 통하여 교통안전과 질서의식을 쉽게 배울 수 있도록 하였다.

(7) 우리나라

세계 여러 나라 속에서 우리나라의 장점을 발견하여 우리나라에 자부심을 가지며, 이를 토대로 다른 민족과 문화를 이해하고 존중한다는 관점을 기초로 구성하였다. 유아를 위한 전통문화 교육활동 지도자료, 유아를 위한 통일교육활동 지도자료의 CD-ROM 소개와 우리나라의 상징과 전통문화, 통일을 소개하는 다양한 홈페이지를 소개하여 참고할 수 있도록 하였다.

(8) 세계 여러 나라

다양한 나라 이름, 생김새, 나라의 상징과 주거, 식생활, 명화 감상, 그리고 세계 여행 등 문화의 내용을 다루어 유아가 직접 접할 수 없는 것들을 CD-ROM 자료와 인터넷 홈페이지를 통하여 친근하게 접할 수 있도록 내용을 제시하였다.

3 이 책의 내용

본서는 2007년 개정 유치원 교육과정의 생활주제를 기본으로 하여 소주제에 따라 적합한 인터넷 콘텐츠, 교육청 장학 자료, 교육용 CD-ROM 자료 소개, 교육용 비디오 자료 소개, 제작 PPT, 주제에 따른 자료뿐만 아니라 참고자료를 소개함으로써 교사들에게는 교수활동 시에 자료를 찾고, 만들고, 구성하는 시간을 줄일 수 있어 경제적으로 효율적일 뿐만 아니라 교사의 노력의 최대화를 꾀할 수 있다. 또 유아가 흥미를 가지고 주의집중하도록 하여 멀티미디어를 활용하여 이해하기 쉽게 도움을 줄 수 있다. 교수활동에도 활용할 수 있을 뿐만 아니라 유아에게는 적극적인 학습활동을 제공할 수 있다.

이 책은 교육과정 영역을 골고루 반영하고 있으나, 특히 언어영역의 말과 글을 즐겁고 바르게 사용하기 위한 기초 능력과 태도를 기르기 위해 동화 듣기, 동시 듣기 및 짓기, 이야기 꾸미기, 그림책 만들기, 가사 바꾸기, 동극하기 등의 활동을 위한 자료를 생활주제마다 삽입하였다.

1) 인터넷 사이트 소개(전국 교수학습센터를 비롯하여 각종 인터넷 콘텐츠)

2) 교육청장학 CD-ROM 자료 소개

3) 교육용 CD-ROM 자료 소개

4) 교육용 비디오 자료 소개

5) 제작 PPT

6) 주제에 따른 자료뿐만 아니라 참고 자료 소개

참고문헌

교육부(1998). 유치원 교육 과정 해설. 서울: 대한 교과서 주식회사.

권옥자(1997). 유아를 위한 교수학습 매체의 이론과 실제. 서울: 형설출판사.

김경철, 유구종(1994). 유아 컴퓨터 교육 활성화를 위한 기초조사연구. 유아교육연구, 14(1), 239-266.

백영균(1998). 멀티미디어의 설계·계발·활용. 서울: 양서원.

Johnston. S. J. (1990). *Multimedia. infor World, 12*(18), 47-52.

제1장 계절

봄

1 봄의 날씨와 자연의 변화에 대해 알아보기

▌교육과정 관련 요소▐

- **언어생활:** 듣기－이야기를 듣고 이해하기
  말하기－생각과 느낌 말하기
- **탐구생활:** 탐구하는 태도 기르기－사물과 현상에 지속적인 관심 가지기
  과학적 기초 능력 기르기－생명체와 자연환경 소중하게 여기기
  －자연현상에 대해 알아보기

1) 봄이 왔어요 (CD－ROM)

- **활동목표:** 봄 날씨의 특징과 생활의 변화를 안다.
  시간의 흐름에 따른 계절의 변화를 안다.
- **활동유형:** 소집단 활동 및 대집단 활동
- **활동자료:** '유아 멀티미디어 교수자료 2' CD, 컴퓨터
- **활동방법**

① '2. 따스한 봄 · 멋진 나' CD를 실행한다.

② '주제별 학습' > '따스한 봄' > '봄바람이 살랑살랑' > '봄이 왔어요'를 클릭한다.

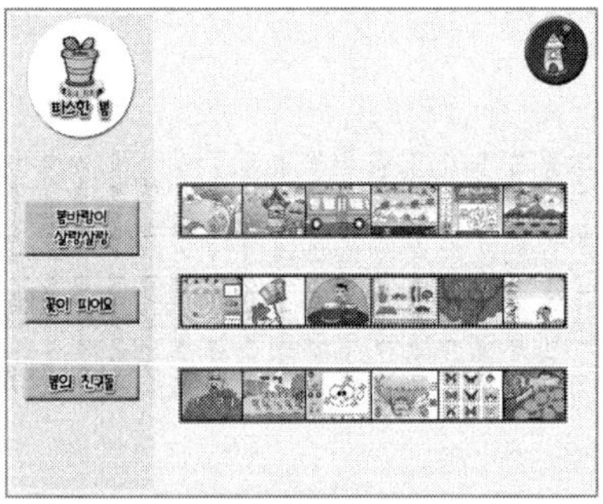

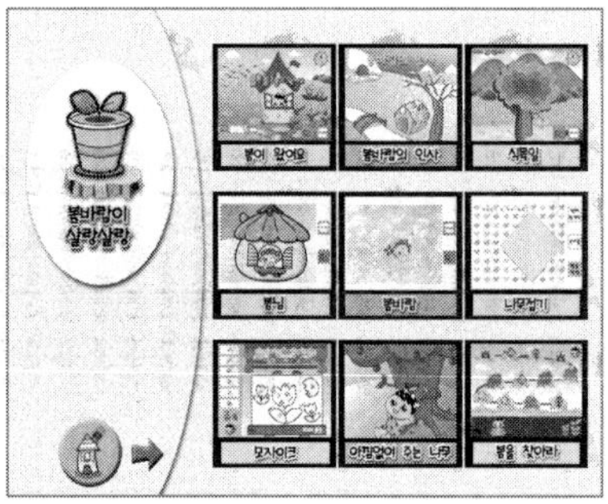

③ 봄이 되면 우리가 볼 수 있는 것들을 이야기하고, 화면의 그림들을 클릭한다.

④ 봄이 되면 자연의 변화에 맞추어 우리의 생활도 변화됨을 이야기한다.
봄에 어울리지 않는 것을 찾아 클릭한다.

⑤ 봄철에 유의해야 할 점들에 대해 이야기한다.

2) 봄철 사람의 생활에 대해 알아보아요 (인터넷, 파워포인트)

- **활동목표:** 봄철 사람의 생활에 대해 안다.
  자신의 생각을 말로 표현한다.
- **활동유형:** 소집단 활동 및 대집단 활동
- **활동자료:** 인터넷 '서울교수학습지원센터', 컴퓨터
- **활동방법**

① 인터넷 주소창에 '서울교수학습지원센터' http://www.ssem.or.kr/를 입력한다.

- 홈 > 교과교육 > 수업자료 > 유치원 > 계절을 클릭한다.

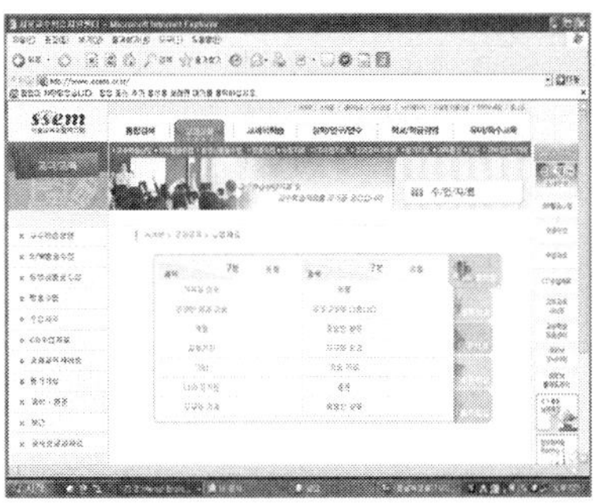

② 검색창에 '봄의 사람의 생활'을 검색한다. 파워포인트 자료를 다운로드 한다.

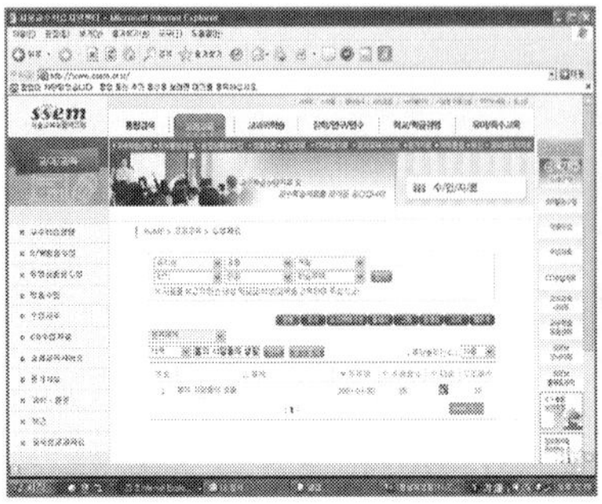

③ 그림을 보면서 봄의 사람의 생활에 대해 이야기 나눈다.

- 봄이 되면 사람은 건강을 위해 무엇을 할까?
  - 청소를 깨끗이 해요.
  - 온실의 화초를 마당으로 옮겨요.
  - 논과 밭을 갈고 씨도 뿌려요.
  - 집 안팎 페인트칠도 해요.
  - 산과 들에 있는 봄나물을 먹어요.

④ 봄철 건강에 유의해야 함을 유아들과 이야기한다.

2 봄의 식물에 대해 알아보기

▌교육 과정 관련 요소▐

- **언어생활**: 듣기–이야기 듣고 이해하기
  말하기–생각과 느낌 말하기
- **탐구생활**: 탐구하는 태도 기르기–사물과 현상에 지속적인 관심 가지기
  과학적 기초 능력 기르기–생명체와 자연환경 소중하게 여기기
  –자연현상에 대해 알아보기

1) 봄꽃을 알아보아요 (CD–ROM)

- **활동목표**: 계절에 따른 자연의 변화를 안다.
  봄에 피는 꽃의 종류와 특징에 대해 안다.
- **활동유형**: 소집단 활동 및 대집단 활동
- **활동자료**: '유아 멀티미디어 교수자료 2' CD, 컴퓨터
- **활동방법**

① 봄에 피는 꽃을 안다.
- 봄에 피는 꽃에는 어떤 것이 있을까?
  –개나리, 진달래, 철쭉, 민들레, 제비꽃, 할미꽃 등

② '2. 따스한 봄 · 멋진 나' CD를 실행한다.

③ '주제별 학습' > '따스한 봄' > '꽃이 피어요'를 클릭한다.

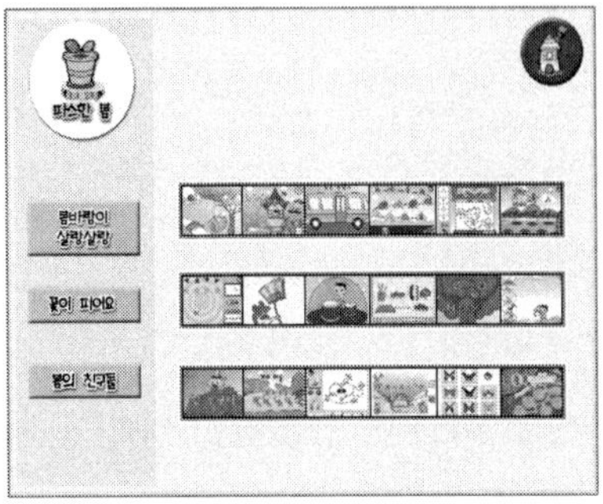

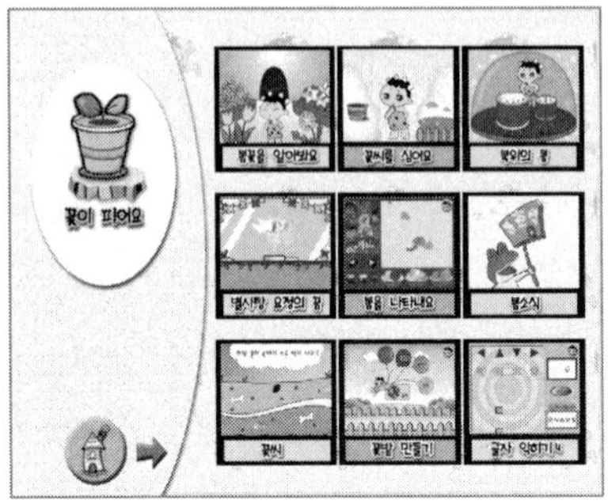

④ '봄꽃을 알아봐요'를 클릭한다.

⑤ 여러 가지 봄에 피는 꽃에 대해 이야기 나눈다.

⇨ 가나다를 클릭하면 꽃에 대한 자세한 설명이 나온다.

2) 봄 식물에는 어떤 것이 있을까 (인터넷)

- **활동목표**: 계절에 따른 자연의 변화를 안다.
  다양한 봄 식물의 종류와 특징에 대해 안다.
  인터넷을 활용하여 정보를 찾아볼 수 있다.
- **활동유형**: 소집단 활동 및 대집단 활동
- **활동자료**: 인터넷 '원라인', 컴퓨터
- **활동방법**

① 봄 식물에는 어떤 것이 있을까요?

② 인터넷 주소창에 '원라인' http://www.wonline.co.kr 을 입력한다.

③ 홈 > '유아자료' > 자연탐구 를 클릭한 후 (식물편) 목록을 본다.

④ 봄에 자라는 식물에 대해 이야기 나눈다.

⇨ 봄에 를 클릭하면 봄에 피는 꽃 이나 식물의 세계 (할미꽃, 튤립, 철쭉 등)라는 제목으로 봄에 자라는 식물에 대한 자세한 설명과 사진이 나온다.

- 봄에 피는 꽃을 직접 본 적이 있니?
- 너희들이 본 꽃의 모양이나 특징을 이야기해 볼까?
- 봄꽃을 본 느낌이 어떤지 이야기해 볼까?

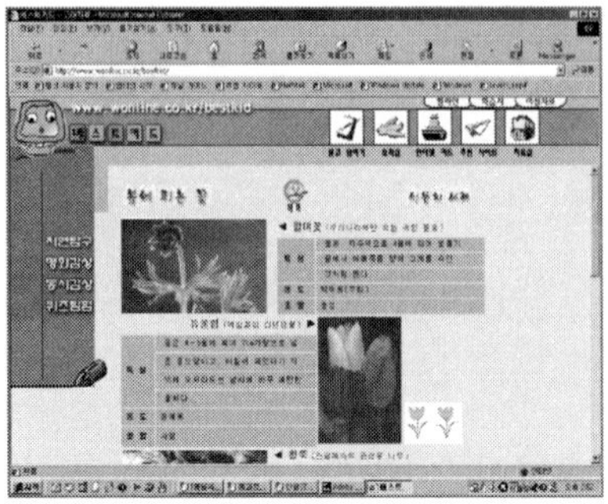

3) 신기한 봄 나라로 여행하기 (CD-ROM)

- **활동목표**: 봄 날씨의 특징과 생활의 변화를 알아본다.
  봄에 대한 느낌과 생각을 언어로 표현해 본다.
- **활동유형**: 소집단 활동 및 대집단 활동
- **활동자료**: '오스카의 신기한 자연이야기' CD, 컴퓨터
- **활동방법**

① 계절 변화에 따라 달라지는 것을 안다.

- 계절이 변화됨에 따라 달라지는 것에는 어떤 것들이 있을까?
  -날씨, 식물, 동물 등

② '오스카의 신기한 자연 이야기' CD를 실행하고, 우선 유아가 마음에 들어 하는 곤충을 선택한다.

③ 신기한 봄 나라를 여행하기 위해 마음에 드는 곤충을 선택하면 사계절 기구가 나타나면서 '어치'가 사계절 동산으로 안내한다.

④ 사계절 중 '봄'을 선택하고 봄의 특징에 대해 이야기 나눈다.

⇨ 신선한 풀 냄새 가득한 봄동산, 꽃, 벌, 풀잎, 토끼, 사슴, 노루 등이 있다.

⇨ 여러 가지 식물뿐만 아니라 계절마다 다르게 생활하는 동물들의 생활에 대해서도 알 수 있다.

3 봄에 생활하는 동물에 대해 알아보기

▌교육과정 관련 요소▐

- **언어생활**: 듣기—이야기 듣고 이해하기
  말하기—생각과 느낌 말하기
- **탐구생활**: 탐구하는 태도 기르기—사물과 현상에 지속적인 관심 가지기
  과학적 기초 능력 기르기—생명체와 자연환경 소중하게 여기기
  —자연현상에 대해 알아보기

1) '봄의 친구들' (CD—ROM)

- **활동목표**: 계절에 따른 자연의 변화를 안다.
  봄에 볼 수 있는 동물의 종류와 특징에 대해 안다.
- **활동유형**: 소집단 활동 및 대집단 활동
- **활동자료**: '유아 멀티미디어 교수자료 2' CD, 컴퓨터
- **활동방법**

① 봄에 활동하는 동물을 안다.
- 봄에 볼 수 있는 동물에는 어떤 것이 있을까?
  —개구리, 나비, 벌 등

② '2. 따스한 봄 · 멋진 나' CD를 실행한다.

③ '주제별 학습' > '따스한 봄' > '봄의 친구들'을 클릭한다.

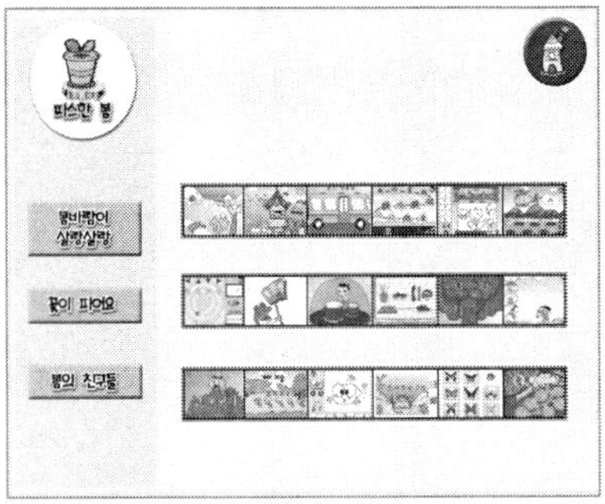

④ '봄의 친구들'을 클릭한다.

⑤ 그림을 보며 봄에 볼 수 있는 동물에 대해 이야기 나눈다.

⇨ ?를 클릭하면 벌과 개미들에 대한 설명이 나온다.

2) 나비에 대해 알아보아요 (인터넷)

- **활동목표:** 봄에 생활하는 나비에 대해 안다.
  나비의 생김과 특징에 대해 이야기할 수 있다.
  나비의 성장 과정을 안다.
- **활동유형:** 소집단 활동 및 대집단 활동
- **활동자료:** 인터넷 '나비의 신비', 컴퓨터
- **활동방법**

① 봄에 생활하는 나비를 본 적이 있는지 이야기 나눈다.

② 인터넷 주소창에 '나비의 신비' http://dulyweb.com/nabi/를 입력한다.

③ 홈에서 궁금한 나비과를 선택한다. 왼쪽의 하위 메뉴를 클릭하면 자세한 생태 해설이 나온다.

④ 여러 가지 나비들 중 유아가 알고 싶어 하는 나비의 이름을 클릭하면 사진이 나온다.

- 이 나비를 본 적이 있니?
- 이 나비의 이름은 '호랑나비'라고 해.
- 다른 나비들과 다른 점이 무엇인지 이야기해 보자.

3) 개구리의 한살이에 대해 알아보아요 (인터넷)

- **활동목표**: 개구리의 생활에 대해 알아본다.
  개구리의 생김과 특징에 대해 이야기할 수 있다.
  개구리의 성장 과정을 안다.
- **활동유형**: 소집단 활동 및 대집단 활동
- **활동자료**: 인터넷 '개구리의 한살이', 컴퓨터
- **활동방법**

① 인터넷 주소창에 '개구리의 한살이' http://my.dreamwiz.com/jini200/를 입력한다.

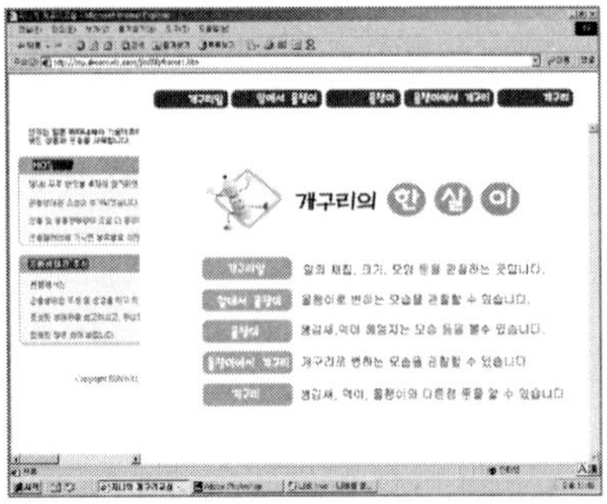

② 홈 > 개구리의 한 살 이 를 클릭하여 개구리의 한살이에 대해서 이야기 나눈다.

- 개구리가 어떻게 해서 생겨나게 되는지 아니?

③ 개구리알 을 클릭한다.

- 개구리 알은 어떤 곳에서 찾을 수 있을까?
- 개구리가 물이 흐르는 곳에 알을 낳지 않는 까닭은 무엇일까?

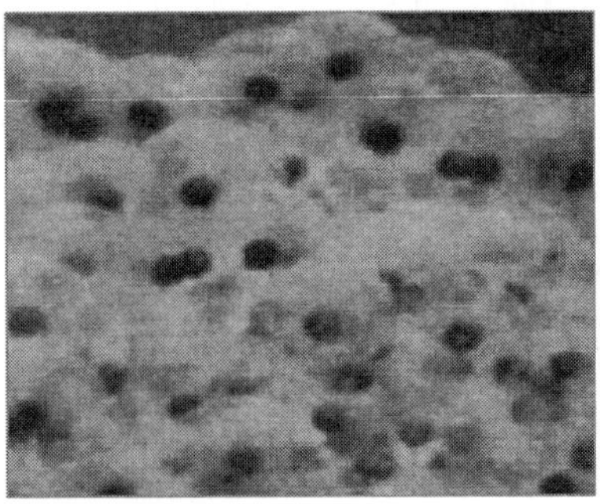

④ 알에서 올챙이를 클릭한다.

- 개구리 알의 모양은 어떻게 변해 갈까?

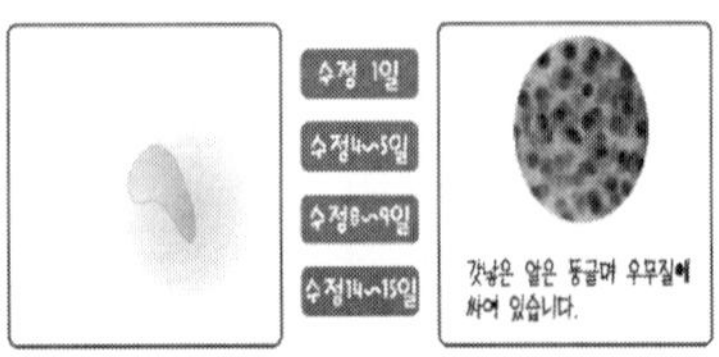

⑤ 올챙이 를 클릭한다.

⇨ 올챙이를 관찰한 후, 머리, 배, 꼬리 부분을 찾아본다.

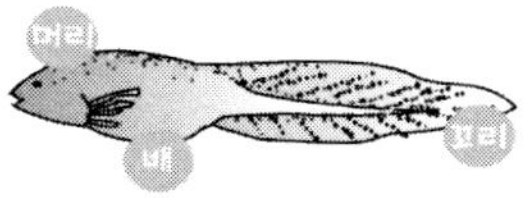

⑥ 올챙이에서 개구리 를 클릭한다.

• 올챙이가 개구리로 변해 가는 과정을 알아볼까?

⑦ 개구리 를 클릭한다.

⇨ 개구리를 자세하게 관찰한다.

⑧ 개구리자료실 을 클릭해서 유아들이 다양한 개구리의 종류나 동영상 자료를 보며 이야기 나눈다.

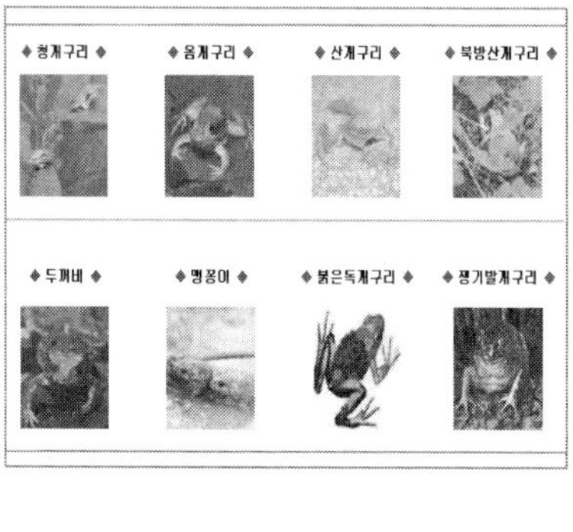

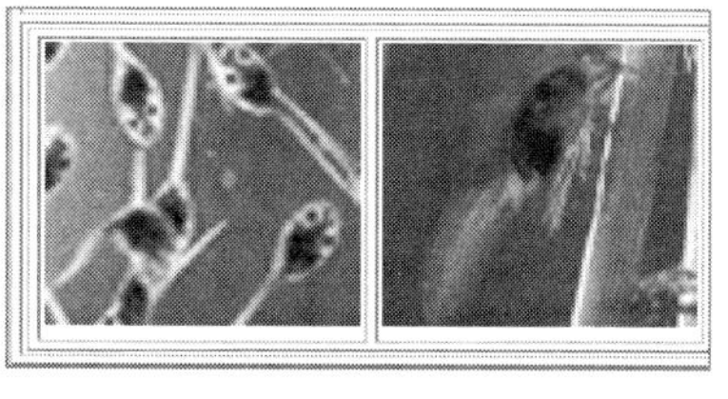

4 동화 듣기

▌교육과정 관련 요소▐

- **언어생활**: 듣기–문학 작품 즐겨 듣기
  –이야기 듣고 이해하기
  말하기–생각과 느낌 말하기
- **탐구생활**: 과학적 기초 능력 기르기–생명체와 자연환경 소중하게 여기기
  –자연현상에 대해 알아보기

1) '아낌없이 주는 나무' (CD–ROM)

- **활동목표**: 동화를 듣고 이해하며 즐긴다.
  동화를 듣고 느낌이나 생각을 이야기한다.
  나무의 고마움에 대해 생각한다.
- **활동유형**: 소집단 활동 및 대집단 활동
- **활동자료**: '유아 멀티미디어 교수자료 2' CD, 컴퓨터
- **활동방법**

① '2. 따스한 봄 · 멋진 나' CD를 실행한다.

② '주제별 학습' > '따스한 봄' > '봄바람이 살랑살랑'을 클릭한다.

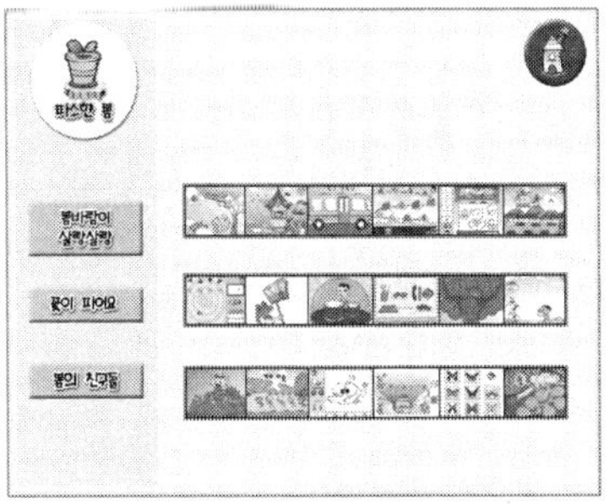

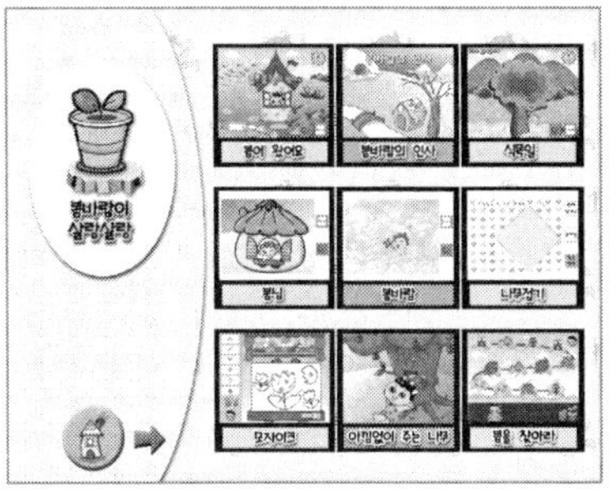

③ '아낌없이 주는 나무'를 클릭한다.

④ 동화를 듣는다.

⑤ 동화에 대한 느낌을 이야기한다.

2) '민들레 요정' (인터넷)

- **활동목표**: 인터넷으로 동화를 듣고 이해하며 즐긴다.
  동화를 듣고 느낌이나 생각을 이야기한다.
- **활동유형**: 소집단 활동 및 대집단 활동
- **활동자료**: 인터넷 '부키의 동화나라', 컴퓨터
- **활동방법**

① 인터넷 주소창에 '부키의 동화나라' http://www.buki.co.kr/main.php를 입력한다.

② 홈 >  에서 '민들레 요정'을 검색한다.

③ '민들레 요정'을 클릭한다.

④ 동화를 듣는다.

⑤ 동화에 대한 느낌을 이야기한다.

3) '배고픈 애벌레' ( 비디오)

• **활동목표**: 동화를 보고 이해하며 즐긴다.

동화를 듣고 느낌이나 생각을 이야기한다.

- **활동유형**: 소집단 활동 및 대집단 활동
- **활동자료**: '배고픈 애벌레' 비디오테이프
- **활동방법**

① 애벌레를 본 적이 있는지 유아들과 이야기 나눈다.

② 애벌레는 어떻게 생겼을까?

③ '배고픈 애벌레' 비디오를 실행한다.

④ 비디오를 보며 동화를 감상한다.

⑤ 동화를 다 듣고 난 후, 유아들의 느낌을 듣는다.

- 동화를 본 느낌이 어떠니?
- 꿈틀꿈틀 움직이는 아기 애벌레가 자라서 무엇이 되었니?

'계절' 관련 비디오

■ **가시덤불 울타리**

• 작가: 브에나 비스타

• 제작사: BBC

• 소개: 가시덤불 울타리는 세계적인 베스트셀러로 총 4개의 이야기로 구성되어 있다(총 상영시간: 31분).

• 내용

① 봄 이야기–눈초롱의 아기들

② 여름 이야기–바다 이야기

③ 가을 이야기–달비의 모험

④ 겨울 이야기–비밀의 계단

■ **샐리의 그림일기**

• 제작사: S4C International

• 소개: 샐리의 그림일기는 유아에게 동화책을 읽어 주듯이 구성된 애니메이션으로 상상력과 사고력, 어휘력에 도움을 주는 이야기이며, 봄과 여름 이야기, 가을과 겨울 이야기로 구성되어 있다(상영시간: 각 60분).

• 내용

① 봄과 여름 이야기

② 가을과 겨울 이야기

'봄' 관련 인터넷 동화 사이트

• **'부키의 동화나라'**–http://www.buki.co.kr/main.php

① 인터넷 주소창에 '부키의 동화나라'를 입력한다.

② 홈 >  에서 '꽃씨를 뿌린 여우'와 '민들레 홀씨의 여행'을 검색한다.

[꽃씨를 뿌린 여우] [민들레 홀씨의 여행]

• **'유리누리닷컴'**–http://www.yurinuri.com

① 인터넷 주소창에 '유리누리닷컴'을 입력한다.

② 홈 >  > 

를 클릭한다.

[고집 센 제비(5번)] [살구나무 잎사귀의 청개구리(5번)] [물고기의 심술(4번)]

5 이야기 꾸미기

▌교육과정 관련 요소▐

- **사회생활:** 이웃과 더불어 생활하기—다른 사람을 이해하고 존중하기
- **표현생활:** 예술적 표현 즐기기—극놀이로 표현하기
  —창의적인 표현 과정 즐기기
- **언어생활:** 듣기—문학 작품 즐겨 듣기
  —이야기 듣고 이해하기
  말하기—생각과 느낌 말하기
  쓰기—쓰기에 관심 가지기
- **탐구생활:** 과학적 기초 능력 기르기—생명체와 자연환경 소중하게 여기기
  —자연현상에 대해 알아보기

1) '백일홍' 이야기 만들기 (인터넷)

- **활동목표:** 동화를 듣고 이해하며 즐긴다.
  동화를 듣고 상상하여 이야기를 꾸민다.
- **활동유형:** 개별 활동 및 소집단 활동
- **활동자료:** 인터넷 '교원아이', 컴퓨터, 프린터
- **활동방법**

① 인터넷 주소창에 '교원아이' http://www.kyowoni.com/를 입력한다.

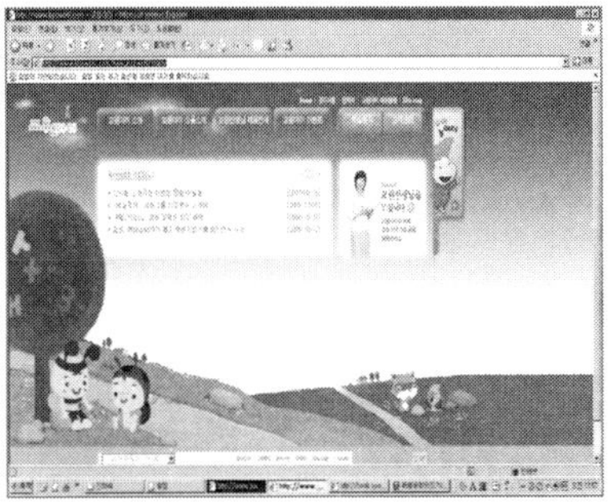

② 홈 > '유아놀이터' > '동화놀이터' > '그림동화 만들기' > '나무와 나'를 클릭한다.

③ '나무와 나' 그림동화를 만든다.

- 먼저 그림을 순서대로 놓는다.
- 번호 순서대로 큰 그림의 아래 부분에 동화의 내용을 적는다.

④ 동화의 내용을 모두 적었으면 시작하기 를 클릭하여 만든 동화를 감상한다.

⑤ 만든 동화를 인쇄하여 이야기책으로 만든다.

6 동시 감상 및 짓기

▌교육과정 관련 요소▐

- **사회생활:** 이웃과 더불어 생활하기－다른 사람을 이해하고 존중하기
- **표현생활:** 예술적 표현 즐기기－창의적인 표현과정 즐기기
- **언어생활:** 듣기－문학 작품 즐겨 듣기
  －이야기 듣고 이해하기
  말하기－생각과 느낌 말하기
  쓰기－쓰기에 관심 가지기
- **탐구생활:** 과학적 기초 능력 기르기－생명체와 자연환경 소중하게 여기기
  －자연현상에 대해 알아보기

1) '봄바람' (ⓔ 인터넷)

- **활동목표:** 인터넷을 통하여 동시를 감상한다.
  동시를 듣고 느낌이나 생각을 이야기한다.
  자신의 느낌이나 생각을 글로 짓는다.
- **활동유형:** 소집단 활동
- **활동자료:** 인터넷 '어린이사랑 어린이존중 동심', 컴퓨터, 프린터
- **활동방법**

① 인터넷 주소창에 '어린이사랑 어린이존중 동심' http://www.edpia.com/을 입력한다.

② 홈 > '원 선생님' > '수업자료' > '주제별 수업자료' > '봄/여름/가을/겨울' 동시를 클릭한다.

③ '봄바람'을 클릭한다.

④ [동시감상하기] 를 클릭하여 동시를 감상한다.

⑤ 동시에 대한 느낌을 이야기한다.

⑥ 동시 내용 중 바꾸고 싶은 내용을 이야기한다.

- ( ) 봄바람 놀다간 자리 ( ) 새싹이 돋아났어요.

⑦ 동시 짓기 활동지를 인쇄한다.

♣ 재미있는 동시 짓기 ♣

봄바람

이름 : ________

________ 놀다간 자리

________ 돋아났어요

________ 꿈꾸던 자리

________ 맺혀있어요.

________ 불고 간 자

________ 피어올라요.

⑧ 빈 곳에 글자를 적는다.

⑨ 완성되면 다른 친구들에게 자신이 만든 동시를 소개한다.

7 동요 감상 및 짓기

‖ 교육과정 관련 요소 ‖

- **사회생활**: 이웃과 더불어 생활하기–다른 사람을 이해하고 존중하기
- **표현생활**: 예술적 표현 즐기기–창의적인 표현 과정 즐기기
  –음악으로 표현하기
- **언어생활**: 듣기–문학 작품 즐겨 듣기
  –이야기 듣고 이해하기
  말하기–생각과 느낌 말하기
  쓰기–쓰기에 관심 가지기
- **탐구생활**: 과학적 기초 능력 기르기–생명체와 자연환경 소중하게 여기기
  –자연현상에 대해 알아보기

1) '봄님' (CD－ROM)

- **활동목표**: 동요를 즐겁게 부른다.
  동요 가사를 창의적으로 바꾸어 부른다.
- **활동유형**: 소집단 활동 및 대집단 활동
- **활동자료**: '유아 멀티미디어 교수자료 2' CD, 컴퓨터
- **활동방법**

① '2. 따스한 봄 · 멋진 나' CD를 실행한다.

② '주제별 학습' > '따스한 봄' > '봄바람이 살랑살랑'을 클릭한다.

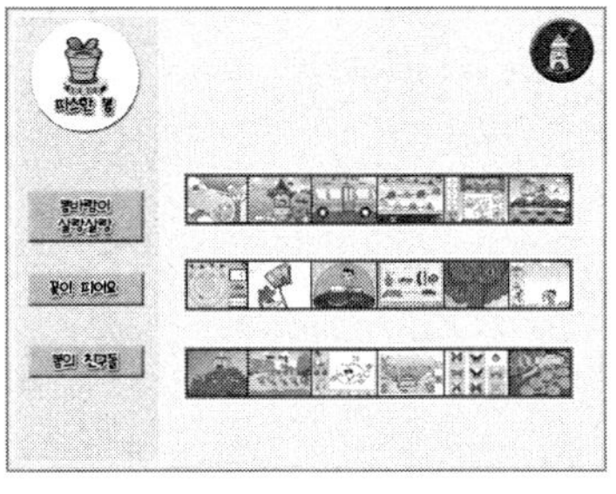

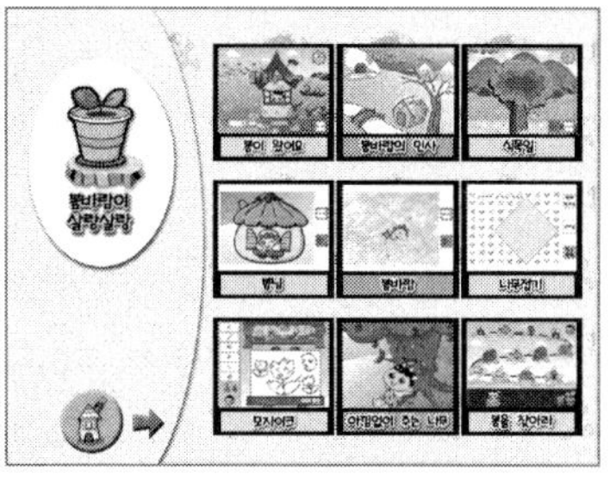

③ '봄님'을 클릭한다.

④ 동요를 부른다.

⑤ 동요의 가사 중 다르게 생각하는 부분을 이야기한다.

- 가사 중 어느 부분을 바꾸어 부르면 좋을까?

⑥ 유아들과 의논하여 가사를 바꾼 부분으로 동요를 부른다.

2) '나비의 꿈' (인터넷)

- **활동목표:** 동요를 즐겁게 부른다.
  동요 가사를 창의적으로 바꾸어 부른다.
- **활동유형:** 소집단 활동
- **활동자료:** 인터넷 '유리누리닷컴', 컴퓨터, 프린터
- **활동방법**

① 인터넷 주소창에 '유리누리닷컴' http://www.yurinuri.com을 입력한다.

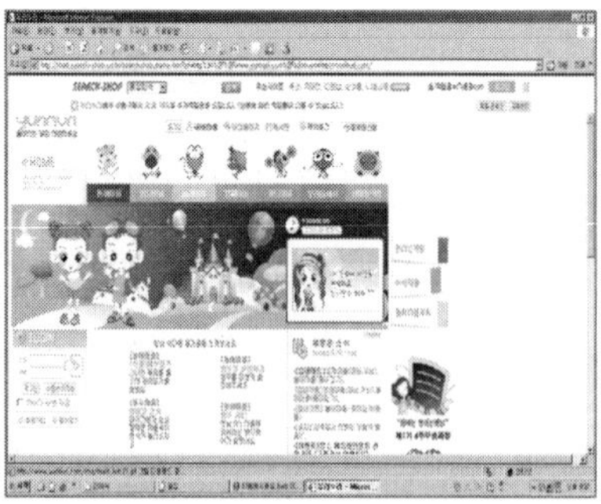

② 화면 상단에 있는 메뉴 중 을 클릭한다.

③ 좌측의 '유아(한글동요)'를 클릭한 후, 검색창에서 '나비의 꿈'을 검색한다.

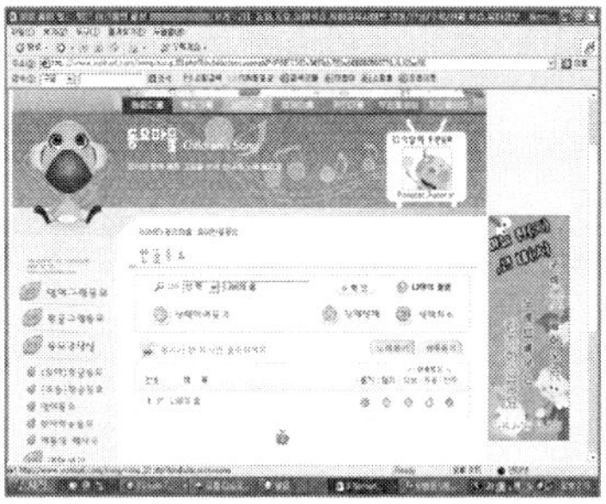

④ 화면에서 를 클릭한다.

⑤ 동요를 부른다.

⑥ 를 클릭하면 다음과 같이 악보가 나온다.

⑦ (악보프린트하기)를 하여 악보를 인쇄한다.

⑧ 동요의 가사 중 다르게 생각하는 부분을 이야기한다.

- 가사 중 어느 부분을 바꾸어 부르면 좋을까?

⑨ 유아들과 의논하여 가사를 바꾼 부분을 종이에 써서 붙인다.

⑩ 새로 만든 동요 가사 대로 부른다.

8 나만의 봄 그림책 만들기

| 교육과정 관련 요소 |

- **사회생활:** 이웃과 더불어 생활하기–다른 사람을 이해하고 존중하기
- **표현생활:** 예술적 표현 즐기기–창의적인 표현 과정 즐기기
- **언어생활:** 말하기–이야기 지어 말하기
  쓰기–쓰기에 관심 가지기
  –쓰기 도구 사용하기
- **탐구생활:** 과학적 기초 능력 기르기–생명체와 자연환경 소중하게 여기기
  –자연현상에 대해 알아보기

1) 봄 그림 책 만들기 (CD–ROM)

- **활동목표:** 봄에 대한 생각과 느낌을 그림으로 표현한다.
  계절에 따른 자연의 변화를 알고 이야기할 수 있다.
- **활동유형:** 개별 활동 및 소집단 활동
- **활동자료:** '나는 찾아요 인형극장' CD, 컴퓨터, 컬러 프린터, 크레파스, 사인펜
- **활동방법**

① '나는 찾아요 인형극장' CD를 넣고 실행한다.

② 유아들이 원하는 이름을 입력하고, 인형극장으로 들어가서 '나만의 아이스파이 만들기'를 선택한다.

③ 유아가 봄에 어울리는 물건들을 선택해서 마우스로 끌고 가면 그림이 완성된다.

④ 그림을 컴퓨터에 저장해서 다시 볼 수도 있으며, 인쇄하여 유아가 미술도구로 멋진 그림을 완성할 수도 있다.

⑤ 유아들의 완성된 봄 그림을 인쇄한다.

⑥ 그림에 대한 설명과 자신의 느낌과 생각을 적는다.

⑦ '봄 그림책'이 완성되면 다른 유아들에게 소개한다.

⑧ 다른 유아들의 작품과 묶어서 책으로 만든다.

여 름

1 여름에 대해 알아보기

▌교육과정 관련 요소▐

- **사회생활:** 이웃과 더불어 생활하기–다른 사람을 이해하고 존중하기
- **언어생활:** 듣기–이야기 듣고 이해하기
  말하기–생각과 느낌 말하기
- **탐구생활:** 과학적 기초 능력 기르기–생명체와 자연환경 소중하게 여기기
  –자연현상에 대해 알아보기

1) 여름철의 날씨와 생활에 대해 알아보아요 (CD–ROM)

- **활동목표:** 계절의 변화에 관심을 가진다.
  여름철 날씨의 특징과 생활에 대해 안다.
- **활동유형:** 소집단 활동 및 대집단 활동
- **활동자료:** '제6차 유치원 교육과정 적용 이야기 나누기 1학기' CD, 컴퓨터
- **활동방법**

① '제6차 유치원 교육과정 적용 이야기 나누기 1학기' CD를 실행한다.

② '생활주제' > '봄/여름' > '여름철 날씨와 우리 생활'을 클릭한다.

③ 그림을 보면서 여름철의 날씨에 대하여 이야기 나눈다.

- 여름에는 날씨가 어떨까?

  —비가 많이 와요.

  —햇볕이 너무 뜨거워요.

④ 여름을 보내는 방법에 대하여 이야기 나눈다.

- 여름을 시원하게 보낼 수 곳은 어디일까? (산, 바다, 강 등)
- 땀을 식히기 위해서 할 수 있는 방법에는 무엇이 있을까?
  —시원한 나무 그늘에 앉아 쉬어요.
  —선풍기 바람을 쐬어요.
  —시원한 물로 땀을 씻어요.
- 여름철을 건강하게 지내는 방법에 대하여 이야기해 볼까?
  —잘 때는 선풍기를 끄고 잠을 자요.
  —찬 음식을 많이 먹지 않아요.

2) 건강한 여름방학을 보내요 (인터넷)

- **활동목표**: 여름방학은 왜 하는지에 대하여 알아본다.
  여름방학을 건강하게 보내는 방법에 대하여 안다.
- **활동유형**: 소집단 활동 및 대집단 활동
- **활동자료**: 인터넷 '용문초등학교 공부방', 컴퓨터
- **활동방법**

① 인터넷 주소창에 '용문초등학교 공부방' http://www.yongmun.es.kr/을 입력한다.

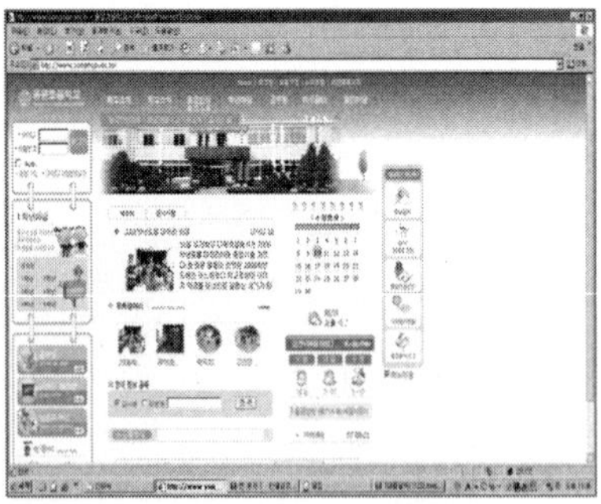

② 홈 > '공부방' > '슬기로운 생활 1학기' > '슬기롭게 여름나기' > '건강한

방학생활'을 선택한다.

③ 그림을 보며 여름방학을 건강하게 보낼 수 있는 방법에 대하여 이야기 나눈다.

⇨ ◀이전 과 다음▶ 을 이용하여 그림의 앞뒤로 이동한다.

- 여름방학은 어떻게 보내야 할까?
  - –규칙적인 생활을 해요.
  - –수영을 하기 전에 준비운동을 해요.
  - –예방 주사를 맞아요.
  - –음식을 골고루 먹어요.

2 여름에 볼 수 있는 동식물에 대해 알아보기

▌교육과정 관련 요소▐

- **사회생활:** 이웃과 더불어 생활하기–다른 사람을 이해하고 존중하기
- **언어생활:** 듣기–이야기 듣고 이해하기
  말하기–생각과 느낌 말하기
- **탐구생활:** 과학적 기초 능력 기르기–생명체와 자연환경 소중하게 여기기
  –자연현상에 대해 알아보기

1) 여름에 볼 수 있는 곤충들이 있어요 (CD-ROM)

- **활동목표:** 여름에 볼 수 있는 다양한 곤충이 있음을 안다.
- **활동유형:** 소집단 활동 및 대집단 활동
- **활동자료:** '보리 어린이 동물도감' CD, 컴퓨터
- **활동방법**

① '보리 어린이 동물도감' CD를 실행한다.

② '곤충과 작은 동물'을 클릭한다.

③ 화면을 클릭하여 나오는 여러 가지 '곤충과 작은 동물' 중에서 여름에 볼 수 있는 곤충을 찾아본다.

④ '메뚜기'의 그림을 보면서 메뚜기에 대한 설명을 듣는다.

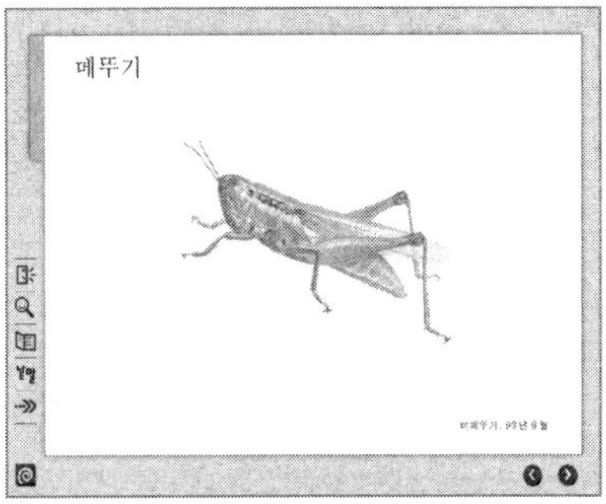

⑤ '매미'의 그림을 보면서 매미에 대한 설명을 듣는다.

- : '매미'의 울음소리를 들을 수 있다.
- : 동물에 대한 설명을 들을 수 있다.
- : 동물 그림을 크게 볼 수 있다.

• : 다른 동물을 검색할 수 있다.

• : 동물에 관한 그림과 설명을 자동으로 실행시킬 수 있다.

2) 여름에 피는 꽃에는 어떤 것이 있을까요 (인터넷)

• **활동목표:** 여름에 피는 꽃이 다양함을 안다.
인터넷을 활용하여 원하는 정보를 찾을 수 있다.

• **활동유형:** 소집단 활동 및 대집단 활동

• **활동자료:** 인터넷 '베스트키드' '꽃에 관한 어떤 이야기', 컴퓨터, 종이, 필기 도구, 액자

• **활동방법**

① 여름에 피는 꽃에 대하여 이야기 나눈다.

⇨ 여름에 피는 꽃에는 어떤 것들이 있는지 이야기해 본다.

－나리, 다알리아, 분꽃, 봉숭아 등

⇨ 여름에 피는 꽃들을 직접 본 적이 있는 친구들은 꽃의 모양이나 특징, 꽃을 본 느낌을 이야기한다.

② 알고 싶고 궁금한 꽃에 대해서 알아볼 수 있는 방법에 대해 이야기한다.

• 책에서 궁금한 것을 조사하거나 인터넷으로 찾아본다.

③ 인터넷 주소창에 '베스트키드' http://www.wonline.co.kr/bestkid/를 입력한다.

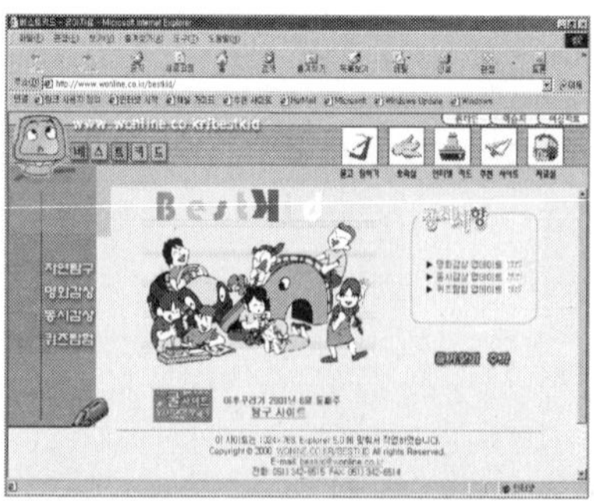

④ 홈 > 자연탐구 >  > '여름에'를 클릭한다.

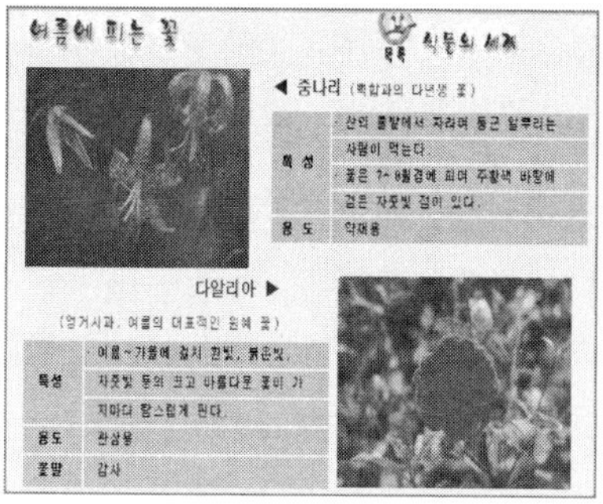

⑤ 여름에 피는 꽃의 사진을 보면서 꽃에 대하여 이야기 나눈다.

⑥ 좀 더 다양한 꽃에 대한 정보를 알아보기 위하여 인터넷 주소창에 '꽃에 관한 어떤 이야기' http://forestwind.com.ne.kr/를 입력한다.

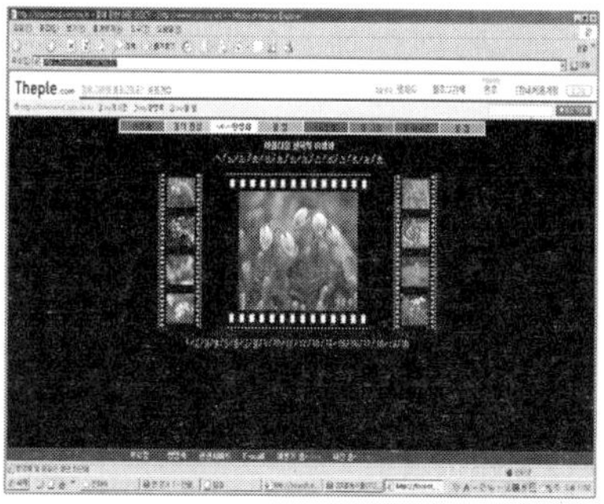

⑦ 홈에는 야생화, 꽃의 전설, 꽃말, 나라의 대표 꽃 등이 가나다순으로 자세히 소개되어 있다.

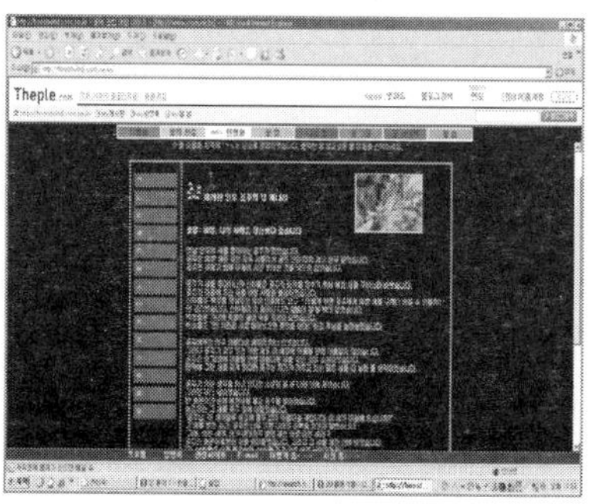

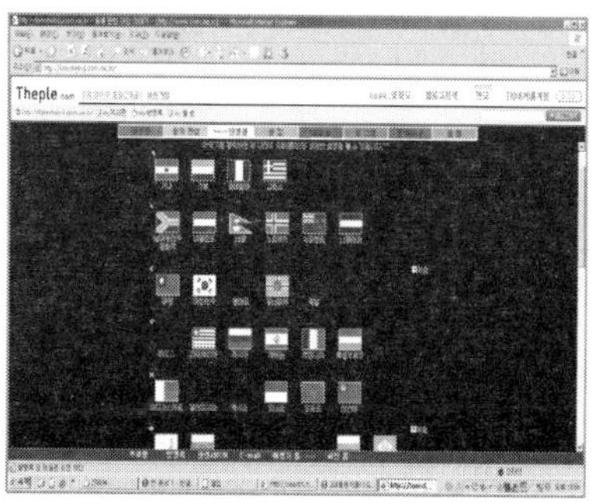

3) 꽃밭에서 기르는 식물이 있어요 (CD−ROM)

- **활동목표**: 꽃밭에서 기르는 식물의 종류에 대하여 관심을 가진다.
  여름철 꽃밭에서 볼 수 있는 식물에 대하여 이야기한다.
- **활동유형**: 소집단 활동 및 대집단 활동
- **활동자료**: '보리 어린이 식물도감' CD, 컴퓨터
- **활동방법**

① '보리 어린이 식물도감' CD를 실행한다.

② 시작 화면에서  을 클릭한다.

③ 꽃밭에서 볼 수 있는 식물들을 살펴보고, 어떤 것들이 있는지 이야기 나눈다.

- 여름철 꽃밭에서 기르는 식물에 대하여 이야기한다.

④ '나팔꽃' '봉숭아' '채송화' '해바라기' 등에 대하여 알아본다.

-  : 식물에 대한 설명을 들을 수 있다.
-  : 식물 그림을 크게 볼 수 있다.
-  : 다른 식물을 검색할 수 있다.
-  : '꽃밭에서 기르는 식물'에 대한 내용을 자동으로 실행할 수 있다.

'식물' 관련 인터넷 사이트

• **'사이버 식물원 플라워 포토'**–http://www.flowerphoto.co.kr/

꽃 이름을 검색하여 관련된 이미지를 볼 수 있다. 꽃의 색깔, 형태, 사진의 배경별로 분류된 여러 가지 꽃 사진을 볼 수 있다.

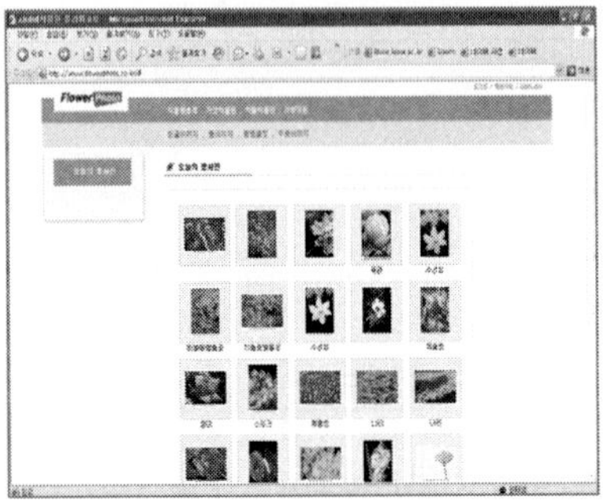

• **'재미있는 식물세계'**–http://healer.pe.kr/

여러 가지 식물들이 이름(가나다순)이나 계통으로 분류되어 있으며, 식물과 관련된 인터넷 사이트가 정리되어 있다.

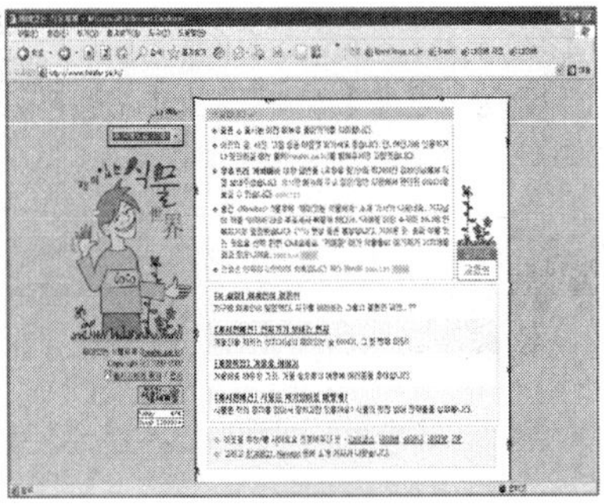

3 동화 듣기

▌교육과정 관련 요소▐

- **사회생활**: 이웃과 더불어 생활하기－다른 사람을 이해하고 존중하기
- **언어생활**: 듣기－문학작품 즐겨듣기
  －이야기 듣고 이해하기
  말하기－생각과 느낌 말하기
- **탐구생활**: 과학적 기초 능력 기르기－생명체와 자연환경 소중하게 여기기
  －자연현상에 대해 알아보기

1) '해 아저씨와 바다 아저씨' (CD－ROM)

- **활동목표**: 동화를 듣고 이해하며 즐긴다.
  동화를 듣고 느낌이나 생각을 이야기한다.
- **활동유형**: 소집단 활동 및 대집단 활동
- **활동자료**: '유아 멀티미디어 교수자료 4' CD, 컴퓨터
- **활동방법**

① '4. 동물의 세계 · 무더운 여름' CD를 실행한다.

② '주제별 학습' > '무더운 여름' > '해 아저씨와 바다 아저씨'를 클릭한다.

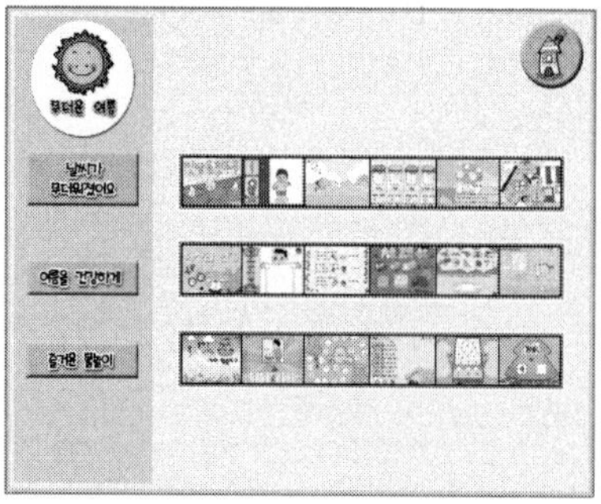

③ '해 아저씨와 바다 아저씨' 동화를 듣는다.

④ 동화에 대한 느낌을 이야기한다.

2) '현준이의 바다 여행' (인터넷)

- **활동목표**: 동화를 듣고 이해하며 즐긴다.
  동화를 듣고 느낌이나 생각을 이야기한다.
- **활동유형**: 소집단 활동 및 대집단 활동
- **활동자료**: 인터넷 '부키의 동화나라', 컴퓨터
- **활동방법**

① 인터넷 주소창에 '부키의 동화나라' http://www.buki.co.kr/main.php를 입력한다.

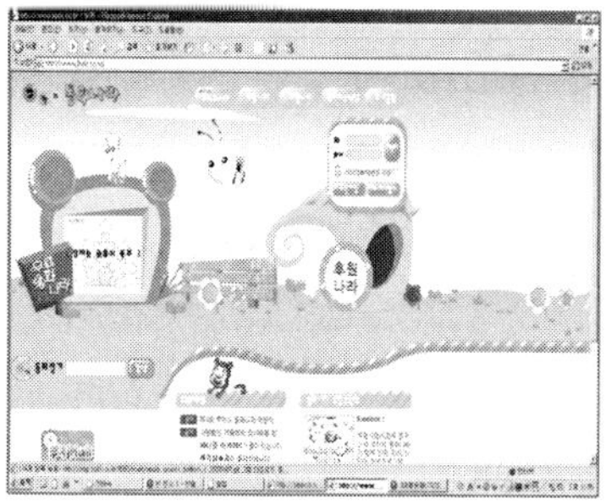

② 홈 > '동화나라' > '일반분류로 메뉴보기' > '창작동화'를 클릭한다.

③ '현준이의 바다 여행'을 클릭한다.

④ 동화를 듣는다.

⑤ 동화에 대한 느낌을 이야기한다.

'여름' 관련 인터넷 동화 사이트

- '부키의 동화나라' – http://www.buki.co.kr/main.php

  ① 인터넷 주소창에 '부키의 동화나라'를 입력한다.

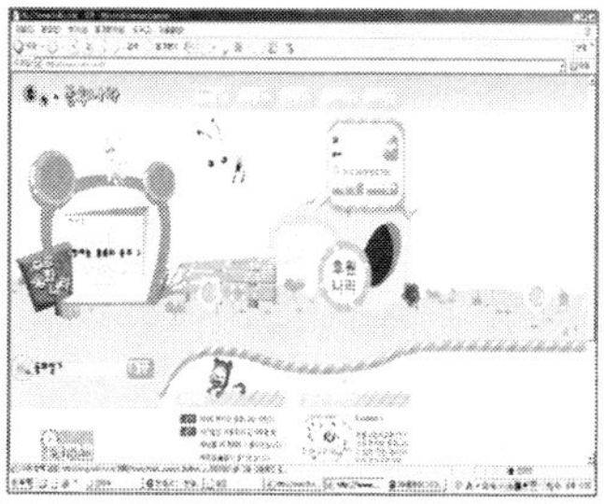

② 홈 > '동화나라' > '일반분류로 메뉴보기' > '창작동화'를 클릭한다.

[키 작은 해바라기와 아기 개미]

- '쥬니어네이버'–http://jr.naver.com/

① 인터넷 주소창에 '쥬니어네이버'를 입력한다.

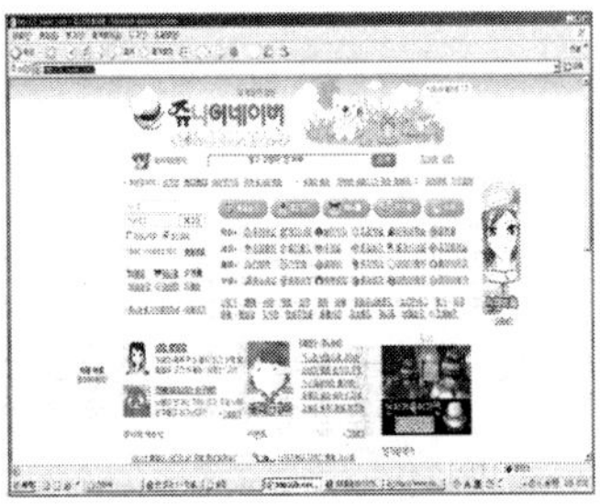

② 홈 > '동화여행' > '창작동화' > '아기 곰은 더웠어요'를 클릭한다.

[아기 곰은 더웠어요]

4 이야기책 만들기

▌교육과정 관련 요소▐

- **사회생활:** 이웃과 더불어 생활하기－다른 사람을 이해하고 존중하기
- **표현생활:** 예술적 표현 즐기기－창의적인 표현 과정 즐기기
- **언어생활:** 듣기－문학 작품 즐겨 듣기
  －이야기 듣고 이해하기
  말하기－생각과 느낌 말하기
  －이야기 지어 말하기
  쓰기－쓰기에 관심 가지기
- **탐구생활:** 과학적 기초 능력 기르기－생명체와 자연환경 소중하게 여기기
  －자연현상에 대해 알아보기

1) 나팔꽃이 피었어요 (인터넷)

- **활동목표:** 인터넷을 활용해서 그림동화를 만든다.
  그림을 보고 유아 나름대로의 생각을 이야기로 만든다.
  다양하고 독특하게 생각한다.
- **활동유형:** 개별 활동 및 소집단 활동
- **활동자료:** 인터넷 '교원아이', 컴퓨터, 프린터
- **활동방법**

① 인터넷 주소창에 '교원아이' http://www.kyowoni.com/를 입력한다.

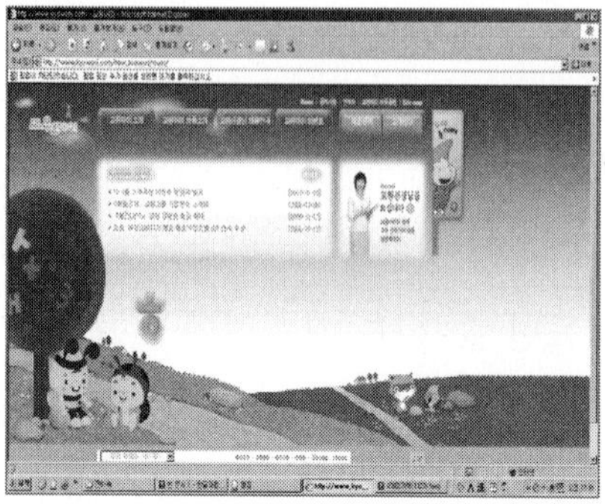

② 홈 > '유아놀이터' > '언어마을' > '동화 놀이터' > '그림동화 만들기'를 클릭한다.

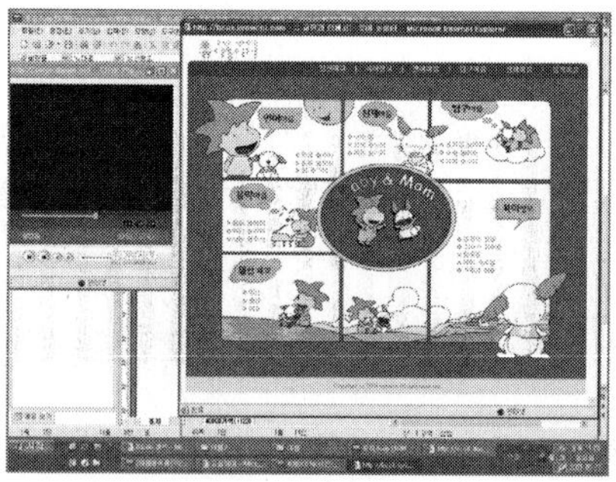

③ '나팔꽃이 피었어요'를 클릭한다.

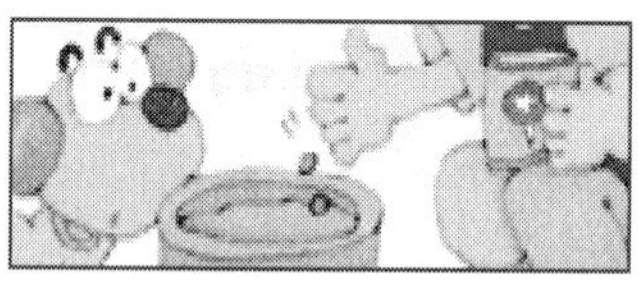

나팔꽃이 피었어요

④ '나팔꽃이 피었어요' 그림동화를 만든다.

- 그림을 순서대로 놓는다.
- 번호 순서대로 큰 그림의 아래 부분에 동화의 내용을 적는다.

⑤ 동화의 내용을 모두 적은 후 시작하기 를 클릭하여 만든 동화를 감상한다.

송이가 화분에 씨앗을 뿌렸어요.

요정이 날아와 송이가 심은 씨앗의 싹을 틔웠어요.

요정은 예쁜 나팔꽃이 피도록 해 주었어요.

나팔꽃은 하늘의 무지개를 타고 올라가 꽃을 피웠어요.

⑥ 만든 동화를 인쇄해 이야기책으로 만든다.

5 동시 감상 및 짓기

❙ 교육과정 관련 요소 ❙

- **사회생활**: 이웃과 더불어 생활하기—다른 사람을 이해하고 존중하기
- **표현생활**: 예술적 표현 즐기기—창의적인 표현 과정 즐기기
- **언어생활**: 듣기—문학 작품 즐겨 듣기
  —이야기 듣고 이해하기
  말하기—생각과 느낌 말하기
  쓰기—쓰기에 관심 가지기
- **탐구생활**: 과학적 기초 능력 기르기—생명체와 자연환경 소중하게 여기기
  —자연현상에 대해 알아보기

1) 여름철 꽃밭 (CD—ROM)

- **활동목표**: 동시를 듣고 느낌이나 생각을 이야기한다.
  자신의 느낌이나 생각을 글로 표현한다.
- **활동유형**: 소집단 활동 및 대집단 활동
- **활동자료**: '제6차 유치원 교육과정 적용 이야기 나누기 1학기' CD, 컴퓨터
- **활동방법**

① '제6차 유치원 교육과정 적용 이야기 나누기 1학기' CD를 실행한다.

② '생활주제' > '봄/여름' > '여름철 꽃밭'을 선택한다.

③ 사진을 보면서 여름에 피는 꽃에는 어떤 것들이 있는지 이야기한다.

- 여름에 볼 수 있는 꽃에는 어떤 것들이 있을까?

  –나팔꽃, 채송화, 해바라기, 분꽃 등

④ '여름철 꽃밭' 동시를 듣는다.

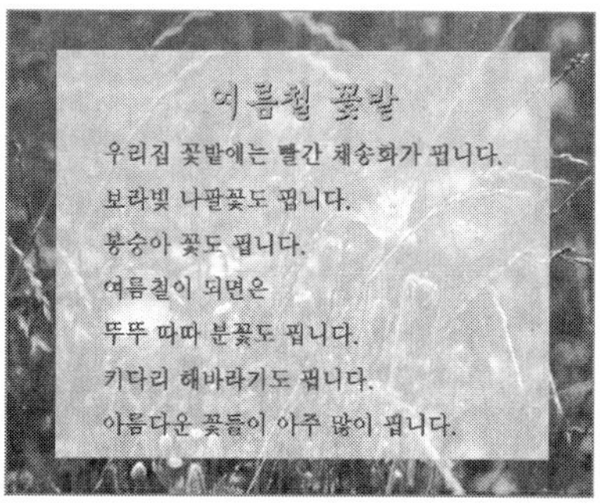

⑤ 동시에 대한 느낌을 이야기한다.

⑥ 동시 내용 중 바꾸고 싶은 내용을 의논한다.

- 우리집 꽃밭에는 ( )도 핍니다.

⑦ 동시 짓기 활동지를 인쇄한다.

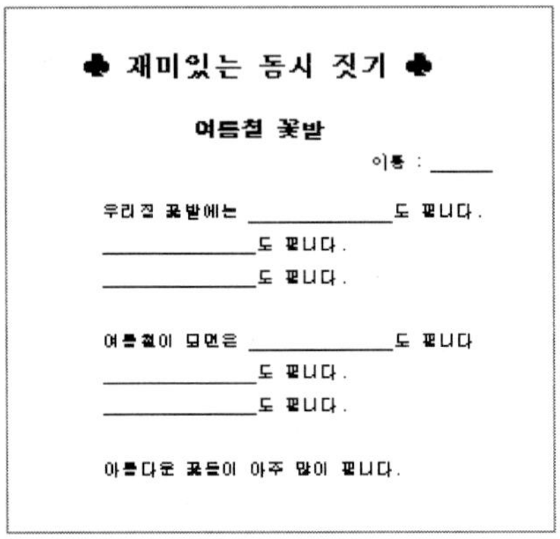

♣ 재미있는 동시 짓기 ♣

여름철 꽃밭

이름 : ______

우리집 꽃밭에는 ____________도 핍니다.
____________도 핍니다.
____________도 핍니다.

여름철이 되면은 ____________도 핍니다
____________도 핍니다.
____________도 핍니다.

아름다운 꽃들이 아주 많이 핍니다.

⑧ 빈 곳에 글자를 적는다.

⑨ 완성되면 다른 친구들에게 자신이 만든 동시를 소개한다.

2) 비누방울 (인터넷)

- **활동목표:** 인터넷을 활용하여 동시를 듣는다.
  동시를 듣고 느낌이나 생각을 이야기한다.
- **활동유형:** 소집단 활동 및 대집단 활동
- **활동자료:** 인터넷 '동키넷', 컴퓨터
- **활동방법**

① 인터넷 주소창에 '동키넷' http://www.dongky.net/을 입력한다.

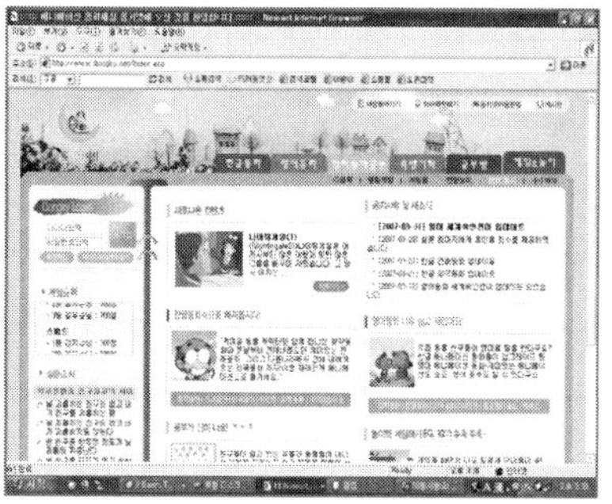

② 홈 > '게임 · 놀이' > '동요 · 동시' > '비눗방울'을 클릭한다.

③ '비눗방울' 동시를 듣는다.

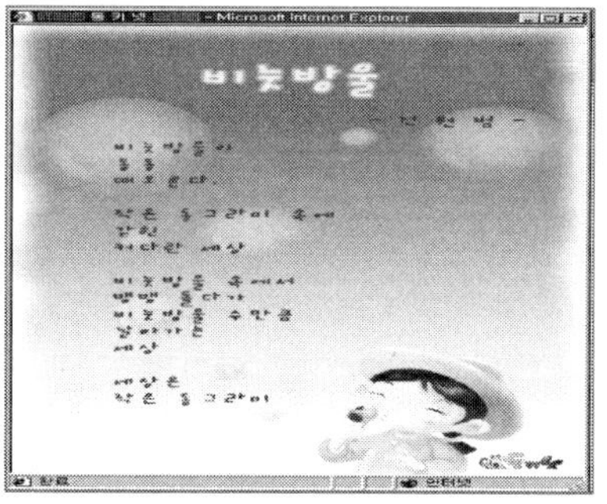

④ 동시에 대한 느낌을 이야기한다.

6 동요 감상 및 짓기

▌교육과정 관련 요소▐

- **사회생활**: 이웃과 더불어 생활하기－다른 사람을 이해하고 존중하기
- **표현생활**: 예술적 표현 즐기기－창의적인 표현 과정 즐기기
  －음악으로 표현하기
- **언어생활**: 듣기－문학 작품 즐겨 듣기
  －이야기 듣고 이해하기
  말하기－생각과 느낌 말하기
  쓰기－쓰기에 관심 가지기
- **탐구생활**: 과학적 기초 능력 기르기－생명체와 자연환경 소중하게 여기기
  －자연현상에 대해 알아보기

1) 빗방울 (인터넷)

- **활동목표**: 동요를 즐겁게 부른다.
  동요 가사를 창의적으로 바꾸어 부른다.
- **활동유형**: 소집단 활동 및 대집단 활동
- **활동자료**: 인터넷 '유리누리닷컴', 컴퓨터
- **활동방법**

① 인터넷 주소창에 '유리누리닷컴' http://www.yurinuri.com/을 입력한다.

② 홈 > '동요마을' > '유아(한글 동요)' > 검색창에 '여름 하늘'을 검색한다.

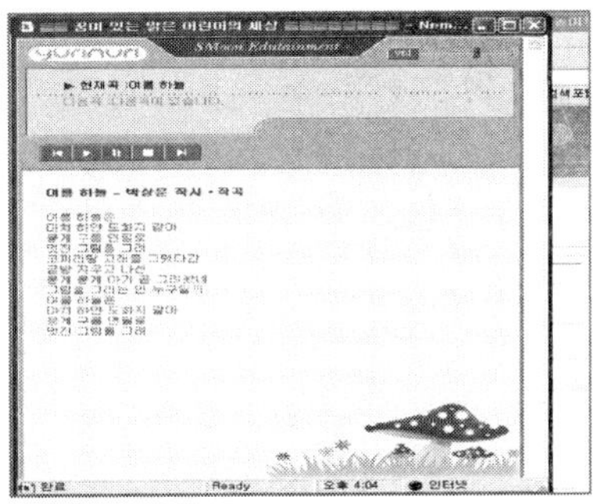

③ '동요 듣기'를 클릭하여 동요를 불러본다.

④ 동요의 가사 중 다르게 생각하는 부분을 이야기한다.

- 가사 중 어느 부분을 바꾸어 부르면 좋을까?

⑤ 유아들과 의논하여 바꾼 가사를 넣어 동요를 부른다.

가 을

1 가을의 변화에 대해 알아보기

| 교육과정 관련 요소 |

- **사회생활:** 이웃과 더불어 생활하기—다른 사람을 이해하고 존중하기
- **언어생활:** 듣기—이야기 듣고 이해하기
  말하기—생각과 느낌 말하기
- **탐구생활:** 탐구하는 태도 기르기—사물과 현상에 지속적인 관심 가지기
  과학적 기초 능력 기르기—생명체와 자연환경 소중하게 여기기
  —자연현상에 대해 알아보기

1) 나뭇잎이 변했어요 (인터넷)

- **활동목표:** 계절에 따른 나무의 변화에 대하여 안다.
  인터넷을 활용하여 가을과 관련된 정보를 찾을 수 있다.
- **활동유형:** 소집단 활동 및 대집단 활동
- **활동자료:** 인터넷 '베스트키드' 컴퓨터
- **활동방법**

① 인터넷 주소창에 '베스트키드' http://www.wonline.co.kr/bestkid/를 입력한다.

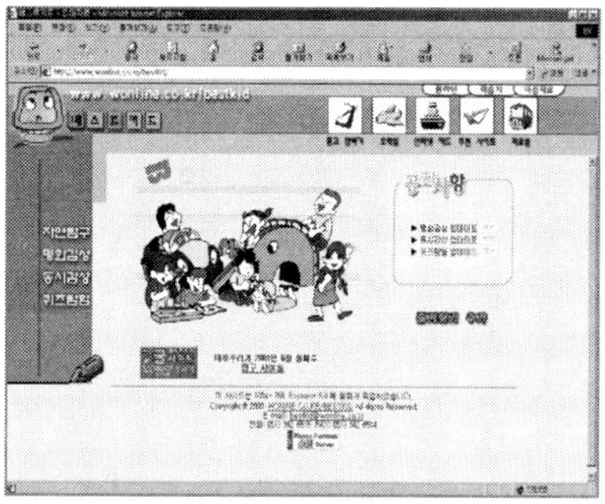

② 홈 > 자연탐구 >  목록의 나뭇잎의 를 클릭한다.

③ 계절의 변화에 따른 나뭇잎의 변화에 대하여 알아본다.

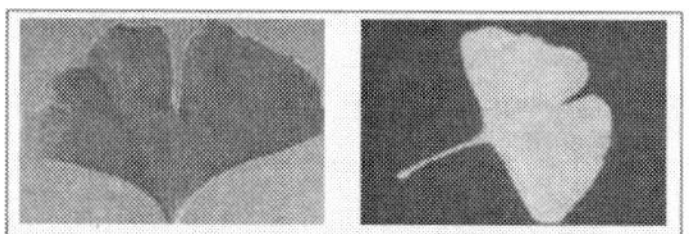

은행나무의 잎 ▶ 노란색으로 물든 은행단풍잎

왕벚나무의 잎 ▶ 붉은색으로 물든 왕벚나무의 단풍잎

④ 나뭇잎의 변화에 대한 궁금한 내용을 함께 이야기한다.

- 왜 단풍이 들까?
- 나뭇잎은 왜 다른 색깔로 물이 들까?
- 모든 나뭇잎은 단풍이 들까?

2) 나뭇잎은 왜 떨어질까요 (CD-ROM)

- **활동목표**: 계절에 따른 나무의 변화에 대하여 안다.
  나뭇잎의 변화에 대하여 이야기 나눈다.
- **활동유형**: 소집단 활동 및 대집단 활동
- **활동자료**: '유아 멀티미디어 교수자료 6' CD, 컴퓨터
- **활동방법**

① '6. 우리나라/다른 나라 · 풍성한 가을' CD를 실행한다.

② '주제별 학습' > '풍성한 가을' > '가을이 왔어요' > '떨어진 나뭇잎'을 클릭한다.

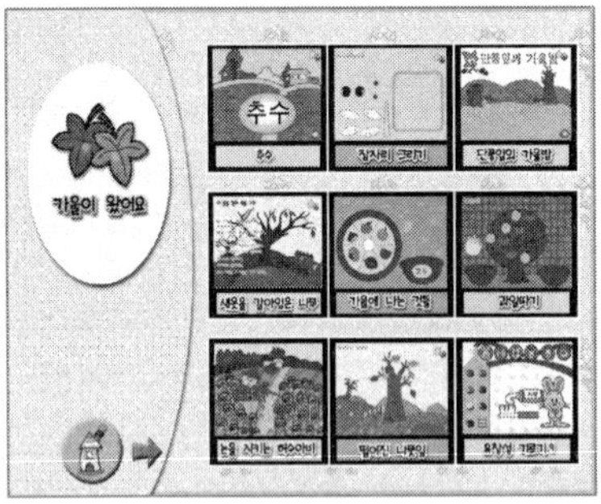

③ 가을이 되면 왜 나뭇잎이 떨어지는지에 대한 설명을 듣는다.

2 가을의 곡식과 열매에 대해 알아보기

▌교육과정 관련 요소▐

- **사회생활:** 이웃과 더불어 생활하기 – 다른 사람을 이해하고 존중하기
- **언어생활:** 듣기 – 문학 작품 즐겨듣기
  – 이야기 듣고 이해하기
  말하기 – 생각과 느낌 말하기
- **탐구생활:** 탐구하는 태도 기르기 – 사물과 현상에 지속적인 관심 가지기
  과학적 기초 능력 기르기 – 생명체와 자연환경 소중하게 여기기
  – 자연현상에 대해 알아보기

1) 가을에 나는 곡식이에요 ( 인터넷)

- **활동목표:** 가을에 나는 곡식에 대하여 안다.
  인터넷을 활용하여 곡식과 관련된 정보를 찾을 수 있다.
- **활동유형:** 소집단 활동
- **활동자료:** 인터넷 '서울교수학습지원센터', 컴퓨터, 여러 가지 곡식

• **활동방법**

① 인터넷 주소창에 '서울교수학습지원센터' http://www.ssem.or.kr/를 입력한다.

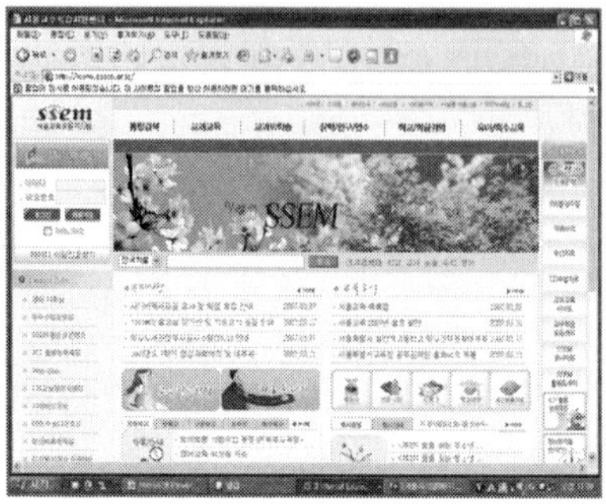

② 홈 > '교과교육' > '수업자료' > '유치원'>'계절'을 클릭한다. 검색 창에 '가을의 곡식'을 입력한다.

③ 여러 가지 종류의 곡식에 대해서 알아본다.

⇨ 각각 곡식들의 특징과 곡식으로 만들 수 있는 음식에 대해서 이야기 나눈다.

2) 추수를 해요 (CD-ROM)

- **활동목표**: 계절의 변화에 따른 사람의 생활에 대하여 관심을 가진다.
  추수 과정을 안다.
  농사짓는 분들에게 고마운 마음을 가진다.
- **활동유형**: 소집단 활동 및 대집단 활동
- **활동자료**: '유아 멀티미디어 교수자료 6' CD, 컴퓨터
- **활동방법**

① '6. 우리나라/다른 나라 · 풍성한 가을' CD를 실행한다.

② '주제별 학습' > '풍성한 가을' > '가을이 왔어요' > '추수'를 클릭한다.

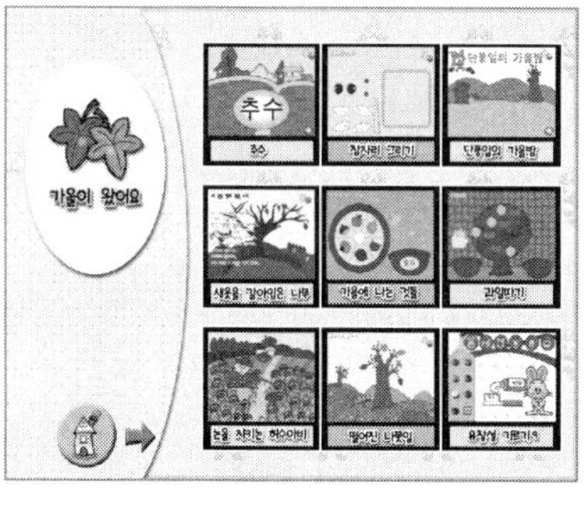

③ 그림을 보며 추수 과정에 대하여 이야기 나눈다.

- 무엇을 하는 그림일까?
  -모판에 모를 길러요.

—모판의 모를 논에 심어요.

—벼가 무럭무럭 자라요.

—벼이삭이 누렇게 물들고 쌀이 영글어요.

—벼가 익으면 추수를 해요.

—정미소에서 벼를 찧어요.

—추수한 쌀로 떡과 과자를 만들어 먹어요.

• 우리가 밥을 먹기까지 수고해 주신 분은 누구일까?

—농부 아저씨, 정미소에서 일하시는 분, 쌀가게에서 일하시는 분 등

• 그 분들에게 어떤 마음을 가져야 할까?

—감사한 마음

3) '논과 밭에서 기르는 식물'에 대하여 알아보아요 (CD—ROM)

• **활동목표**: 논과 밭에서 기르는 식물의 종류에 대하여 관심을 가진다.
가을에 수확하는 곡식과 열매에 대하여 이야기한다.

• **활동유형**: 소집단 활동 및 대집단 활동

• **활동자료**: '보리 어린이 식물도감' CD, 컴퓨터

• **활동방법**

① '보리 어린이 식물도감' CD를 실행한다.

② '논과 밭에서 기르는 식물'을 클릭한다.

③ 여러 가지 식물들 중에서 가을에 볼 수 있는 곡식이나 열매를 찾아본다.

- 가을에 거두어들이는 곡식과 열매에는 어떤 것들이 있을까?

  -밤, 벼, 감 등

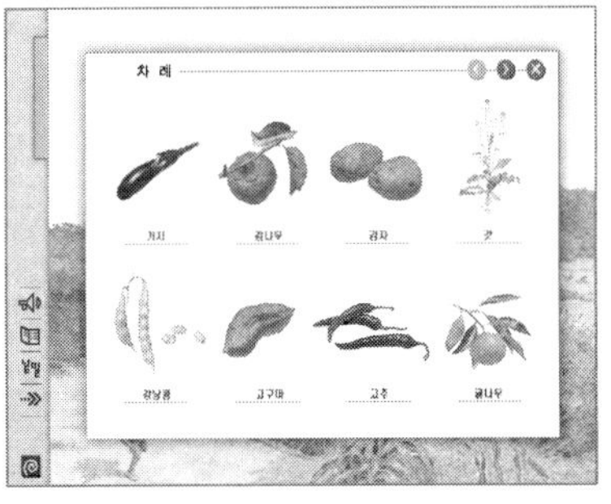

④ 가을에 볼 수 있는 곡식과 열매에 대한 그림을 보고, 그것에 대한 설명을 듣는다.

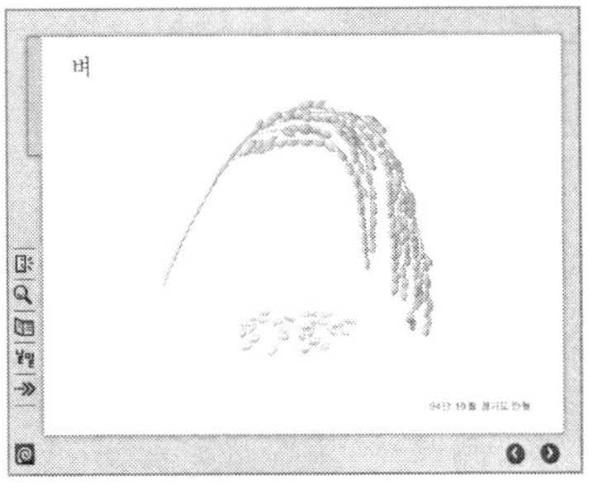

- : 식물에 대한 설명을 들을 수 있다.

- : 그림을 크게 볼 수 있다.
- : 다른 식물에 대하여 알아보고 싶을 때 이름을 넣어 검색할 수 있다.
- : '꽃밭에서 기르는 식물'에 대한 내용을 자동으로 실행할 수 있다.

'곡식' 관련 인터넷 사이트

- **'농림부 어린이 교실'**–http://child.maf.go.kr
  농림부에서 제공하는 어린이 농업교실로, 농업에 대한 소개와 농업의 역사, 동물 농장, 사이버 농업 학교 등 도심 속에서 맛보기 어려운 여러 유익한 정보를 제공하고 있다. 과일, 곡식, 채소별 농산물의 종류와 체험코너에서 곤충, 관찰일기, 주말농장 등 관련 소개나 직접 체험 가능한 장소 정보를 제공해 주고 있다.

3 가을에 볼 수 있는 꽃 · 곤충에 대해 알아보기

▌교육과정 관련 요소▐

- 사회생활: 이웃과 더불어 생활하기–다른 사람을 이해하고 존중하기
- 언어생활: 듣기–문학 작품 즐겨듣기
  –이야기 듣고 이해하기
  말하기–생각과 느낌 말하기

• **탐구생활**: 탐구하는 태도 기르기—사물과 현상에 지속적인 관심 가지기
과학적 기초 능력 기르기—생명체와 자연환경 소중하게 여기기
—자연현상에 대해 알아보기

1) 가을에 피는 꽃이 있어요 (인터넷)

• **활동목표**: 가을에 피는 꽃은 다양하다는 것을 안다.
인터넷을 활용하여 정보를 찾을 수 있다.

• **활동유형**: 소집단 활동 및 대집단 활동

• **활동자료**: 인터넷 '베스트키드', 컴퓨터, 종이, 필기도구, 액자

• **활동방법**

① 인터넷 주소창에 '베스트키드' http://www.wonline.co.kr/bestkid/를 입력한다.

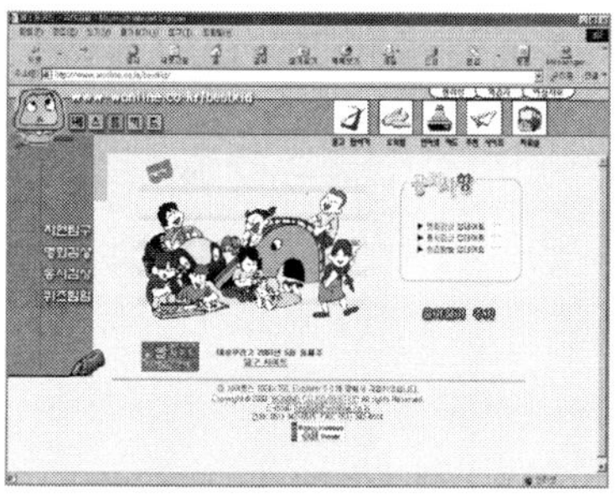

② 홈 > 자연탐구 > 목록의 가을에 를 클릭한다.

③ 가을에 피는 꽃의 종류와 특성에 대하여 알아본다.

• 가을에 피는 꽃에는 어떤 것들이 있을까?

④ 자연탐구 > 목록의 국화 를 클릭한다.

⇨ '국화'에 대하여 알아본다.

• 국화의 모양은 어떠하니?

• 국화의 색깔은 어떠하니?

2) 가을에 볼 수 있는 곤충에 대하여 알아보아요 (인터넷)

• **활동목표**: 가을에 볼 수 있는 곤충의 종류와 생활에 관심을 가진다.
인터넷을 활용하여 필요한 정보를 찾는다.

• **활동유형**: 소집단 활동 및 대집단 활동

• **활동자료**: 인터넷 '사이버 곤충생태원', 컴퓨터

• **활동방법**

① 인터넷 주소창에 '사이버 곤충생태원' http://goodinsect.niast.go.kr/cig을 입력한다.

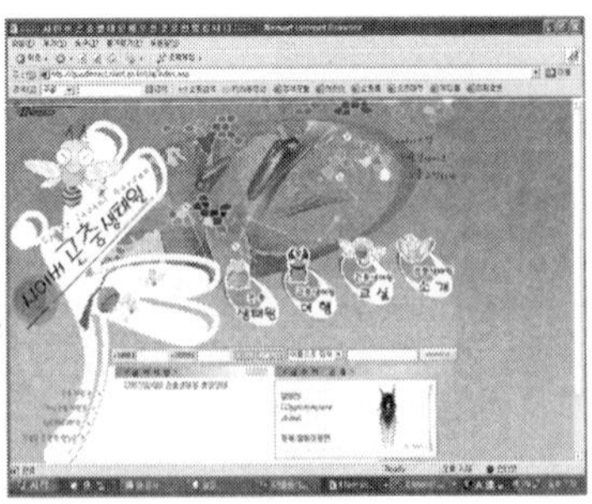

② 홈 > '곤충 생태원 여행'을 클릭해 '계절로의 여행'으로 들어간다.

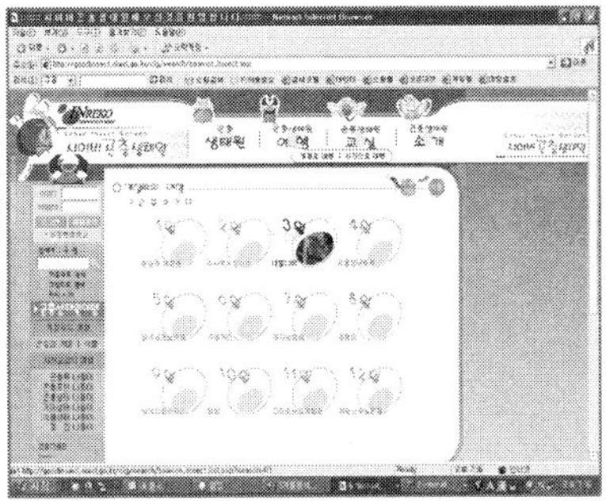

③ 가을에 사는 곤충에 대하여 알아본다.

- 가을에 많이 볼 수 있는 곤충은 어떤 것들이 있을까?
- 가을에 사는 곤충에는 어떤 것들이 있을까?

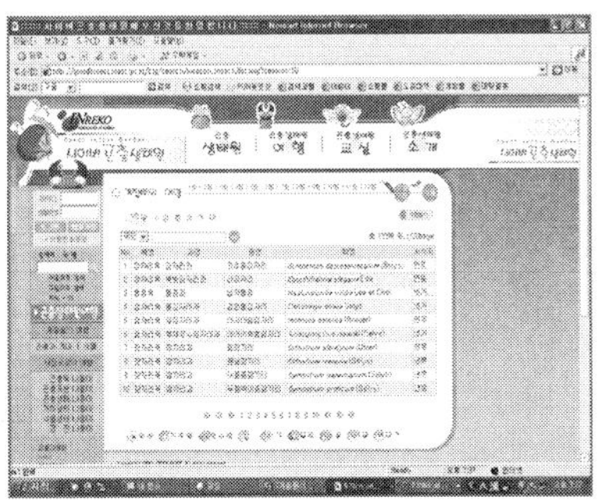

④ 가을 곤충의 종류와 특징에 대한 사진과 설명을 본다.

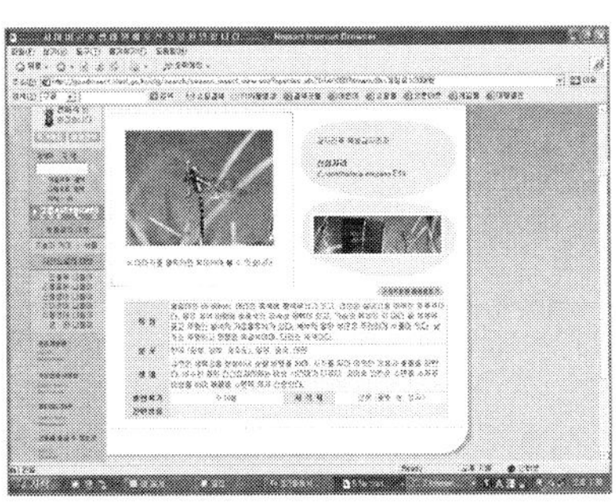

3) 가을 곤충의 소리를 들어보아요 (CD-ROM)

- **활동목표**: 가을에 볼 수 있는 다양한 곤충이 있음을 안다.
  가을에 들을 수 있는 곤충의 소리에 관심을 가진다.
- **활동유형**: 소집단 활동 및 대집단 활동
- **활동자료**: '보리 어린이 동물도감' CD, 컴퓨터
- **활동방법**

① '보리 어린이 동물도감' CD를 실행한다.

② '곤충과 작은 동물'을 클릭한다.

③ 화면을 클릭하여 나오는 여러 가지 '곤충과 작은 동물' 중에서 가을에 볼 수 있는 곤충을 찾아본다.

④ '귀뚜라미'의 그림을 보면서 설명을 들어본다.

⑤ [아이콘] 를 클릭하여 귀뚜라미의 울음소리를 듣는다.

- [아이콘] : 동물에 대한 설명을 들을 수 있다.
- [아이콘] : 동물 그림을 크게 볼 수 있다.
- [아이콘] : 다른 동물을 검색할 수 있다.
- [아이콘] : 동물에 관한 그림과 설명을 자동으로 실행시킬 수 있다.

'곤충' 관련 인터넷 사이트

- '한국의 잠자리'—http://jasa.pe.kr/
- '한국의 메뚜기'—http://jasa.pe.kr/pulmuchi/
- '한국의 수서곤충'—http://waterinsect.ecsoft.co.kr/index.php

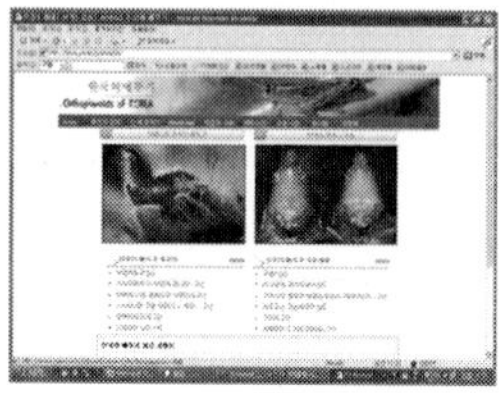
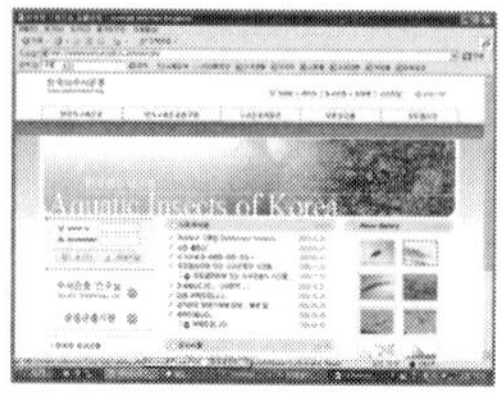

- '사이버 곤충생태원'—http://goodinsect.niast.go.kr/cig/

  곤충생태원을 가상공간인 웹 상에 구현한 것으로 식물 및 곤충 생태 정보를 일반인들이 쉽게 접할 수 있도록 하였다. 곤충생태원의 소개와 계절 별 곤충 및 식물 안내, 곤충의 사진과 곤충의 일생에 대한 자료를 제공하고 있으며 곤충 관련 사이트도 소개하고 있다.

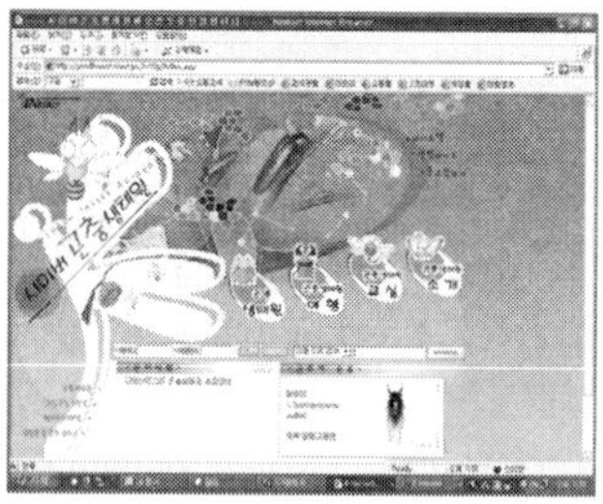

'식물' 관련 인터넷 사이트

- '국가생물종지식정보시스템'—http://www.nature.go.kr/

  산림청에서 운영하는 국가식물자원정보관리 사이트로 디지털 식물교실, 식물자원DB, 보전기관DB에 관한 정보를 제공하고 있다.

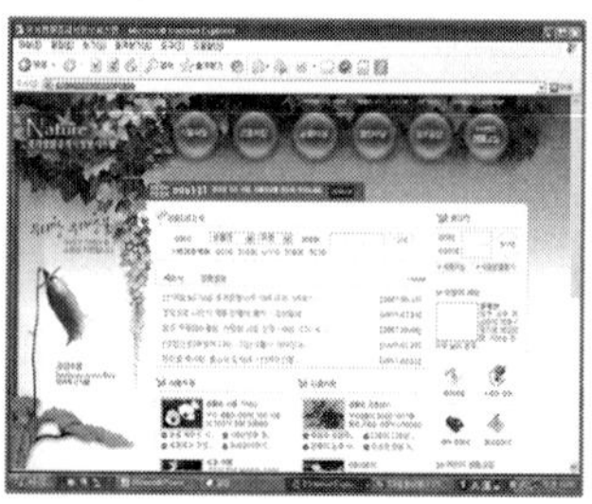

- **'한국의 희귀식물'**–http://www.kna.go.kr:9320/
  산림청이 선정한 258종의 학명, 이명, 분포, 형태적 특징, 사진자료, 보존대책 및 문헌정보를 제공하고 있다.

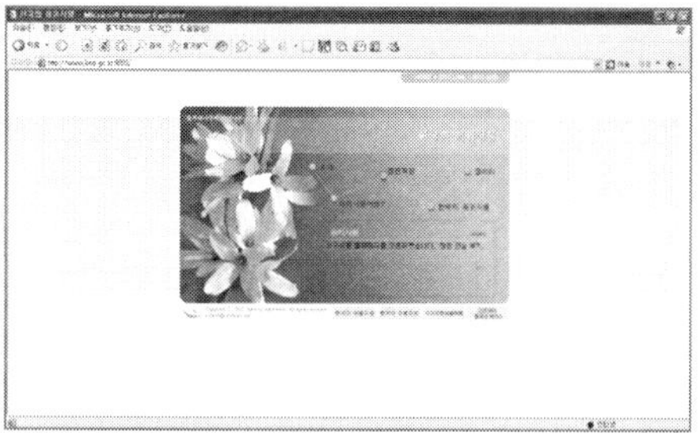

- **'어린이 생물교실'**–http://www.nature.go.kr/kid_2005/
  재미있는 애니메이션 동영상을 통해, 숲에서 일어나는 여러 가지 이야기를 들을 수 있다. 나무, 곤충, 동물, 식물 에 대한 궁금증을 해결할 수 있고, 직접 만날 수 있는 방법도 소개하고 있다.

- **'나무모아닷컴'**–http://www.namumore.com
  나무의 전체 수형, 꽃, 잎 등의 여러 사진과 형태적 설명, 조경학적, 식재정보, 병해충방제 등에 관한 다양한 정보를 제공하고 있다.

4 동화 듣기

▌교육과정 관련 요소▐

- **표현생활**: 예술적 표현 즐기기－창의적인 표현 과정 즐기기
- **언어생활**: 듣기－문학 작품 즐겨듣기
  －이야기 듣고 이해하기
  말하기－생각과 느낌 말하기
- **탐구생활**: 탐구하는 태도 기르기－사물과 현상에 지속적인 관심 가지기
  과학적 기초 능력 기르기－생명체와 자연환경 소중하게 여기기
  －자연현상에 대해 알아보기

1) '단풍잎의 가을밤' (CD－ROM)

- **활동목표**: 동화를 듣고 즐긴다.
  동화를 듣고 느낌이나 생각을 이야기한다.
- **활동유형**: 소집단 활동 및 대집단 활동
- **활동자료**: '유아 멀티미디어 교수자료 6' CD, 컴퓨터
- **활동방법**

① '6. 우리나라 다른 나라 · 풍성한 가을' CD를 실행한다.

② '주제별 학습' > '풍성한 가을'을 클릭한다.

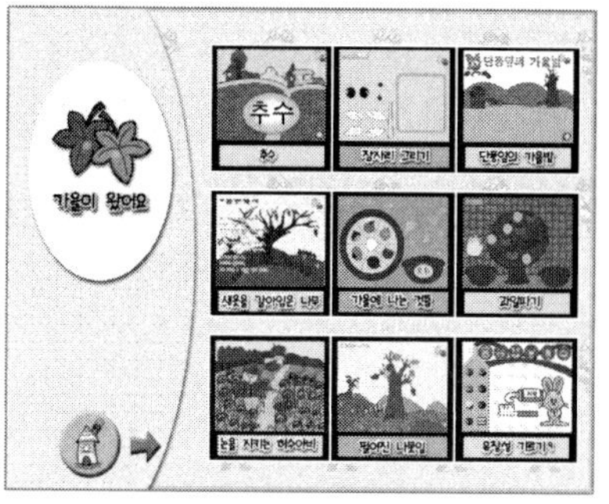

③ '단풍잎의 가을밤'을 클릭한다.

④ 동화를 듣는다.

⑤ 동화에 대한 느낌을 이야기한다.

2) '날고 싶은 허수아비' ( 인터넷)

- **활동목표**: 동화를 듣고 즐긴다.
  동화를 듣고 느낌이나 생각을 이야기한다.
- **활동유형**: 소집단 활동 및 대집단 활동
- **활동자료**: 인터넷 '부키의 동화나라', 컴퓨터
- **활동방법**

① 인터넷 주소창에 '부키의 동화나라' http://www.buki.co.kr/main.php를 입력한다.

② 홈 >  에서 '날고 싶은 허수아비'를 검색한다.

③ 유아들과 함께 동화를 듣는다.

④ 동화에 대한 느낌을 이야기한다.

'가을' 관련 인터넷 동화 사이드

- **'e－동화'**－http://www.e－donghwa.com

① 인터넷 주소창에 'e－동화'를 입력한다.

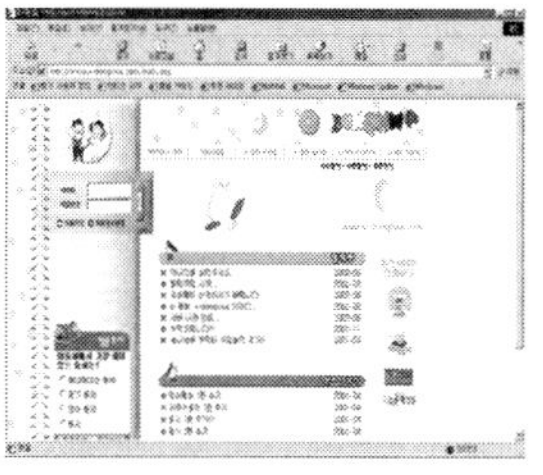

② 홈 > '재미있는 e－동화' > '애니메이션동화'를 클릭한다.

[호두를 '딱' 깨물었더니]

- **'쥬니어네이버'**－http://jr.naver.com

① 인터넷 주소창에 '쥬니어네이버'를 입력한다.

② 홈 > '동화여행' > '창작동화' > '참새와 허수아비'를 클릭한다.

[참새와 허수아비]

5 동시 감상 및 짓기

| 교육과정 관련 요소 |

- 사회생활: 이웃과 더불어 생활하기－다른 사람을 이해하고 존중하기
- 표현생활: 예술적 표현 즐기기－창의적인 표현과정 즐기기
- 언어생활: 듣기－문학 작품 즐겨듣기
  －이야기 듣고 이해하기
  말하기－생각과 느낌 말하기

1) '바사삭 바사삭' (CD－ROM)

- 활동목표: 동시를 듣고 즐긴다.
  동시를 듣고 난 느낌에 대하여 이야기한다.
- 활동유형: 소집단 활동 및 대집단 활동
- 활동자료: '제6차 유치원 교육과정 적용 이야기 나누기 2학기' CD, 컴퓨터
- 활동방법

① '제6차 유치원 교육과정 적용 이야기 나누기 2학기' CD를 실행한다.

② '생활주제' > '동시' > '바사삭 바사삭'을 클릭한다.

③ 동시를 듣는다.

④ 동시를 듣고 난 느낌에 대하여 이야기 나눈다.

⑤ 동시 내용 중 바꾸고 싶은 내용을 의논한다.

- 낙엽 사이로 (　　)이 지나갔어요.

⑥ 동시 짓기 활동지를 인쇄한다.

♣ 재미있는 동시 짓기 ♣

바사삭 바사삭

이름 : ______

____

"누가 오나 보지요"

"아뇨. 낙엽 사이로 ________이 지나갔어요.

"누가 오나 보지요"

"아뇨. 낙엽 사이로 ________가 지나갔어요.

⑦ 빈 곳에 글자를 적는다.

⑧ 완성되면 다른 친구들에게 자신이 만든 동시를 소개한다.

2) '새 옷을 갈아입은 나무' (CD-ROM)

- **활동목표**: 동시를 듣고 즐긴다.
  동시를 듣고 느낌이나 생각을 이야기한다.
- **활동유형**: 소집단 활동 및 대집단 활동
- **활동자료**: '유아 멀티미디어 교수자료 6' CD, 컴퓨터
- **활동방법**

① '6. 우리나라 다른 나라 · 풍성한 가을' CD를 실행한다.

② '주제별 학습' > '풍성한 가을' > '가을이 왔어요' > '새 옷을 갈아입은 나무'를 클릭한다.

③ 을 클릭하여 '새 옷을 갈아입은 나무' 동시를 듣는다.

④ 동시에 대한 느낌을 이야기한다.

⑤ 동시 내용 중 바꾸고 싶은 내용을 의논한다.

- (　　　) 나뭇잎이 (　　　) 떨어져요.

⑥ 동시 짓기 활동지를 인쇄한다.

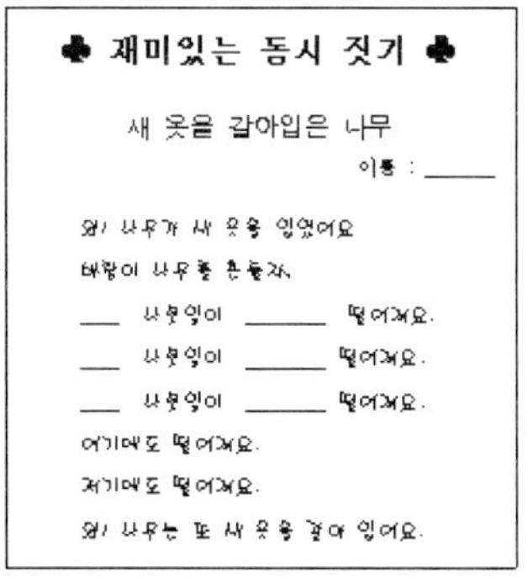

♣ 재미있는 동시 짓기 ♣

새 옷을 갈아입은 나무

이름 : ______

와! 나무가 새 옷을 입었어요

바람이 나무를 흔들자,

___ 나뭇잎이 ______ 떨어져요.

___ 나뭇잎이 ______ 떨어져요.

___ 나뭇잎이 ______ 떨어져요.

여기에도 떨어져요.

저기에도 떨어져요.

와! 나무는 또 새 옷을 갈아 입어요.

⑦ 빈 곳에 글자를 적는다.

⑧ 완성되면 다른 친구들에게 자신이 만든 동시를 소개한다.

3) '허수아비' (인터넷)

- 활동목표: 다양한 방법으로 동시를 듣고 즐긴다.
  동시를 듣고 느낌이나 생각을 이야기한다.

- **활동유형**: 소집단 활동 및 대집단 활동
- **활동자료**: 인터넷 '동키넷', 컴퓨터
- **활동방법**

① 인터넷 주소창에 '동키넷' http://www.dongky.net/을 입력한다.

② 홈 > 게임 & 놀이 > 동요 · 동시 > '허수아비'를 클릭한다.

③ '허수아비' 동시를 듣는다.

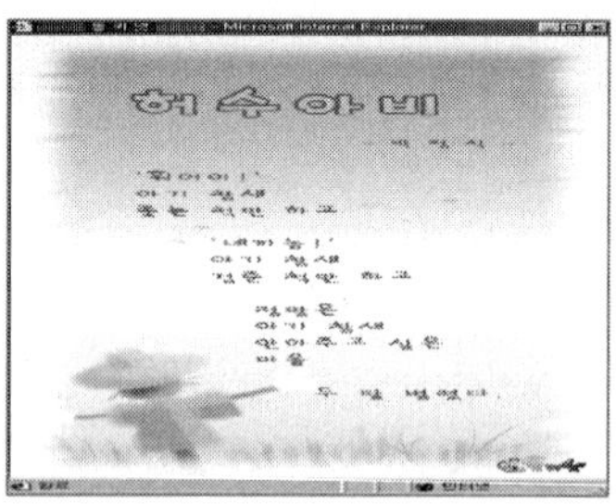

④ 동시에 대한 느낌을 이야기한다.

6 이야기 꾸미기

▌교육과정 관련 요소▐

- **사회생활**: 이웃과 더불어 생활하기－다른 사람을 이해하고 존중하기
- **표현생활**: 예술적 표현 즐기기－창의적인 표현 과정 즐기기
- **언어생활**: 듣기－문학 작품 즐겨 듣기
  －이야기 듣고 이해하기
  말하기－생각과 느낌 말하기
- **탐구생활**: 탐구하는 태도 기르기－사물과 현상에 지속적인 관심 가지기
  과학적 기초 능력 기르기－생명체와 자연환경 소중하게 여기기
  －자연현상에 대해 알아보기

1) 그림 이야기 책 만들기 (인터넷)

- **활동목표**: 인터넷을 활용해서 이야기를 만든다.
  그림을 보고 유아 나름대로의 생각을 이야기로 만든다.
  다양하고 독특하게 생각한다.
- **활동유형**: 개별 활동 및 소집단 활동
- **활동자료**: 인터넷 '교원아이', 컴퓨터, 프린터
- **활동방법**

① 인터넷 주소창에 '교원아이' http://www.kyowoni.com/를 입력한다.

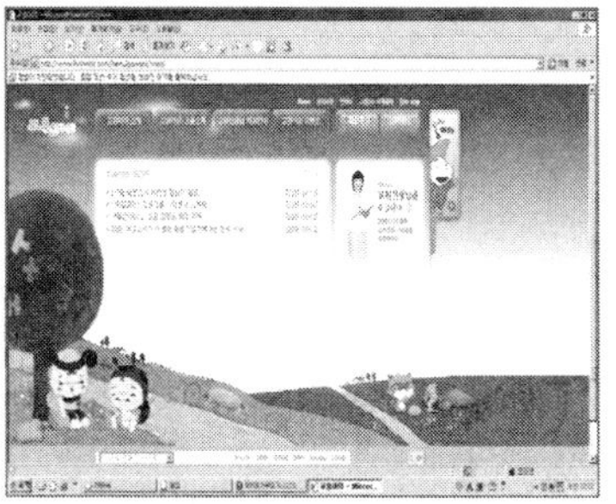

② 홈 > '유아놀이터' > '언어마을' > '동화놀이터' > '그림동화 만들기'를 클릭한다.

③ '농부 아저씨'를 클릭한다.

농부 아저씨

④ '농부 아저씨' 그림동화를 만든다.

- 먼저 그림을 순서대로 놓는다.
- 번호 순서대로 큰 그림의 아래에 동화의 내용을 적는다.

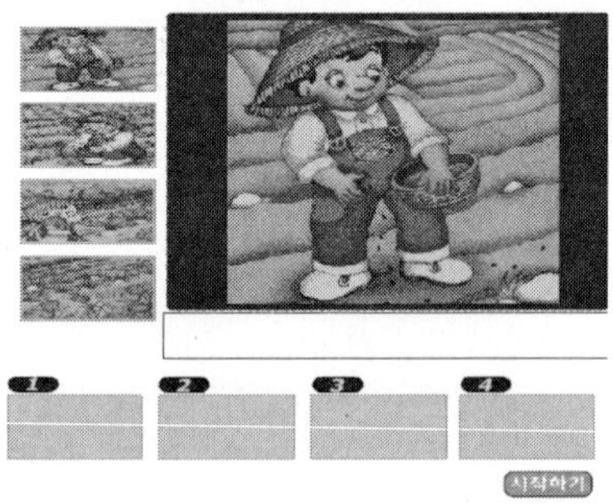

⑤ 동화의 내용을 모두 적었으면 시작하기 를 선택하여 만든 동화를 감상한다.

농부 아저씨가 씨앗을 뿌렸어요.

싹이 자라 무가 되었어요.

무가 자란 것을 보고 아저씨는 무척 행복했어요.

농부 아저씨는 싹이 잘 자라도록 풀을 뽑아 주었어요.

⑥ 만든 동화를 인쇄하여 이야기책으로 만든다.

⑦ 완성된 동화책을 다른 유아에게 소개한다.

겨 울

1 겨울의 날씨와 자연의 변화에 대해 알아보기

▌교육과정 관련 요소▐

- 언어생활: 듣기—문학 작품 즐겨 듣기
  —이야기 듣고 이해하기
  말하기—생각과 느낌 말하기
- 탐구생활: 탐구하는 태도 기르기—사물과 현상에 지속적인 관심 가지기
  과학적 기초 능력 기르기—생명체와 자연환경 소중하게 여기기
  —자연현상에 대해 알아보기

1) 겨울철의 생활에 대해 알아보아요 (CD—ROM)

- **활동목표:** 겨울의 날씨 변화에 대해 안다.
  추운 겨울철의 생활에 대해 안다.
- **활동유형:** 소집단 활동 및 대집단 활동
- **활동자료:** '제6차 유치원 교육과정 적용 이야기 나누기 2학기' CD, 컴퓨터
- **활동방법**

① '제6차 유치원 교육과정 적용 이야기 나누기 2학기' CD를 실행한다.

② '생활주제' > '가을/겨울' > '추워졌어요'를 클릭한다.

③ 겨울이 되면 동물과 식물이 어떻게 생활하는지에 대해 이야기 나눈다.

- 겨울잠을 자는 동물에는 어떤 것들이 있을까?
- 동물은 겨울에 어떻게 생활을 할까?
- 식물은 겨울에 어떻게 생활을 할까?

④ 사람은 겨울이 되면 어떻게 생활하는지에 대해 이야기 나눈다.

- 겨울철에 우리에게 필요한 물건에는 어떤 것들이 있을까?
- 겨울을 대비해 집에서 김장하는 것을 본 적이 있는 친구들은 경험을 이야기해 볼까?

⑤ 겨울철 건강을 위해 조심해야 할 것에는 어떤 것들이 있는지 이야기 나눈다.

2) 겨울철 나무의 변화에 대해 알아보아요 (인터넷, 파워포인트)

- **활동목표**: 겨울철 나무의 변화에 대해 알고 계절의 변화를 느낀다.
- **활동유형**: 소집단 활동 및 대집단 활동
- **활동자료**: 인터넷 '서울교수학습지원센터', 컴퓨터
- **활동방법**

① 인터넷 주소창에 '서울교수학습지원센터' http://www.ssem.or.kr를 입력한다.

② 홈 > '교과교육' > '수업자료' > '유치원' >'계절'을 클릭한 후 '겨울의 식물'을 검색창에 쓴다.

③ '겨울의 식물'을 클릭한 후 자료를 내려받는다.

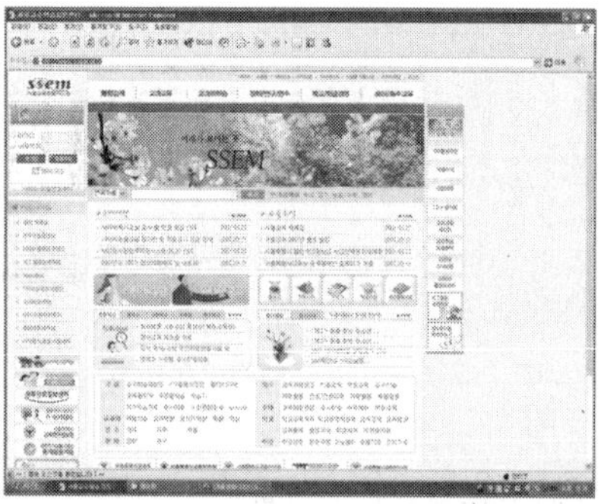

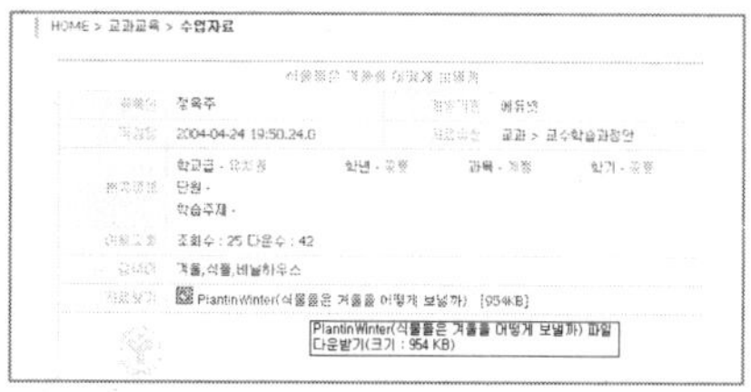

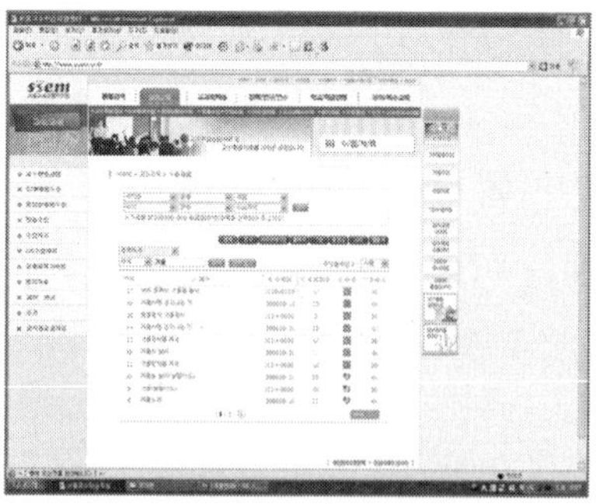

• 겨울철의 식물은 어떻게 변할까? 겨울에는 왜 나뭇잎이 다 떨어지고 없을까?

• 나무와 풀들은 어떻게 변할까?

• 겨울에도 푸른 잎을 가진 식물이 있을까? 어떤 것들이 있을까?

• 식물은 겨울을 어떻게 보낼까?

3) 겨울 동산으로 여행을 해요 (CD-ROM)

• **활동목표**: 겨울 날씨의 특징과 생활의 변화를 알아본다.

• **활동유형**: 개별 활동 및 소집단 활동

• **활동자료**: '오스카의 신기한 자연 이야기' CD, 컴퓨터

• **활동방법**

① 겨울이 되면 생기는 변화에 대해 이야기 나눈다.

- 겨울이 되면 산과 들, 동물, 식물은 어떻게 변할까?
  - 하얀 눈이 내려 하얗게 변해요.
  - 나무와 풀 등 식물의 색깔이 변하고 나뭇잎이 떨어져요.
  - 동물이 겨울잠을 자요.

② '오스카의 신기한 자연 이야기' CD를 실행한 후, 유아가 마음에 들어 하는 곤충을 선택한다.

③ 겨울 동산으로 여행을 시작하면 사계절 기구가 나타나면서 '어치'가 사계절 동산으로 안내한다.

④ 사계절 동산에 도착하면 할아버지 박사님이 나타나서 친구를 반갑게 맞이한다.

⑤ 오른쪽 문을 클릭하고 들판으로 나가서 사계절 중 '겨울'을 선택하고 겨울의 특징에 대해 이야기한다.

–하얀 눈이 내리는 겨울 동산, 겨울잠을 자는 동물 등

⑥ 각 계절마다 다르게 생활하는 식물이나 동물의 생활에 대해서도 알 수 있다.

4) 겨울에 할 수 있는 놀이에는 어떤 것이 있을까요 (CD-ROM)

- **활동목표**: 추운 겨울에 할 수 있는 겨울놀이에 대해 안다.
  겨울 날씨를 통해 계절의 변화를 이해한다.
- **활동유형**: 소집단 활동 및 대집단 활동
- **활동자료**: '유아 멀티미디어 교수자료 7' CD, 컴퓨터
- **활동방법**

① '7. 우주여행 · 쌩쌩 겨울이에요' CD를 실행한다.

② '주제별 학습' > '쌩생 겨울 나라' > '겨울 놀이'를 클릭한다.

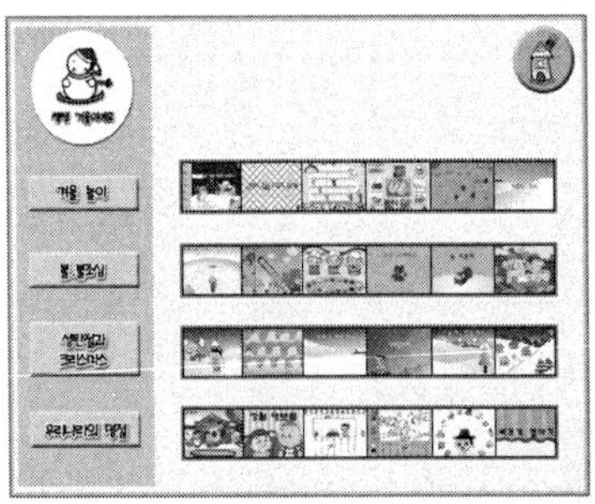

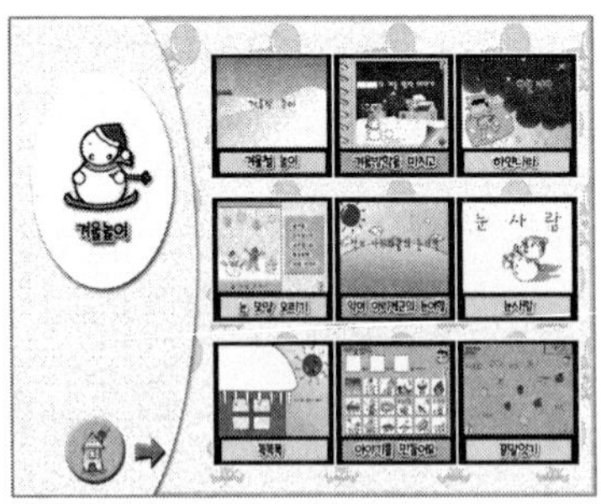

③ '겨울철 놀이'를 클릭한다.

• 찬바람이 불고 하얀 눈이 내리는 겨울날 우리가 할 수 있는 놀이에는 어떤 것이 있을까?

④ 유아들이 경험해 본 겨울놀이에 대해 이야기 나눈다.

5) 눈은 왜 내릴까요 (인터넷)

• **활동목표**: 겨울이 되면 눈이 내리는 이유를 안다.
자신의 생각과 느낌을 말로 표현할 수 있다.
• **활동유형**: 소집단 활동 및 대집단 활동
• **활동자료**: 인터넷 '기상청－어린이 기상교실', 컴퓨터
• **활동방법**

① 인터넷 주소창에 '기상청－어린이 기상교실' http://web.kma.go.kr/child/main.htm을 입력한다.

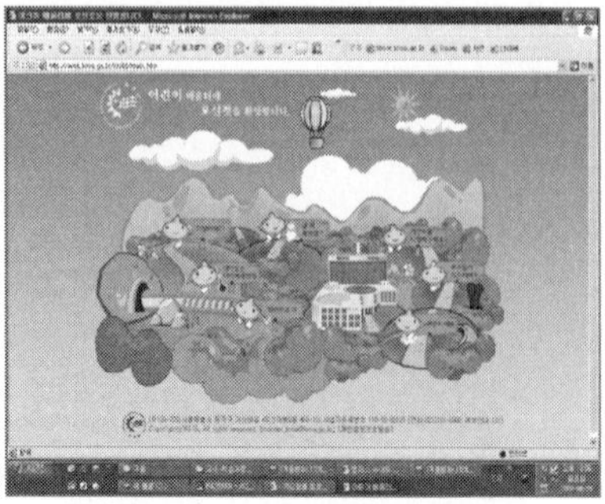

② 홈 > '재미있는 사이버 체험장' > '기본원리를 배워 보자'를 클릭한다.

③ '비, 눈, 진눈깨비, 우빙은 어떻게 생기나?'를 클릭한다.

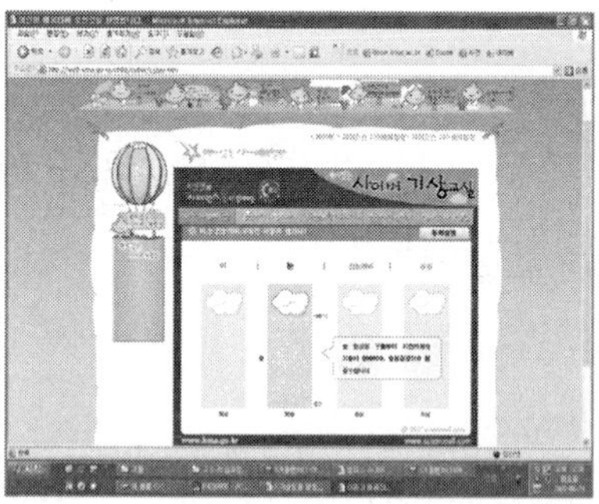

6) 불조심하는 방법에 대해 알아보아요 (인터넷, CD, 파워포인트)

• **활동목표:** 겨울철 불조심하는 방법에 대해 안다.

불조심하는 방법을 알고 실천할 수 있다.

- **활동유형**: 소집단 활동 및 대집단 활동
- **활동자료**: 인터넷 '서울교수학습지원센터', 서울특별시 하우리의 안전생활 CD, 컴퓨터
- **활동방법**

① 인터넷 주소창에 '서울교수학습지원센터' http://www.ssem.or.kr/를 입력한다.

② 홈 > '교과교육' > '수업자료' > '유치원' > '건강한 몸과 마음'을 클릭한 후 '불조심'을 검색창에 쓴 후 '불조심' 파워포인트 자료를 다운받는다.

③ 불이 난 장면을 보며 이야기 나눈다.

- 어떤 장면이니? 왜 불이 났을까?

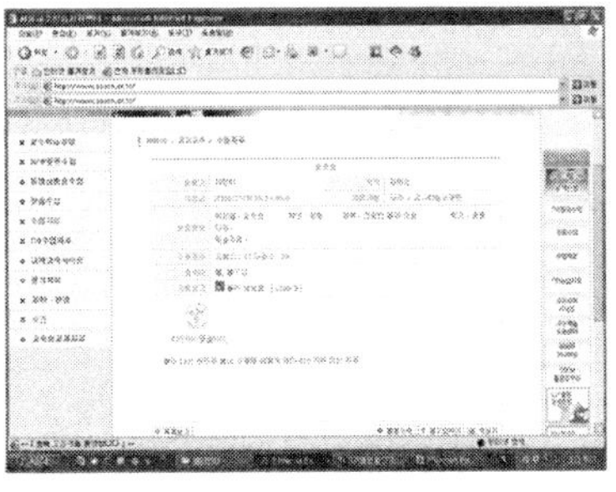

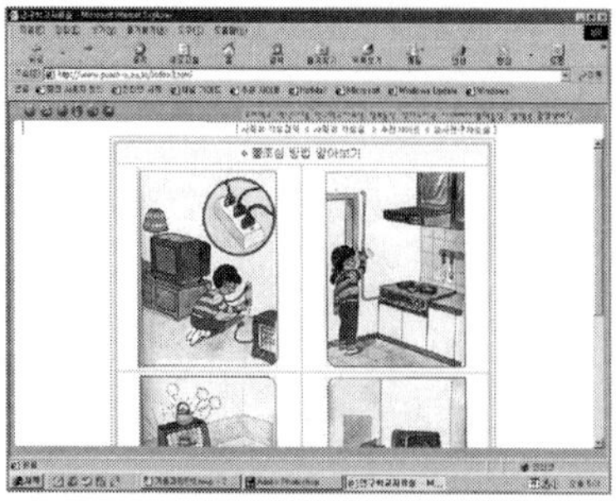

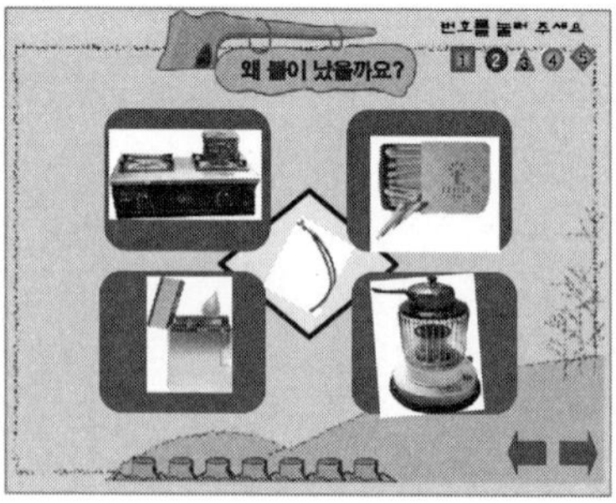

④ 불이 났을 때 어떻게 해야 하는지 이야기 나눈다.

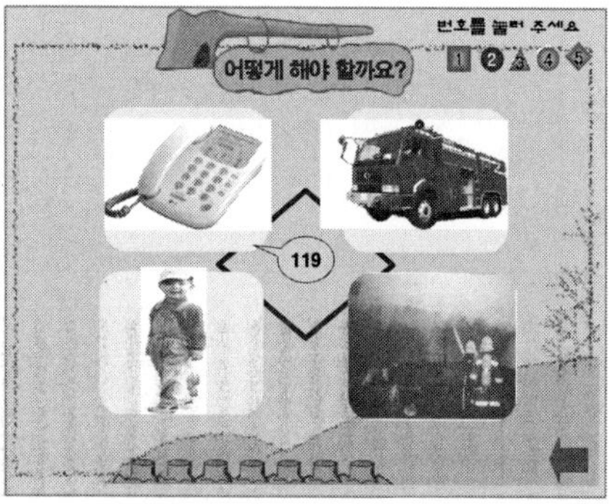

⑤ 추운 겨울에 불조심하는 방법에 대하여 이야기 나눈다.

⑥ 집 주변뿐만 아니라 산불 예방에 대하여 유아들과 이야기 나눈다.

2 크리스마스에 대해 알아보기

▎교육과정 관련 요소 ▎

- **사회생활**: 이웃과 더불어 생활하기－다른 사람을 이해하고 존중하기
- **표현생활**: 예술적 표현 즐기기－창의적인 표현 과정 즐기기
- **언어생활**: 듣기－문학 작품 즐겨 듣기
  －이야기 듣고 이해하기
  －바른 태도로 듣기
  말하기－생각과 느낌 말하기
- **탐구생활**: 수학적 기초 능력 기르기－자료 정리 및 결과 나타내기

1) 크리스마스는 어떻게 시작되었을까 (인터넷)

- **활동목표**: 크리스마스의 유래에 대해 안다.
  인터넷으로 필요한 자료를 찾을 수 있다.
- **활동유형**: 소집단 활동 및 대집단 활동
- **활동자료**: 인터넷 '크리스마스의 모든 것', 컴퓨터
- **활동방법**

① '크리스마스'하면 어떤 것이 생각나는지 이야기한다.

② 인터넷 주소창에 '크리스마스의 모든 것' http://kcm.co.kr/christmas/index1.html을 입력한다.

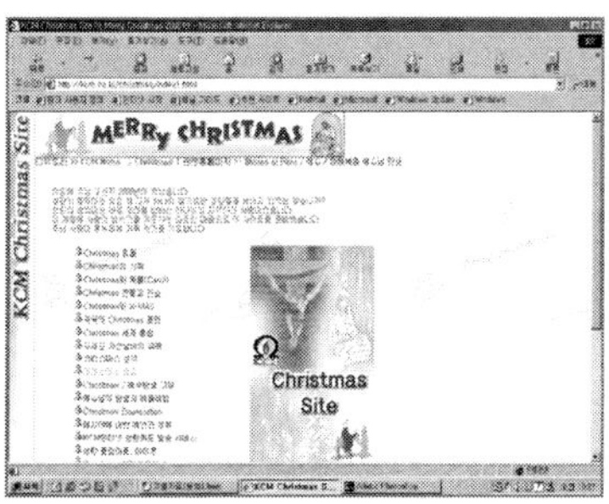

③ 크리스마스는 어떻게 시작되었는지 유래에 대해서 이야기 나눈다.

• 

와 

을 클릭하여 유아들과 이야기 나눈다.

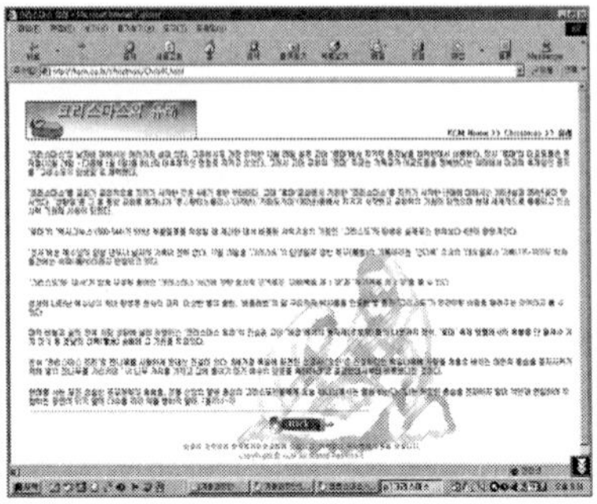

④ 크리스마스가 되면 어떤 일을 하고 싶은지 유아들과 이야기 나눈다.

2) 크리스마스 카드 만들기 (인터넷)

• **활동목표:** 인터넷에서 자료를 찾아 크리스마스 카드를 만든다.

• **활동유형:** 개별 활동 및 소집단 활동

• **활동자료:** 인터넷 '크리스마스의 모든 것', 컴퓨터, 프린터, 도화지, 가위, 풀, 필기도구

• **활동방법**

① 인터넷 주소창에 '크리스마스의 모든 것' http://kcm.co.kr/christmas/index1.html을 입력한다.

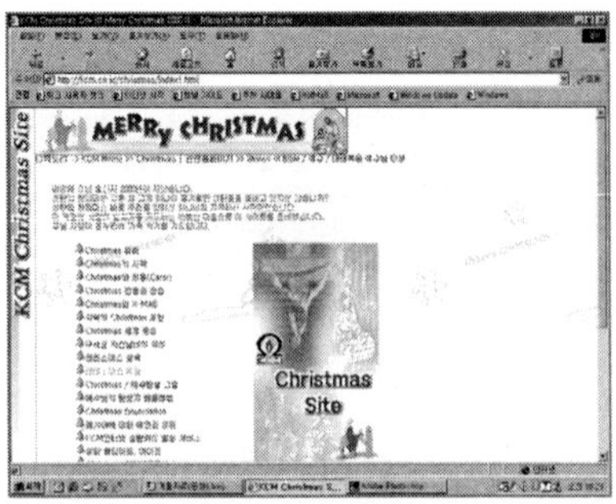

② 크리스마스 카드를 만들어 본 경험이 있는지 이야기한다.

③ 

를 클릭하여 원하는 그림 종류를 클릭한다.

④ '산타 할아버지'를 클릭하여 카드에 넣을 수 있는 클립아트를 선택한다.

⑤ 이외에도 '종'이나 '선물'을 클릭해서 다양한 자료들을 인쇄한다.

⑥ 도화지로 카드를 만든 후 인쇄한 클립아트를 카드에 오려 붙이고, 다양한 필기도구를 이용해서 카드를 완성한다.

⑦ 카드를 보내고 싶은 가족이나 친척, 친구에게 카드를 써서 직접 보낸다.

3) '신기료 장수 가족의 멋진 크리스마스 선물' 동화 듣기 (인터넷)

- **활동목표**: 동화를 즐겁게 듣는다.
- **활동유형**: 소집단 활동 및 대집단 활동
- **활동자료**: 인터넷 '부키의 동화나라', 컴퓨터
- **활동방법**

① 인터넷 주소창에 '부키의 동화나라' http://www.buki.co.kr/main.php를 입력한다.

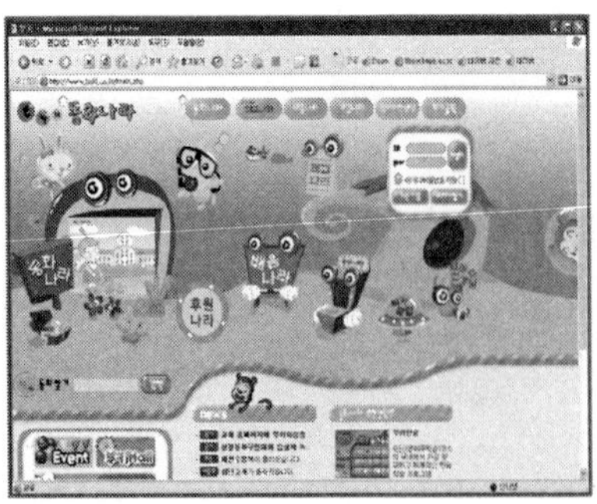

② 홈 > '동화나라' > '명작동화'를 클릭한다.

③ '신기료 장수 가족의 멋진 크리스마스 선물'을 클릭한다.

④ 동화를 듣는다.

⑤ 동화에 대한 느낌을 이야기한다.

3 동화 듣기

▌교육과정 관련 요소▐

- **사회생활**: 이웃과 더불어 생활하기—다른 사람을 이해하고 존중하기
- **언어생활**: 듣기—문학 작품 즐겨 듣기
  —이야기 듣고 이해하기
  말하기—생각과 느낌 말하기
- **탐구생활**: 탐구하는 태도 기르기—사물과 현상에 지속적인 관심 가지기
  과학적 기초 능력 기르기—생명체와 자연환경 소중하게 여기기
  —자연현상에 대해 알아보기

1) '따뜻한 눈사람' (인터넷)

- **활동목표**: 동화를 듣고 이해하며 즐긴다.
  동화를 듣고 느낌이나 생각을 이야기한다.
- **활동유형**: 소집단 활동 및 대집단 활동
- **활동자료**: 인터넷 '부키의 동화나라', 컴퓨터
- **활동방법**

① 인터넷 주소창에 '부키의 동화나라' http://www.buki.co.kr/main.php를 입력한다.

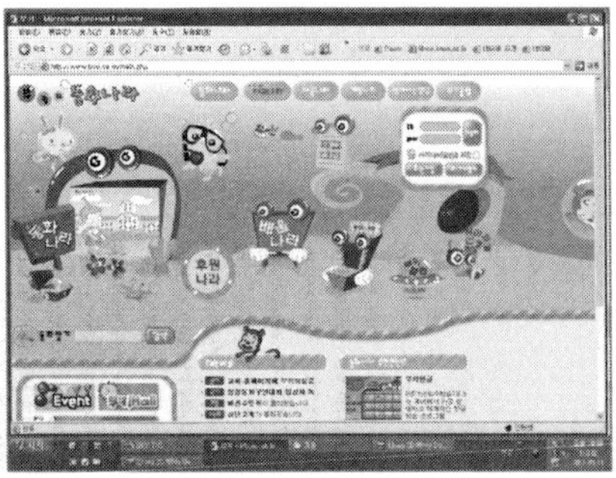

② 홈 > 동화나라 > 명작동화를 클릭한다.

③ '따뜻한 눈사람'을 클릭한다.

④ 동화를 듣는다.

⑤ 동화에 대한 느낌을 이야기한다.

2) '악어 아리케군의 눈여행' (CD-ROM)

- **활동목표**: 겨울철 날씨의 특징을 알아본다.
  동화를 듣고 즐긴다.
- **활동유형**: 소집단 활동 및 대집단 활동
- **활동자료**: '유아 멀티미디어 교수자료 7' CD, 컴퓨터
- **활동방법**

① '7. 우주여행 · 쌩쌩 겨울이에요' CD를 실행한다.

② '주제별 학습' > '쌩쌩 겨울이에요' > '겨울 놀이'를 클릭한다.

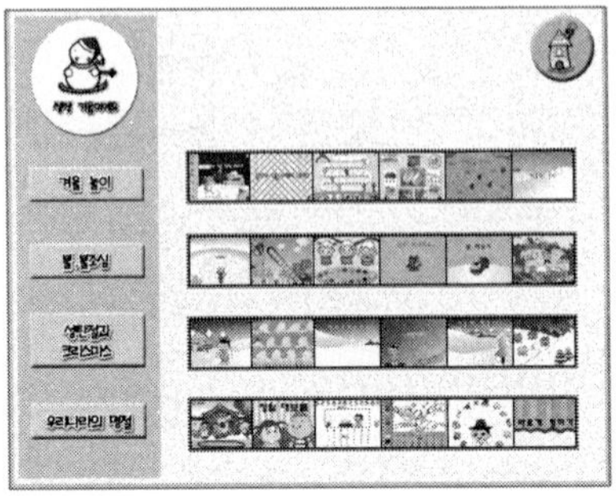

③ '악어 아리케군의 눈여행'을 클릭한다.

④ 동화를 듣는다.

⑤ 동화에 대한 느낌을 이야기한다.

3) '크리스마스 선물' (비디오)

- **활동목표**: 동화를 보고 이해하며 즐긴다.
  동화를 듣고 느낌이나 생각을 이야기한다.
- **활동유형**: 이야기 나누기 및 소집단 활동
- **활동자료**: 비디오(뛰뛰빵빵1－크리스마스 선물), 텔레비전
- **활동방법**

① 산타 할아버지에게 선물을 받아 본 경험에 대하여 유아들과 이야기 나눈다.

② 비디오를 실행한다('뛰뛰빵빵1' 중 두 번째 내용).

③ 비디오를 보며 동화를 감상한다.

④ 동화에 대한 유아들의 느낌을 들어 본다.

- 동화를 보고 난 느낌이 어떠니?
- 산타할아버지는 샘의 착한 마음을 어떻게 알게 되었니?

⑤ '크리스마스 선물'을 듣고 난 후, '눈 속에 갇힌 샘' 동화도 감상한다.

'겨울' 관련 비디오 소개

■ **산타 할아버지의 휴가**

- 작가: 레이몬드 브릭스
- 제작사: 인피니스
- 소개: '스노우맨'으로 국내에도 널리 알려진 레이몬드 브릭스는 '산타 할아버지의 휴가'에서 매우 인간적인 산타클로스를 그려 내어 모든 어린이들의 사랑을 받고 있다. 우리나라에서도 MBC에서 주최한 애니메이션 축제인 AnimExpo '97의 초대작으로 상영되어 좋은 반응을 얻었다.
- 내용: 자신이 늘 크리스마스 할아버지라 불리는 것을 좋아하는 크리스마스 할아버지의 재미있는 이야기들로 구성되어 있다.

■ **하얀 꼬마곰 라스**

- 제작사: 성베네딕도 수도원(독일)
- 소개: 호기심 많은 하얀 꼬마 곰 라스와 친구인 눈토끼 레나가 함께 재미있는 모험을 하는 애니메이션으로 아홉 가지의 이야기가 들어 있다(총 상영시간: 각 50분).
- 내용:

① 얼음덩이 ② 눈보라 ③ 알 ④ 북극관측소 ⑤ 그물
⑥ 덫 ⑦ 중요한 심부름 ⑧ 얼음동굴 ⑨ 야생동물 사냥꾼

'겨울' 관련 인터넷 동화 사이트

- **'부키의 동화나라'**–http://www.buki.co.kr/main.php

① 인터넷 주소창에 '부키의 동화나라'를 입력한다.

② 홈 > '동화나라' > '명작동화, 창작동화'를 클릭한다.

③ 명작동화

[스크루지 할아버지]

[신기료 장수 가족의 멋진 크리스마스 선물]

④ 창작동화

[가장 아름다운 선물]

[산타 할아버지의 요술 모자]

[뚝뚝나라의 크리스마스 선물]

• '동화박스'–http://www.donghwabang.com/main.htm

① 인터넷 주소창에 '동화박스'를 입력한다.

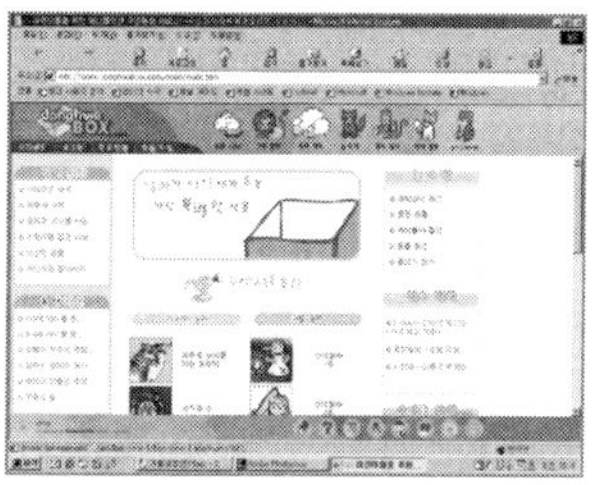

② 홈 > '동화나라' > '창작동화'를 클릭한다.

[감기 든 여우]

4 동시 감상 및 짓기

| 교육과정 관련 요소 |

- **사회생활:** 이웃과 더불어 생활하기—다른 사람을 이해하고 존중하기
- **표현생활:** 예술적 표현 즐기기—창의적인 표현 과정 즐기기
- **언어생활:** 듣기—문학 작품 즐겨 듣기
  —이야기 듣고 이해하기
  말하기—생각과 느낌 말하기
  쓰기—쓰기에 관심 가지기
- **탐구생활:** 탐구하는 태도 기르기—사물과 현상에 지속적인 관심 가지기
  과학적 기초 능력 기르기—생명체와 자연환경 소중하게 여기기
  —자연현상에 대해 알아보기

1) '눈사람' (CD—ROM)

- **활동목표:** 동시를 듣고 이해하며 즐긴다.
  자신의 생각을 동시로 짓는다.
- **활동유형:** 개별 활동 및 소집단 활동
- **활동자료:** '유아 멀티미디어 교수자료 7' CD, 컴퓨터
- **활동방법**

① '7. 우주여행 · 쌩쌩 겨울이에요' CD를 실행한다.

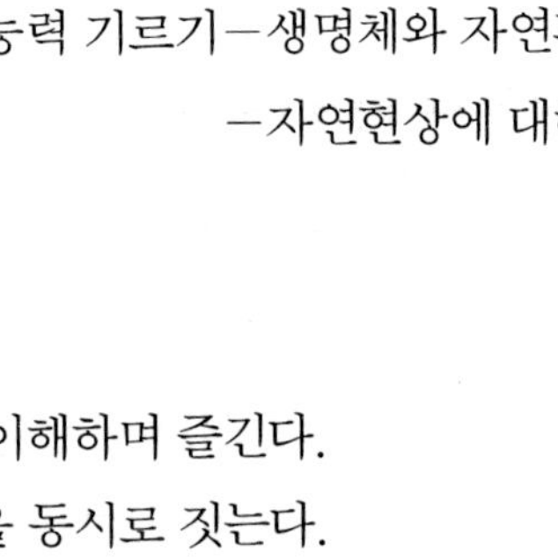

② '주제별 학습' > '씽씽 겨울 나라' > '겨울 놀이'를 클릭한다.

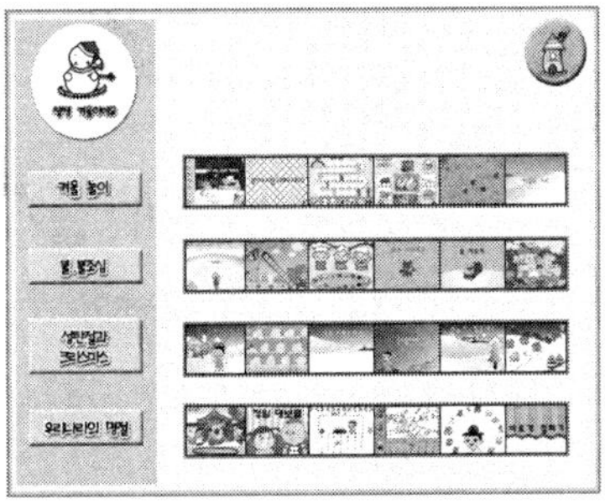

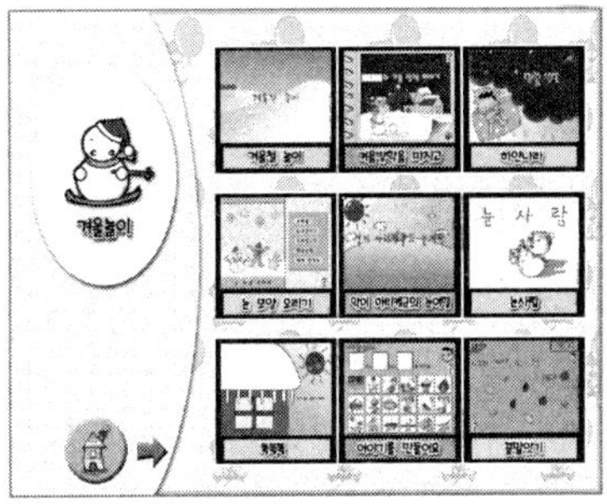

③ '눈사람'을 클릭한다.

④ 동시를 감상한다.

⑤ 동시에 대한 느낌을 이야기한다.

⑥ 동시 내용 중 바꾸고 싶은 내용을 의논한다.

⑦ 자신의 생각을 동시로 표현해 보고 다른 친구들에게 자신이 만든 동시를 소개한다.

5 동요 감상 및 짓기

▌교육과정 관련 요소▐

- **사회생활**: 이웃과 더불어 생활하기–다른 사람을 이해하고 존중하기
- **표현생활**: 예술적 표현 즐기기–음악으로 표현하기
  –창의적인 표현 과정 즐기기
- **언어생활**: 듣기–문학 작품 즐겨 듣기
  –이야기 듣고 이해하기
  말하기–생각과 느낌 말하기

1) '하얀 나라' (CD–ROM)

- **활동목표**: 동요를 즐겁게 부른다.
  동요 가사를 창의적으로 바꾸어 부른다.
- **활동유형**: 소집단 활동 및 대집단 활동
- **활동자료**: '유아 멀티미디어 교수자료 7' CD, 컴퓨터
- **활동방법**

① '7. 우주여행 · 쌩쌩 겨울이에요' CD를 실행한다.

② '주제별 학습' > '쌩쌩 겨울나라' > '겨울 놀이'를 클릭한다.

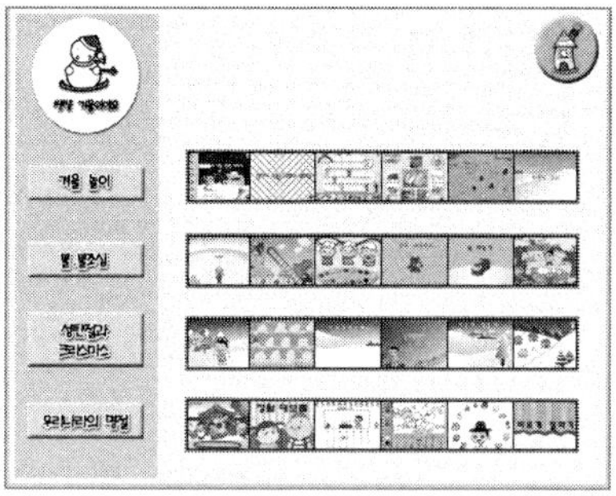

③ '하얀 나라'를 클릭한다.

④ 동요를 부른다.

⑤ 동요의 가사 중 다르게 부르고 싶은 부분이 있는지 이야기한다.

⑥ 바꾸어 부르고 싶은 가사 부분을 종이에 쓴다.

⑦ 새로 만든 동요 가사 대로 부른다.

2) '나는야 멋진 산타클로스' (인터넷)

- **활동목표**: 동요를 즐겁게 부른다.
  동요 가사를 창의적으로 바꾸어 부른다.
- **활동유형**: 소집단 활동 및 대집단 활동
- **활동자료**: 인터넷 '유리누리닷컴', 컴퓨터
- **활동방법**

① 인터넷 주소창에 '유리누리닷컴' http://www.yurinuri.com/을 입력한다.

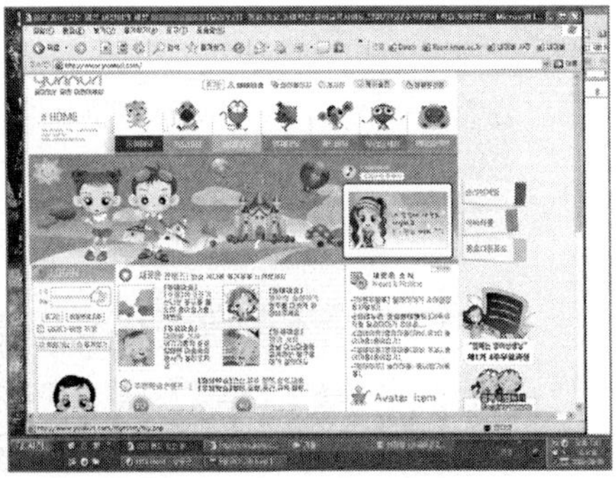

② 홈 > 동요마을 > 캐롤및 행사곡 을 클릭한다.

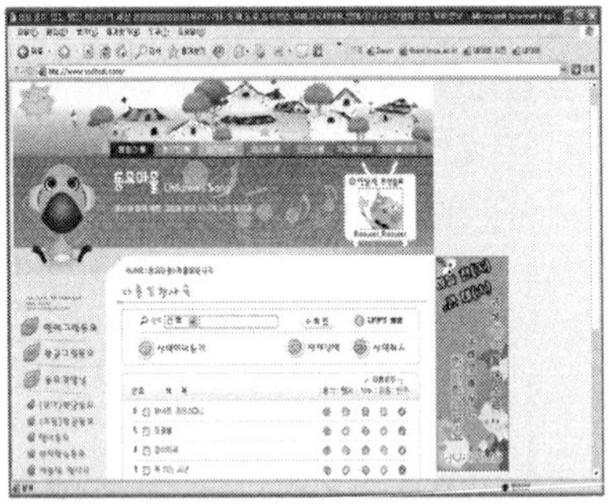

③ 동요 목록 중 '멋쟁이 산타 할아버지'를 클릭한다.

④ 동요를 부른다.

⑤ 동요의 가사 중 다르게 생각하는 부분을 이야기한다.

- 가사 중 어느 부분을 바꾸어 부르면 좋을까?

⑥ 유아들과 의논하여 가사를 바꾼 부분을 종이에 써서 붙인다.

⑦ 새로 만든 동요 가사 대로 부른다.

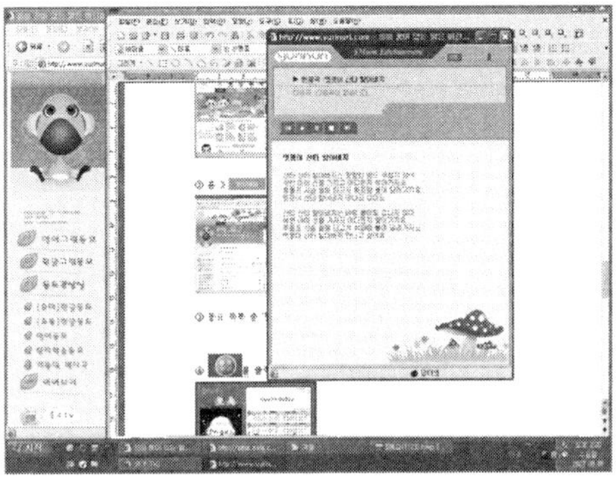

6 이야기책 만들기

▌교육과정 관련 요소 ▌

- **사회생활**: 이웃과 더불어 생활하기－다른 사람을 이해하고 존중하기
- **표현생활**: 예술적 표현 즐기기－창의적인 표현 과정 즐기기
- **언어생활**: 듣기－이야기 듣고 이해하기
  말하기－생각과 느낌 말하기
  －이야기 지어 말하기
- **탐구생활**: 탐구하는 태도 기르기－사물과 현상에 지속적인 관심 가지기
  과학적 기초 능력 기르기－생명체와 자연환경 소중하게 여기기
  －자연현상에 대해 알아보기
  －간단한 도구와 기계 활용하기

1) 겨울나무 이야기책 만들기 (CD-ROM)

• **활동목표**: 겨울 날씨의 특징과 생활의 변화를 안다.
각 계절에 대한 느낌과 생각을 언어로 표현한다.

• **활동유형**: 개별 활동 및 소집단 활동

• **활동자료**: '나는 찾아요 인형극장' CD, 컴퓨터

• **활동방법**

① 겨울철 날씨의 변화와 옷차림에 대해서 이야기 나눈다.

* 겨울이 되어 달라진 것에는 무엇이 있을까?
  -날씨가 추워지고 얼음이 얼어요.
  -찬바람이 불고 눈이 내려요.
  -나무도 추운 겨울을 나기 위해 옷을 입어요.
  -두껍고 따뜻한 옷을 입는다.

② '나는 찾아요 인형극장' CD를 실행한다.

③ 수수께끼 인형극 4편 중 **나무의 봄·여름·가을·겨울** 을 클릭한다.

④ 인형극장으로 들어가서 **나무의 봄·여름·가을·겨울** 을 클릭한다.

⑤ 각 계절별 그림들이 있으며, 시작을 누르면 그림이 나오고 수수께끼가 나온다. 수수께끼를 잘 듣고, 겨울의 그림에서 알맞은 것을 선택한다.

⑥ 나무 이외에 겨울이 되어 변화되는 것들에 대해 이야기 나눈다.

⑦ 그림을 인쇄하여 겨울나무 이야기책을 만든다.

제 2 장 우리 가족

1 다양한 가족에 대해 알아보기

▌교육과정 관련 요소▐

- **사회생활**: 가족과 함께 생활하기－가족과 협력하기
- **언어생활**: 듣기－이야기 듣고 이해하기
  －문학 작품 즐겨 듣기
  －바른 태도로 듣기
  말하기－생각과 느낌 말하기

1) 우리 가족을 소개해요 (CD－ROM)

- **활동목표**: 다양한 가족 구성원이 있음을 안다.
  가족의 구성원과 역할을 안다.
- **활동유형**: 소집단 활동 및 대집단 활동
- **활동자료**: '유아 멀티미디어 교수자료 3' CD, 컴퓨터, 실물화상기, 프로젝션 TV
- **활동방법**

① '3. 사랑하는 사람들' CD를 실행한다.

② '주제별 학습' > '사랑하는 사람들' > '엄마, 아빠 사랑해요'를 클릭한다.

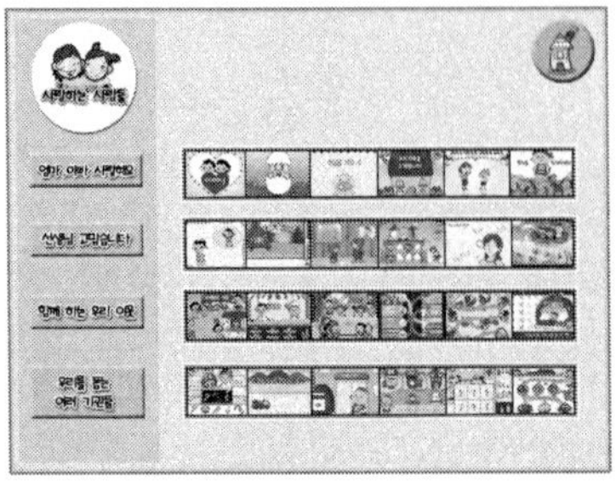

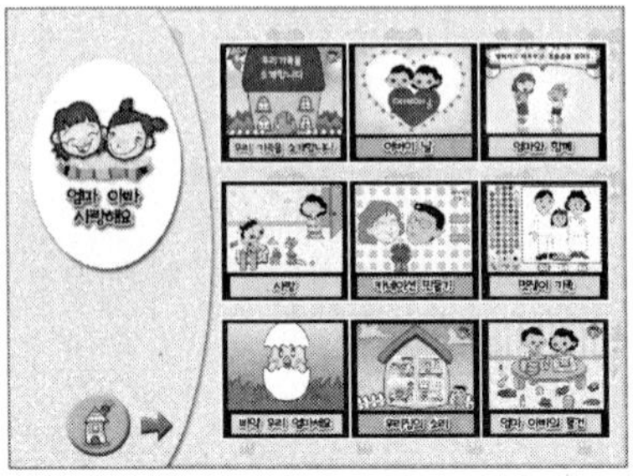

③ 가족에는 누가 있는지 이야기한다.

④ 가족에는 누가 있는지 이야기한다.

- 누가 함께 살고 있니?
- 이 사람에게 필요한 물건은 무엇이니? 아래에서 골라 보자.

⑤ 학급 유아들의 가족에 대해서 소개한다.

⇨ 사전에 가정통신문으로 유아들에게 가족사진을 가져오게 한다.

⇨ 실물화상기로 가족사진을 보여 주며 다른 사람에게 자신의 가족에 대해 이야기한다.

—우리 가족은 ㅇㅇ, ㅇㅇ, ㅇㅇ이고 ㅇ명이야.

—ㅇㅇ는 ㅁㅁ일을 하셔.

—ㅇㅇ는 ㅁㅁ을 제일 잘해.

—ㅇㅇ는 ㅁㅁ을 제일 좋아해.

2) '철이와 아버지' 동화 듣기 (CD-ROM)

- **활동목표**: 다양한 가족 형태를 이해한다.
  사람은 언젠가 죽는다는 것을 이해한다.
  가족 간에 사랑하고 즐거움을 함께하는 태도를 기른다.
- **활동유형**: 소집단 활동 및 대집단 활동
- **활동자료**: '제6차 유치원 교육활동 지도 자료집 활용을 위한 언어생활 교수 · 학습 자료' CD, 컴퓨터
- **활동방법**

① '제6차 유치원 교육활동 지도 자료집 활용을 위한 언어생활 교수 · 학습 자료' CD를 실행한다.

- 목차 > 동시·동화듣기 > 칼라동화듣기 를 클릭한다.

② '철이와 아버지'를 클릭한다.

③ 동화를 듣는다.

- : 앞 화면으로 이동한다.
- : 음성을 들을 수 있다.
- : 화면이 종료된다.
- : 화면이 인쇄된다.

④ 동화를 듣고 난 느낌과 생각을 이야기한다.

- 동화를 들으니 기분이 어떠니?
- 동화에서 철이는 어떻게 지내고 있니?
- 철이처럼 아버지나 어머니께서 돌아가신 친구를 만난 적이 있니?
- 철이처럼 아버지나 어머니께서 돌아가셔서 계시지 않다면 친구의 마음이 어떻겠니?
- 혼자 계신 어머니는 어떨까?
- 철이나 철이 어머니라면 어떤 때 아버지가 더 보고 싶을까? 그럴 때는 어떻게 하면 좋을까?
  - ⇨ 죽음이 아닌 다른 이유로도 부모님이 모두 있지 않은 가정이 있을 수 있다는 것에 대해서 이야기 나눈다.
  - ⇨ 함께 있지 않아도 가족은 서로 사랑하는 마음을 지니고 있으며, 또 그 마음을 전할 수 있다는 것에 대하여 이야기 나눈다.

3) '우리 할아버지' 비디오 보고 이야기하기 (비디오)

- **활동목표**: 가족구성원의 특징을 안다.
  동화를 즐겁게 감상한다.
  사람은 언젠가는 죽는다는 것을 안다.
- **활동유형**: 소집단 활동 및 대집단 활동
- **활동자료**: '우리 할아버지' 비디오테이프

• **활동방법**

① '할아버지'에 관한 수수께끼를 낸다.

–아버지를 낳아 주신 분이세요, 남자예요, 나이가 들어서 머리가 하얗게 되었어요 등

② 유아들과 할아버지와 함께 지냈던 일들에 대해 이야기 나눈다.

③ '우리 할아버지' 비디오테이프를 실행한다.

④ 비디오를 보며 동화를 감상한다.

⑤ 동화에 대한 느낌을 이야기한다.

- 어린 손녀와 할아버지에게 어떤 일들이 있었니?
- 마지막 장면에서 어떤 느낌이 들었니?

'우리 가족' 관련 비디오

▪ **우리 할아버지**

- 원작: Johm Burningham
- 제작사: 인피니스
- 소개: 존 버닝햄(Johm Burningham) 원작으로 시카고 아동국제 영화제 수상작이며, MBC 주최 아동영화제 추천작이다. 어린이의 환상과 할아버지의 추억을 수채화처럼 포근한 느낌으로 만들었으며, 음악과 영상이 매우 아름답고 재미있게 구성되었다(총 상영시간: 25분).
- 내용: 인생의 황혼기를 맞이한 할아버지와 어린 손녀가 모험과 환상의 세계로 함께 여행을 떠나면서 경험하는 과정을 그리고 있다. 4계절이 변하는 동안 놀랍고 신나는 나날을 함께 보내면서 할아버지와 손녀의 정은 더욱 깊어 간다. 그러나 어느 겨울 날, 할아버지를 찾아간 손녀는 할아버지께서 늘 앉으시던 빈 의자만 남은 것을 알게 되며, 할아버지와 함께했던 즐거웠던 추억들을 되새긴다.

2 가족 이름 쓰기

▌교육과정 관련 요소▐

- **사회생활**: 가족과 함께 생활하기-가족과 협력하기
- **언어생활**: 듣기-이야기 듣고 이해하기
  -바른 태도로 듣기
  말하기-생각과 느낌 말하기
  쓰기-쓰기에 관심 가지기
- **탐구생활**: 과학적 기초 능력 기르기-간단한 도구와 기계 활용하기

1) 워드 프로세서로 가족 이름 쓰기 (워드)

- **활동목표**: 다양한 방법으로(워드프로세서를 이용하여) 가족 이름을 쓴다.
  주변에서 글자의 기초 모양을 변별한다.
  여러 종류의 쓰기 도구를 사용해 본다.
- **활동유형**: 개별 활동 및 소집단 활동
- **활동자료**: '한글', 컴퓨터, 프린터, 가족 이름표
- **활동방법**

① '한글'을 실행한다.

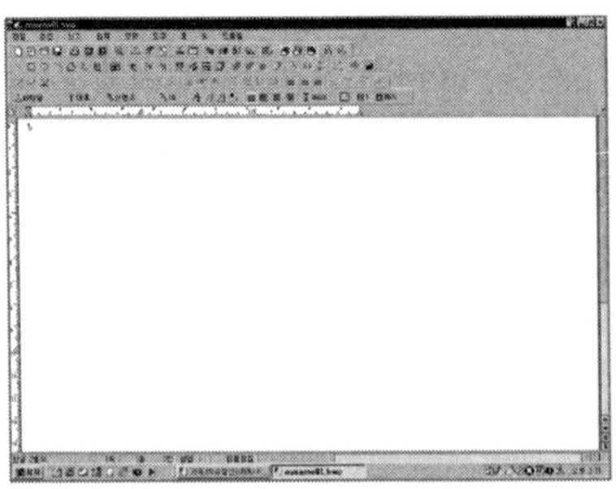

② '새 글' 화면에 가족 이름을 컴퓨터 자판으로 입력한다.

⇨ 글자의 크기, 모양, 크기, 색깔 등을 바꾸어 예쁘게 편집한다.

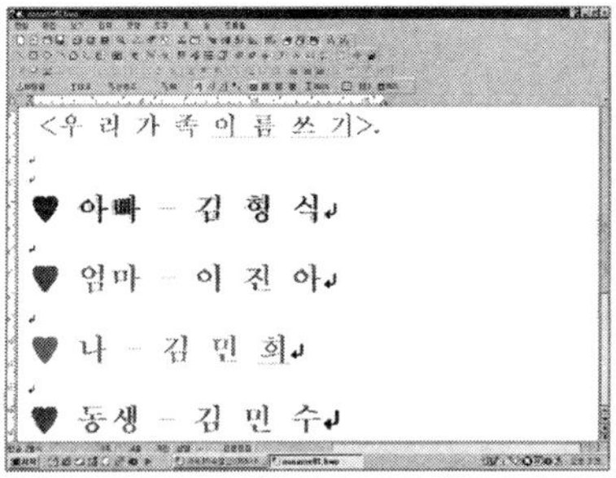

③ 완성된 내용을 저장하고 인쇄한다.

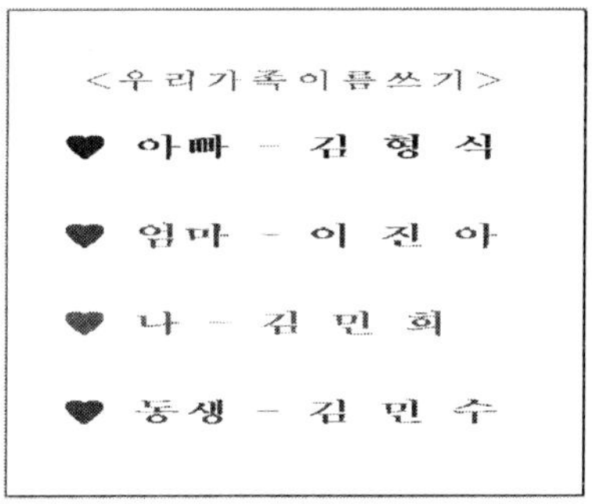

2) 워드 프로세서로 가족 명함 만들기 (워드)

• **활동목표**: 다양한 방법으로 가족 이름을 쓴다.
주변에서 글자의 기초 모양을 변별한다.
여러 종류의 쓰기 도구를 사용해 본다.

• **활동유형**: 개별 활동 및 소집단 활동

• **활동자료**: '한글', 컴퓨터, 프린터, 가족 이름표

• **활동방법**

① '한글'을 실행한다.

② '새 글' > '파일' > '문서마당 꾸러미'를 클릭한다.

③ '문서마당 꾸러미' > '생활문서 꾸러미' > '패션명함'을 클릭한다.

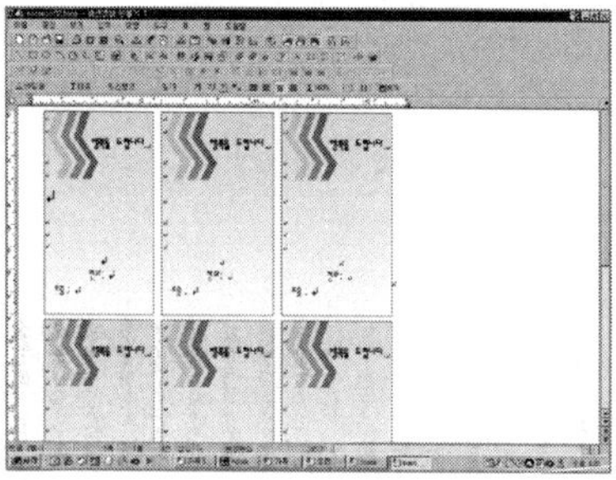

④ 명함을 꾸민다.

⇨ 명함에 가족들의 이름을 쓴다.

⇨ 글자의 크기, 모양, 크기, 색깔 등을 바꾸어 예쁘게 편집한다.

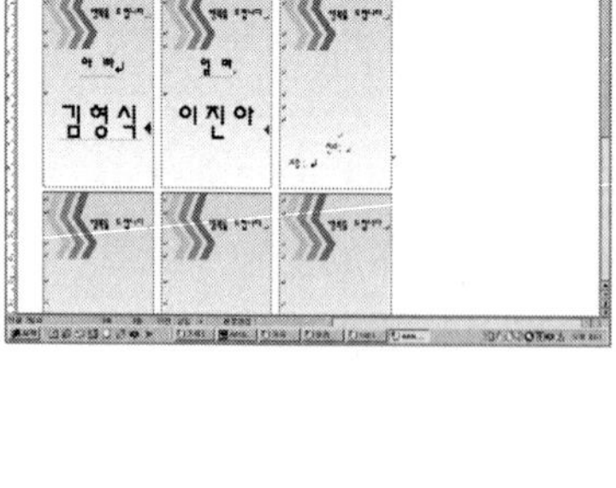

⑤ 완성된 내용을 저장하고 인쇄한다.

⑥ 명함에 가족의 사진을 오려서 붙이거나 꾸민다.

3 우리 가족 소개 책 만들기

▌교육과정 관련 요소▐

- **사회생활**: 가족과 함께 생활하기–가족과 화목하게 지내기
- **표현생활**: 예술적 표현 즐기기–창의적인 표현 과정 즐기기
- **언어생활**: 듣기–이야기 듣고 이해하기
  –바른 태도로 듣기
  말하기–낱말과 문장으로 말하기
  –생각과 느낌 말하기
  –바른 태도로 말하기
  쓰기–쓰기에 관심가지기
- **탐구생활**: 과학적 기초 능력 기르기–간단한 도구와 기계 활용하기

1) 'LG 홈워드 3'를 활용하여 가족 소개 책 만들기 (CD-ROM)

- **활동목표:** 다른 사람에게 자신의 가족을 소개한다.
  'LG 홈워드 3' CD를 이용하여 가족 소개 책을 만든다.
  책에 관심을 가지고 친숙해진다.
- **활동유형:** 개별 활동 및 소집단 활동
- **활동자료:** 'LG 홈워드 3' CD, 컴퓨터, 프린터
- **활동방법**

① 다른 친구에게 자신의 가족을 소개하는 방법에 대해 이야기 나눈다.

② 가족 소개 책을 만드는 방법에 대해 이야기 나눈다.

③ 'LG 홈워드 3' CD를 실행한다.

④ '파일' > '새 문서' > '빈 문서' > '가로 문서'를 클릭한다.

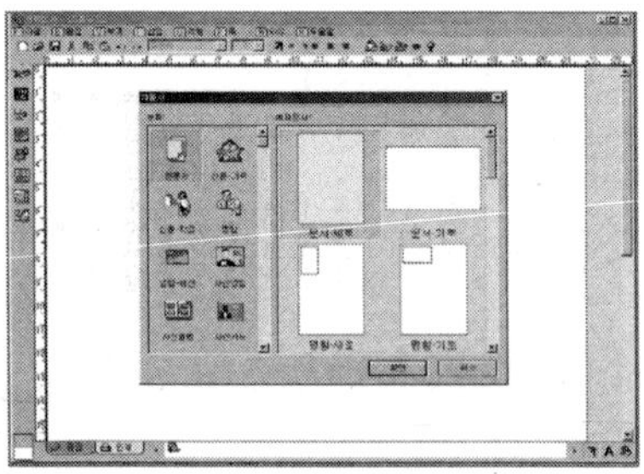

⑤ 문서 화면 왼쪽에 있는 를 클릭한다.

⑥ 내용에 글자를 입력하고 색깔을 선택한다.

⑦ 확인 을 클릭하면 문서 화면에 작성한 글자가 나타난다.

⑧ 글자에 마우스를 놓으면 글자에 점이 생기는데, 이 점을 마우스로 끌기를 하면 원하는 크기와 위치로 바꿀 수 있다.

⑨ 을 클릭한다.

⑩ 조각 그림 중 '우리 가족' 그림을 선택하여 마우스로 끌기하여 문서 여백에 놓는다.

⑪ 완성된 화면을 인쇄한다.

⑫ 가족 소개 책을 발표하고 난 후 묶어서 책으로 만든다.

2) 워드프로세서와 사진을 이용하여 가족 소개 책 만들기 (워드)

- **활동목표**: 다른 사람에게 자신의 가족을 소개한다.
  워드프로세서와 사진을 이용하여 가족 소개 책을 만든다.
  책에 관심을 가지고 친숙해진다.
- **활동유형**: 개별 활동 및 소집단 활동
- **활동자료**: '한글', 컴퓨터, 가족 사진, 프린터
- **활동방법**

① 실물화상기로 가족사진을 보여 주며 다른 사람에게 자신의 가족에 대해 이야기한다.

－우리 가족은 ㅇㅇ, ㅇㅇ, ㅇㅇ이고 ㅇ명이야.

－ㅇㅇ는 ㅁㅁ일을 하셔.

－ㅇㅇ는 ㅁㅁ을 제일 잘해.

－ㅇㅇ는 ㅁㅁ을 제일 좋아해.

② '한글'을 실행한다.

③ '파일' > '문서마당 꾸러미' > '가족문서 꾸러미' > '가족 신문 만들기'를 클릭한다.

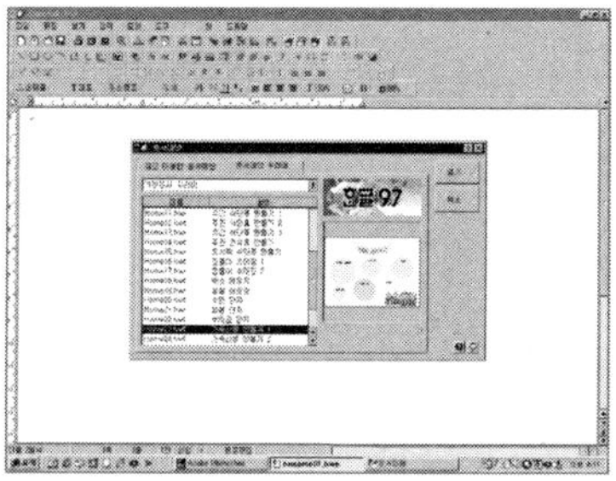

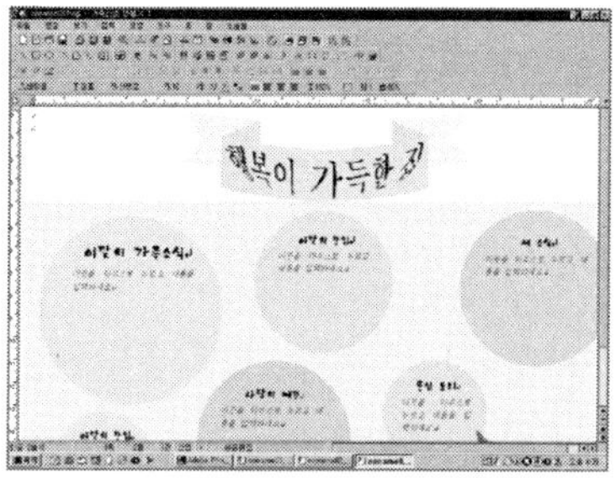

④ 글자를 입력할 수 있는 부분에 가족을 소개하는 내용을 입력한다.

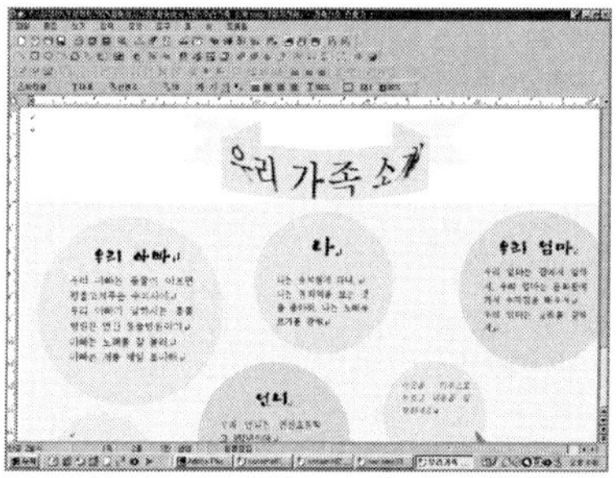

⑤ 완성되면 유아 폴더에 저장한다. 완성된 화면을 인쇄한다.

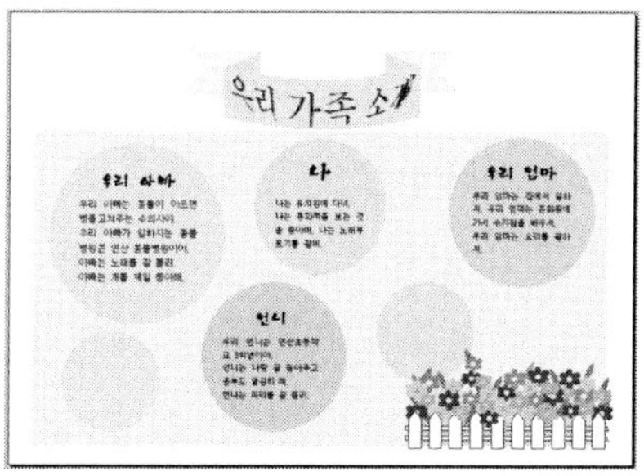

⑥ 흰 여백 부분에 가족사진을 오려서 붙인다.

⑦ 다른 친구들에게 자신의 가족에 대해 소개한다.

⑧ 다른 친구의 가족 소개지와 모아서 묶은 후 '우리 반 가족 소개 책'을 만든다.

4 가족에게 편지 쓰기

▌교육과정 관련 요소▐

- **사회생활**: 가족과 함께 생활하기－가족과 화목하게 지내기
- **언어생활**: 듣기－이야기 듣고 이해하기
  －바른 태도로 듣기
  말하기－낱말과 문장으로 말하기
  －생각과 느낌 말하기
  －바른 태도로 말하기
  쓰기－쓰기에 관심 가지기
- **탐구생활**: 과학적 기초 능력 기르기－간단한 도구와 기계 활용하기

1) 가족에게 전자우편 보내기 (인터넷)

- **활동목표**: 인터넷을 이용하여 가족에게 전자우편을 보낼 수 있다.
  주변에서 글자의 기초 모양을 변별한다.
  여러 종류의 쓰기 도구를 사용해 본다.
- **활동유형**: 개별 활동 및 소집단 활동
- **활동자료**: 인터넷 '쥬니어네이버', 전자우편 계정 받기, 가족 전자우편 주소
- **활동방법**

  <사전 활동>

  －'쥬니어네이버'나 '야후 꾸러기'에 가입하여 전자우편 계정을 받는다.
  －사전에 가족이 유아에게 전자우편을 보내도록 가정통신문을 보낸다.
  －가족이 보낸 전자우편 내용을 읽는다(어려운 글자는 교사가 도와준다.).
  －전자우편을 받은 느낌을 이야기 나눈다.

① 가족에게 보내고 싶은 편지 내용을 생각한다.

② 인터넷 주소창에 '쥬니어네이버' http://jr.naver.com/를 입력한다.

③ 아이디와 비밀번호를 입력하고 로그인을 클릭한다.

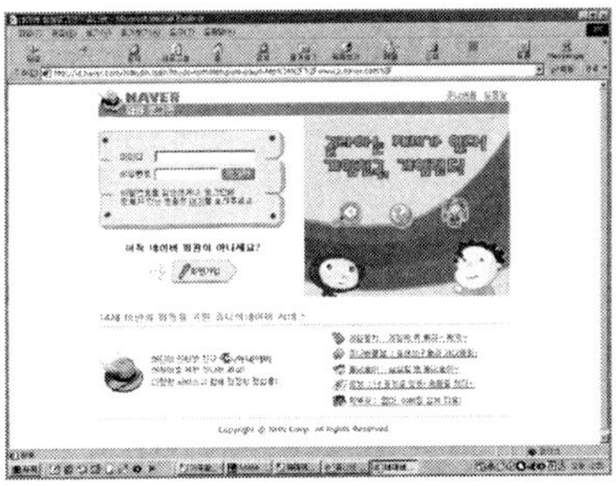

④ 메일 을 클릭한다.

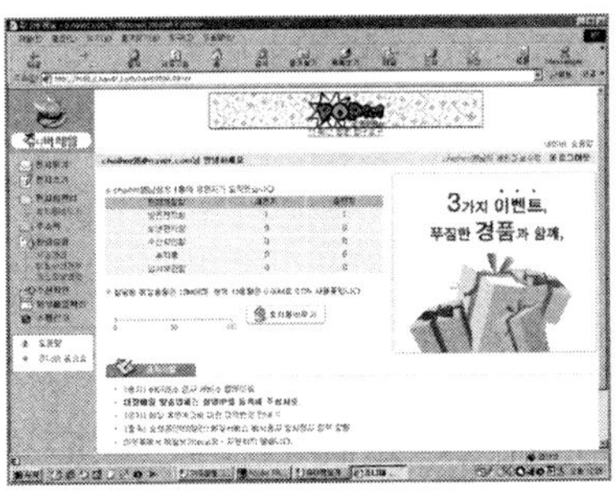

⑤ 왼쪽 메뉴 중에서 편지쓰기 를 클릭한다.

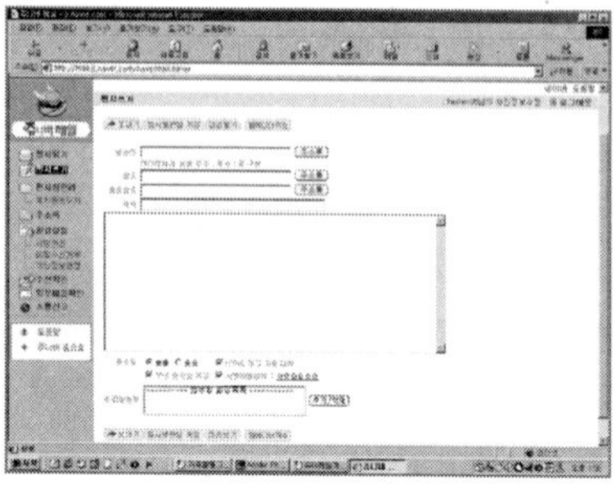

⑥ '받는 이'에 가족 중 보내고 싶은 사람의 전자우편 주소를 입력하고 편지 내용을 입력한다.

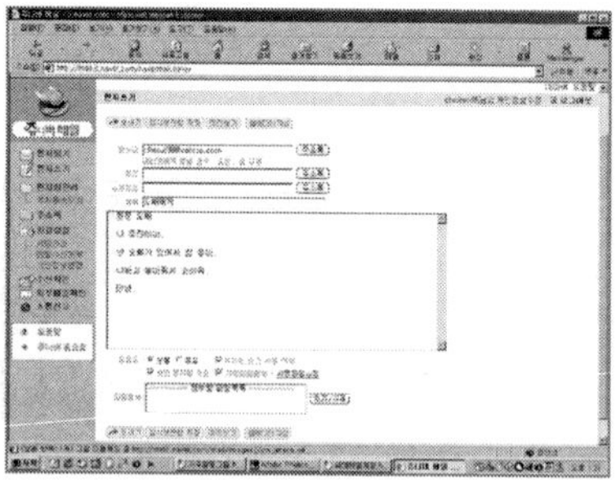

⑦ 내용을 다 입력했으면 내용을 인쇄한 후, 보내기 를 클릭한다.

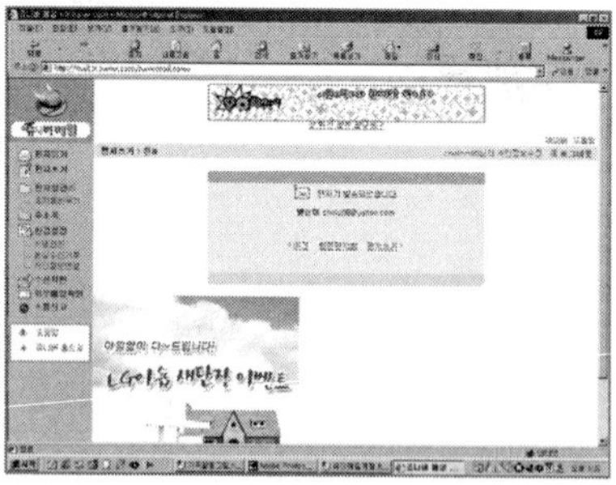

⑧ 유아들의 편지 내용을 인쇄하여 언어 영역에 전시한다.

⑨ 다른 친구는 어떤 내용의 전자우편을 보냈는지 이야기를 듣는다.

⇨ 받은 편지 읽기

① 인터넷 주소창에 '쥬니어네이버' http://jr.naver.com/를 입력한다.

② 아이디와 비밀번호를 입력하고 [로그인]을 클릭한다.

③ [메일] 을 클릭한다.

④ 왼쪽 메뉴 중에서 [편지읽기] 를 클릭한다.

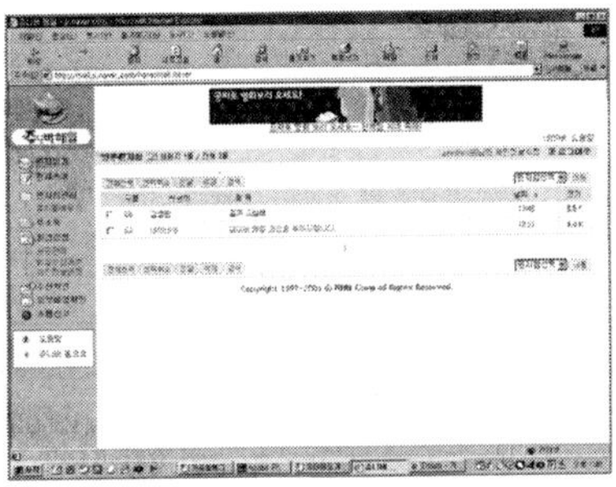

⑤ 읽고 싶은 편지 제목을 클릭하면 편지 내용 화면이 나타난다.

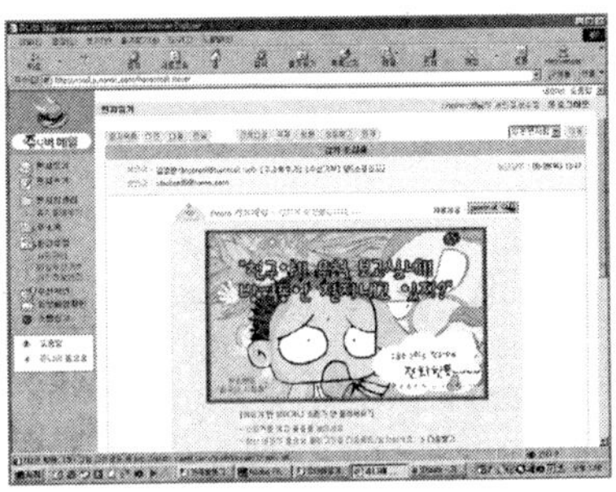

⑥ 편지를 읽고 답장을 쓰고 싶으면 [답장쓰기] 를 클릭하여 답장을 보낸다.

2) '어린이 훈민정음'을 이용하여 가족에게 엽서 꾸미기 (CD-ROM)

- **활동목표:** 다양한 방법으로 가족에게 엽서를 꾸민다.
  주변에서 글자의 기초 모양을 변별한다.
  여러 종류의 쓰기 도구를 사용해 본다.
- **활동유형:** 개별 활동 및 소집단 활동

- **활동자료:** '어린이 훈민정음' CD, 컴퓨터, 프린터, 집 주소
- **활동방법**

① 가족 중 누구에게 엽서를 보내고 싶은지 정하고, 엽서에 넣을 내용을 생각한다.

② '어린이 훈민정음' CD를 실행한다.

③ 프로그램 선택 화면에서  를 클릭한다.

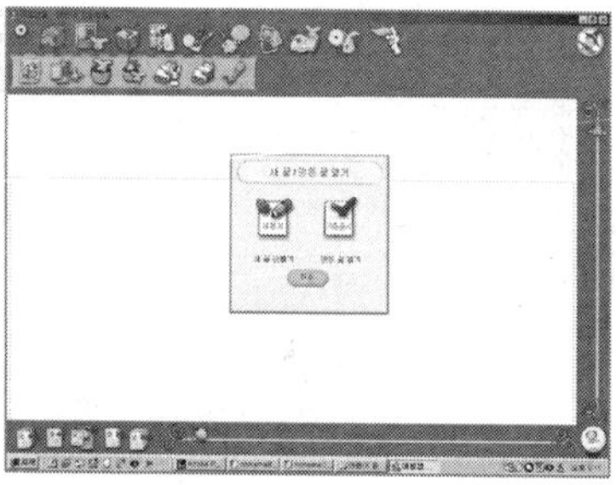

④ 메뉴 도구 모음에서  를 클릭한다.

⑤ 메뉴 중에서  를 클릭한다.

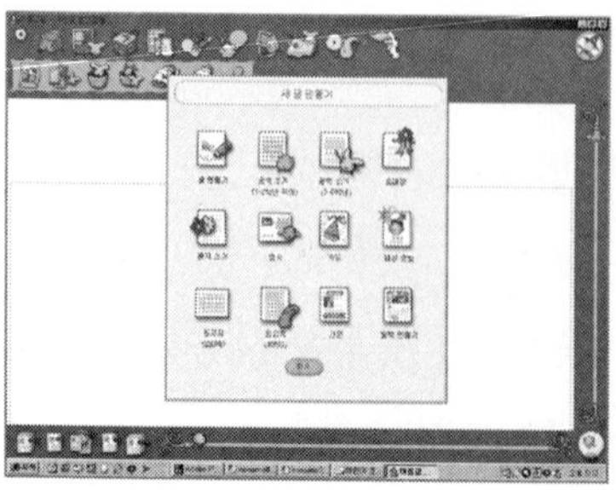

⑥ 를 클릭한다.

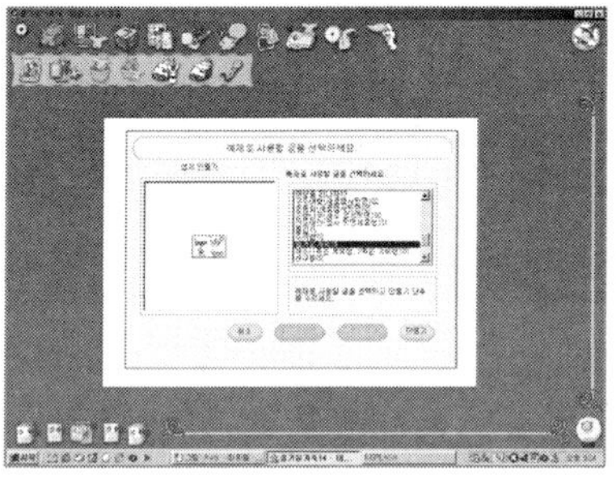

⑦ '즐거운 가족'을 선택하고 만들기 를 클릭한다.

⑧ '보내는 사람'과 '받는 사람'에 주소를 입력한다.

⑨ 를 클릭하여 색을 바꾼다.

⑩ 를 선택하여 인쇄한다.

⑪ 엽서 뒷면에 내용을 적는다.

⑫ 우표를 붙이고 우체통에 넣는다.

3) 워드프로세서를 이용하여 편지 꾸미기 (워드)

• **활동목표**: 다양한 방법으로 가족에게 편지를 보낸다.
  주변에서 글자의 기초 모양을 변별한다.
  여러 종류의 쓰기 도구를 사용해 본다.
• **활동유형**: 개별 활동 및 소집단 활동
• **활동자료**: '한글', 컴퓨터, 프린터, 집 주소
• **활동방법**

① '한글'을 실행한다.

② '새 글' > '문서마당 꾸러미' > '편지지 꾸러미' > '단풍잎 편지지'를 클릭한다.

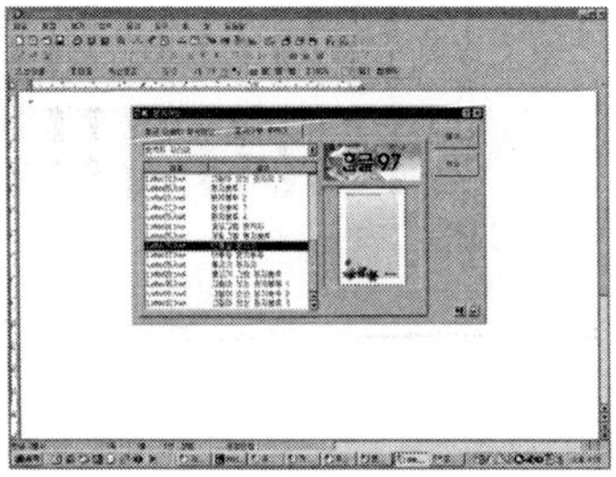

③ 편지지 화면에 가족에게 보낼 편지 내용을 입력한다.

• 글자의 크기, 모양, 크기, 색깔 등을 바꾸어 예쁘게 편집한다.

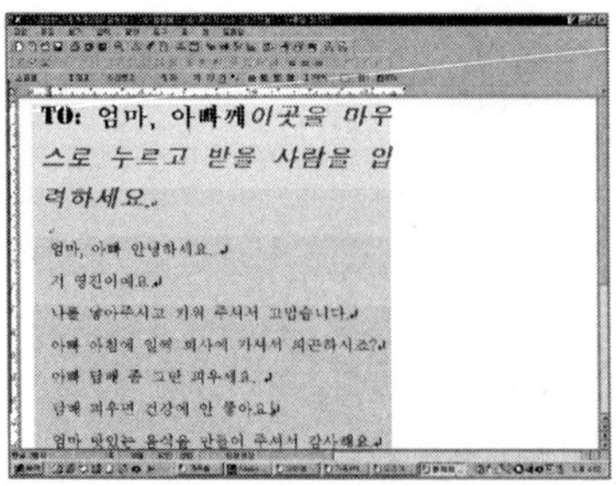

④ 완성된 내용을 저장하고 인쇄한다.

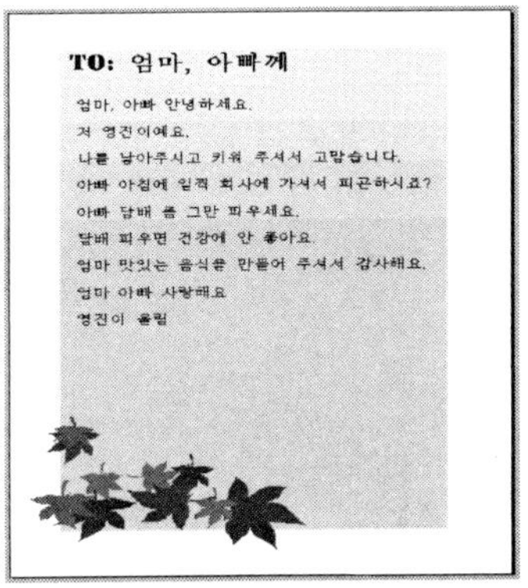
TO: 엄마, 아빠께

엄마, 아빠 안녕하세요.
저 영진이예요.
나를 낳아주시고 키워 주셔서 고맙습니다.
아빠 아침에 일찍 회사에 가셔서 피곤하시죠?
아빠 담배 좀 그만 피우세요.
담배 피우면 건강에 안 좋아요.
엄마 맛있는 음식을 만들어 주셔서 감사해요.
엄마 아빠 사랑해요
영진이 올림

⑤ '새 글' > '편지지 마당' > '단풍잎 편지봉투'를 클릭한다.

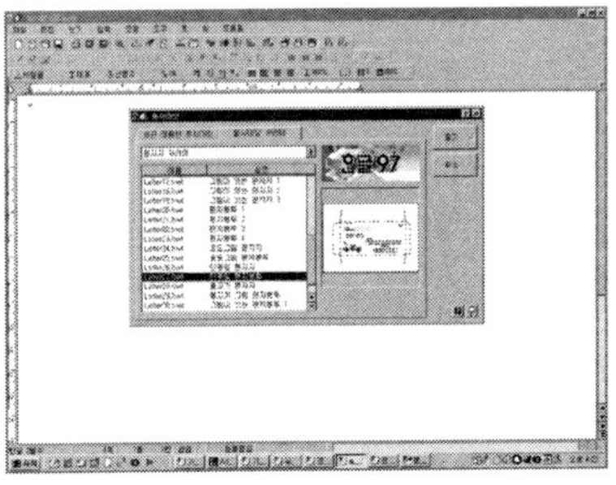

⑥ 주소를 적는 곳에 집 주소를 입력하고 글자의 모양이나 색깔을 다양하게 편집한다.

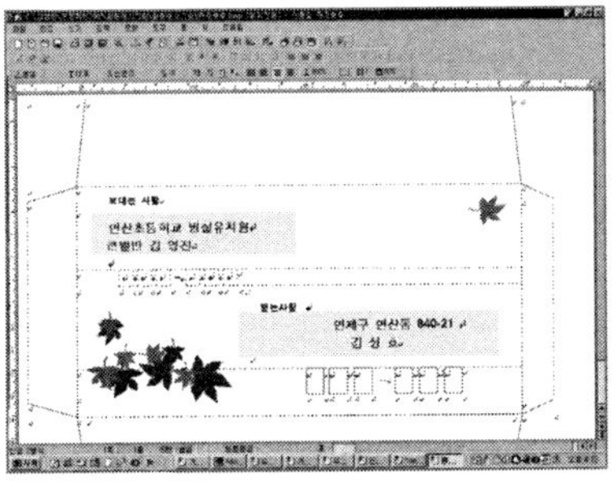

⑦ 완성된 편지 봉투를 저장한 후 인쇄한다.

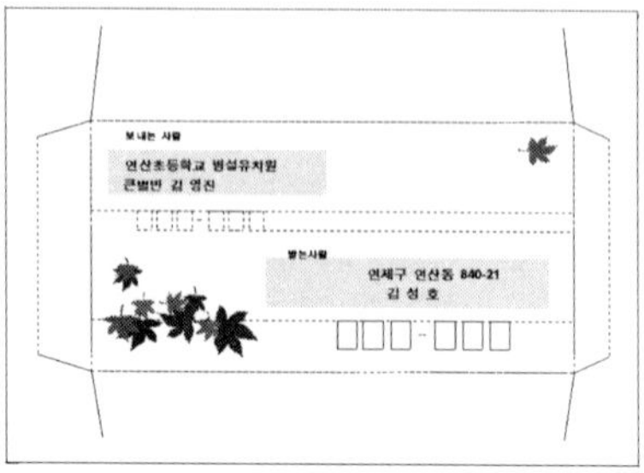

⑧ 봉투에 엽서를 넣고 우표를 붙여서 보낸다.

4) 인터넷 카드 보내기 (인터넷)

- **활동목표**: 다양한 방법으로 가족에게 편지를 보낸다.
  주변에서 글자의 기초 모양을 변별한다.
  여러 종류의 쓰기 도구를 사용해 본다.
- **활동유형**: 개별 활동 및 소집단 활동
- **활동자료**: 인터넷 '바른손 카드', 전자우편 계정 받기, 가족 전자우편 주소
- **활동방법**

〈사전 활동〉

－'쥬니어네이버'나 '야후 꾸러기'에 가입하여 메일을 계정 받는다.

－가족들의 메일 주소를 조사한다.

① 인터넷 주소창에 '바른손 카드' http://www.barunson.com/를 입력한다.

② '바른손 카드'에 회원가입을 한 후 'e카드'를 클릭한 후 원하는 카드를 선택한다.
③ 카드 내용 입력창에 친구에게 보낼 내용을 입력한다.
④ 보내는 사람의 주소란에는 자신의 전자우편 주소를 입력한다.
⑤ 받는 사람의 주소란에는 친구의 전자우편 주소를 입력한다.
⑥ 보내기 를 클릭한다.

⇨ **'바른 손 카드'–편지 보내기**

위와 같이 'e카드'를 보낸다.

⇨ **인터넷에 무료계정 등록하기**

계정이란 전자우편을 위한 통신상의 이름을 말한다. 유아를 위한 인터넷 사이트 중에서 무료로 계정을 받을 수 있는 사이트는 다음과 같다.

- '쥬니어네이버'–http://jr.naver.com/

'쥬니어네이버'는 14세 미만의 어린이를 위한 인터넷 사이트다. 어린이에게 유익하고 무해한 사이트들만 디렉토리화하고 음란이나 폭력과 연관이 있는 특정 단어의 검색을 통제하여 어린이가 보다 안전한 인터넷 여행을 즐길 수 있도록 하고 있다. 또한 어린이 눈높이에 적절한 화면 구성과 검색 기능 외에도 학습, 연예오락 등 다양한 컨텐츠를 갖추고 있다. 회원 가입은 무료이며, 다양한 쥬니어네이버 서비스를 이용할 수 있다. 14세 미만의 어린이가 회원 가입을 할 때는 부모의 동의가 필요하므로 부모와 함께 가입을 해야 한다.

【쥬니어네이버 회원 가입 방법】

① 인터넷 주소창에 '쥬니어네이버' http://jr.naver.com/를 입력한다.

② [회원가입] 을 클릭한다.

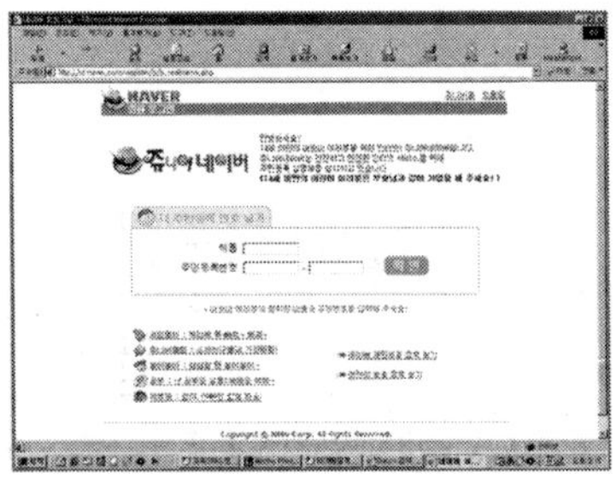

③ 이름과 주민등록번호를 입력한 후 [확인] 을 클릭한다.

④ 약관 화면이 나오면 읽어 보고 [동의] 를 클릭한다.

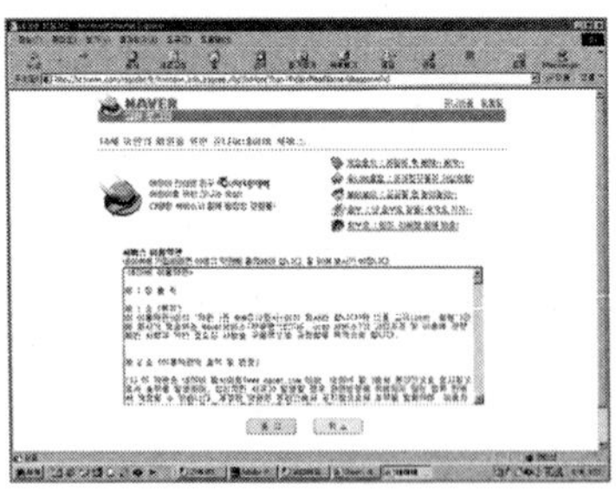

⑤ 아이디와 비밀번호 등 개인정보를 입력한다.

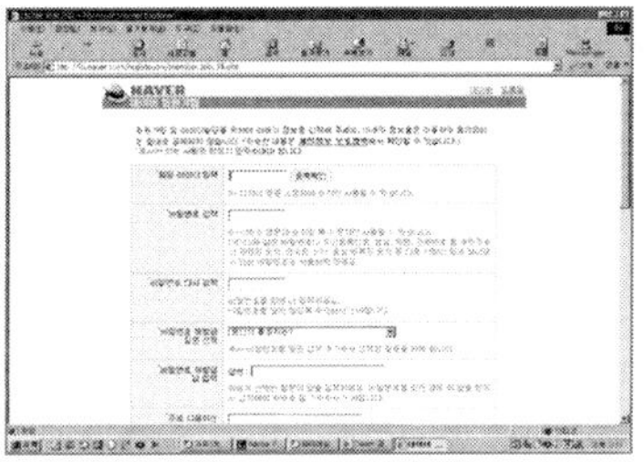

⑥ 가입을 완료한다.

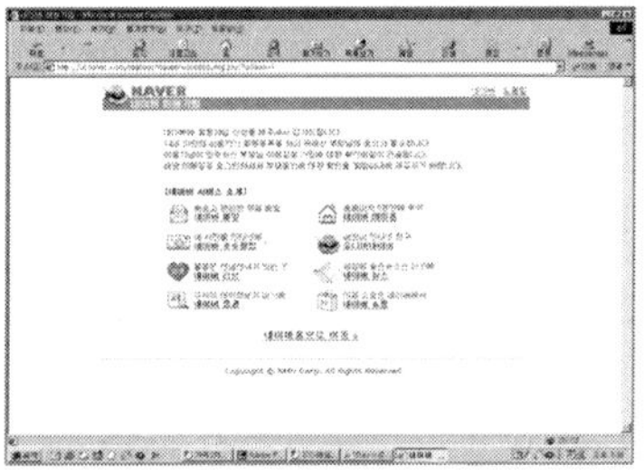

⑦ 회원 가입 후 30일 이내에 가입에 대한 확인 절차가 부모의 전자우편으로 간다. 그때 가입에 대한 확인을 하면 쥬니어네이버의 모든 서비스를 사용할 수 있다.

• '야후 꾸러기'—http://kr.kids.yahoo.com/

'야후 꾸러기'는 어린이 전용 검색 엔진으로 어린이들이 직접 인터넷 사이트를 쉽고 재미있게 검색할 수 있도록 만들어졌다. 14세 미만의 어린이가 회원 가입을 하려면 야후 코리아 홈페이지에서 회원 가입을 해야 한다.

【야후 꾸러기 회원 가입 방법】

① 인터넷 주소창에 '야후 코리아' http://kr.yahoo.com/를 입력한다.

② 신규 ID 등록을 클릭한다.

③ 약관 화면이 나오면 자세히 읽고 동의합니다. 를 클릭한다.

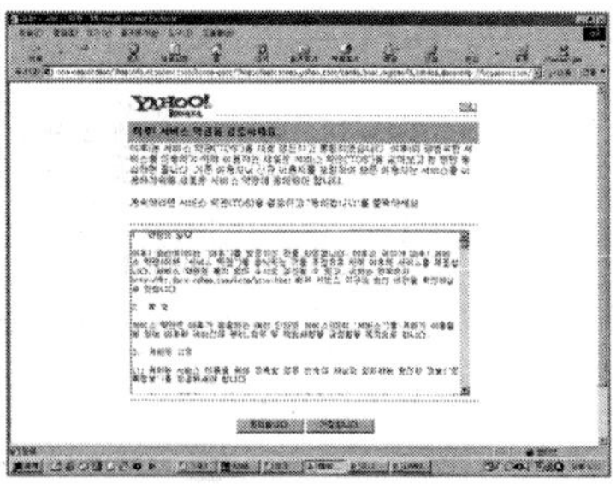

④ 야후 아이디를 등록하는 화면이 나오면 개인 정보를 입력한다.

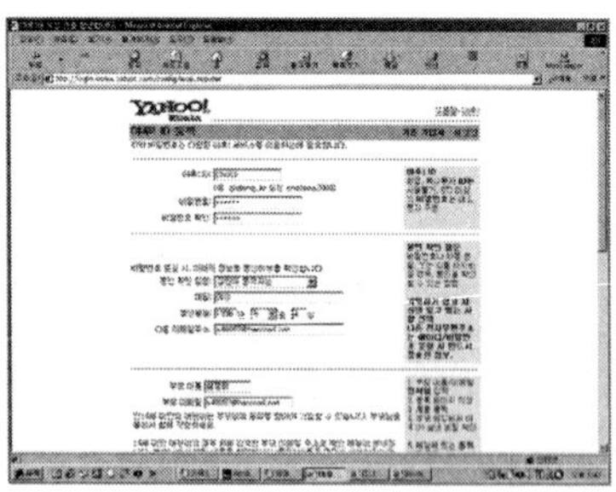

⑤ 등록이 완료된 화면이 나온다.

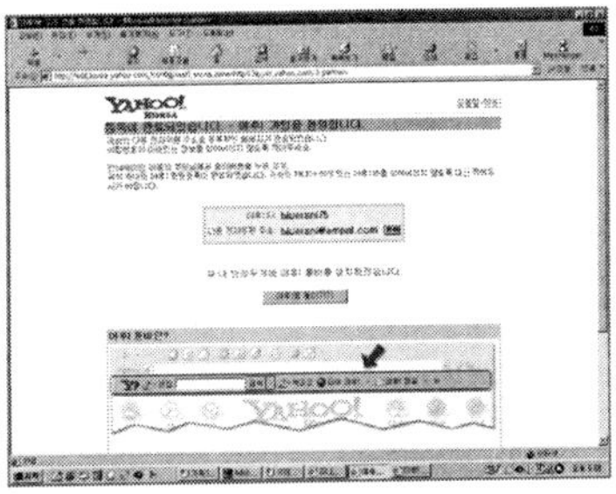

⑥ 만 14세 미만의 어린이가 회원 가입을 할 경우에는 아동의 부모의 동의가 있어야 하므로 부모의 전자우편 주소로 등록 동의 편지가 간다. 그때 동의 버튼을 누르면 어린이의 야후 회원 등록이 완료된다.

5 우리 가족이 함께하는 시간

▌교육과정 관련 요소▐

• 사회생활: 가족과 함께 생활하기－가족과 협력하기

－가족과 화목하게 지내기

나를 알고 사랑하기－나의 일 스스로 하기

• 언어생활: 듣기－이야기 듣고 이해하기

－바른 태도로 듣기

말하기－낱말과 문장으로 말하기

－생각과 느낌 말하기

쓰기－쓰기에 관심 가지기

1) 우리 가족이 함께하는 시간 (CD－ROM)

- **활동목표:** 가족이 생활 속에서 서로 협력하고 기쁨을 나누는 일상적인 방법을 안다.
  가족 간에 사랑을 나누는 태도를 기른다.
  가족 간에 협력하여 생활하고 사랑을 나눈다.
- **활동유형:** 소집단 활동 및 대집단 활동
- **활동자료:** '제6차 유치원 교육활동 지도자료집 활용을 위한 사회생활 교수 · 학습 자료' CD, 가족이 함께 찍은 사진, 실물화상기
- **활동방법**

① '제6차 유치원 교육활동 지도 자료집 활용을 위한 사회생활 교수 · 학습 자료' CD를 실행한다.

② '목차' > 생활주제별 > 가족과이웃 > '우리 가족이 함께하는 시간'을 클릭한다.

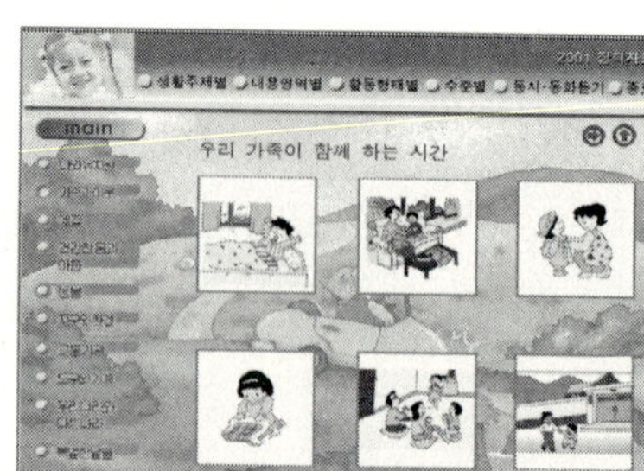

③ '우리 가족이 함께 하는 시간' 그림을 하나씩 클릭하면서 이야기한다.

⇨ 우리 가족이 하루 동안에 하는 일을 생각해 보고 이야기 나눈다.
- 아침에는 가족이 집에서 어떤 일을 하니?
- 어머니와 아버지는 어떤 일을 하니?
- 너희들은 어떤 일을 하니?
- 저녁에는 가족이 집에서 어떤 일을 하니?

⇨ 가족과 하루를 지내면서 가장 즐거운 때는 언제인지 이야기 나눈다.
- 가족과 무엇을 할 때 가장 즐겁니?

⇨ 실물화상기로 가족과 함께 찍은 사진을 다른 유아들에게 소개한다.
- 가족이 함께 모여서 무엇을 하면서 찍은 사진이니?
- 이날 너의 기분이 어땠니?

2) 즐거운 우리 집 (인터넷)

- **활동목표:** 가족이 생활 속에서 서로 협력하고 기쁨을 나누는 일상적인 방법을 안다.
  우리 가족의 기뻤던 일과 슬펐던 일에 대해서 이야기 나눈다.
  가족 간에 협력하여 생활하고 사랑을 나눈다.
- **활동유형:** 소집단 활동 및 대집단 활동
- **활동자료:** 인터넷 '서울교수학습지원센터', 컴퓨터

• **활동방법**

① 인터넷 주소창에 '서울교수학습지원센터' http://www.ssem.or.kr 를 입력한다.

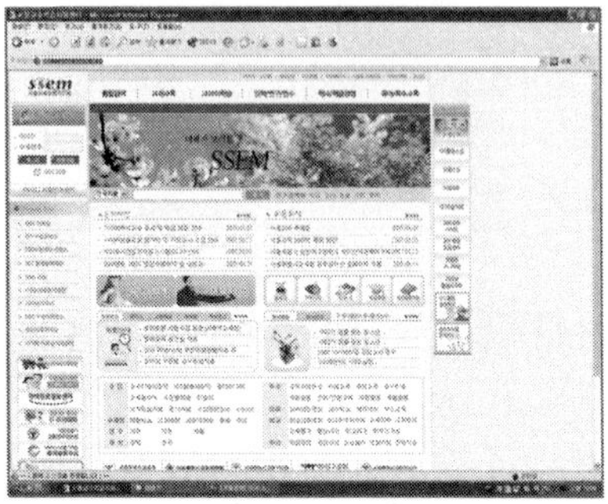

② 홈 > '교과교육' > '수업자료' > '유치원' >'가족과 이웃'을 클릭한 후 검색창에 '서로 돕고 사랑하는 우리 가족'을 쓴다.

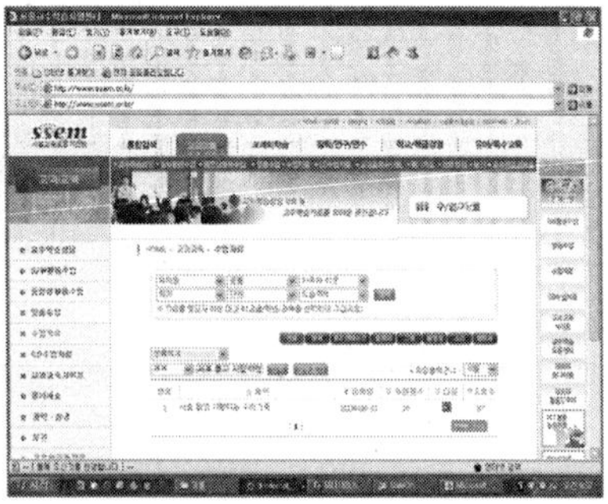

③ '서로 돕고 사랑하는 우리 가족'을 클릭한 후 자료를 내려 받는다.

④ 그림을 보면서 이야기한다.

• 엄마가 편찮으실 때는 어떻게 해야 할까?

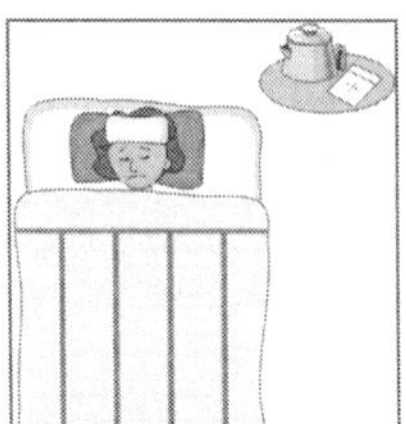

• 가족이 서로 도울 수 있는 일에는 어떤 일들이 있을까?

3) 우리 가족이 기뻤던 일 슬펐던 일 (인터넷)

• **활동목표**: 가족이 생활 속에서 서로 협력하고 기쁨을 나누는 일상적인 방법을 안다.
우리 가족의 기뻤던 일과 슬펐던 일에 대해서 이야기 나눈다.
가족 간에 협력하여 생활하고 사랑을 나눈다.
• **활동유형**: 소집단 활동 및 대집단 활동
• **활동자료**: 인터넷 '서울교수학습지원센터', 컴퓨터
• **활동방법**

① 인터넷 주소창에 '서울교수학습지원센터' http://www.ssem.or.kr 를 입력한다.

② 홈 > '교과교육' > '수업자료' > '유치원' >'가족과 이웃'을 클릭한 후 '우리 가족이 함께하는 시간'을 검색하여 자료를 내려 받는다.

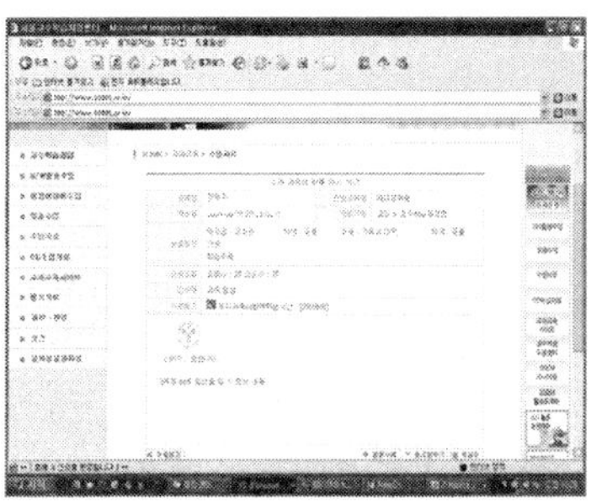

③ 가족과 함께하는 시간에 대해 그림을 보면서 이야기 나눈다.

- 가족끼리 있을 때 즐거웠던 때가 언제였니?
- 가족끼리 있을 때 슬펐을 때가 언제였니?
- 우리 가족이 기쁘게 생활하려면 어떻게 해야 할까?

- 우리 가족에게 슬픈 일이 생길 때는 어떻게 해야 할까?

4) '할머니 생신 날' 동화 듣기 (CD-ROM)

- **활동목표:** 동화를 즐겁게 듣는다.
  가족의 생일 축하 문화를 이해한다.
- **활동유형:** 소집단 활동 및 대집단 활동
- **활동자료:** '제6차 유치원 교육활동 지도자료집 활용을 위한 언어생활 교수 · 학습 자료' CD, 컴퓨터
- **활동방법**

① '제6차 유치원 교육활동 지도 자료집 활용을 위한 언어생활 교수 · 학습 자료' CD를 실행한다.

- 목차 > 동시·동화듣기 > 칼라동화듣기 를 클릭한다.

② '할머니 생신날'을 클릭한다.

③ 동화를 듣는다.

④ 동화를 듣고 난 느낌을 이야기한다.

- 생신은 무슨 날이니?
- 어머니, 아버지, 할아버지, 할머니와 같이 어른들이 태어나신 날을 무엇이라고 부를까?

⇨ 할머니, 할아버지와 같은 집안 어른들의 생신 축하 모임에 참석했던 경험을 이야기 나눈다.

- 할머니 생신에는 어떤 축하의 말을 전해드리면 좋을까?

6 우리 집에서 지켜야 할 약속

▌교육과정 관련 요소▐

- **사회생활**: 가족과 함께 생활하기－가족과 협력하기

  －가족과 화목하게 지내기

  나를 알고 사랑하기－나의 일 스스로 하기

  이웃과 더불어 생활하기－질서와 규칙 지키기
- **언어생활**: 듣기－이야기 듣고 이해하기

　　　−바른 태도로 듣기
말하기−바른 태도로 말하기
　　　　−생각과 느낌 말하기
쓰기−쓰기에 관심 가지기

1) 우리 집에서의 약속 (인터넷)

- **활동목표**: 가족이 생활 속에서 서로 협력하고 기쁨을 나누는 일상적인 방법을 안다.
  집에서 지켜야 할 규칙에 대해 알고, 약속의 중요성에 대해 안다.
  가족 간에 협력하여 생활하고 사랑을 나눈다.
- **활동유형**: 소집단 활동 및 대집단 활동
- **활동자료**: 인터넷 '서울교수학습지원센터', 컴퓨터
- **활동방법**

① 인터넷 주소창에 '서울교수학습지원센터' http://www.ssem.or.kr 를 입력한다.

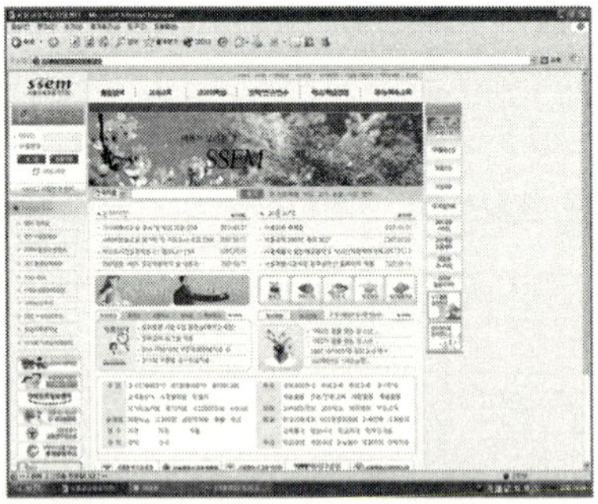

② 홈 > '교과교육' > '수업자료' > '유치원' >'가족과 이웃'을 클릭한 후 검색창에 '우리 가족을 위해서 내가 할 수 있는 일'을 쓴다.

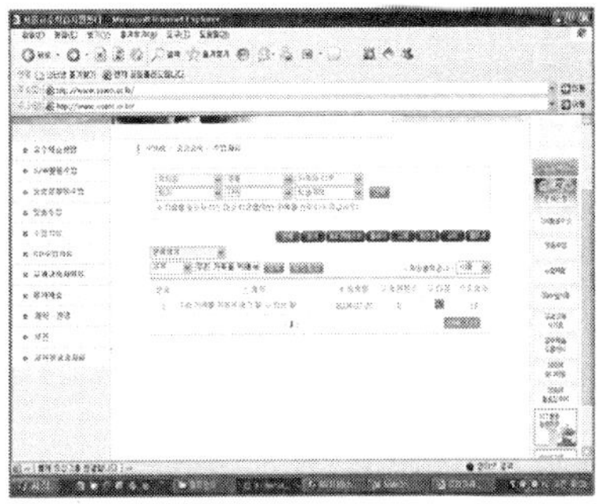

③ '우리 가족을 위해서 내가 할 수 있는 일'을 클릭한 후 자료를 내려 받는다.

④ 그림을 보면서 이야기한다.

- 집에서 가족끼리 정한 약속이나 규칙이 있니?
- 가족을 위해서 내가 할 수 있는 어떤 것이 있을까?
- 집에서의 약속이나 규칙을 지키지 않으면 어떻게 될까?

- 가족과의 약속을 지킬 수 없는 일이 생겼을 때는 어떻게 해야 할까?

2) 이렇게 인사해요 (CD-ROM)

- **활동목표:** 일상생활과 관련된 낱말과 문장을 듣고 그 뜻을 이해한다.
  일상생활에 필요한 낱말과 문장을 말한다.
  가족 간에 지켜야 할 예절에 대해 안다.
- **활동유형:** 개별 활동 및 소집단 활동
- **활동자료:** '제6차 유치원 교육활동 지도자료집 활용을 위한 언어생활 교수 · 학습 자료' CD, 프린터, 사인펜

• **활동방법**

① '제6차 유치원 교육활동 지도 자료집 활용을 위한 언어생활 교수 · 학습자료' CD를 실행한다.

• 목차 > 동시·동화듣기 > 흑백동화듣기 를 클릭한다.

② '이렇게 인사해요'를 클릭한다.

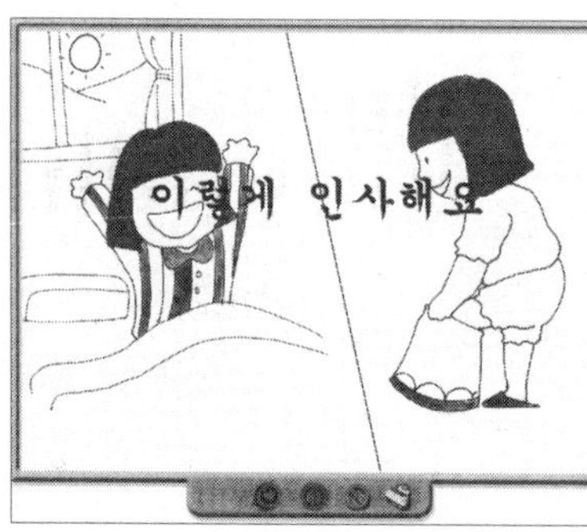

③ 한 화면씩 그림을 보면서 상황에 맞는 인사말에 대해 생각해 보고 말한다.

④ 동화를 듣는다.

⑤ 을 클릭하여 그림을 인쇄한다.

⑥ 그림에 맞는 적절한 인사말을 적는다.

3) 높임말을 해요 (CD−ROM)

• **활동목표**: 일상생활과 관련된 낱말과 문장을 듣고 그 뜻을 이해한다.

일상생활에 필요한 낱말과 문장을 말한다.

가족 간에 지켜야 할 예절에 대해 안다.

- **활동유형**: 소집단 활동
- **활동자료**: '유아 멀티미디어 교수자료 3' CD, 컴퓨터
- **활동방법**

① '3. 사랑하는 사람들' CD를 실행한다.

② '주제별 학습' > '사랑하는 사람들' > '엄마, 아빠 사랑해요'를 클릭한다.

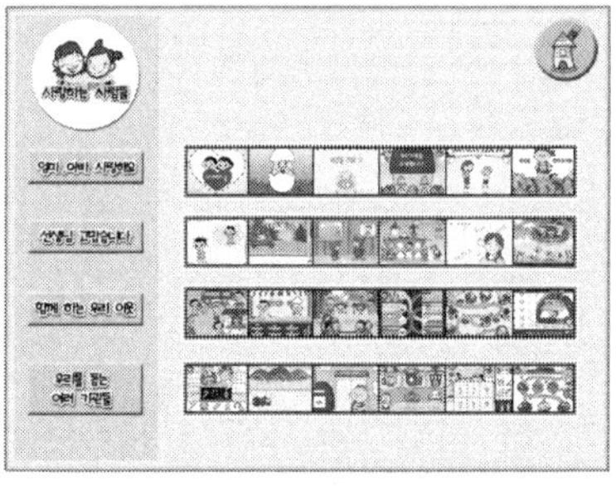

③ '존댓말을 해요'를 클릭한다.

④ 그림을 보면서 이야기한다.

⇨ 그림을 클릭하여 상황마다 여자 아이가 말하는 것을 듣는다.

- 이럴 때에는 어떻게 말해야 할까?

⑤  를 클릭하여 올바른 높임말을 듣는다.

- 그림을 보고 상황에 적절한 높임말을 한다.

7 동화 듣기

▌교육과정 관련 요소▐

- 사회생활: 가족과 함께 생활하기—가족과 협력하기
  —가족과 화목하게 지내기
  나를 알고 사랑하기—나의 일 스스로 하기
- 언어생활: 듣기—이야기 듣고 이해하기
  —바른 태도로 듣기
  —문학 작품 즐겨 듣기
  말하기—바른 태도로 말하기
  —생각과 느낌 말하기

1) '미안해, 동생아' (인터넷)

- **활동목표:** 동화를 보고 이해하며 즐긴다.
  다양한 가족구성원이 있음을 안다.
- **활동유형:** 소집단 활동 및 대집단 활동
- **활동자료:** 인터넷 '부키의 동화나라', 컴퓨터
- **활동방법**

① 인터넷 주소창에 '부키의 동화나라' http://www.buki.co.kr/main.php를 입력한다.

② 홈 > 동화나라 > 일반 분류로 메뉴보기 > 창작동화 를 클릭한다.

③ [찾기] 에 '미안해 동생아'를 입력한다.

④ 동화를 듣는다.

⑤ 동화에 대한 느낌을 이야기한다.

- 수아와 동생에게 어떤 일이 생겼니?
- 어린 동생이 생긴다면 어떻게 해 주고 싶니?

'우리 가족' 관련 인터넷 동화 사이트

- **'부키의 동화나라'**–http://www.buki.co.kr/main.php

① 인터넷 주소창에 '부키의 동화나라'를 입력한다.

② 명작동화

[우리 집을 만들어요]

[게으른 잭]

③ 전래동화

[효자와 불효자]

[효자 박구 이야기]

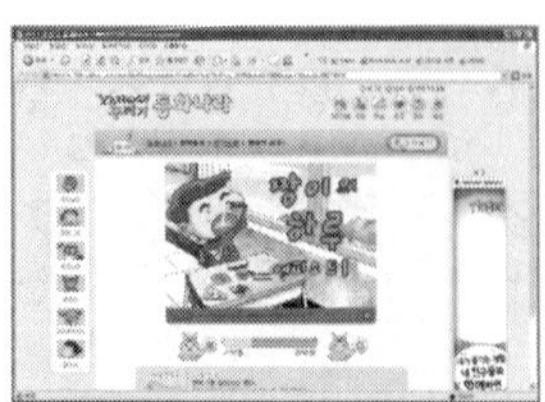

[짱이의 하루 1, 2, 3]

• '야후 꾸러기 동화나라' – http://kr.infant.kids.yahoo.com/infantzone/index.html?service=story

① 인터넷 주소창에 '야후 꾸러기 동화나라'를 입력한다.

② 동화나라 > 창작동화 > 창작동화 > 짤미의 하루! 를 클릭한다.

③ '의좋은 형제'를 검색하여 동화를 감상한다.

• '유리누리닷컴' – http://www.yurinuri.com

① 인터넷 주소창에 '유리누리닷컴'을 입력한다.

② 화면의 상단에 있는 

을 클릭한다.

③ 전래동화

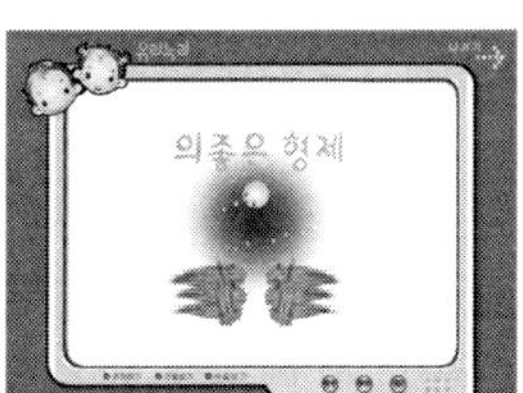

[의좋은 형제]

④ 창작동화

[동생이 울어 버렸어요]

8 이야기 꾸미기

▌교육과정 관련 요소▐

- **사회생활**: 가족과 함께 생활하기－가족과 화목하게 지내기
- **표현생활**: 예술적 표현 즐기기－창의적인 표현 과정 즐기기
- **언어생활**: 듣기－이야기 듣고 이해하기
  －바른 태도로 듣기
  말하기－생각과 느낌 말하기
  －이야기 지어 말하기
  －바른 태도로 말하기
  쓰기－쓰기에 관심 가지기
- **탐구생활**: 과학적 기초 능력 기르기－간단한 도구와 기계 활용하기

1) '효녀 심청' 동화 만들기 (인터넷)

- **활동목표**: 동화를 듣고 이해하며 즐긴다.
  동화를 듣고 상상하여 이야기를 꾸민다.
- **활동유형**: 개별 활동 및 소집단 활동
- **활동자료**: 인터넷 '쥬니어네이버 동화여행', '교원아이', 프린터
- **활동방법**

① 인터넷 주소창에 '쥬니어네이버 동화여행' http://jr.naver.com/donghwa/을 입력한다.

② 검색창에 '효녀 심청'을 입력하여 동화를 찾아서 듣는다.

③ 동화에 대한 느낌을 이야기한다.

④ 인터넷 주소창에 '교원아이' http://www.kyowoni.com/를 입력한다.

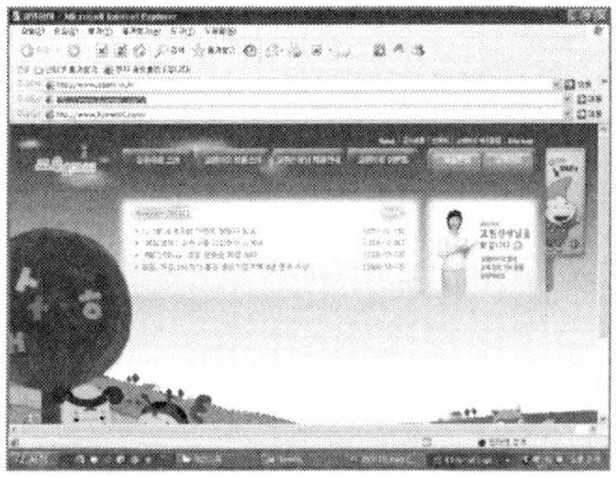

⑤ 홈 > '유아놀이터' > '언어마을' > '동화 놀이터' > '그림동화 만들기'에서 '효녀 심청'을 클릭한다.

⑥ 그림 조각을 그림판 위에 놓은 후, 내용을 쓴다.

⑦ 완성되면 인쇄하여 묶어서 '내가 만든 동화책'으로 소개한다.

2) '할머니와 둘이서' 뒷이야기 꾸미기 (CD-ROM)

- **활동목표:** 동화를 듣고 이해하며 즐긴다.
  창의적으로 상상하여 이야기를 꾸민다.
- **활동유형:** 개별 활동 및 소집단 활동
- **활동자료:** '할머니와 둘이서' CD, '할머니와 둘이서'를 인쇄한 그림 자료, 프린터

• **활동방법**

① '할머니와 둘이서' CD를 실행한다.

② 동화를 듣는다.

③ 동화의 내용을 회상하며 이야기한다.

④ 뒷이야기를 상상해 본다.

- 이후에는 무슨 일이 일어날 것 같니?

⑤ 를 클릭하여 '할머니와 둘이서'의 그림을 인쇄한다.

⑥ 인쇄한 그림을 이용하여 뒷이야기를 꾸민다.

- 이 장면 다음에 어떤 일이 일어날까?
- 이야기한 것을 그림으로 그리고 글자로 적어 보자.

⑦ 유아가 만든 동화를 묶어 책을 만든다.

'우리 가족' 관련 CD-ROM

• '아빠와 둘이서' / '엄마와 둘이서'

① CD를 실행한다.

[아빠와 둘이서]

[엄마와 둘이서]

② 메뉴를 선택할 수 있는 화면이 나온다.

[아빠와 둘이서]

[엄마와 둘이서]

③  를 클릭하여 동화를 듣는다.

[아빠와 둘이서]

[엄마와 둘이서]

④ 보고 싶은 화면을 선택한 후 OK 를 클릭한다.

[아빠와 둘이서]

[엄마와 둘이서]

⑤ 그림을 보면서 어떤 내용인지 이야기한다.

▷ 을 클릭하면 다음 화면으로 이동하고, ◁ 를 클릭하면 전 화면으로 이동한다.

이 장면은 어떤 내용이니? 크리터와 아빠(엄마)에게 어떤 일들이 일어났니?

⑥ 유아들이 이야기한 내용을 이야기로 꾸민다.

9 동시 감상 및 짓기

▌교육과정 관련 요소▐

- **사회생활**: 가족과 함께 생활하기－가족과 화목하게 지내기
- **표현생활**: 예술적 표현 즐기기－창의적인 표현 과정 즐기기
- **언어생활**: 듣기－문학 작품 즐겨 듣기
  －바른 태도로 듣기
  말하기－생각과 느낌 말하기
  －이야기 지어 말하기
  －바른 태도로 말하기
  쓰기－쓰기에 관심 가지기

1) 엄마는 대번 아세요 (인터넷, 워드)

- **활동목표**: 동시를 즐겁게 감상한다.
  자신의 생각을 동시로 표현한다.
- **활동유형**: 개별 활동 및 소집단 활동
- **활동자료**: 인터넷 '동시모음', 컴퓨터, 프린터, 동시 짓기 활동 자료
- **활동방법**

① 인터넷 주소창에 '동시모음' http://www.irang.net/dongsi/index5.htm을 입력한다.

② '가족' 주제의 '엄마는 대번 아세요'를 클릭한다.

③ 동시를 듣는다.

④ 동시 내용 중 바꾸고 싶은 내용을 의논한다.

- (　　　)인지 아닌지 엄마는 대번 아세요.

⑤ 동시 짓기 활동지를 인쇄한다.

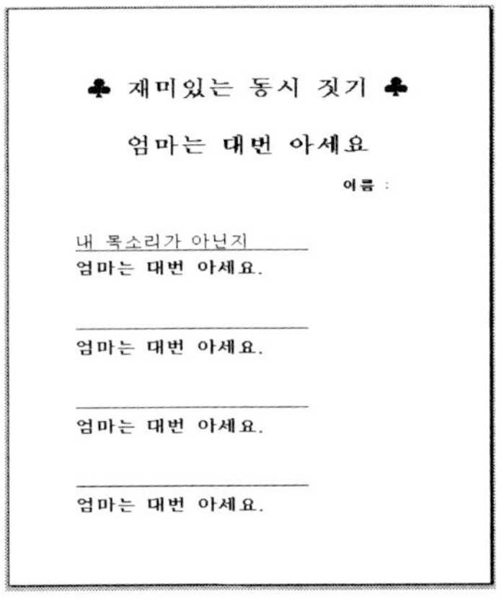
♣ 재미있는 동시 짓기 ♣

엄마는 대번 아세요

이름 :

내 목소리가 아닌지
엄마는 대번 아세요.

엄마는 대번 아세요.

엄마는 대번 아세요.

엄마는 대번 아세요.

⑥ 빈 곳에 글자를 적는다.

⑦ 완성되면 다른 친구들에게 자신이 만든 동시를 소개한다.

⇨ 동시 프로젝트 사이트 참고

—http://www.changsa.com/re_chang/dongsi_6se.htm

'우리 가족' 관련 인터넷 동시 사이트

• '에드피아닷컴'－http://www.edpia.com

① 인터넷 주소창에 '에드피아닷컴'을 입력한다.

② 홈 > '원선생님' > '수업자료' > '주제별 수업자료' > '동시' > 동시 선택 > [동시감상하기]를 클릭한다.

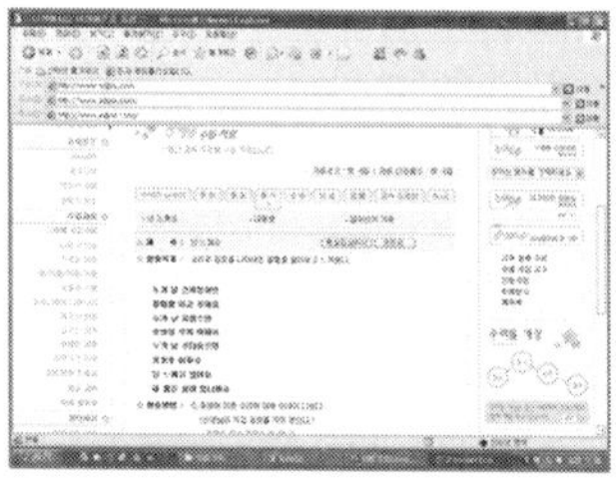

[난 느껴요]

[내 동생]

[잠꾸러기 가족]

10 동요 감상 및 가사 바꾸기

▌교육과정 관련 요소▐

• 사회생활: 가족과 함께 생활하기－가족과 화목하게 지내기

• 표현생활: 예술적 표현 즐기기－음악으로 표현하기

－창의적인 표현 과정 즐기기

• 언어생활: 듣기－이야기 듣고 이해하기

말하기－생각과 느낌 말하기

－이야기 지어 말하기

－바른 태도로 말하기

쓰기－쓰기에 관심 가지기

1) 엄마 아빠 사랑해요 (인터넷)

- **활동목표**: 동요를 즐겁게 부른다.
  동요 가사를 창의적으로 바꾸어 부른다.
- **활동유형**: 개별 활동 및 소집단 활동
- **활동자료**: 인터넷 '유리누리닷컴', 컴퓨터, 프린터
- **활동방법**

① 인터넷 주소창에 '유리누리닷컴' http:// www.yurinuri.com을 입력한다.

② 화면 상단에 있는 메뉴 중 

을 클릭한다.

③ 동요 목록 중 '엄마 아빠 사랑해요'를 클릭한다.

④ 화면에서 [동요 보기] 를 클릭한다.

⑤ 동요를 부른다.

⑥ [악보 프린트] 를 클릭하면 다음과 같이 악보가 나온다.

⑦ [악보프린트하기] 를 하여 악보를 인쇄한다.

⑧ 동요의 가사 중 다르게 생각하는 부분을 이야기한다.
- 가사 중 어느 부분을 바꾸어 부르면 좋을까?

⑨ 유아들과 의논하여 바꾼 가사 부분을 종이에 써서 붙인다.

⑩ 새로 만든 동요 가사대로 부른다.

'우리 가족' 관련 인터넷 동요 사이트

- '아름다운 동요세상'—http://www.1004sori.com/cs/main.htm
  ① 인터넷 주소창에 '아름다운 동요세상'을 입력한다.
  ② 홈 > '유아동요실' > '우리아기'를 클릭하여 음악을 감상한다.

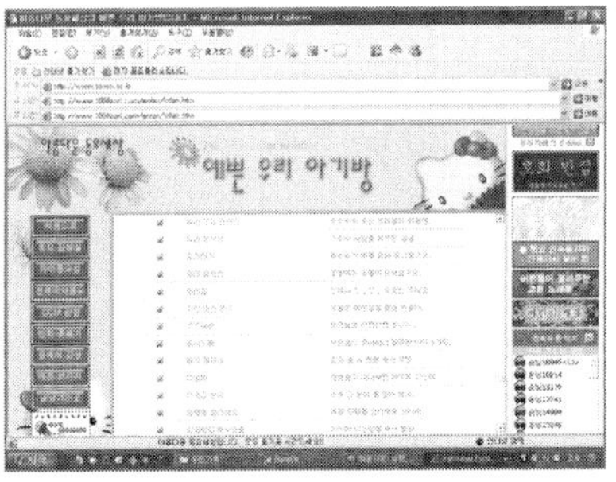

11 게임판 만들기

▌교육과정 관련 요소▐

- **사회생활**: 가족과 함께 생활하기—가족과 화목하게 지내기
- **표현생활**: 예술적 표현 즐기기—조형 활동으로 표현하기
  —창의적인 표현 과정 즐기기
- **언어생활**: 듣기—이야기 듣고 이해하기
  말하기—생각과 느낌 말하기

쓰기–쓰기에 관심 가지기

- **탐구생활**: 수학적 기초 능력 기르기–공간 및 도형에 대해 알아보기

1) 가족 윷놀이 만들기 (CD–ROM)

- **활동목표**: 다른 친구들과 협동하여 게임판을 만든다.
  글자에 관심을 갖는다.
- **활동유형**: 소집단 활동
- **활동자료**: 'LG 홈워드 3' CD, 컴퓨터, 프린터, 사인펜, 우드락, 윷
- **활동방법**

① 윷놀이 기본판 만들기

⇨ 'LG 홈워드 3' CD를 실행한다.

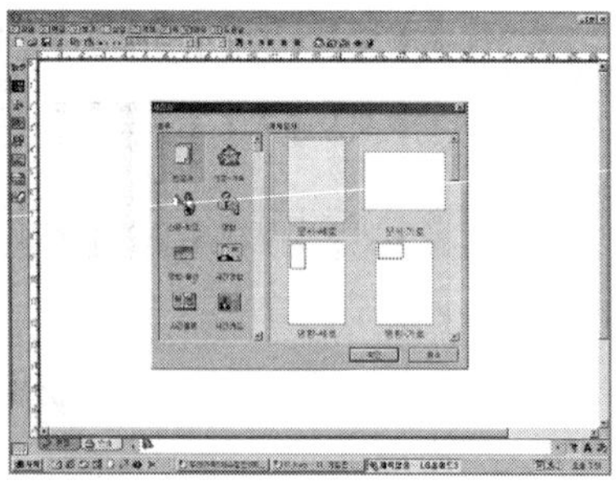

⇨ '파일' > '새 문서' > '빈 문서' > '놀이판' > '윷놀이판'을 클릭한다.

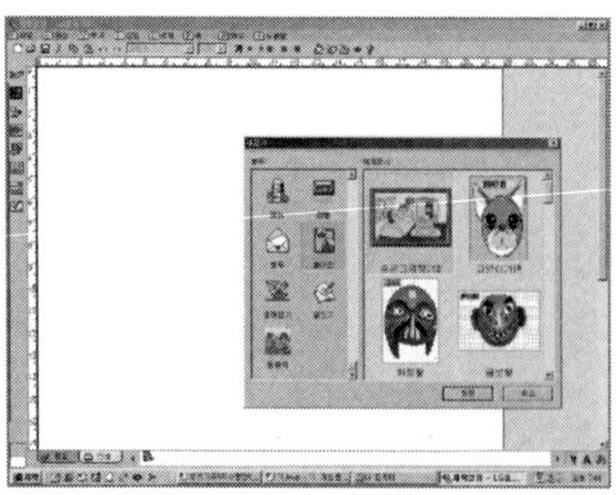

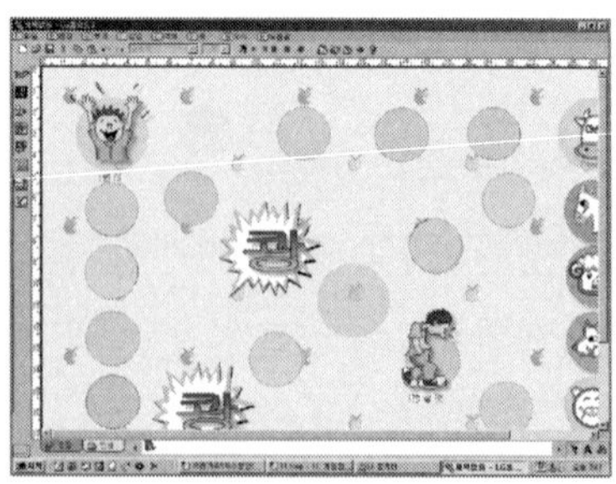

⇨ '윷놀이판' 화면을 인쇄한다.

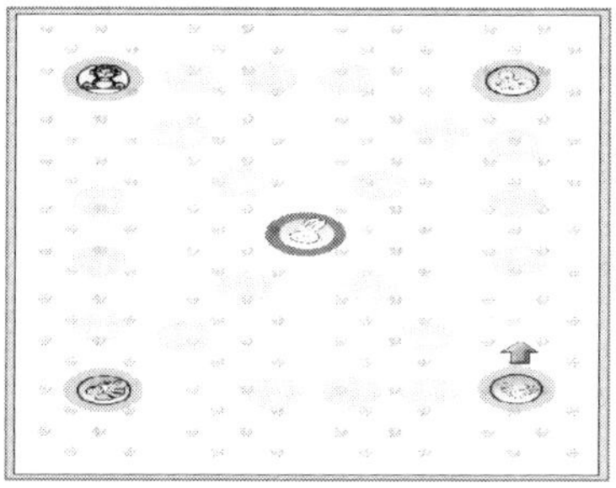 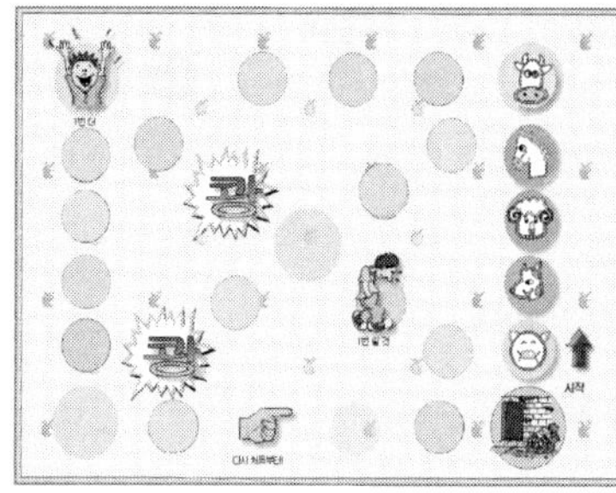

⇨ 윷놀이판을 코팅하고 뒷면에 우드락을 붙인다.

② 우리 가족 말 만들기

⇨  을 클릭한다.

⇨ 조각 그림 중 '우리 가족' 그림을 선택하고 마우스로 끌기하여 문서 여백에 놓는다.

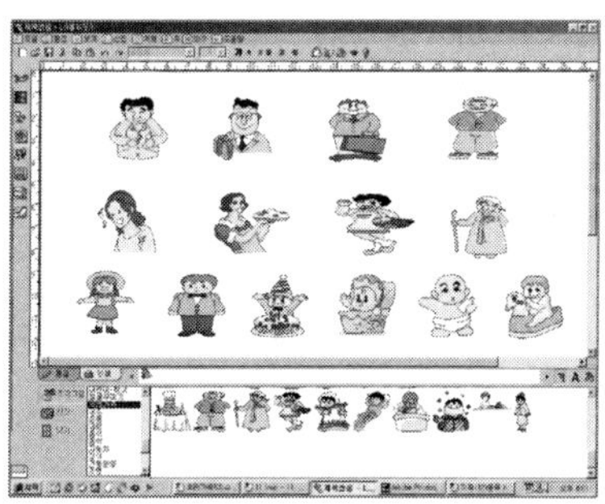

⇨ 화면을 인쇄하여 가족 그림을 오린 후, 가족 그림을 코팅하여 말로 사용한다.

③ '게임 규칙판' 만들기

⇨ 게임 규칙을 의논한다.

- 할아버지, 할머지, 엄마, 아빠, 나, 동생 등 한 가족이 먼저 도착하는 팀이 이긴다.

⇨ 게임 규칙을 종이에 적고 게임 규칙판을 코팅한다.

④ 완성된 게임판으로 게임을 해 본다.

2) 퍼즐판 만들기 (CD-ROM)

- **활동목표:** 부분이 연결되어 전체가 구성되는 것을 이해한다.
  부분과 전체의 관계를 이해할 수 있는 활동을 경험한다.
- **활동유형:** 소집단 활동
- **활동자료:** '할머니와 둘이서' CD, '엄마와 둘이서' CD, '아빠와 둘이서' CD, 컴퓨터, 프린터, 우드락, 색지, 투명 시트지 또는 비닐, 펜, 막대자, 칼 등
- **활동방법**

① '할머니와 둘이서' '엄마와 둘이서' '아빠와 둘이서' CD 중 하나를 실행한다.

⇨ 여기서는 '아빠와 둘이서' CD를 실행한다.

② PAGE 를 클릭한다.

③ 퍼즐판으로 만들고 싶은 화면을 선택한 후 OK 를 클릭한다.

④ 화면을 인쇄한다.

- '할머니와 둘이서' CD는 화면에 있는 를 클릭하여 그림을 인쇄한다.
- '아빠와 둘이서' CD, '엄마와 둘이서' CD는 다음의 방법을 사용하여 그림을 인쇄한다.

화면 인쇄하기

① '아빠와 둘이서' CD나 '엄마와 둘이서' CD를 실행한다.

② 화면을 복사한다.

- 메뉴 선택화면에서 PAGE 를 클릭한다.
- 원하는 화면을 화면을 선택한 후 OK 를 클릭한다.
- 화면이 나오면 키보다 자판의 오른쪽 상단에 있는 'Print Screen' 키를 클릭한다.

③ 그림판을 실행한다.

- '시작' > '프로그램' > '보조 프로그램' > '그림판'을 클릭한다.

④ 저장한다.

- 그림판 메뉴에서 '편집' > '붙여 넣기'를 클릭한다.
- 화면이 나타나면 '파일' > '저장'을 클릭하고 원하는 파일 저장 이름을 넣는다.

⑤ 파일로 만든 화면을 인쇄한다.

⑤ 인쇄한 그림판 뒤에 우드락을 붙인다.

⑥ 몇 조각으로 할지 원하는 퍼즐 밑그림을 펜으로 그린다.

⑦ 퍼즐 밑그림을 칼로 자른 후 투명 시트지로 싼다.

⑧ 개별적으로 하거나 집단으로 퍼즐 맞추기를 한다.

'우리 가족'과 관련된 그림 자료실	
CD-ROM	• '인물 일러스트 CD 뱅크' (드림월드-유아동산) • '인물 clipart' (통로 멀티미디어) • '한국 전통 일러스트 CD 뱅크' (드림월드-유아동산) • 'LG 홈워드 3' > '조각그림' > '우리 가족' (LG 소프트) • '어린이 훈민정음 3' > '조각그림' > '사람' (삼성전자)

12 동극하기

▌교육과정 관련 요소▐

• 사회생활: 이웃과 더불어 생활하기-두레의 소중함을 알고 협력하기

• 표현생활: 예술적 표현 즐기기-조형 활동으로 표현하기

-창의적인 표현 과정 즐기기

-극놀이로 표현하기

• 언어생활: 듣기-이야기 듣고 이해하기

-문학 작품 즐겨 듣기

말하기-생각과 느낌 말하기

쓰기－쓰기에 관심 가지기

－쓰기 도구 사용하기

• **탐구생활**: 과학적 기초 능력 기르기－간단한 도구와 기계 활용하기

1) '커다란 무' 동화 듣기 (인터넷)

• **활동목표**: 동화를 보고 이해하며 즐긴다.

동극 활동에 필요한 준비 과정을 안다.

• **활동유형**: 소집단 활동 및 대집단 활동

• **활동자료**: 인터넷 '서울교수학습지원센터', 컴퓨터

• **활동방법**

① 인터넷 주소창에 '서울교수학습지원센터' http://www.ssem.or.kr를 입력한다.

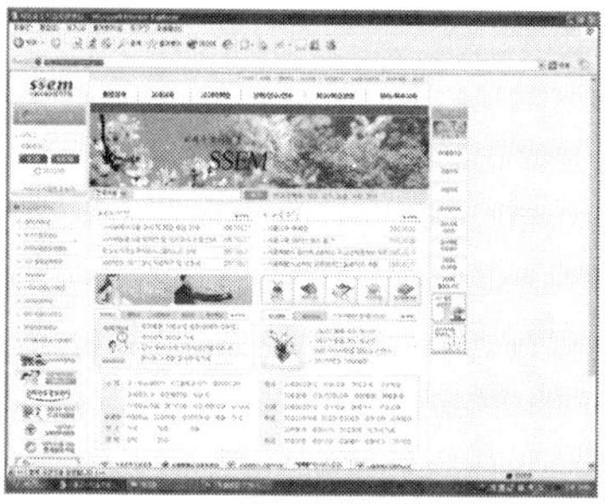

② 홈 > '교과교육' > '수업자료' > '유치원' >'가족과 이웃'을 클릭한 후 '커다란 무'를 검색하여 자료를 내려 받는다.

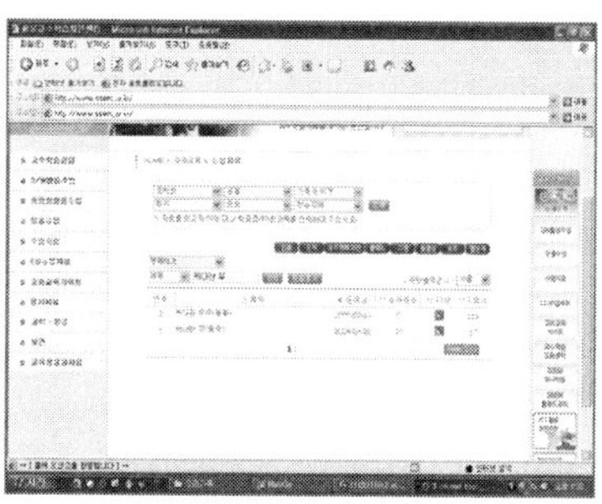

③ 동화를 듣는다.

④ 동극을 하기 위해 필요한 준비를 안다.

⇨ 동극 대사 만들기

⇨ 역할 정하기

⇨ 소품 준비하기

⇨ 초대장 만들기

⇨ 포스터 만들기

⑤ 자신이 하고 싶은 활동을 선택한다.

2) 동극 대사 만들기 (워드)

- **활동목표**: 동극 활동에 필요한 준비 과정에 즐겁게 참여한다.
  여러 종류의 쓰기 도구를 사용해 본다.
- **활동유형**: 소집단 활동
- **활동자료**: '한글', 컴퓨터, 프린터
- **활동방법**

① '한글'을 실행한다.

② 컴퓨터 자판으로 동극 대사를 입력한다.

③ 인쇄하여 역할을 맡은 배우들에게 나누어 준다.

3) 동극 초대장 만들기 (CD-ROM)

- **활동목표**: 동극 활동에 필요한 준비과정에 즐겁게 참여한다.
  여러 종류의 쓰기 도구를 사용해 본다.
- **활동유형**: 소집단 활동
- **활동자료**: 'LG 홈워드 3' CD, 컴퓨터, 프린터
- **활동방법**

① 초대장에 넣을 내용을 의논한다.

② 'LG 홈워드 3' CD를 실행한다.

③ '파일' > '새 문서' > '빈 문서' > '카드 가로'를 선택하여 클릭한다.

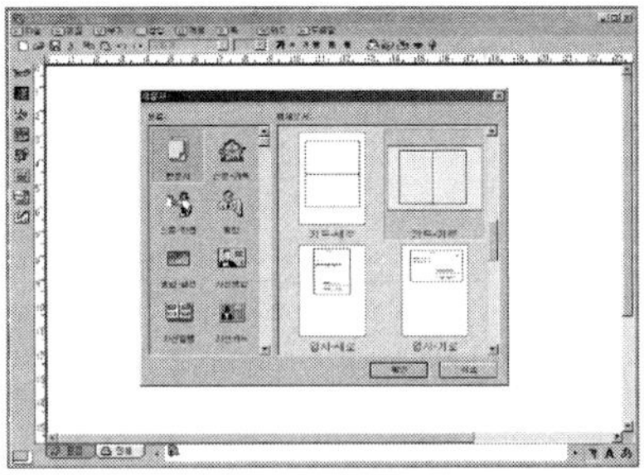

④  을 클릭한다.

⑤ 조각 그림 중 '풍선' 그림을 선택하여 마우스로 끌기하여 문서 여백에 놓는다.

⑥ 문서 화면 왼쪽에 있는  를 클릭한다.

⑦ 내용에 글자를 입력하고 색깔을 선택한다.

⑧ [확인]을 클릭하면 문서 화면에 작성한 글자가 나타난다.

⑨ 글자에 마우스를 놓으면 글자에 점이 생기는데, 이 점을 끌기하면 원하는 크기와 위치로 바꿀 수 있다.

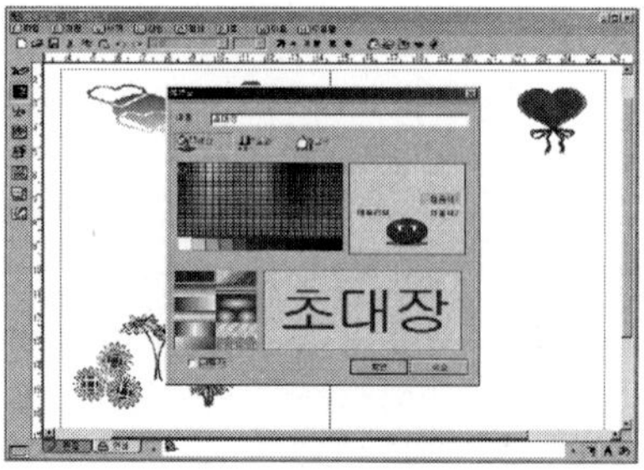

⑩ 완성된 초대장을 인쇄하여 반으로 접는다.

⑪ 초대장을 다른 반 선생님들과 친구들에게 나누어 준다.

4) 동극 포스터 만들기 (CD-ROM)

- **활동목표**: 동극 활동에 필요한 준비과정에 즐겁게 참여한다.
  여러 종류의 쓰기 도구를 사용해 본다.
- **활동유형**: 소집단 활동
- **활동자료**: 'LG 홈워드 3' CD, 컴퓨터, 프린터
- **활동방법**

① 포스터에 넣을 내용을 의논한다.

② 'LG 홈워드 3' CD를 실행한다.

③ '파일' > '새 문서' > '빈 문서' > '알림' > '지역' > '원아모집'을 클릭한다.

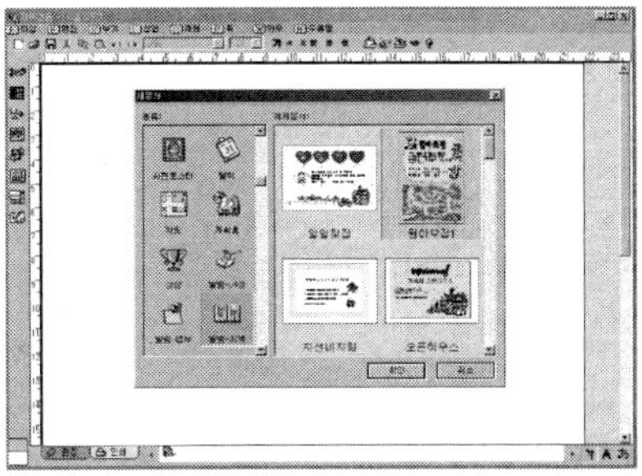

④ 화면에 나타난 글자를 지운다.

⑤ 문서 화면 왼쪽에 있는 [아이콘]를 클릭한다.

⑥ 내용에 글자를 입력하고 색깔을 선택한다.

⑦ [확인]을 클릭하면 문서 화면에 작성한 글자가 나타난다.

⑧ 글자에 마우스를 놓으면 글자에 점이 생기는데, 이 점을 끌기하여 원하는 크기와 위치로 바꾼다.

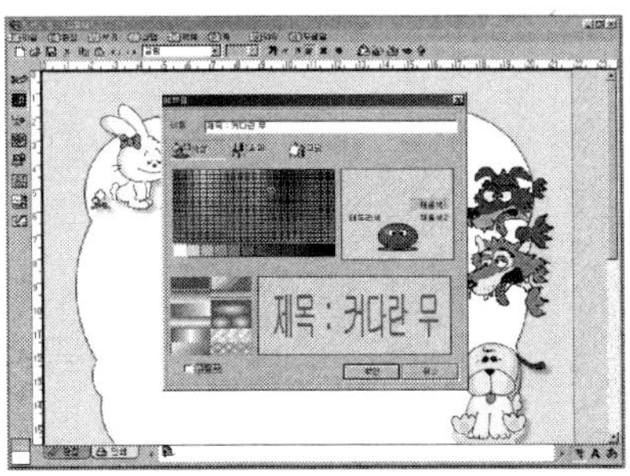

⑨ 완성된 포스터를 인쇄한다.

⑩ 포스터를 교실 문 앞과 유치원 현관에 붙인다.

제 3 장 우리 동네

1 우리 동네에 대해 알아보기

▌교육과정 관련 요소▐

- **사회생활**: 이웃과 더불어 생활하기－다른 사람을 이해하고 존중하기
  사회 현상에 관심 가지기－주변 지역에 관심 가지기
- **언어생활**: 듣기－이야기 듣고 이해하기
  －바른 태도로 듣기
  말하기－생각과 느낌 말하기
  －바른 태도로 말하기
  쓰기－쓰기에 관심 가지기
- **탐구생활**: 과학적 기초 능력 기르기－간단한 도구와 기계 활용하기

1) 동네가 생기게 된 이야기 (CD－ROM)

- **활동목표**: 동네가 어떻게 해서 생기게 되었는지 안다.
  자신이 사는 동네에 대해 사랑하는 마음을 가진다.
- **활동유형**: 소집단 활동 및 대집단 활동
- **활동자료**: '유아 멀티미디어 교수자료 3' CD, 컴퓨터
- **활동방법**

① '3. 사랑하는 사람들' CD를 실행한다.

② '주제별 학습' > '사랑하는 사람들' > '함께하는 우리 이웃'을 클릭한다.

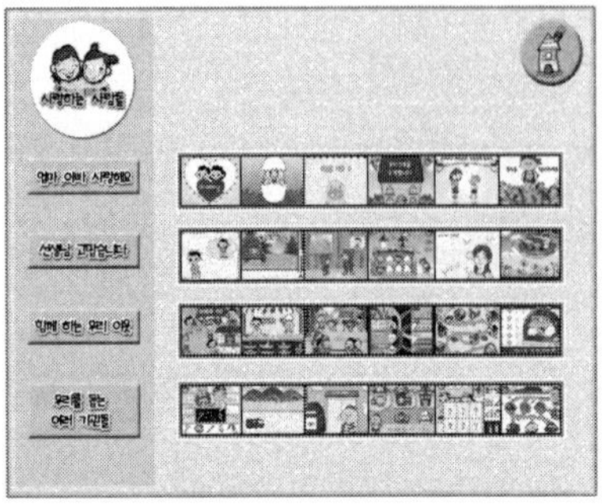

③ '컴둥이네 동네가 생기게 된 이야기'를 클릭한다.

④ 동네가 어떻게 해서 생기게 되었는지 그림을 클릭하여 알아본다.

⑤ 자신이 살고 있는 동네에 대해 이야기 나눈다.

- 우리 동네에는 무엇이 있니?
- 만약에 동네에 너희 집만 산다면 어떤 일이 생길까?

2) 우리가 사는 곳은 어디에 있을까요 (인터넷)

- **활동목표**: 자신이 사는 동네가 어디에 있는지 지도에서 찾아볼 수 있다.
  지도를 이용해서 원하는 동네를 찾아본다.
  자신이 살고 있는 곳의 주소를 알아본다.
- **활동유형**: 개별 활동 및 소집단 활동

• **활동자료:** 인터넷 '파란', 컴퓨터, 프린터, 풀, 가위, 투명 테이프, 종이, 그림도구, 필기도구

• **활동방법**

① 내가 사는 동네에 대해서 유아들과 이야기 나눈다.

- 내가 사는 동네의 이름은 무엇일까?
- 내가 사는 동네는 우리나라의 어디쯤에 위치해 있을까?

② 우리 동네의 위치를 알아보는 방법에는 어떤 것이 있을까?

- 지도를 찾아봐요.

③ 인터넷 주소창에 'Paran 지도' http://local.paran.com/map/를 입력한다.

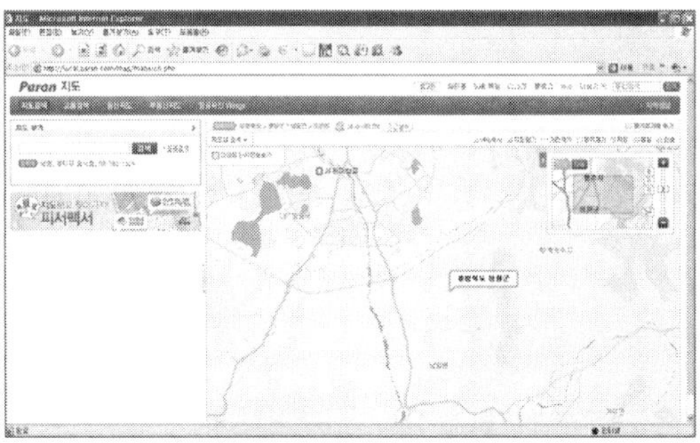

④ '지도 찾기'에서 우리 유치원은 어디에 위치해 있을지 위치를 찾아보며 이야기한다.

⑤ 좌측에 '지도 찾기'에서 '주소'를 클릭하고, '도', '시/군', '동/면'을 선택한 후 검색을 클릭한다. 검색된 지도에서 유치원의 위치를 찾아보며 이야기한다.

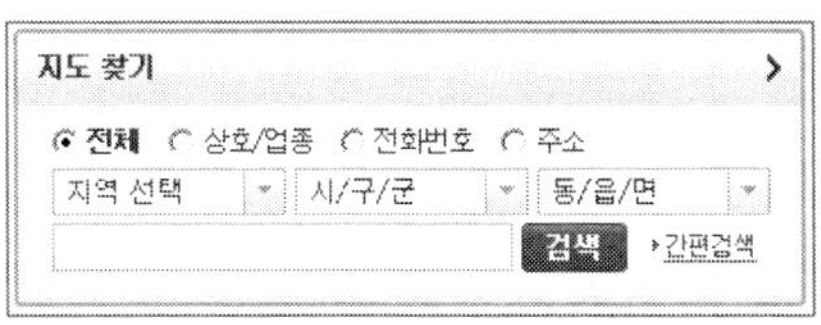

⑥ 검색 결과가 창에 나타나면 우리 동네가 맞는지 우리 유치원이 나오는지 함께 찾아본다.

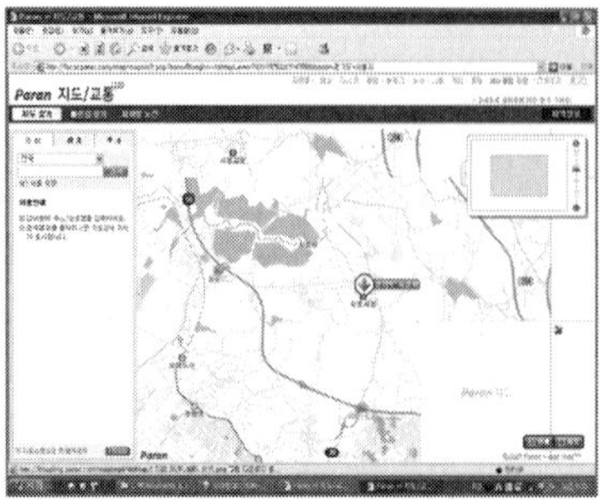

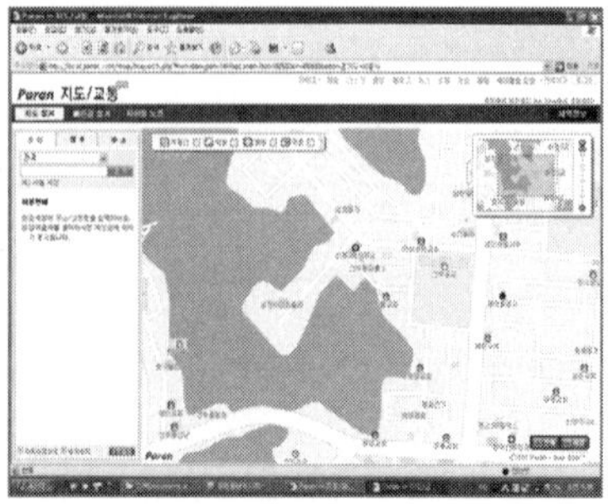

⑦ 이와 같은 방법으로 친구들이 사는 동네의 이름과 친구들이 사는 곳의 위치를 알아본다.

⑧ 친척들이 사는 다른 지역의 도시나 궁금한 곳의 이름을 입력해서 유아가 원하는 위치를 찾아본다.

3) 우리 동네에는 어떤 기관들이 있는지 알아보아요 (CD-ROM)

- **활동목표:** 내가 사는 주변 지역에 관심을 가진다.
  주변 지역에 대해서 유아가 경험하고, 생각하고, 느낀 것을 말한다.
  지역 사회의 여러 기관의 역할과 기능을 안다.
  다양한 직업의 종류와 하는 일에 관심을 가진다.
- **활동유형:** 소집단 활동 및 대집단 활동
- **활동자료:** '제6차 유치원 교육과정 적용 이야기 나누기 1학기' CD, 컴퓨터
- **활동방법**

① '제6차 유치원 교육과정 적용 이야기 나누기 1학기' CD를 실행한다.

② 

를 클릭한다.

③ '가족과 이웃'을 클릭한다.

④ '가족과 이웃' 중 '살기 좋은 우리 동네'를 클릭한다.

⑤ 우리 동네의 기관들에 대하여 이야기 나눈다.

- 우리 동네에는 어떤 기관들이 있을까?

⑥ 각각의 기관들은 어떤 일을 하는지 이야기 나눈다.

- 경찰서는 어떤 일을 할까?
- 소방서는 어떤 일을 할까?
- 병원은 어떤 일을 할까?
- 제과점은 어떤 일을 할까?
- 유치원은 어떤 일을 할까?
- 은행은 어떤 일을 할까?

⑦ 만약에 OO기관이 없다면 어떻게 될지 상상해서 이야기 나눈다.

- 만약 우리 동네에 OO가 없다면 어떻게 될까?

⑧ 많은 사람들이 모여 사는 '우리 동네'에서 이웃과 사이좋게 지내려면 어떻게 해야 할지에 대해 이야기 나눈다.

–동네 어른들께 공손하게 인사한다.
–무거운 짐을 들고 가시는 할머니를 도와드린다.
–거리에 있는 쓰레기를 깨끗하게 청소한다.
–놀이터에서 친구들과 사이좋게 논다.

4) 우리가 사는 동네는 서로 달라요 (▣ 파워포인트)

- **활동목표:** 지역마다 다른 모습의 동네를 이루고 살아간다는 것을 안다.
  서로 다른 동네의 생활에 대해서 이해할 수 있다.
  자신이 생각하고 느낀 것을 언어로 표현할 수 있다.
- **활동유형:** 소집단 활동 및 대집단 활동
- **활동자료:** '우리가 사는 동네는 서로 달라요' 파워포인트 자료, 컴퓨터
- **활동방법**

① '우리가 사는 동네는 서로 달라요' 파워포인트 자료를 실행한다.

② 파워포인트 자료를 보며 내가 사는 동네에 대해 이야기 나눈다.

- 나는 어떤 곳에서 살고 있을까?
- 내가 사는 동네에는 어떤 것들이 있을까? 거리에서 무엇을 볼 수 있을까?
  - 농촌: 논, 밭, 시냇물, 길, 나무, 산, 집, 경운기, 트럭 등
  - 산촌: 산, 계곡, 계단식 밭, 산나물, 버섯, 산삼 등
  - 어촌: 바다, 배, 고기잡이, 물고기, 해녀 등
  - 도시: 빌딩, 복잡한 거리, 전철, 다양한 교통 수단, 백화점 등
- 사람들은 어떤 일을 하면서 살아갈까?
  - 농촌, 산촌, 어촌, 도시 중 유아들이 사는 동네의 유형에 맞게 이야기 나눈다.

③ 내가 살지 않는 동네에 대해서도 살펴보면서 우리 동네와 다른 점을 이야기한다.

④ 우리가 살고 있는 곳의 편리한 점과 불편한 점을 이야기하고, 이를 해결할 수 있는 방법을 생각해 본다.

- 우리가 사는 동네는 어떤 점이 살기가 좋고, 어떤 점이 불편할까?

⑤ 좀 더 살기 좋은 우리 동네가 되려면 어떻게 해야 할까?

- 길거리의 쓰레기를 잘 줍는다.
- 놀이터에서 친구들과 사이좋게 지낸다.
- 꽃과 화분 등에 물을 주고 잘 가꾼다.

• 나무를 잘 보호한다.

5) 친절한 행동과 불친절한 행동이 있어요 (파워포인트)

• **활동목표**: 이웃과 사이좋게 지내는 방법을 알아본다.
  유아가 경험하고, 생각하고, 느낀 것을 말할 수 있다.
• **활동유형**: 소집단 활동 및 대집단 활동
• **활동자료**: 컴퓨터, '친절한 행동과 불친절한 행동' 파워포인트 자료
• **활동방법**

① '친절한 행동과 불친절한 행동' 파워포인트 자료를 실행한다.

② 친절한 상황에 대한 그림을 보면서 유아들과 이야기 나눈다.
  • 이 친구는 무엇을 하고 있니? (우는 친구를 달래는 장면)
  • 너희들에게 이렇게 해 줄 때 어떤 마음이 드니?
  • 이런 행동을 '친절하다'라고 한단다.
  • 여기 있는 그림들 이외에 친절한 행동에는 어떤 것이 있을까?

③ 다른 자료(불친절한 상황)를 보면서 유아들과 이야기 나눈다.
  • 이 친구는 무엇을 하고 있니? (시끄럽게 소리를 질러서 옆 사람의 얼굴을 찡그리게 하는 장면)
  • 만약 다른 사람이 너희들에게 이렇게 한다면 어떤 마음이 드니?
  • 이런 행동을 '불친절하다'라고 한단다.
  • 우리가 불친절한 행동을 할 때, 다른 사람들은 마음이 어떨까?

- 불친절한 행동에는 어떤 것이 있을까?
- 우리가 함께 살아가려면 어떤 행동을 해야 할까?

④ 유아들이 일상생활 속에서 친절한 행동과 불친절한 행동을 한 것을 평가하는 시간에 이야기 나눈다.

6) 우리 동네를 마음대로 꾸며 보아요 (워드)

- **활동목표**: 우리 동네를 산책한 후 기억에 남는 모습을 그린다.
  '한글'의 '그리기 마당'을 이용해서 우리 동네를 꾸민다.
- **활동유형**: 소집단 활동 및 개별 활동, 견학 활동
- **활동자료**: '한글', 컴퓨터, 프린터, 그림도구, 필기도구
- **활동방법**

〈사전 활동〉

–우리 동네에 어떠한 기관, 건물 등이 있는지 천천히 둘러보면서 산책을 한다.

–산책 후에 가장 기억에 남는 우리 동네의 모습을 이야기한다.

① '한글'을 실행한 후, 을 클릭한다.

② 건물, 길, 식물, 배경 그림, 표지판, 곤충, 동물 등 다양한 종류의 그림 자료를 이용하여 유아가 꾸미고 싶어 하는 대로 우리 동네를 꾸민다.

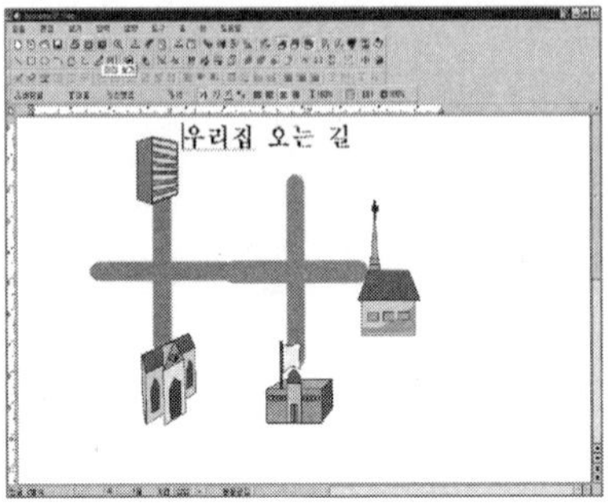

③ 우리 동네 그림을 완성하면 인쇄한다.

④ 그림 도구와 필기도구를 이용해서 그림을 보충할 수도 있다.

⑤ 유아들이 마음대로 꾸민 '우리 동네' 그림이 완성되면 친구들에게 자신이 그린 우리 동네를 소개하는 시간을 가진다.

2 인터넷에서 알아본 우리 동네 기관

▎교육과정 관련 요소▕

- **사회생활**: 이웃과 더불어 생활하기－다른 사람을 이해하고 존중하기
  사회 현상에 관심 가지기－주변 지역에 관심 가지기
- **언어생활**: 듣기－이야기 듣고 이해하기
  －바른 태도로 듣기
  말하기－생각과 느낌 말하기
  －바른 태도로 말하기
- **탐구생활**: 과학적 기초 능력 기르기－간단한 도구와 기계 활용하기
  수학적 기초 능력 기르기－자료 정리 및 결과 나타내기

1) 우체국에 대해서 알아보아요 (인터넷)

- **활동목표**: 우체국에서 하는 일에 대해 안다.
  우체국에서 일하시는 분들의 역할과 고마움을 안다.
  인터넷에서 필요한 정보를 찾아본다.
- **활동유형**: 대집단 활동 및 소집단 활동
- **활동자료**: '사이버 우정박물관', 컴퓨터
- **활동방법**

① '우체국' 수수께끼를 낸다.

- 여기는 사람들이 편지나 소포를 보내기 위해 찾아가는 곳이에요.

② 인터넷 주소창에 '사이버 우정박물관' http://www.postmuseum.go.kr을 입력한다.

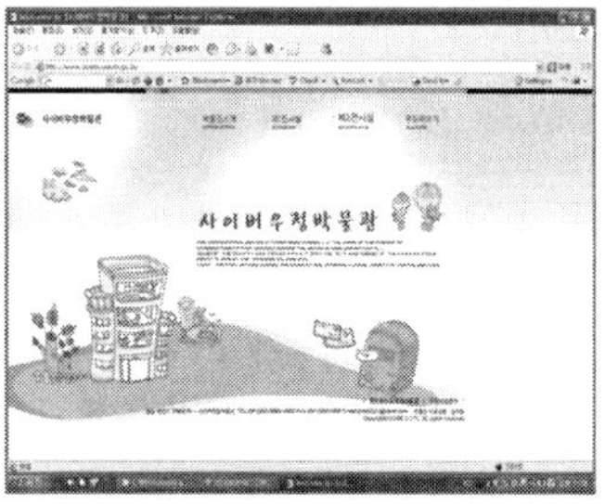

③ '사이버 우정박물관'의 전시실을 둘러보며 이야기 나눈다.

⇨ 편지를 배달해 주는 집배원과 우체통에 대해 이야기 나눈다.

–제1전시실: 집배원 복장의 변천, 우편물 운송 수단의 변천, 우체통의 변천 등을 안다.

⇨ 우편물들이 어떻게 전달되는지 과정에 대해 이야기 나눈다.

–제2전시실: 우표의 종류, 우편물 전달 과정에 대해 안다.

⇨ 우표에 대해 이야기 나눈다.

–우표이야기: 우표수집, 우표수집의 종류, 우표수집의 방법에 대해 검색한다.

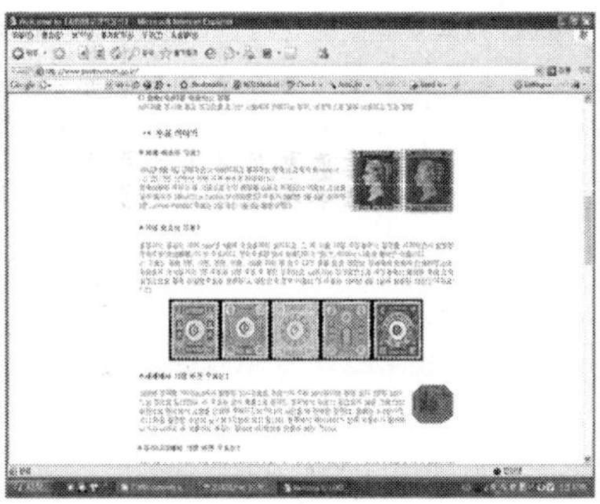

<사후 활동>

–우체국에서 하는 일과 우체국의 역사에 대해서 알아본 것을 바탕으로 우리 동네에 있는 우체국을 견학한다.

–집에 있는 가족에게 편지를 써서 우체국 견학 시 직접 편지를 보낸다.

2) 경찰서에 대해 알아보아요 (인터넷)

• **활동목표**: 경찰서에서 하는 일에 대해 안다.

경찰서에서 일하시는 분들의 역할과 고마움을 안다.

인터넷에서 필요한 정보를 찾아본다.

- **활동유형**: 소집단 활동 및 대집단 활동
- **활동자료**: 인터넷 '사이버 경찰청', 컴퓨터
- **활동방법**

① '경찰서' 수수께끼를 낸다.

- 길을 잃어버렸을 때 여기를 찾아가면 집으로 안전하게 갈 수 있어요.
- 집 안에 도둑이 들어왔을 때 여기로 전화를 하면 안전해져요.

② 경찰서에서 하는 일에 대해 이야기 나눈다.

③ 인터넷 주소창에 '사이버 경찰청' http://kid.police.go.kr을 입력한다.

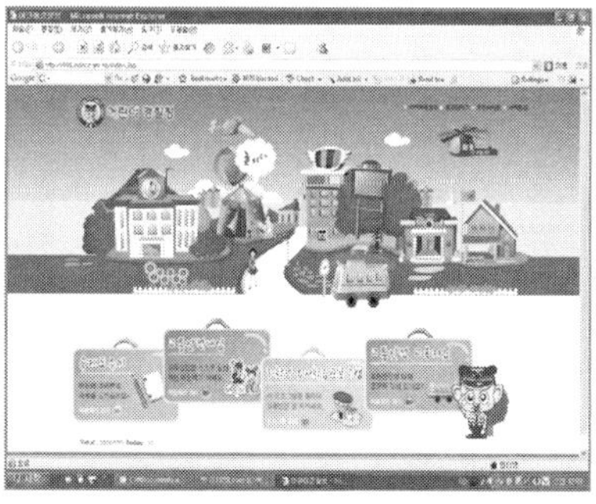

④ 경찰서에서 하는 일에 대해 안다.

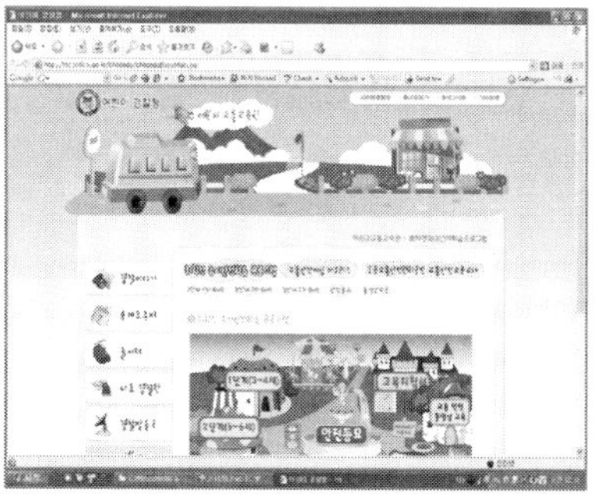

<사후 활동>

–경찰서에서 하는 일과 경찰관에 대해서 알아본 것을 바탕으로 우리 동네에 있는 경찰서를 견학한다.

3) 소방서에 대해 알아보아요 (인터넷)

- **활동목표**: 소방서에서 하는 일에 대해 안다.
  소방서에서 일하시는 분들의 역할을 알고 고마움을 느낀다.
  인터넷에서 필요한 정보를 찾아본다.
- **활동유형**: 소집단 활동 및 대집단 활동
- **활동자료**: 인터넷 '소방서', 컴퓨터
- **활동방법**

① '소방서' 수수께끼를 낸다.

- 불이 났을 때 여기로 전화를 하면 돼요.
- 여기에는 소방관 아저씨들과 소방차가 있어요.

② 소방서에서 하는 일에 대해 이야기 나눈다.

③ 인터넷 주소창에 '소방서' http://fire.sc.kr/firesafe/homepage를 입력한다.

④ 화재방호, 화재예방에 대한 플래시 자료, 동영상, 사진(갤러리), 관련 기사를 검색한다.

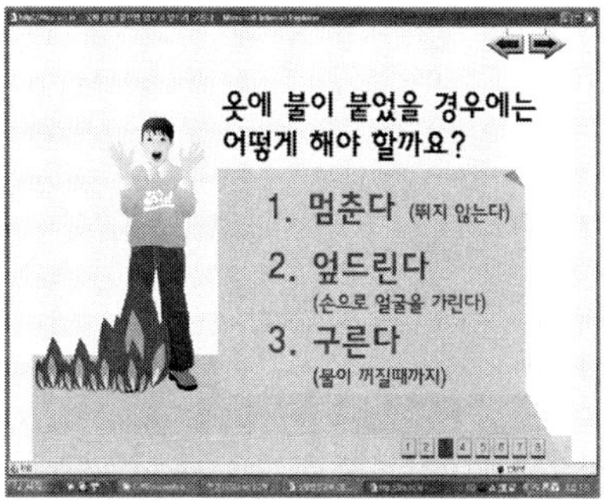

<사후 활동>

–소방서에서 하는 일과 소방관에 대해서 알아본 것을 바탕으로 우리 동네에 있는 소방서를 견학한다.

3 고마운 분들

▌교육과정 관련 요소▐

- **사회생활:** 이웃과 더불어 생활하기–다른 사람을 이해하고 존중하기
  사회 현상에 관심 가지기–주변 지역에 관심 가지기
- **언어생활:** 듣기–이야기 듣고 이해하기
  –바른 태도로 듣기
  –문학 작품 즐겨 듣기
  말하기–생각과 느낌 말하기
  –바른 태도로 말하기
  쓰기–쓰기에 관심 가지기
- **탐구생활:** 과학적 기초 능력 기르기–간단한 도구와 기계 활용하기

1) 여러 가지 직업이 있어요 (CD-ROM)

- **활동목표**: 우리 동네에 있는 여러 직업에 대해 안다.
  우리를 도와주시는 분들에게 고마운 마음을 가진다.
- **활동유형**: 소집단 활동 및 대집단 활동
- **활동자료**: '유아 멀티미디어 교수자료 3' CD, 컴퓨터,
- **활동방법**

① '3. 사랑하는 사람들' CD를 실행한다.

② '주제별 학습' > '사랑하는 사람들' > '함께하는 우리 이웃'을 클릭한다.

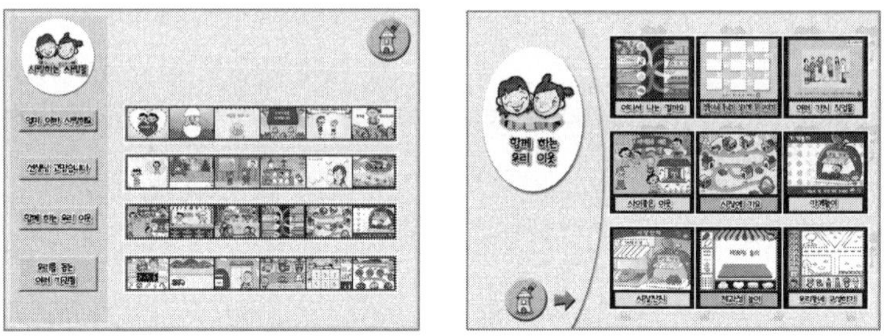

③ '여러 가지 직업들'을 클릭한다.

④ 그림을 클릭하여 각 직업에 대해 이야기 나눈다.
- 배달원은 어떤 일을 하나요?
- 만약 우리 동네에 이런 분들이 계시지 않다면 어떤 일이 일어날까?
- 이런 분들에게 어떤 마음을 가져야 할까?

2) 이웃과 잘 지내려면 (인터넷)

- **활동목표:** 이웃과 더불어 사는 방법을 안다.
  다른 사람과 도움을 주고받는 방법을 안다.
- **활동유형:** 소집단 활동 및 대집단 활동
- **활동자료:** 인터넷 '경상남도 유아교육원', 컴퓨터
- **활동방법**

① 인터넷 주소창에 '경상남도 유아교육원' http://www.gnchild.go.kr/을 입력한다.

② 홈 > '교수학습지원마당' > '주제별 학습자료' > '가족과 이웃'을 클릭한다.

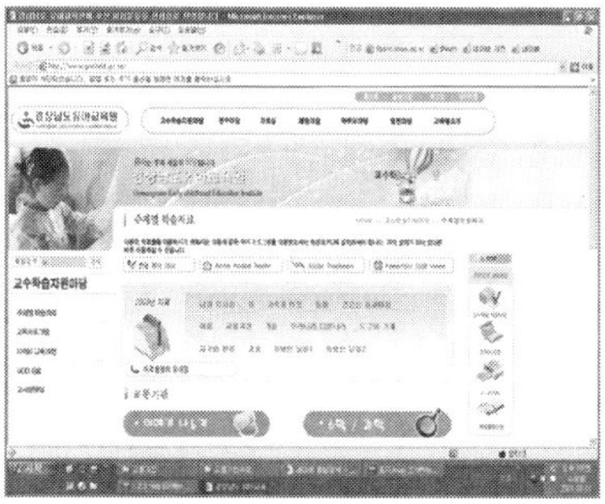

③ '이웃과 잘 지내려면'을 클릭한다.

④ 그림을 보고 여러 가지 다양한 직업에 대해 이야기 나눈다.

- 이런 분들이 계시지 않다면 어떤 일이 생길까?

⑤ 이웃과 더불어 사는 방법에 대해 이야기 나눈다.

3) '소방관 샘 아저씨' (비디오)

- **활동목표**: 여러 가지 다양한 직업에 대해 안다.
  다양한 직업에 관심을 가지고, 모든 직업은 특성이 있으며, 소중한 것임을 안다.
- **활동유형**: 소집단 활동 및 대집단 활동
- **활동자료**: '소방관 샘 아저씨 3' 비디오테이프
- **활동방법**

① '소방관' 수수께끼를 낸다.

- 불이 났을 때 불을 꺼 주세요.

② '소방관 샘 아저씨 3' 비디오테이프를 실행한다.

③ 비디오를 본다.

④ 비디오를 보고 난 느낌에 대해 이야기 나눈다.

- 비디오를 보고 난 느낌이 어떠니?
- 만약 '소방관 샘 아저씨'가 계시지 않았다면 어떤 일이 생겼을까?

'우리 동네' 관련 비디오

■ **'소방관 샘 아저씨 3'**

- 제작사: Bumper Film(영국)
- 소개: '소방관 샘 아저씨'는 영국의 BBC－TV를 통해 방영되고 비디오로 출시되어 큰 호평을 받은 작품으로 폰티팬디 마을의 119구조대 소방관 샘 아저씨의 활약상을 보여 주고 있다(총 상영시간: 100분).
- 내용

[1편]

① 길 잃은 사라와 제임스

② 샘 아저씨의 로봇

③ 엘리베이터에 갇힌 벨라 아줌마

④ 유명해지고 싶어요

⑤ 누구를 먼저 도와줄까요?

[2편]

① 샘 아저씨를 도와주자

② 마을의 창고세일

③ 기구에 갇힌 트레버 아저씨

④ 소방서장님에게 드리는 선물

⑤ 요리하는 로봇

■ **'딩동댕 우체부 아저씨'**

- 제작사: 뉴썬
- 소개: '딩동댕 우체부 아저씨'는 영국 클레이 에니메이션의 대작으로 친절하고 헌신적인 우체부 펫과 그를 기다리는 푸른 골짜기 사람들의 이야기를 다정한 마음과 함께 애정 어린 시골 생활로 보여 주고 있다(상영시간: 편당 30분).
- 내용

[1편] 길 위에 난 구멍 / 마을 축제와 갑옷
[2편] 일어버린 인형/ 열쇠를 찾아라
[3편] 안경을 잃어버렸어요 / 전시회를 열어요
[4편] 우체부의 날 / 비오는 날
[5편] 끈의 비밀을 밝혀라 / 우리 동네 좋은 동네
[6편] 양떼 / 트랙터로 배달해요

4 시장놀이하기

▌교육과정 관련 요소 ▌

- 사회생활: 이웃과 더불어 생활하기—다른 사람을 이해하고 존중하기
  사회 현상에 관심 가지기—주변 지역에 관심 가지기
- 표현생활: 예술적 표현 즐기기—극놀이로 표현하기
  —조형 활동으로 표현하기
- 언어생활: 듣기—이야기 듣고 이해하기

–바른 태도로 듣기

–문학작품 즐겨 듣기

말하기–생각과 느낌 말하기

–바른 태도로 말하기

쓰기–쓰기에 관심 가지기

• **탐구생활**: 과학적 기초 능력 기르기–간단한 도구와 기계 활용하기

1) 시장과 가게에 대해 알아보아요 (인터넷)

• **활동목표**: 시장에서 파는 여러 가지 물건들의 이름과 종류를 안다.
시장의 모습과 기능을 알고 시장을 보는 즐거움을 느낀다.
인터넷에서 시장에 대한 필요한 정보를 찾아본다.

• **활동유형**: 소집단 활동 및 대집단 활동

• **활동자료**: 인터넷 '가락시장', 컴퓨터

• **활동방법**

① 인터넷 주소창에 '가락시장' http://www.garak.co.kr을 입력한다.

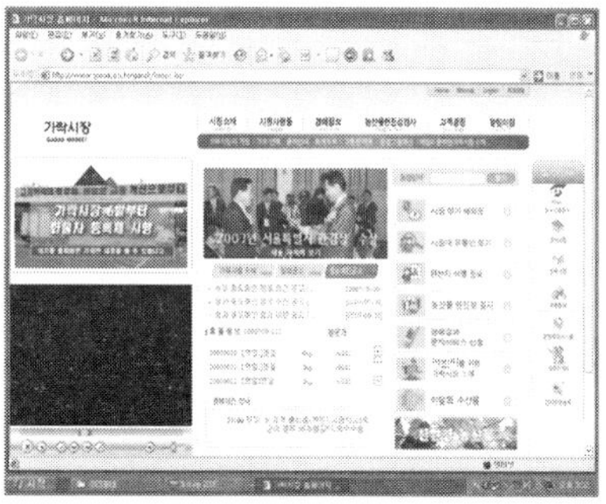

② '어린이를 위한 가락시장 소개'를 클릭한다.

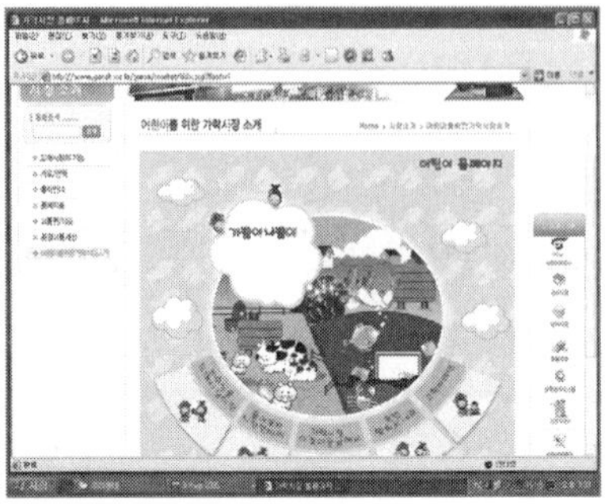

③ 시장에 대해 이야기 나눈다.
- 시장이란 무엇일까?
  - 물건을 팔려는 사람과 사려는 사람이 많이 모여서 자유롭게 여러 가지 물건을 팔고 사는 특정한 장소를 시장이라고 한다.
- 시장이 필요한 이유는 무엇일까?
- 시장에서 볼 수 있는 물건의 이름을 이야기해 보자.

④ 백화점이나 할인 마트, 슈퍼마켓 등에 가본 적이 있는 유아들의 경험에 대해 발표한다.
- 어떤 물건을 샀니?
- 우리가 필요한 물건들은 어디에 있을까?

⑤ 여러 가지 시장의 종류에 대해 이야기 나눈다.

2) 가게 간판 만들기 (워드)

- **활동목표**: 간판의 모습과 기능을 알고, 글 또는 그림으로 간판을 만든다. '한글'을 활용하여, 간판을 만든다.
- **활동유형**: 소집단 활동 및 개별 활동
- **활동자료**: '한글', 컴퓨터, 프린터
- **활동방법**

① 간판의 쓰임과 내용에 대해 이야기 나눈다.

- 간판은 왜 필요할까?
- 간판이 없다면 어떻게 될까?
- 간판에는 무엇들이 적혀 있니?

② 간판을 만들 수 있는 방법에 대해 이야기 나눈다.

- 어떤 간판을 만들고 싶니?
- 어떻게 만들고 싶니?

③ '한글'을 실행한다.

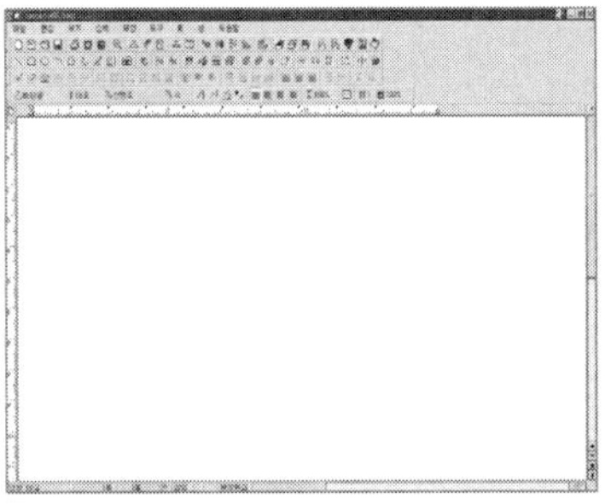

④ 빈 화면에 유아가 원하는 내용을 컴퓨터 자판으로 입력해 보도록 한다.

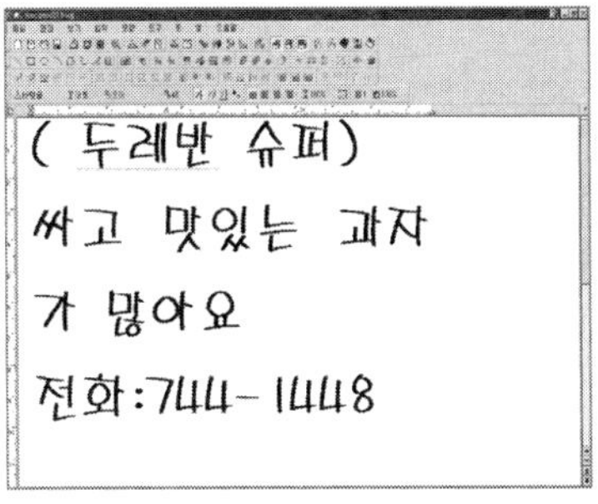

⑤ 내용을 출력하여, 글 또는 그림으로 더 꾸며 보게 한 뒤 역할 영역에서 활동한다.

3) 메뉴판 만들기 (CD－ROM)

- **활동목표**: 다양한 직업에 관심을 가진다.
  다양한 방법으로 식당놀이에 필요한 메뉴판을 만든다.
- **활동유형**: 소집단 활동 및 개별 활동
- **활동자료**: 컴퓨터, 'LG 홈워드 3' CD, 프린터
- **활동방법**

<사전 활동>

－식당놀이에 대해 이야기 나눈다.

- 식당놀이를 하려면 어떤 사람들이 필요할까? (주인, 손님, 종업원 등)
- 식당놀이를 하기 위해서 필요한 것에는 어떤 것이 있을까? (메뉴판, 요리법, 가격표, 식당 홍보물 등)

① 'LG 홈워드 3' CD를 실행한다.

② '파일' > '새 문서' > '메뉴' > '오늘의 메뉴'를 클릭한다.

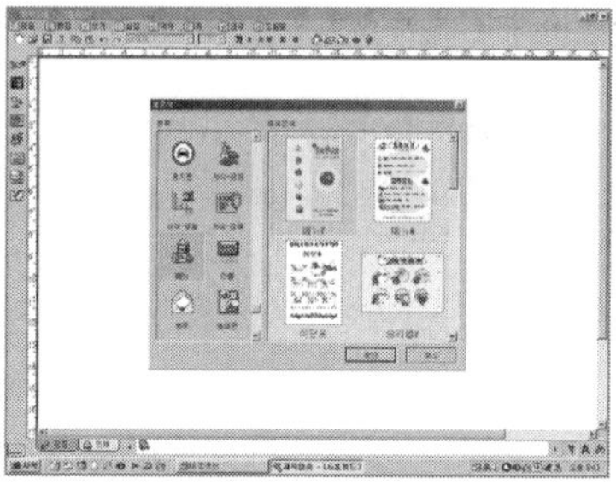

③ 을 이용하여 '음식' 그림을 선택한 후 화면에 끌기하여 가져다 놓는다.

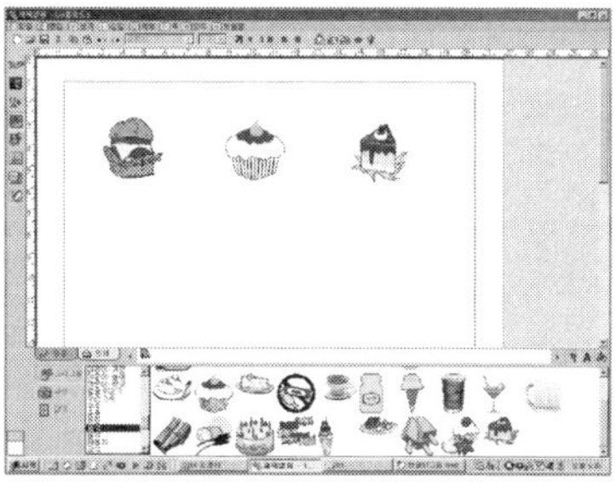

④ 를 클릭하여 음식 이름과 가격을 쓴다.

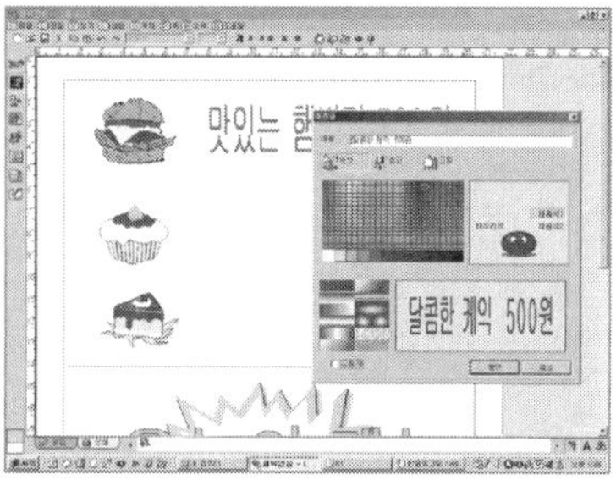

⑤ 메뉴판이 완성되면 인쇄한다.

⑥ 완성된 메뉴판을 이용하여 역할 놀이 영역에서 식당놀이를 한다.

5 인터넷 지도를 이용하여 책 만들기

▌교육과정 관련 요소▐

- **사회생활**: 이웃과 더불어 생활하기−다른 사람을 이해하고 존중하기
  사회 현상에 관심 가지기−주변 지역에 관심 가지기
- **표현생활**: 예술적 표현 즐기기−조형 활동으로 표현하기
- **언어생활**: 읽기−책에 관심 가지기
  쓰기−쓰기에 관심 가지기
- **탐구생활**: 과학적 기초 능력 기르기−간단한 도구와 기계 활용하기

1) 우리 동네 지도책 만들기 (인터넷)

- **활동목표**: 자신이 살고 있는 동네가 어디에 위치해 있는지 지도를 통해서 안다.
  인터넷 주소 찾기를 통해 알아본 우리 동네 지도를 인쇄해서 책으로 만든다.
- **활동유형**: 개별 활동 및 소집단 활동
- **활동자료**: 인터넷 'Paran 지도', 컴퓨터, 프린터, 풀, 가위, 투명 테이프, 종이, 그림도구, 필기도구
- **활동방법**

① 인터넷 주소창에 'Paran 지도' http://local.paran.com/map를 입력한다.

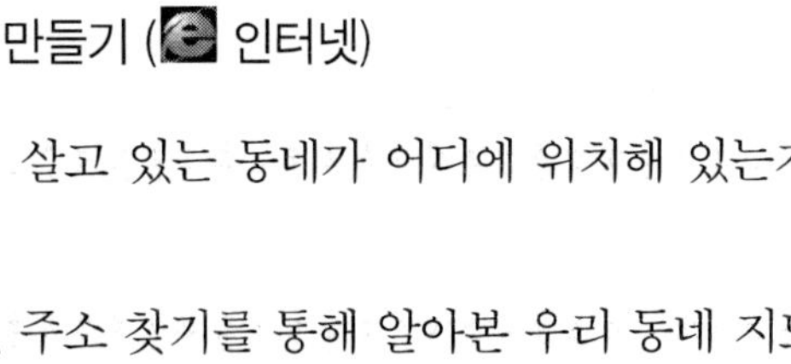

② 우리 동네가 어디에 위치해 있는지 알아본 후 다른 친구들이 사는 동네나 다른 궁금한 지역의 이름을 입력해서 원하는 곳을 찾는다.

③ 원하는 동네의 지도를 찾게 되면 인쇄한다.

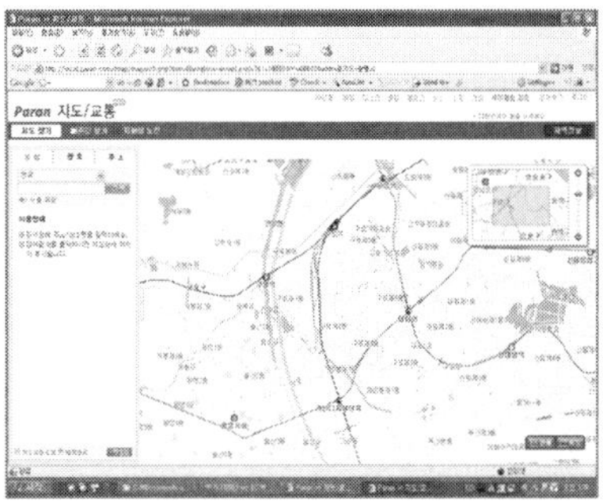

④ 인쇄된 지도 위에 우리 동네나 우리 집을 표시한다.

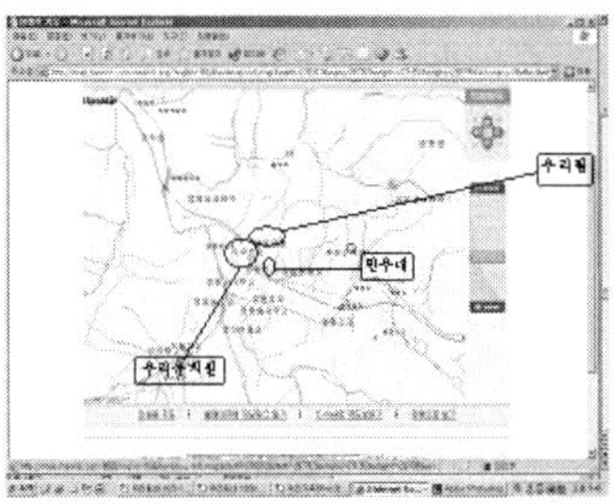

⑤ 다른 친구들의 동네나 다른 지역의 지도를 인쇄하여 책으로 묶는다.

⑥ 책표지와 지도를 유아가 꾸며볼 수 있도록 다양한 그리기 자료와 쓰기 도구를 제공한다.

'우리동네 지도찾기'와 관련된 인터넷 사이트

• 'Paran 지도'—http://local.paran.com/

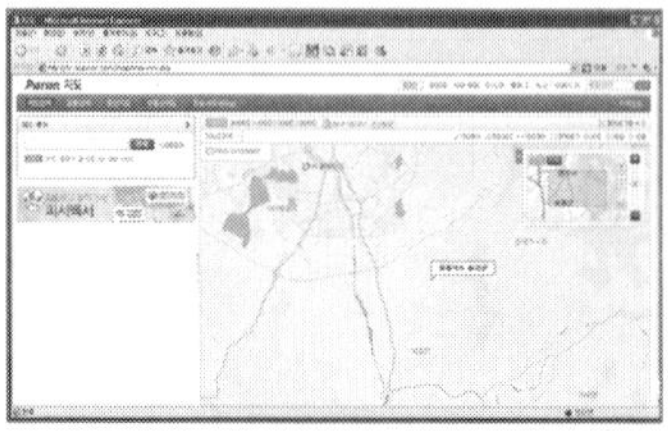

• '네이버 지도'—http://map.naver.com

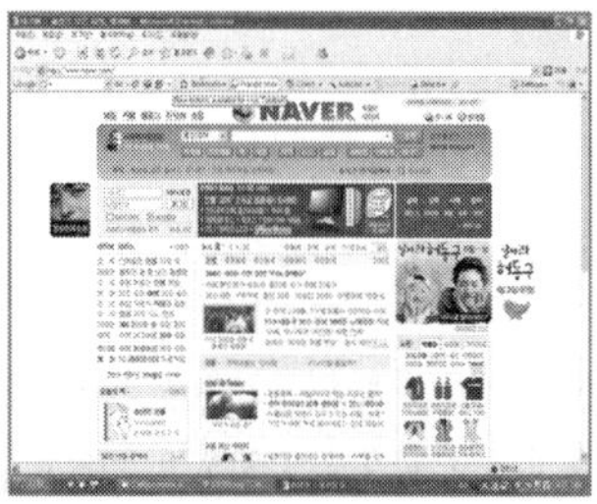

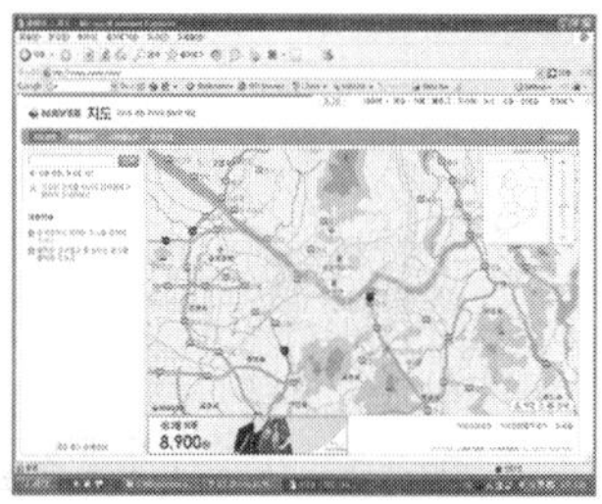

6 동화 듣기

▌교육과정 관련 요소▐

• 사회생활: 이웃과 더불어 생활하기—다른 사람을 이해하고 존중하기
사회 현상에 관심 가지기—주변 지역에 관심 가지기

• 언어생활: 듣기—이야기 듣고 이해하기
—바른 태도로 듣기
말하기—생각과 느낌 말하기
읽기—책에 관심 가지기

쓰기—쓰기에 관심 가지기

• **탐구생활**: 과학적 기초 능력 기르기—간단한 도구와 기계 활용하기

1) 집배원과 바쁜 이웃들 (CD—ROM)

• **활동목표**: 동화를 듣고 이해하며 즐긴다.
동화를 듣고 느낌이나 생각을 이야기한다.

• **활동유형**: 소집단 활동 및 대집단 활동

• **활동자료**: '제6차 유치원 교육활동 지도 자료집 활용을 위한 언어생활 교수 · 학습 자료' CD, 컴퓨터

• **활동방법**

① '제6차 유치원 교육활동 지도 자료집 활용을 위한 언어생활 교수 · 학습 자료' CD를 실행한다.

② 목차 > 동시·동화듣기 > 칼라동화듣기 를 클릭한다.

③ '집배원과 바쁜 이웃들'을 클릭한다.

④ 동화를 듣는다.

⑤ 동화를 듣고 난 느낌과 생각을 이야기한다.

- 동화를 들으니 기분이 어떠니?

⑥ 동화의 각 장면에 나오는 이웃 사람들과 그들의 하는 일에 대해 이야기 나눈다.

2) '방울 장수' (인터넷)

- **활동목표:** 인터넷으로 동화를 듣고 이해하며 즐긴다.
  동화를 듣고 느낌이나 생각을 이야기한다.
- **활동유형:** 소집단 활동 및 대집단 활동
- **활동자료:** 인터넷 '동화사랑', 컴퓨터
- **활동방법**

① 인터넷 주소창에 '동화사랑' http://www.donghwasarang.com을 입력한다.

② 홈 > '스토리폼' > '동화가 보여요' > '전래동화'를 클릭한다.

③ '방울 장수'를 클릭한다.

④ 동화를 듣는다.

⑤ 동화에 대한 느낌을 이야기한다.

'우리 동네' 관련 인터넷 동화 사이트

• '부키의 동화나라' – http://www.buki.co.kr/main.php

① 인터넷 주소창에 '부키의 동화나라'를 입력한다.

② 명작동화, 전래동화, 창작동화 를 클릭한다.

③ 명작동화

[우리 집을 만들어요]

[동물병원 간호사]

④ 전래동화

[마음씨 착한 옹기장이 총각]

[해적떼를 물리친 효자]

7 동시 감상 및 짓기

▌교육과정 관련 요소 ▌

- **건강생활**: 나의 몸 인식하기—감각 기관을 활용하기
- **사회생활**: 사회 현상에 관심 가지기—주변 지역에 관심 가지기
- **표현생활**: 예술적 표현 즐기기—창의적인 표현 과정 즐기기
- **언어생활**: 듣기—이야기 듣고 이해하기
  —바른 태도로 듣기
  말하기—이야기 지어 말하기
  —생각과 느낌 말하기
  읽기—책에 관심 가지기
  쓰기—쓰기에 관심 가지기
- **탐구생활**: 과학적 기초 능력 기르기—간단한 도구와 기계 활용하기

1) '고마우신 분들' (CD-ROM, 워드)

- **활동목표:** 동시를 즐겁게 감상한다.
  동시를 듣고 느낌이나 생각을 이야기한다.
- **활동유형:** 개별 활동 및 소집단 활동
- **활동자료:** '제6차 유치원 교육활동 지도자료집 활용을 위한 사회생활 교수 · 학습 자료' CD, 컴퓨터, 프린터
- **활동방법**

① '제6차 유치원 교육활동 지도 자료집 활용을 위한 사회생활 교수 · 학습 자료' CD를 실행한다.

② '목차' > 동시·동화듣기 > 동시듣기 를 클릭한다.

③ '고마우신 분들'을 클릭한다.

④ 동시를 감상한다.

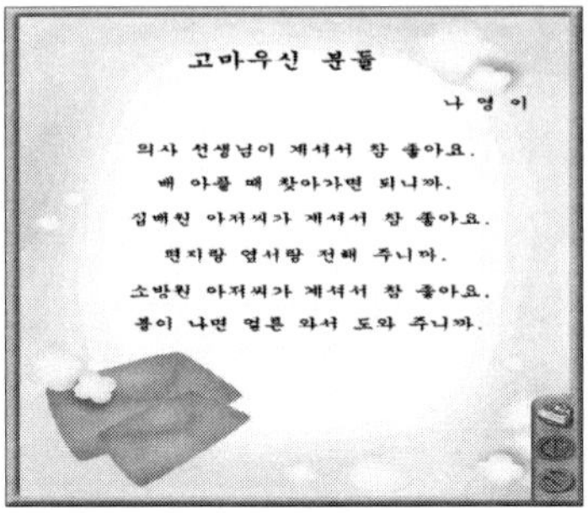

⑤ 동시에 대한 느낌을 이야기한다.

⑥ 우리를 위해 일하시는 고마운 분들에게 감사하는 마음을 가진다.

⑦ 동시 내용 중 바꾸고 싶은 내용을 의논한다.

- (　　　)이 있어서 참 좋아요. (　　　)해 주니까요.

⑧ 동시 짓기 활동지를 인쇄한다.

⑨ 빈 곳에 글자를 적는다.

⑩ 완성되면 다른 친구들에게 자신이 만든 동시를 소개한다.

2) '집배원 아저씨' 동시 감상 및 짓기 (인터넷, 워드)

- **활동목표:** 동시를 즐겁게 감상한다.
  동시를 듣고 느낌이나 생각을 이야기한다.
  자신의 느낌이나 생각을 글로 짓는다.

• **활동유형**: 개별 활동 및 소집단 활동

• **활동자료**: 인터넷 '베스트키드', '한글', 컴퓨터, 프린터

• **활동방법**

① 인터넷 주소창에 '베스트키드' http://www.wonline.co.kr/bestkid를 입력한다.

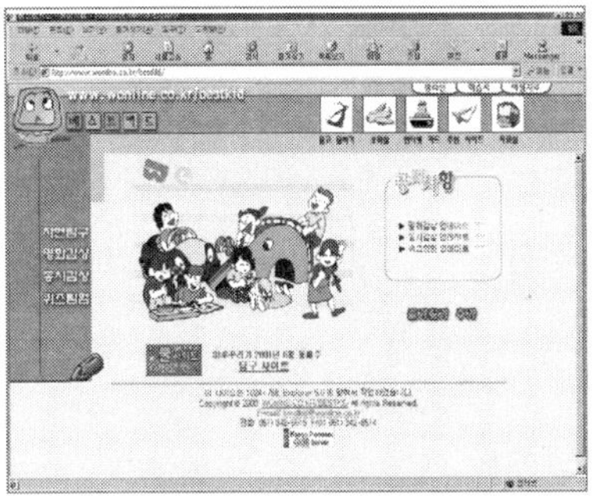

② 왼쪽 메뉴 중 '동시 감상' > '6월의 동시' > '집배원 아저씨'를 클릭한다.

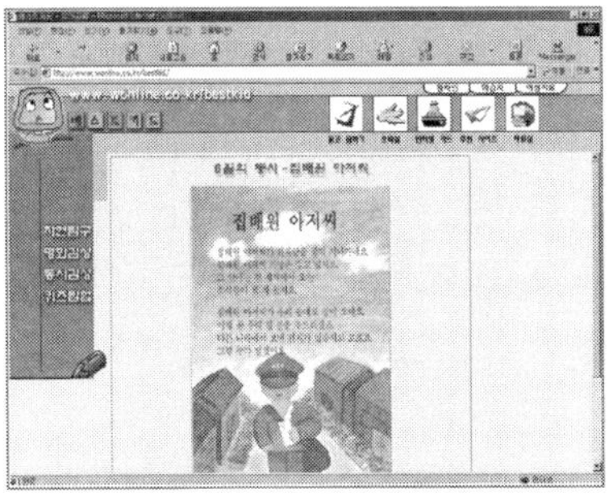

③ 동시를 감상한다.

④ 동시 내용 중 바꾸고 싶은 내용을 의논한다.

  • 집배원 아저씨가 (   ) 지나가네요.

⑤ 동시 짓기 활동지를 인쇄한다.

♣ 집배원 아저씨 ♣

이름 : ______

집배원 아저씨가 ______________지나가네요.
집배원 아저씨 가방은 ______________
그 안에는 전 세계에서 오는
소식들이 꽉 차 있어요.

집배원 아저씨가 ______________걸어오네요.
이제 곧 ______집 문을 두드리겠죠.
다른 나라에서 오는 편지가 있을지도 모르죠.
그걸 누가 받겠어요.

⑥ 빈 곳에 글자를 적는다.

⑦ 완성되면 다른 친구들에게 자신이 만든 동시를 소개한다.

8 게임판 만들기

| 교육과정 관련 요소 |

- **건강생활**: 나의 몸 인식하기—감각 기관을 활용하기
- **사회생활**: 이웃과 더불어 생활하기—두레의 소중함을 알고 협력하기
  —질서와 규칙 지키기
  사회 현상에 관심 가지기—주변 지역에 관심 가지기
- **표현생활**: 예술적 표현 즐기기—창의적인 표현 과정 즐기기
- **언어생활**: 듣기—이야기 듣고 이해하기
  말하기—생각과 느낌 말하기
  쓰기—쓰기에 관심 가지기
- **탐구생활**: 과학적 기초 능력 기르기—간단한 도구와 기계 활용하기

1) '우리 동네 둘러보기' 게임판 만들기 (CD-ROM)

- **활동목표:** 다른 친구들과 협동하여 게임판을 만든다.
  우리 동네에 있는 기관이나 건물에 관심을 가진다.
- **활동유형:** 소집단 활동
- **활동자료:** 'LG 홈워드 3' CD, 컴퓨터, 프린터, 우드락, 색지, 투명 시트지 또는 비닐, 펜, 막대 자, 칼 등
- **활동방법**

① 'LG 홈워드 3' CD를 실행한다.

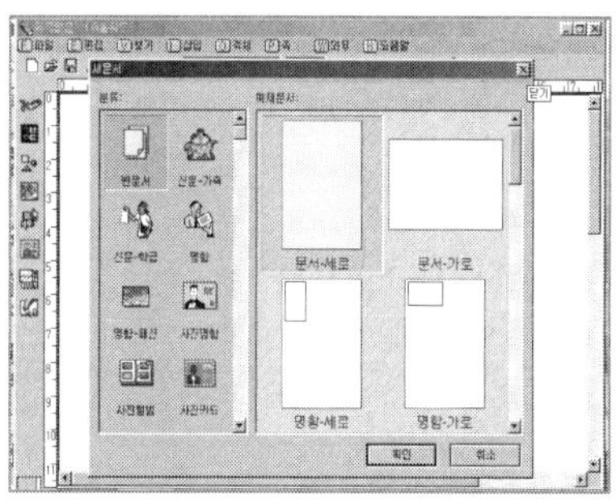

② '파일' > '새 문서' > 

을 클릭한다.

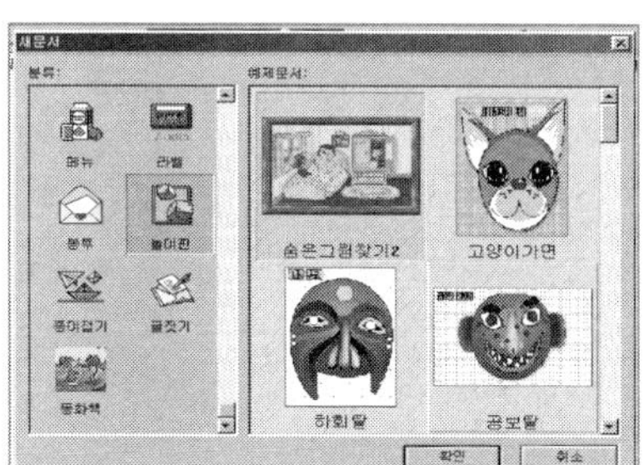

③ 놀이판으로 만들고 싶은 화면을 선택한 후 [확인]을 클릭한다.

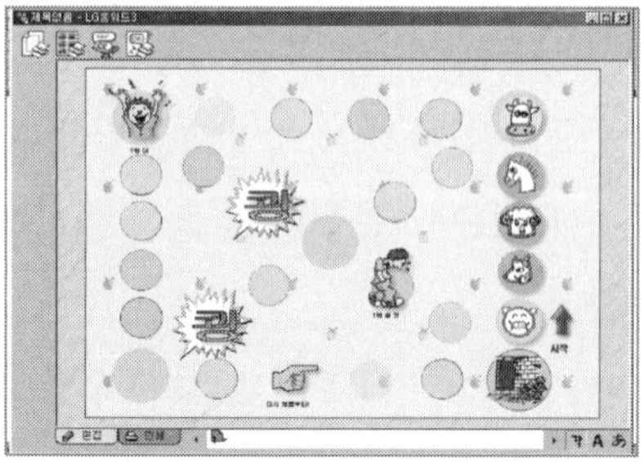

④ 인쇄를 한다.

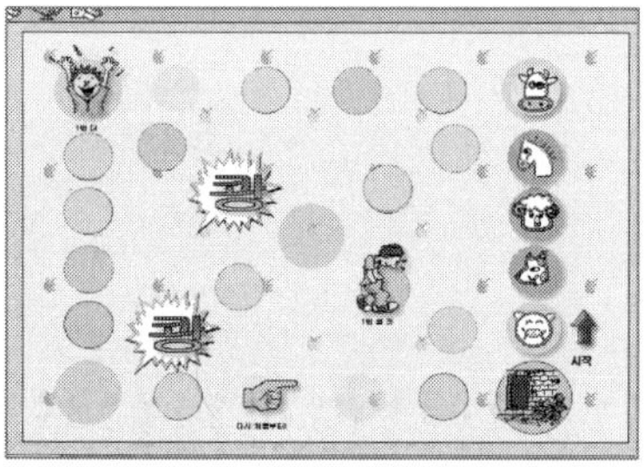

⑤ 인쇄한 그림에 색지를 붙인 뒤 코팅한다.

⑥ 놀이판 위에 우리 동네에서 볼 수 있는 기관들의 그림을 붙인다. 그림은 조각 그림에서 우리 동네의 기관과 관련된 그림을 이용한다.

⑦ 유아들과 놀이 규칙을 의논하여 정한다.

⑧ 놀이 규칙판에 의논한 규칙을 적는다.

< 규칙판 >

만든사람 :

만든날짜:

1. (　　) 에서 시작한다.

2. (　　) 가 나오면
( ) 칸 ( ) 으로 간다.

3. (　　) 가 나오면
( ) 칸 ( ) 으로 간다.

4. (　　) 가 나오면
( ) 칸 ( ) 으로 간다.

5. (　　)에서 끝낸다.

⑨ 완성된 게임판을 이용하여 유아들끼리 게임을 하도록 한다.

제4장 동 물

1. 여러 가지 동물에 대해 알아보기
2. 동물 책 만들기
3. 동화 듣기
4. 이야기 꾸미기
5. 동시 감상 및 짓기
6. 동요 감상 및 짓기
7. 동물 게임판 만들기
8. 동극하기

1 여러 가지 동물에 대해 알아보기

| 교육과정 관련 요소 |

- **사회생활:** 사회 현상에 관심 가지기―주변 지역에 관심 가지기
- **표현생활:** 자연과 생활에서 아름다움 찾아보기―소리, 움직임, 조형물에 관심 가지기
- **언어생활:** 듣기―이야기 듣고 이해하기
  －바른 태도로 듣기
  말하기―생각과 느낌 말하기
  －바른 태도로 말하기
- **탐구생활:** 과학적 기초 능력 기르기―생명체와 자연환경 소중하게 여기기

1) 애완동물을 길러요 (CD－ROM)

- **활동목표:** 우리가 기를 수 있는 애완동물에 관심을 가진다.
  여러 가지 동물의 생김새 및 특징에 대해 안다.
- **활동유형:** 소집단 활동 및 대집단 활동
- **활동자료:** '유아 멀티미디어 교수자료 4' CD, 컴퓨터, 프린터
- **활동방법**

① '4. 동물의 세계 · 무더운 여름' CD를 실행한다.

② '주제별 학습' > '동물의 세계' > '내가 좋아하는 동물들'을 클릭한다.

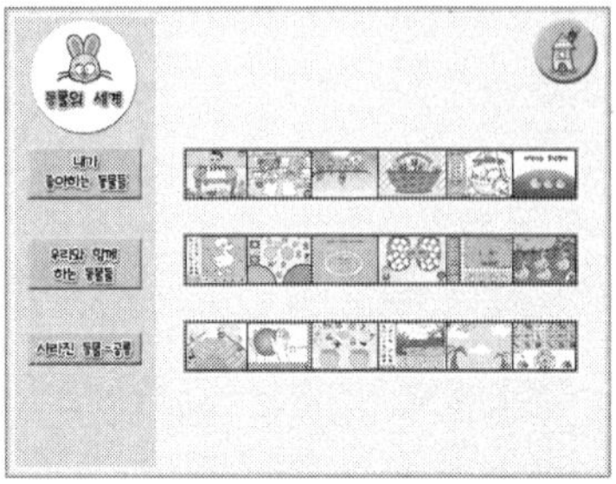

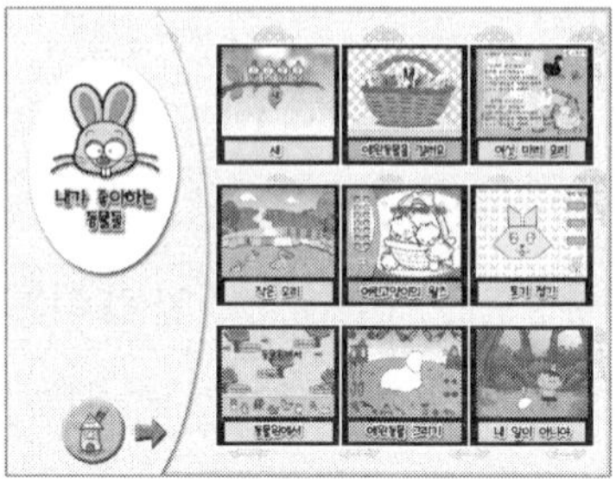

③ '애완동물을 길러요'를 클릭한다.

④ 바구니 속에 있는 애완동물 중 기르고 싶은 동물을 클릭한다.

⑤ 각 동물마다 기르는 방법에 대한 이야기를 듣는다.

2) 애완동물에 대해 알아보아요 (인터넷)

- **활동목표**: 우리가 기를 수 있는 애완동물에 관심을 가진다.
  여러 가지 동물의 생김새 및 특징에 대해 안다.
  동물을 사랑하고 보살피려는 마음을 가진다.
  인터넷에서 필요한 정보를 찾는다.
- **활동유형**: 소집단 활동 및 대집단 활동
- **활동자료**: 인터넷 '조이펫', 컴퓨터
- **활동방법**

① 인터넷 주소창에 '조이펫' http://www.joypet.net/을 입력한다.

② 화면 왼쪽에 있는 메뉴 중에서 원하는 애완동물을 클릭한다.

③ 여러 애완동물 중에서 알고 싶은 애완동물의 이름을 클릭한다.

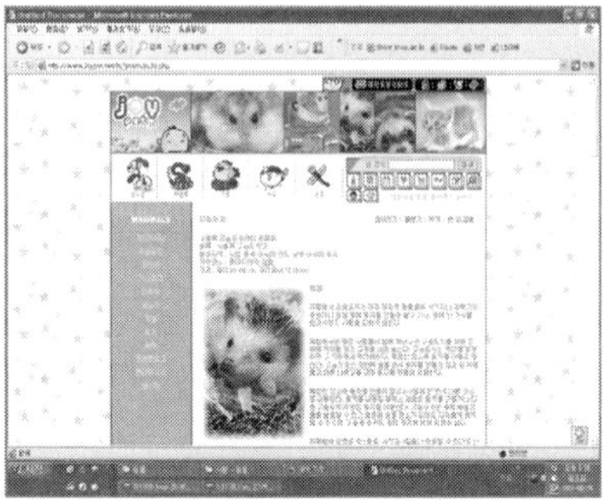

④ 사진과 설명 자료를 보면서 이야기를 나눈다.

- 집에서 동물을 길러본 적이 있니?
- 어떤 동물들을 길렀니?
- 집에서 기를 수 있는 애완동물에는 어떤 동물들이 있을까?

⇨ 여러 종류의 애완동물의 특징에 대해 이야기 나눈다.

- 이 동물은 무엇을 먹고 살까?
- 먹이는 어디서 구할까?

3) 우리에게 도움을 주는 동물들 (CD-ROM)

- **활동목표**: 우리에게 도움을 주는 동물의 종류를 안다.
  농장 동물은 사람에게 각기 다른 도움을 준다는 것을 안다.
  농장 동물에 친숙한 마음을 가진다.
- **활동유형**: 소집단 활동 및 대집단 활동
- **활동자료**: '유아 멀티미디어 교수자료 4', 컴퓨터, 프린터
- **활동방법**

① 농장 동물(소, 말, 돼지, 토끼, 닭, 오리)을 수수께끼로 소개한다.

- 나는 귀가 길어요. 당근 잎을 좋아한답니다. 나는 깡충깡충 뛰기를 잘 하지요. 나는 누구일까요?

–토끼

② 농장 동물이 사람에게 주는 이로움에 대해 이야기 나눈다.

* 토끼(소, 말, 돼지, 닭, 오리)는 사람에게 어떤 도움을 줄까?

③ '4. 동물의 세계 · 무더운 여름' CD를 실행한다.

④ '주제별 학습' > '동물의 세계' > '우리와 함께하는 동물들'을 클릭한다.

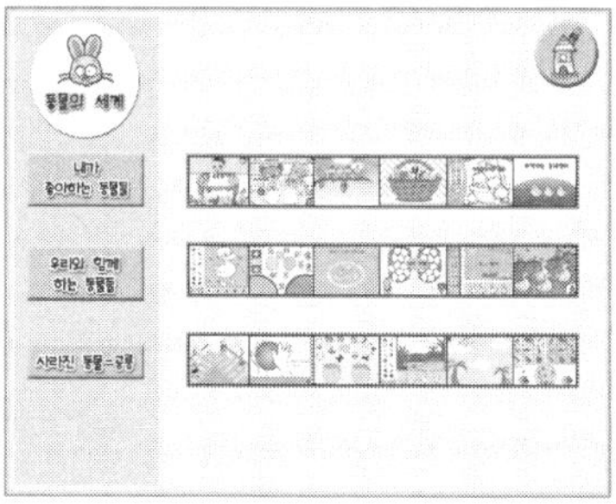

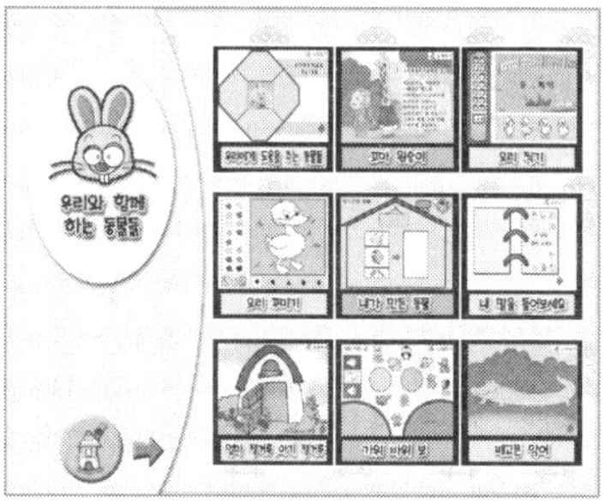

⑤ '우리에게 도움을 주는 동물들'을 클릭한다.

⑥ 그림을 클릭하여 각 농장 동물들이 사람에게 어떤 이로움을 주는지 알아본다.

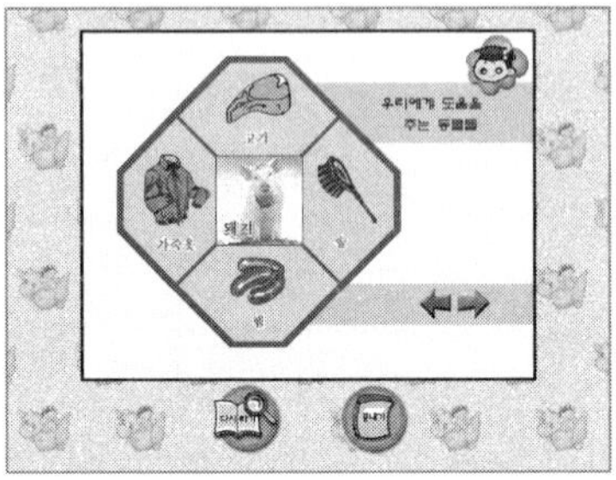

⑦ 농장 동물들을 어떻게 돌볼 수 있는지에 관해 이야기를 나눈다.

- 농장의 동물들은 어떻게 돌봐야 할까요?

  –먹이를 줘요.

  –귀찮게 하지 않아요.

  –깨끗하게 지낼 수 있도록 우리를 청소해 줘요.

  –사랑해 줘요.

4) 집에서 길러요 (e 인터넷)

- **활동목표**: 집에서 기르는 애완동물의 종류를 안다.
  애완동물을 돌보는 방법에 대하여 안다.
- **활동유형**: 소집단 활동 및 대집단 활동
- **활동자료**: 인터넷 '조이펫', 컴퓨터, 프린터
- **활동방법**

① 인터넷 주소창에 '조이펫' http://www.joypet.net/을 입력한다.

② 여러 가지 애완동물의 종류(포유류, 어류, 조류 등) 중에서 하나를 클릭한다.

③ 그림을 보면서 이야기를 나눈다.

⇨ 집에서 기르는 동물에 대해 이야기를 나눈다.

- 너희들 집에서 동물을 기른 적이 있니?
- 어떤 동물들을 길렀니?
- 집에서 기를 수 있는 애완동물에는 어떤 동물이 있을까?

⇨ 여러 종류의 애완동물의 특징에 대해 이야기를 나눈다.

- 이 동물은 무엇을 먹고 살까?
- 먹이는 어디서 구할까?

5) '신비의 세계 동물의 왕국'을 탐험해 봐요 (CD-ROM)

- **활동목표**: 동물원의 동물에 대해 관심을 가진다.
  여러 가지 동물의 생김새 및 특징에 대해 안다.
- **활동유형**: 소집단 활동 및 대집단 활동

• **활동자료**: '신비의 세계 동물의 왕국'73

CD, 컴퓨터, 프린터

• **활동방법**

① '신비의 세계 동물의 왕국' CD를 실행한다.

② 눈으로 보며 즐기는 여행 을 클릭한다.

⇨ 서식지 별로 살고 있는 동물의 사진들을 보며 이야기를 나눈다.

③ 야 외 촬 영 을 클릭한다.

⇨ 지도에 표시된 3개의 공원에 사는 야생 동 · 식물의 사진들을 보며 이야기를 나눈다.

④ 현 장 안 내 를 클릭한다.

- 동아프리카의 동물(조류)들에 관한 정보를 찾을 수 있다.
- 오른쪽 화면에 있는 동물 이름 위에 마우스를 놓으면 왼쪽에 동물 사진이 나온다.

⇨ 동물 사진을 보며 이야기 나눈다.

⑤ 여러 가지 동물의 특징 및 생김새를 안다.

- 이 동물의 이름은 무엇이니?
- 이 동물은 다른 동물과 어떤 점이 제일 특별하니?

⑥ 궁금하거나 찾아보고 싶은 동물의 이름을 생각해 본다.

6) 인터넷 동물원에서 볼 수 있는 동물 (e 인터넷)

- **활동목표**: 동물원의 동물에 대해 관심을 가진다.
  여러 가지 동물의 생김새 및 특징에 대해 안다.
  인터넷에서 동물에 관련된 필요한 정보를 찾는다.
- **활동유형**: 소집단 활동 및 대집단 활동
- **활동자료**: 인터넷 '사이버 동물원', 컴퓨터, 프린터
- **활동방법**

① 동물들은 어떤 소리를 낼까?

- 자기가 들어보았던 동물들의 소리를 흉내 내 보자.

② 인터넷 주소창에 '사이버 동물원' http://www.cyberzoo.net/을 입력한다.

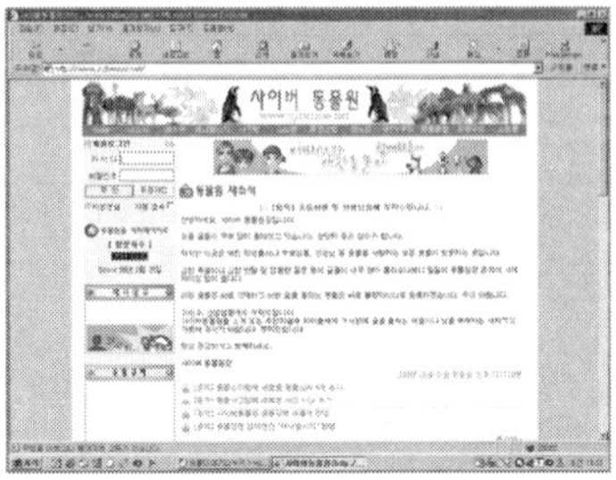

③ 화면 상단에 있는 메뉴 중 동물소리방 을 클릭한다.

④ 동물 이름을 클릭하면 소리를 들을 수 있다.

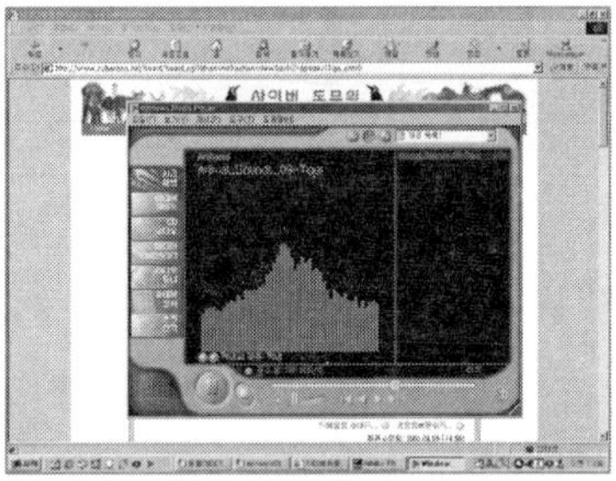

⑤ 메뉴 중 동물사진 을 클릭한다.

⑥ 보고 싶은 동물의 이름을 클릭하여 동물의 모습을 본다.

- 이 동물의 이름은 무엇이니?
- 이 동물은 다른 동물과 다르게 어떤 점에 특별하게 다르니?

⑦ 메뉴 중 동물동영상방 을 클릭한다.

⇨ 동물 이름을 클릭하면 동물의 모습을 동영상으로 볼 수 있다.

- 이 동물은 지금 무엇을 하고 있는 모습이니?
- 동물의 모습을 설명해 보자.

7) '동물들은 사는 곳이 달라요' 이야기 나누기 (파워포인트)

- **활동목표**: 여러 가지 동물의 생활에 대해 관심을 가진다.
- **활동유형**: 소집단 활동 및 대집단 활동
- **활동자료**: '동물들은 사는 곳이 달라요' 파워포인트 자료, 컴퓨터
- **활동방법**

① '동물들은 사는 곳이 달라요' 파워포인트 자료를 실행한다.

② 땅(바다, 하늘)에 사는 동물에는 어떤 동물들이 있을까?

③ 동물 사진을 보면서 이야기 나눈다.

⇨ 을 클릭하여 울음 소리를 듣는다.

- 이 동물의 울음 소리를 흉내 내 보자.

④ 동물의 생김새와 특징에 대해 이야기 나눈다.

8) '지오키드 세트' 비디오 보고 이야기하기 (비디오)

- **활동목표**: 여러 가지 동물의 생김새 및 특징에 대해 안다.
- **활동유형**: 소집단 활동 및 대집단 활동
- **활동자료**: '지오키드 세트' 비디오테이프(6세트 각 30분씩 총 180분)
- **활동방법**

① 동물에 대한 유아들의 관심이 다양해질 때, 비디오 내용을 적절하게 선택하여 보여 준다.

- 날개 달린 동물 (30분)
- 동물들의 장기자랑 (30분)
- 아기 동물들의 세계 (30분)
- 굴속에 사는 동물 (30분)
- 동물나라 위장술 (30분)
- 변태하는 동물 (30분)

② 비디오를 보고 난 느낌에 대해 이야기 나눈다.

- 어떤 동물들이 나왔니?
- 가장 인상 깊었던 장면이 무엇이니?

'동물' 관련 비디오

■ 지오키드(GEO KIDS)

- 제작사: 내셔널지오그래픽사(미디아트)
- 소개: '지오키드'는 내셔널지오그래픽사가 만든 유아 및 아동 다큐멘터리로 6세트로 구성되어 있다(상영시간: 각 30분).
- 내용

1. 날개 달린 동물
2. 동물들의 장기자랑
3. 아기 동물들의 세계
4. 굴 속에 사는 동물
5. 동물나라 위장술
6. 변태하는 동물

9) 사라져 가는 동물 알아보기 (인터넷)

- **활동목표**: 멸종되는 동물에 대해 관심을 가진다.
  동물이 사라지는 이유에 대해 안다.
  동물을 보호하기 위해 우리가 할 수 있는 일을 안다.
  인터넷에서 필요한 정보를 찾는다.

- **활동유형**: 소집단 활동 및 대집단 활동
- **활동자료**: 인터넷 '한국동물보호연합', 컴퓨터, 프린터, 사인펜, 색연필
- **활동방법**

① 인터넷 주소창에 '한국동물보호연합' http://www.kaap.or.kr/을 입력한다.

② 동물이 점점 사라져가는 이유에 대해 이야기를 나눈다.

③ 희귀한 야생동물의 종류에 대해 이야기한다.

⇨ 동물 이름을 클릭하여 동물의 울음소리와 사진을 함께 보면서 이야기한다.

④ 동물을 보호하기 위해 우리가 할 수 있는 일에 대해 이야기를 나눈다.

10) 동물 그래프 만들기 (인터넷, CD-ROM)

- **활동목표**: 내가 좋아하는 동물을 말로 표현한다.
  다른 사람의 생각을 존중한다.
  그래프를 만들어 수의 많고 적음을 비교한다.
- **활동유형**: 개별 활동 및 소집단 활동
- **활동자료**: 동물 그림 자료(인터넷, CD에서 인쇄한 그림 자료), 그래프 용지, 사인펜
- **활동방법**

① 인터넷이나 CD에서 찾은 여러 가지 다양한 동물 그림을 인쇄한다.

② 동물 그림을 보고 자기가 가장 좋아하는 동물을 이야기한다.

③ 우리 반 친구들이 가장 좋아하는 동물이 무엇인지 알아보기 위해 동물 그래프를 만든다.

④ 커다란 그래프 용지에 동물 그림을 붙이고 동물 이름을 쓴다.

⑤ 자신이 좋아하는 동물 칸에 자기 이름을 적는다.

⑥ 학급의 모든 유아들이 이름을 다 적으면 완성된 그래프에 대해 이야기한다.

- 어떤 동물에 이름이 가장 많이 붙어 있니?
- 우리 반 친구들이 가장 좋아하는 동물은 어떤 동물일까?

⑦ 같은 동물을 좋아하는 유아들끼리 모둠으로 만들어 다음 활동할 때 모둠별 이름을 짓는다.

2 동물 책 만들기

▌교육과정 관련 요소▐

- **사회생활**: 사회 현상에 관심 가지기—주변 지역에 관심 가지기
- **표현생활**: 자연과 생활에서 아름다움 찾아보기—소리, 움직임, 조형물에 관심 가지기
  예술적 표현 즐기기—조형 활동으로 표현하기
- **언어생활**: 듣기—이야기 듣고 이해하기
  —바른 태도로 듣기
  말하기—생각과 느낌 말하기
  —바른 태도로 말하기
  읽기—책에 관심 가지기
  쓰기—쓰기에 관심 가지기

—쓰기 도구 사용하기

• **탐구생활**: 과학적 기초 능력 기르기—생명체와 자연환경 소중하게 여기기

1) 내가 가장 좋아하는 동물 앨범 만들기 (인터넷, CD–ROM)

• **활동목표**: 내가 가장 좋아하는 동물을 이야기한다.
글자에 관심을 가진다.
여러 가지 자료를 이용하여 동물 앨범 만들기에 참여한다.

• **활동유형**: 개별 활동 및 소집단 활동

• **활동자료**: 동물 그림 자료(인터넷, CD에서 인쇄한 그림 자료), 책 만들 종이, 사인펜

• **활동방법**

① 인터넷이나 CD에서 찾은 여러 가지 다양한 동물 그림을 인쇄한다.

② 동물 그림을 보고 자기가 가장 좋아하는 동물을 이야기한다.

③ 자기가 좋아하는 동물의 사진을 모아서 볼 수 있는 방법에 대해 이야기한다.

- 동물 앨범을 본 적이 있니?
- 동물 앨범에는 어떤 것들이 들어 있니?

④ 동물 앨범을 만드는 방법에 대해 이야기한다.

- 우리가 만들 동물 앨범에는 어떤 것들이 들어가야 할까?
  —동물의 여러 모습들을 찍은 사진, 사진 속의 동물에 대한 이야기 등

⑤ 동물 앨범을 만든다.

⇨ 여러 가지 다양한 동물 사진 중 자신이 좋아하는 동물의 사진을 모은다.

⇨ 종이에 동물 사진을 붙인다.

⇨ 동물의 모습을 재미있게 생각해 보고 사진 옆에 설명을 써 본다.
—햄스터가 지금 쿨쿨 잠을 자고 있어요.

⑥ 완성되면 묶어서 책으로 만든다.

⇨ 앨범 표지에 '내가 제일 좋아하는 ㅇㅇ의 앨범'이라고 적는다.

⑦ 다른 친구에게 자신의 동물 앨범을 소개한다.

2) 동물 그림 사전 만들기 (CD-ROM)

- **활동목표**: 여러 가지 동물의 이름과 특징에 대해 안다.
  글자에 관심을 가진다.
  다양한 자료를 이용하여 그림 사전 만들기 활동에 참여한다.
- **활동유형**: 소집단 활동
- **활동자료**: 동물 그림 자료('동물 일러스트 CD뱅크'에서 인쇄한 그림 자료), 'LG 홈워 드 3' CD, 사인펜, 프린터
- **활동방법**

① '동물 일러스트 CD뱅크'에서 여러 가지 다양한 동물 그림을 미리 인쇄해 놓는다.

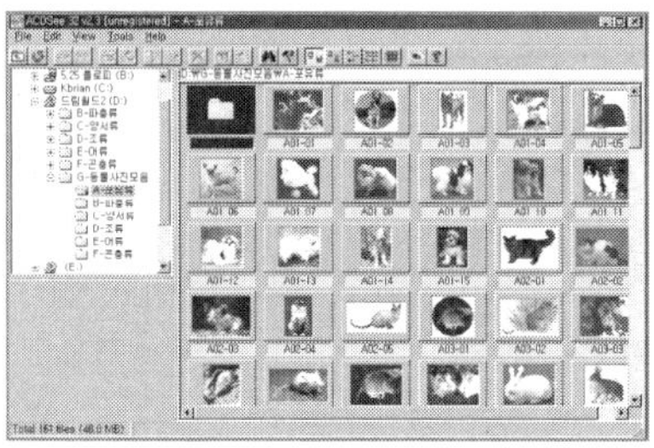

② 동물 그림 사전을 어떤 방식으로 만들지 의논한다.
  ⇨ 땅/바다/하늘에서 사는 동물
  ⇨ 'ㄱ'으로 시작하는 동물 등

③ 동물 그림 사전 제목에 따라 모듬별로 나누어 동물 그림을 분류한다.

④ 사전 만들 종이에 동물 그림을 붙이고 동물 이름을 쓴다.

⑤ 동물 그림 사전 표지를 만든다.
  ⇨ 'LG 홈워드 3' CD를 실행한다.
  ⇨ '빈 문서' > '가로 문서'를 클릭한다.

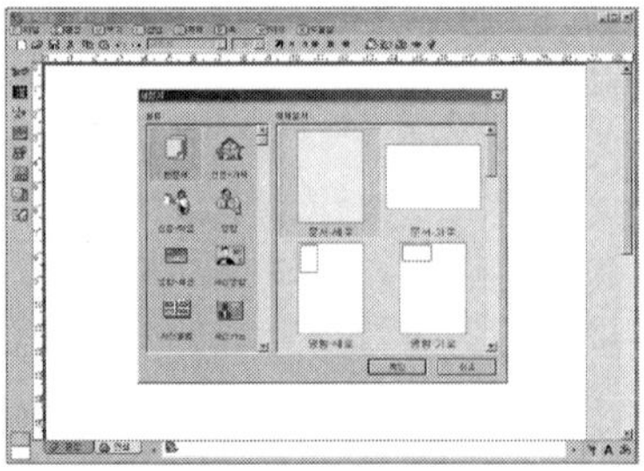

⇨ 문서 화면 왼쪽에 있는 를 클릭한다.

⇨ 내용에 '땅에서 사는 동물 그림 사전'이라고 입력하고 색깔을 선택한다.

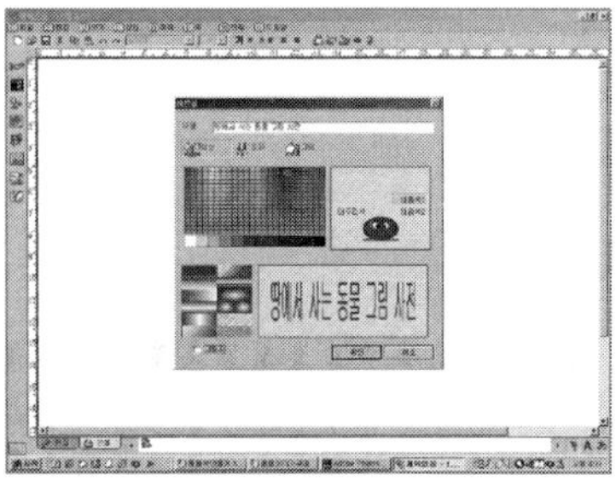

⇨ 을 클릭한다.

⇨ 조각 그림 중 동물 그림을 선택한 후 마우스로 끌기하여 문서 여백에 놓는다.

⇨ 완성된 화면을 인쇄한다.

⑥ 표지와 내용을 묶어서 책으로 만든다.

동물 그림 자료실	
인터넷 사이트	• 어린이동물이야기 – http://bestfamily.pe.kr/animal/ • 동물그림창고 – http://www.animalpicturesarchive.com/?lang=kr • 애니멀파크 – http://www.animalpark.pe.kr/ • 애완 동물 기르기 – http://user.chollian.net/~saramson/main.html • 조이펫 – http://www.joypet.net/ • 주진국의 동물사진 – http://www.bali.co.kr/zoo/00–index–zoo.htm
CD–ROM	• 동물 일러스트 CD뱅크(드림월드 – 유아동산) • 매직 스케치북(세광데이터) • LG 홈워드 3 – 조각그림(LG 소프트)

3 동화 듣기

‖ 교육과정 관련 요소 ‖

• 표현생활: 자연과 생활에서 아름다움 찾아보기 – 소리, 움직임, 조형물에 관심 가지기

• 언어생활: 듣기 – 이야기 듣고 이해하기
– 바른 태도로 듣기

말하기－생각과 느낌 말하기
－바른 태도로 말하기

- **탐구생활**: 과학적 기초 능력 기르기－생명체와 자연환경 소중하게 여기기

1) '여우와 두루미' (인터넷)

- **활동목표**: 동화를 보고 이해하며 즐긴다.
  동화를 듣고 느낌이나 생각을 이야기한다.
- **활동유형**: 소집단 활동 및 대집단 활동
- **활동자료**: 인터넷 '부키의 동화나라', 컴퓨터
- **활동방법**

① 인터넷 주소창에 '부키의 동화나라' http://www.buki.co.kr/main.php를 입력한다.

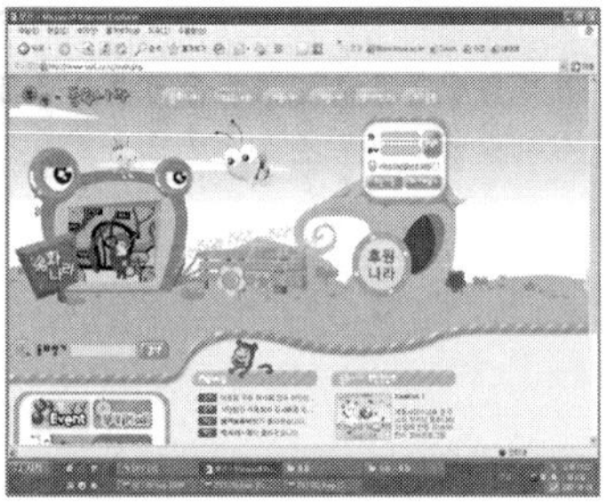

② 홈 > '동화나라'를 클릭한다.

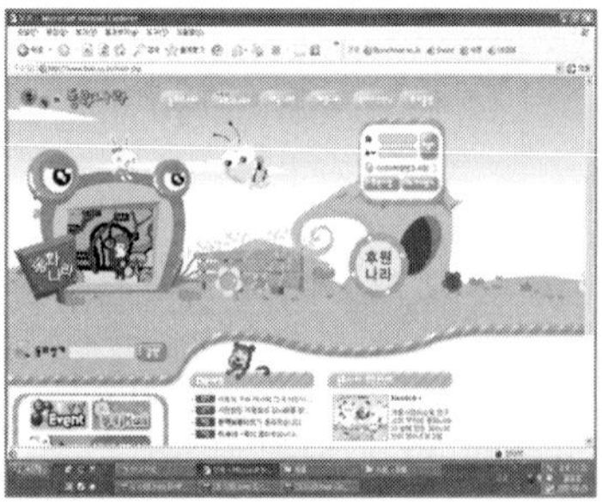

③ '일반 분류로 메뉴보기' > '명작동화' > '여우와 두루미'를 클릭한다.

④ 동화를 듣는다.

⑤ 동화에 대한 느낌을 이야기한다.

2) '거미의 가는 허리' (CD-ROM)

- **활동목표**: 동화를 보고 이해하며 즐긴다.
  동화를 듣고 느낌이나 생각을 이야기한다.
- **활동유형**: 소집단 활동 및 대집단 활동
- **활동자료**: '제6차 유치원 교육활동 지도자료집 활용을 위한 언어생활 교수 · 학습 자료' CD, 컴퓨터
- **활동방법**

① '제6차 유치원 교육활동 지도자료집 활용을 위한 언어생활 교수 · 학습 자료' CD를 실행한다.

- 목차 > 동시·동화듣기 > 칼라동화듣기 를 클릭한다.

② '거미의 가는 허리'를 클릭한다.

③ 동화를 듣는다.

④ 동화에 대한 느낌을 이야기한다.

- 동화를 들으니 느낌이 어떠니?
- 거미는 왜 허리를 가늘게 하고 싶었을까?

3) '토끼와 거북이' (CD-ROM)

- **활동목표**: 동화를 보고 이해하며 즐긴다.
  동화를 듣고 느낌이나 생각을 이야기한다.
- **활동유형**: 소집단 활동 및 대집단 활동
- **활동자료**: '토끼와 거북이' CD, 컴퓨터
- **활동방법**

① '토끼와 거북이' CD를 실행한다.

② 읽어 주세요 를 클릭한다.

③ 동화를 듣고 감상한다.

④ 동화를 다 읽고 나면 내가 할래요 를 클릭하여 유아 스스로 동화를 읽어볼 수 있도록 돕는다.

⑤ 확장 활동

-'토끼와 거북이' CD를 이용하여 신체 표현을 한다.

-'토끼와 거북이' CD를 실행하여 동화를 듣는다.

-'토끼와 거북이' CD 동화 속에 나오는 여러 가지 단어(오르막길, 내리막길, 물웅덩이, 넘어가기, 기어가기, 진흙탕)를 읽어본다.

-의태어를 몸으로 표현한다.

-의태어를 다른 단어로 바꾸어서 몸으로 표현한다.

4) '샘 많은 카멜레온' (비디오)

• **활동목표**: 동화를 보고 이해한다.

동화를 듣고 느낌이나 생각을 이야기한다.

- **활동유형**: 소집단 활동 및 대집단 활동
- **활동자료**: '배고픈 애벌레' 비디오테이프
- **활동방법**

① '카멜레온'에 대한 수수께끼를 낸다.

- 다리가 4개인 동물이고 색깔이 자주 변해요.

② 카멜레온을 기르거나 본 적이 있는지 이야기를 나눈다.

③ '배고픈 애벌레' 중에서 '샘 많은 카멜레온'을 실행한다.

④ 비디오를 보며 동화를 감상한다.

⑤ 동화에 대한 느낌을 이야기한다.

- 동화를 보고 난 느낌이 어떠니?
- 카멜레온은 어떤 동물들로 변신을 했니?
- 심술쟁이 카멜레온은 나중에 어떻게 되었니?

'동물'과 관련된 비디오

■ '배고픈 애벌레'

- 작가: Eric Carle
- 제작사: 인피니스
- 소개: '배고픈 애벌레'는 '세계적 필름 페스티벌' 수상 기록 및 YMCA 선정 청소년을 위한 좋은 비디오 1위를 기록했던 작품으로 5개의 이야기로 구성되어 있다(총 상영시간: 31분).
- 내용

① 배고픈 애벌레
② 아빠, 저 달 좀 따주세요
③ 벙어리 귀뚜라미
④ 샘 많은 카멜레온
⑤ 음악으로 세상을 그려요

■ '레오리오니의 동물우화 5편'

- 작가: 레오리오니(글), 지울리오 지아니니(그림)
- 제작사: 성베네딕도 수도원
- 소개: 레오리오니의 동물우화는 교훈적인 이야기와 독특한 아름다움으로 구성된 재미있는 애니메이션 비디오로 총 5개의 이야기로 구성되어 있다(총 상영시간: 23분).
- 내용

① 잠잠이
② 물구나무 서는 악어
③ 내꺼야
④ 물고기는 물고기
⑤ 으뜸 헤엄이

'동물' 관련 인터넷 동화 사이트

■ '깨비키즈'–http://www.kebikids.com/

• 

 > 

[여우와 신포도]

[당나귀와 소금]

• 

[졸졸이 송아지]

[잠꾸러기 아기곰]

■ '부키의 동화나라'–http://www.buki.co.kr/main.php

① 인터넷 주소창에 '부키의 동화나라'를 입력한다.

② 명작동화 를 클릭한다.

[아기 돼지 삼형제]

[헤엄을 못치는 생쥐]

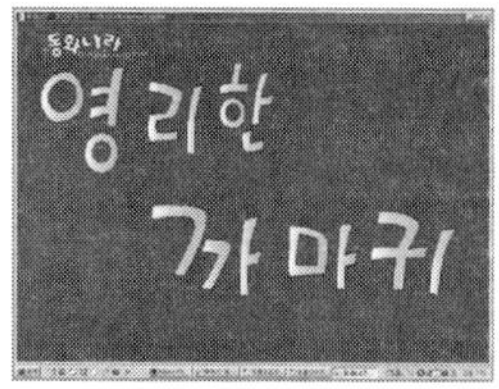

[영리한 까마귀]

[토끼와 거북이]

[허영심 많은 까마귀]

[사자와 생쥐]

[동물병원 간호사]

[친구 찾기]

③ 전래동화 를 클릭한다.

[꼬리로 낚시를 하는 호랑이]

[폴짝폴짝 참새 싹싹 파리]

■ '유리누리닷컴'—http://www.yurinuri.com

① 인터넷 주소창에 '유리누리닷컴'을 입력한다.

② 화면의 상단에 있는  을 클릭한다.

③  를 클릭한다.

[개가 다리를 들고 쉬하는 이유]

[은혜 갚은 생쥐]

[얄미운 토끼]

[뱀의 다리]

④  를 클릭한다.

[사냥개와 집 지키는 개]

[닭과 개와 여우]

[욕심 많은 개]

4 이야기 꾸미기

▌교육과정 관련 요소▐

- **건강생활**: 나의 몸 인식하기—감각 기관을 활용하기
- **사회생활**: 이웃과 더불어 생활하기—다른 사람을 이해하고 존중하기
- **표현생활**: 자연과 생활에서 아름다움 찾아보기—소리, 움직임, 조형물에 관심 가지기
  예술적 표현 즐기기—조형 활동으로 표현하기
- **언어생활**: 듣기—이야기 듣고 이해하기
  —바른 태도로 듣기
  말하기—생각과 느낌 말하기
  —바른 태도로 말하기
  읽기—책에 관심 가지기
  쓰기—쓰기에 관심 가지기
  —쓰기 도구 사용하기
- **탐구생활**: 과학적 기초 능력 기르기—생명체와 자연환경 소중하게 여기기

1) '토끼와 거북이' 동화 만들기 (CD-ROM)

- **활동목표**: 동화를 듣고 이해하며 즐긴다.
  동화를 듣고 상상하여 이야기를 꾸민다.
- **활동유형**: 개별 활동 및 소집단 활동
- **활동자료**: '토끼와 거북이' CD, 컴퓨터, 프린터, 사인펜 등
- **활동방법**

① '토끼와 거북이' CD를 실행한다.

② 동화를 듣는다.

③ 동화의 내용을 회상하여 이야기한다.

④ 동화 내용을 다르게 상상한다.

- 만약 토끼가 잠을 자지 않았다면 어떻게 되었을까?

⑤ 그림판을 이용하여 동화를 만든다.

⇨ '시작' > '프로그램' > '보조프로그램' > '그림판'을 클릭한다.

⇨ '그림판 파일' > '열기' > 'D 폴더' > 'Data' > 'Bmp 폴더'를 클릭한다.

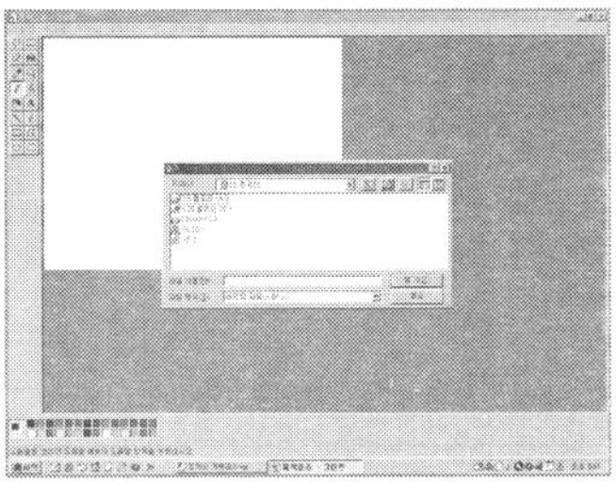

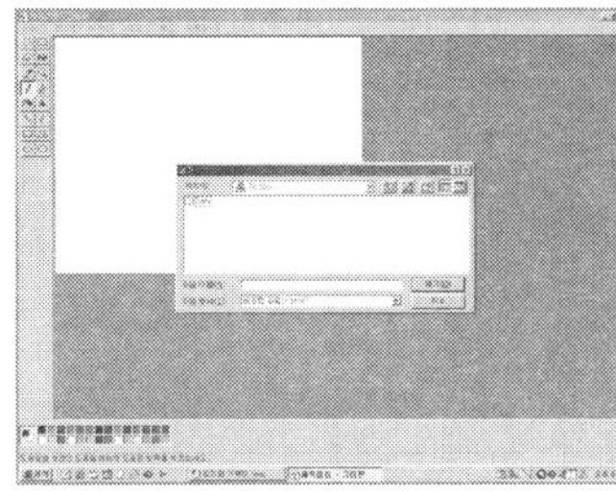

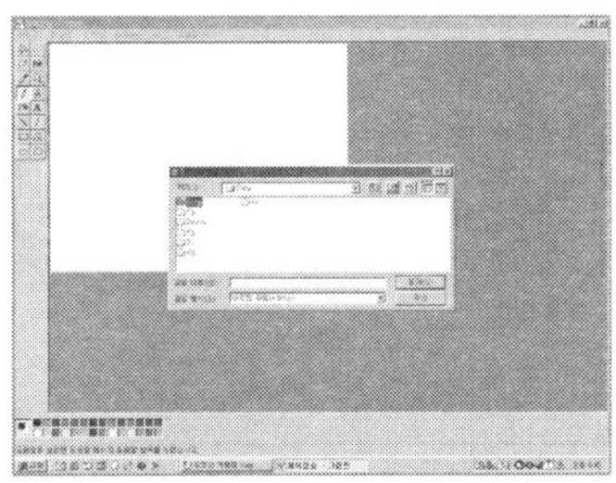

⇨ '색칠 학습용 그림 파일' 중 마음에 드는 것을 클릭한다.

⇨ 인쇄한다.

⇨ 그림을 색칠하고 새로 만든 동화 내용을 적는다.

2) '함정에 빠진 호랑이' 동화 만들기 (인터넷)

- **활동목표**: 동화를 듣고 이해하며 즐긴다.
  동화를 듣고 상상하여 이야기를 꾸민다.
- **활동유형**: 개별 활동 및 소집단 활동

• **활동자료:** 인터넷 '부키의 동화나라', 컴퓨터, 프린터

• **활동방법**

① 인터넷 주소창에 '부키의 동화나라' http://www.buki.co.kr/main.php를 입력한다.

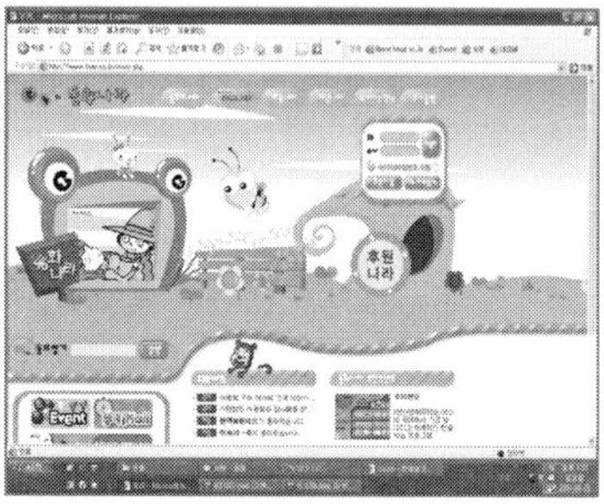

② 전래동화 > '어리석은 두꺼비' 동화를 클릭한다.

③ 동화를 듣는다.

④ 동화에 대한 느낌을 이야기한다.

⑤ 재미있는 장면들을 선택한다.

⑥ 선택한 장면을 인쇄한다.

⑦ 인쇄한 그림들을 재구성한 후, 새로운 이야기를 꾸민다.

⑧ '내가 만든 동화책'으로 소개한다.

3) '물에 빠진 멍멍이' 그림 보고 이야기 꾸미기 (CD－ROM)

- **활동목표**: 그림을 보고 상상하여 이야기를 꾸민다.
- **활동유형**: 개별 활동 및 소집단 활동
- **활동자료**: '제6차 유치원 교육활동 지도자료집 활용을 위한 언어생활 교수 · 학습 자료' CD, 컴퓨터, 프린터, 사인펜
- **활동방법**

① '제6차 유치원 교육활동 지도자료집 활용을 위한 언어생활 교수 · 학습 자료' CD를 실행한다.

② 목차 > 활동형태별 > 언어영역 을 클릭한다.

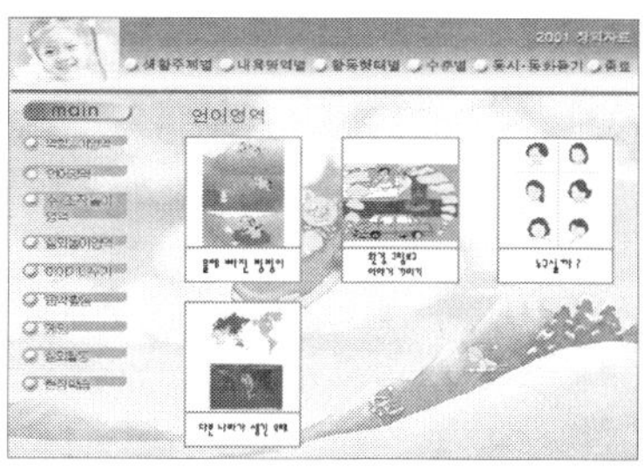

③ '물에 빠진 멍멍이'를 클릭한다.

④ 화면의 오른쪽 하단에 있는 를 클릭하여 인쇄한다.

⑤ 인쇄한 그림을 보고 어떤 내용인지 상상한다.

⑥ 생각한 내용을 글자로 적는다.

4) '매직 스케치북'으로 릴레이 이야기 연결하기 (CD-ROM)

- **활동목표**: 그림을 보고 상상하여 이야기를 꾸민다.
- **활동유형**: 개별 활동 및 소집단 활동
- **활동자료**: '매직 스케치북' CD, 컴퓨터, 사인펜 및 미술 도구
- **활동방법**

① '매직 스케치북' CD를 실행한다.

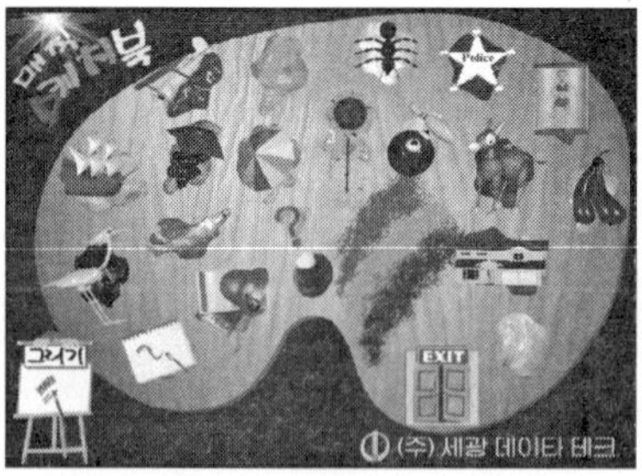

② 첫 화면에서 , , , 중 마음에 드는 그림을 클릭한다.

• 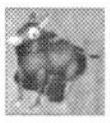 를 클릭하면 '땅에 사는 동물'의 그림들이 나온다.

③ 여러 그림들 중 마음에 드는 그림을 클릭한다.

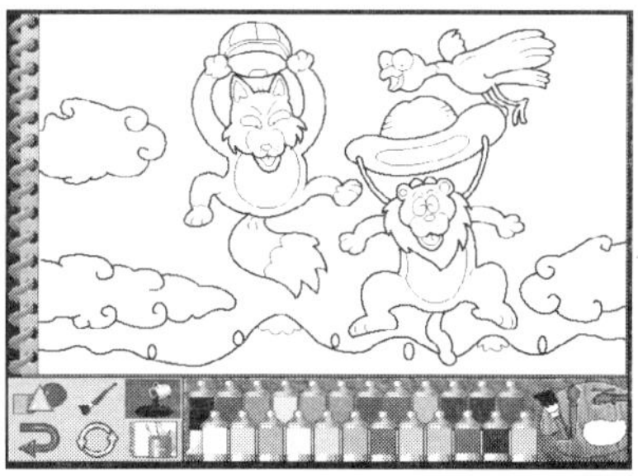

④  를 클릭한다.

⑤ 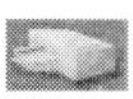 를 클릭하여 인쇄한다.

⑥ 인쇄된 그림을 미술도구로 색칠한다.

⑦ 다른 친구의 그림과 연결하여 릴레이 이야기를 만든다.

⑧ 완성된 릴레이 이야기를 묶어서 책으로 만든다.

⑨ 다른 친구에게 릴레이 이야기를 소개한다.

'매직 스케치북' CD 중 동물과 관련된 메뉴 소개

•  : 여러 가지 다양한 곤충 그림이 나온다.

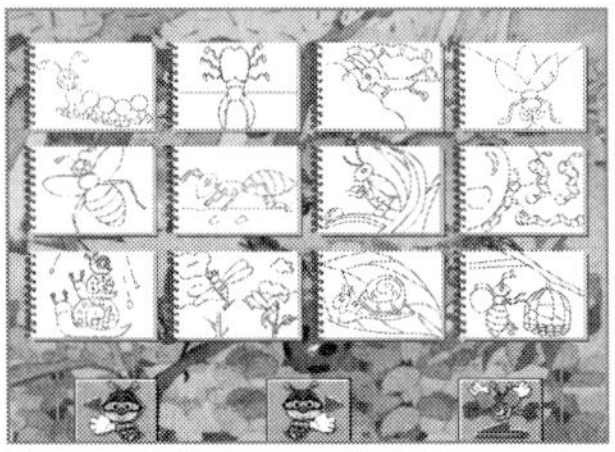

•  : 여러 가지 다양한 바닷속 동물 그림이 나온다.

•  : 여러 가지 다양한 새 그림이 나온다.

5 동시 감상 및 짓기

교육과정 관련 요소

- **사회생활**: 이웃과 더불어 생활하기－다른 사람을 이해하고 존중하기
- **표현생활**: 자연과 생활에서 아름다움 찾아보기－소리, 움직임, 조형물에 관심 가지기
  예술적 표현 즐기기－창의적인 표현 과정 즐기기
- **언어생활**: 듣기－이야기 듣고 이해하기
  －바른 태도로 듣기
  말하기－생각과 느낌 말하기
  －이야기 지어 말하기
  －바른 태도로 말하기
  쓰기－쓰기에 관심 가지기
- **탐구생활**: 과학적 기초 능력 기르기－생명체와 자연환경 소중하게 여기기

1) '어미 닮아' ( 인터넷,  워드)

- **활동목표**: 동시를 즐겁게 감상한다.
  자신의 생각을 동시로 표현한다.
- **활동유형**: 개별 활동 및 소집단 활동
- **활동자료**: 인터넷 '유리누리닷컴', 컴퓨터, 프린터, 동시 짓기 활동 자료
- **활동방법**

① 인터넷 주소창에 '유리누리닷컴' http://www.yurinuri.com/을 입력한다.

- 홈 >  >  를 클릭한다.

② '어미 닭아'를 클릭한다.

③ 동시를 감상한다.

④ 동시 내용 중 바꾸고 싶은 내용을 의논한다.

- 몰라 몰라 → (　　), 내 마음이 착해 질 때까지 → (　　)

⑤ 동시 짓기 활동지를 인쇄한다.

⑥ 빈 곳에 글자를 적는다.

⑦ 완성되면 다른 친구들에게 자신이 만든 동시를 소개한다.

'동물' 관련 인터넷 동시 사이트

• '에드피아닷컴'—http://www.edpia.com/

① 인터넷 주소창에 '에드피아닷컴'을 입력한다.

② 홈 > 짬 선생님 > 주제별 수업자료 > 동시 을 클릭한다.

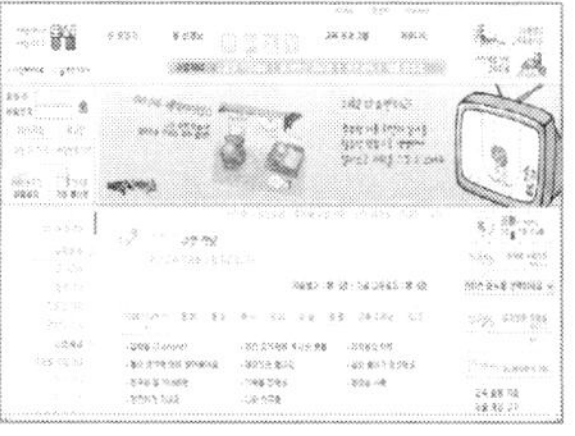

③ 동시 제목을 보고 감상하고 싶은 동시 제목을 선택한다.

　—'배고픈 애벌레' '참새' '커다란 기린'

④ 동시를 감상한다.

6 동요 감상 및 짓기

❙ 교육과정 관련 요소 ❙

• 사회생활: 이웃과 더불어 생활하기—다른 사람을 이해하고 존중하기

• 표현생활: 자연과 생활에서 아름다움 찾아보기—소리, 움직임, 조형물에 관심 가지기

예술적 표현 즐기기—음악으로 표현하기

—창의적인 표현 과정 즐기기

언어생활: 듣기—이야기 듣고 이해하기

—바른 태도로 듣기

말하기—생각과 느낌 말하기

—이야기 지어 말하기

—바른 태도로 말하기

쓰기—쓰기에 관심 가지기

- **탐구생활**: 과학적 기초 능력 기르기—생명체와 자연환경 소중하게 여기기

1) '엄마 오리 아기 오리' (인터넷, 워드)

- **활동목표**: 동요를 즐겁게 부른다.

  동요 가사를 창의적으로 바꾸어 불러본다.
- **활동유형**: 소집단 활동
- **활동자료**: 인터넷 '쥬니어네이버', 컴퓨터, 프린터
- **활동방법**

① 인터넷 주소창에 '쥬니어네이버' http://jr.naver.com/를 입력한다.

② 화면 상단에 있는 메뉴 중 동요세상 을 클릭한다.

③ 전래동요 중 '여우야 여우야'를 클릭한다.

④ 화면에서 노래를 듣는다.

⑤ 동요를 부른다.

⑥ 동요가사 를 클릭하면 다음과 같이 악보 화면이 나온다.

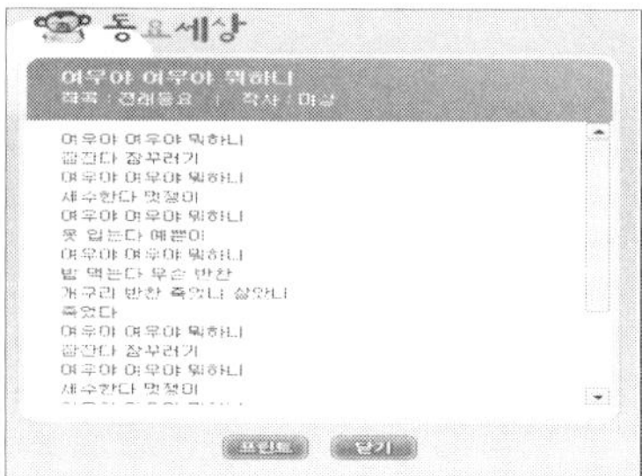

⑦ 프린트 를 클릭하여 악보를 인쇄한다.

⑧ 동요의 가사 중 바꾸고 싶은 부분에 대해 이야기한다.

- 가사 중 어느 부분을 바꾸어 부르면 좋을까?

⑨ 유아들과 의논하여 가사를 바꾼 부분을 종이에 써서 붙인다.

⑩ 새로 만든 동요 가사 대로 노래를 부른다.

2) '여섯 마리 오리' (CD-ROM)

- **활동목표**: 동요를 즐겁게 부른다.
  동요 가사를 창의적으로 바꾸어 부른다.
- **활동유형**: 소집단 활동
- **활동자료**: '유아 멀티미디어 교수자료 4' CD, 컴퓨터, 프린터

• 활동방법

① '4. 동물의 세계 · 무더운 여름' CD를 실행한다.

② '주제별 학습' > '동물의 세계' > '내가 좋아하는 동물들'을 클릭한다.

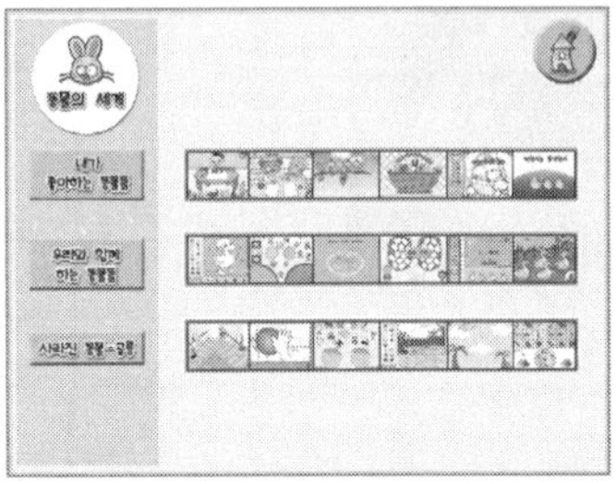

③ '여섯 마리 오리'를 클릭한다.

④ 동요를 듣고 부른다.

⑤ 동요의 가사 중 바꾸고 싶은 부분에 대해 이야기한다.

- 가사 중 어느 부분을 바꾸어 부르면 좋을까?

⑥ 유아들과 의논하여 가사를 바꾼 부분을 종이에 써서 붙인다.

⑦ 새로 만든 동요 가사 대로 노래를 부른다.

'동물' 관련 인터넷 동요 사이트

• '유리누리닷컴' – http://www.yurinuri.com

① 인터넷 주소창에 '유리누리닷컴'을 입력한다.

② 홈 > '동요마을' > '(유아)한글동요'

곰 세마리

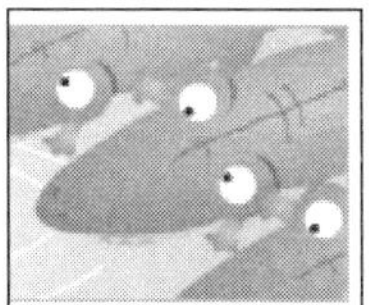

악어떼

• '풀잎 동요마을' – http://pullip.ktdom.com/

① 인터넷 주소창에 '풀잎 동요마을'을 입력한다.

② 홈 > '노래찾기'를 클릭한다.

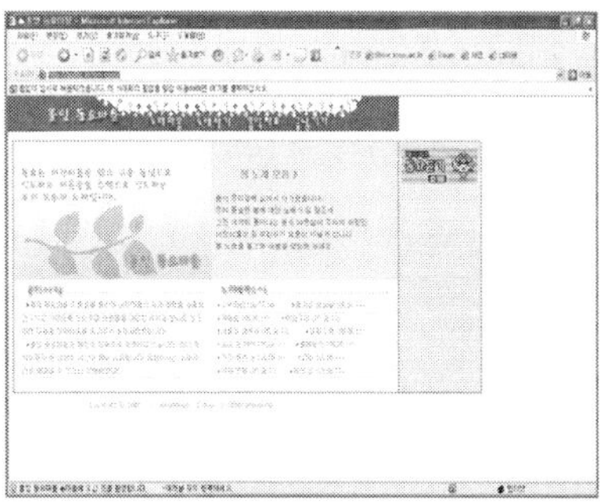

⇨ '노래찾기' > '동물 흉내'를 검색한다.

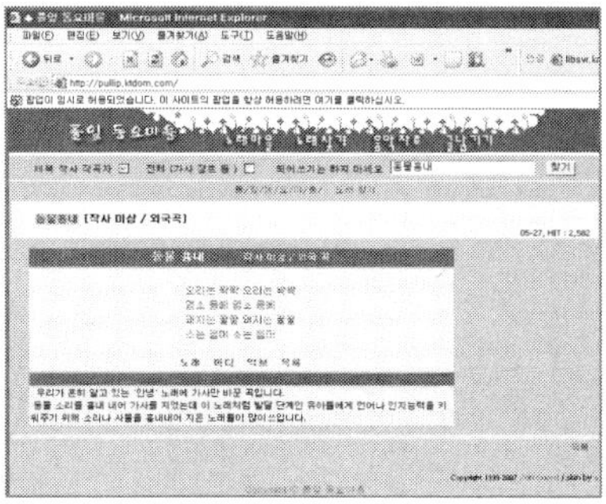

7 동물 게임판 만들기

‖ 교육과정 관련 요소 ‖

- **사회생활**: 이웃과 더불어 생활하기－다른 사람을 이해하고 존중하기
- **표현생활**: 자연과 생활에서 아름다움 찾아보기－소리, 움직임, 조형물에 관심 가지기
- **언어생활**: 듣기－이야기 듣고 이해하기
  말하기－생각과 느낌 말하기
  쓰기－쓰기에 관심 가지기
- **탐구생활**: 과학적 기초 능력 기르기－생명체와 자연환경 소중하게 여기기

1) 곤충의 발자국으로 동물 찾아내기 게임 (CD－ROM)

- **활동목표**: 다른 친구들과 협동하여 게임판을 만든다.
  동물의 발자국의 특징을 관찰하고 동물을 안다.
- **활동유형**: 소집단 활동
- **활동자료**: '보리 어린이 동물도감' CD, 컴퓨터, 프린터, 하드보드, 게임판 종이, 사인펜 등
- **활동방법**

① '보리 어린이 동물도감' CD를 실행한다.

②  을 클릭한다.

③ 여러 가지 동물 그림을 선택하여 클릭한다.

④ 발자국을 클릭한다.

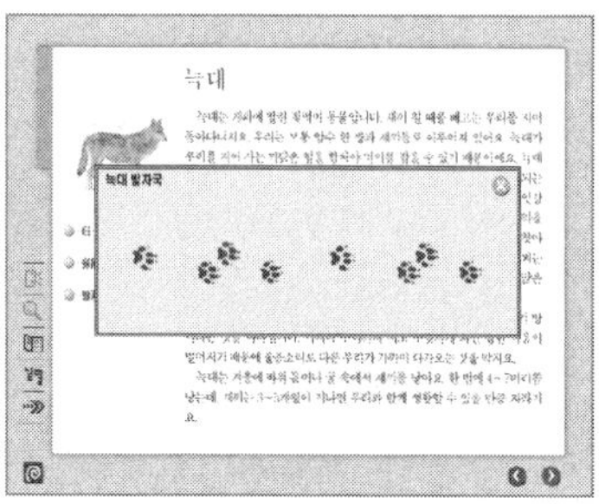

⑤ 동물마다 발자국 그림을 찾아서 특징을 알아본다.

⑥ 동물의 그림과 발자국 그림을 인쇄한다.

⑦ 수수께끼 카드를 만든다.

- 발자국 그림을 오려서 하드보드에 붙인다.

- 동물 그림을 오려서 발자국 그림을 맞추어 붙인다.

⑧ 완성된 수수께끼 카드를 이용하여 게임을 한다.

- 발자국 그림을 보고 어떤 동물인지 생각해 본다.
- 카드를 뒤집어서 생각했던 동물이 맞는지 확인한다.

2) 동물 빙고 게임 (CD-ROM, 인터넷)

- **활동목표:** 동물들의 서식지에 대해 관심을 가진다.
  다른 친구들과 협동하여 게임판을 만든다.
- **활동유형:** 소집단 활동
- **활동자료:** 동물 그림 자료(인터넷, CD에서 인쇄한 그림 자료), 우드락 3장, 돌림판, 사인펜 등
- **활동방법**

① 인터넷이나 CD에서 찾은 여러 가지 다양한 동물 그림을 미리 인쇄해 놓는다.

② 동물들을 서식지 별로 분류한다.

- 땅(바다, 하늘)에서 사는 동물들에는 어떤 동물들이 있을까?

③ 기본판을 만든다.

⇨ 우드락 3장에 바둑판 모양으로 칸을 나누어 긋는다.

<땅에서 사는 동물>				

<바다에서 사는 동물>				

<하늘에서 사는 동물>				

⇨ 서식지별(땅, 바다, 하늘)로 분류한 동물 그림을 칸마다 붙인다.

④ 돌림판을 만든다.

⇨ 돌림판의 기본 판을 4부분으로 나누어 선을 긋는다.

⇨ 각 부분에 '땅(바다, 하늘)에서 사는 동물', '꽝'을 적는다.

⑤ '게임 규칙판'을 만든다.

⇨ 게임 규칙을 의논한다.

⇨ 게임 규칙을 종이에 적는다.

⇨ 게임 규칙판을 코팅한다.

⑥ 완성된 게임판으로 게임을 한다.

8 동극하기

▌교육과정 관련 요소 ▌

- **사회생활**: 이웃과 더불어 생활하기－다른 사람을 이해하고 존중하기
- **표현생활**: 자연과 생활에서 아름다움 찾아보기－소리, 움직임, 조형물에 관심 가지기

  예술적 표현 즐기기－극놀이로 표현하기

  －창의적인 표현 과정 즐기기
- **언어생활**: 듣기－이야기 듣고 이해하기

  －바른 태도로 듣기

  말하기－생각과 느낌 말하기

  －이야기 지어 말하기

  －바른 태도로 말하기

  쓰기－쓰기에 관심 가지기
- **탐구생활**: 과학적 기초 능력 기르기－생명체와 자연환경 소중하게 여기기

  －간단한 도구와 기계 활용하기

1) '허영심 많은 까마귀' 동화 듣기 (인터넷)

- **활동목표**: 동화를 보고 이해하며 즐긴다.
  동극 활동에 필요한 준비 과정을 안다.
- **활동유형**: 소집단 활동 및 대집단 활동
- **활동자료**: 인터넷 '부키의 동화나라', 컴퓨터
- **활동방법**

① 인터넷 주소창에 '부키의 동화나라' http://www.buki.co.kr/main.php를 입력한다.

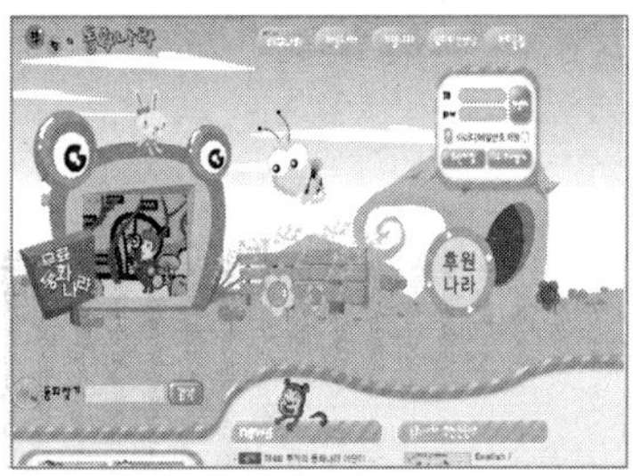

② 홈 > 동화나라 > '일반 분류로 메뉴 보기' > 명작동화 > '허영심 많은 까마귀'를 클릭한다.

③ 동화를 듣는다.

④ 동극을 하기 위해 필요한 준비를 알아본다.

–동극 대사 만들기, 역할 정하기, 소품 준비하기, 초대장 만들기, 포스터 만들기 등

⑤ 자신이 하고 싶은 활동을 선택한다(역할 분담).

2) 동극 대사 만들기 (워드)

- **활동목표**: 동극 활동에 필요한 준비 과정에 즐겁게 참여한다.
  여러 종류의 쓰기 도구를 사용해 본다.
- **활동유형**: 소집단 활동
- **활동자료**: '한글', 컴퓨터, 프린터
- **활동방법**

① '한글'을 실행한다.
② 컴퓨터 자판으로 동극 대사를 입력한다.
③ 인쇄하여 역할을 맡은 배우들에게 나누어 준다.

3) 동극 초대장 만들기 (CD-ROM)

- **활동목표**: 동극 활동에 필요한 준비 과정에 즐겁게 참여한다.
  여러 종류의 쓰기 도구를 사용해 본다.
- **활동유형**: 소집단 활동
- **활동자료**: 'LG 홈워드 3' CD, 컴퓨터, 프린터
- **활동방법**

① 초대장에 넣을 내용을 의논한다.
② 'LG 홈워드 3' CD를 실행한다.

③ '빈 문서' > '카드' > '초대' > '모임 1'을 클릭한다.

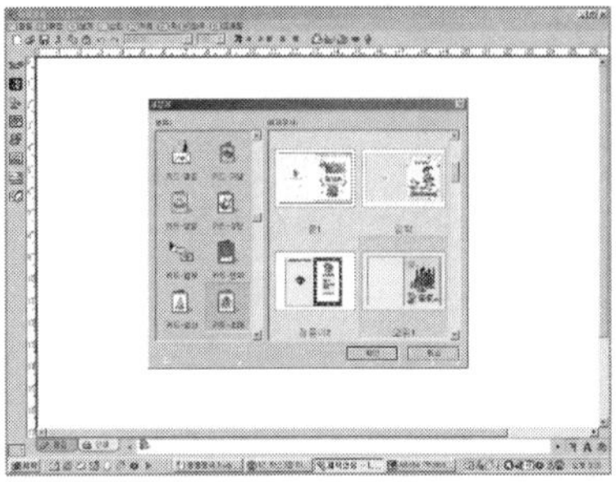

④ 문서 화면 왼쪽에 있는 를 클릭한다.

⑤ 내용에 글자를 입력하고 색깔을 선택한다.

⇨ 확인 을 클릭하면 문서 화면에 작성한 글자가 나타난다.

⇨ 글자에 마우스를 놓으면 글자에 점이 생기는데, 이 점을 마우스로 끌기하면 원하는 크기와 위치로 바꿀 수 있다.

⑥ 을 클릭한다.

⑦ 조각 그림 중 '동물−조류' 그림을 선택하여 마우스로 끌기하여 문서 여백에 놓는다.

⑧ 완성된 초대장을 인쇄하여 반으로 접는다.

⑨ 초대장을 다른 반 선생님들과 친구들에게 나누어 준다.

4) 동극 포스터 만들기 (CD−ROM)

- **활동목표:** 동극 활동에 필요한 준비 과정에 즐겁게 참여한다.
  여러 종류의 쓰기 도구를 사용해 본다.
- **활동유형:** 소집단 활동
- **활동자료:** 'LG 홈워드 3' CD, 컴퓨터, 프린터
- **활동방법**

① 포스터에 넣을 내용을 의논한다.

② 'LG 홈워드 3' CD를 실행한다.

③ '빈 문서' > '편지지'를 클릭한다.

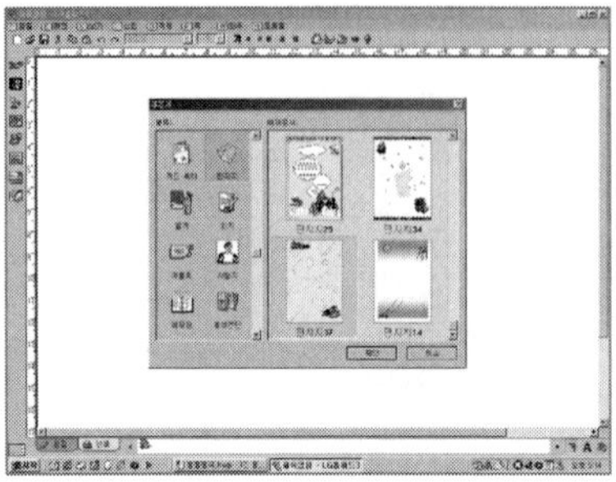

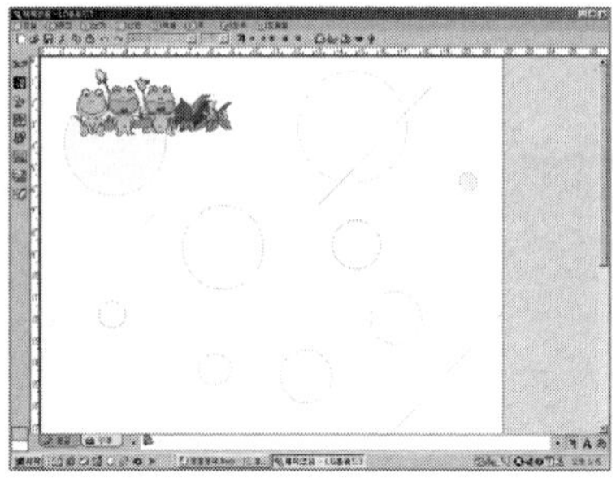

④ 문서 화면 왼쪽에 있는 를 클릭한다.

⑤ 내용에 글자를 입력하고 색깔을 선택한다.

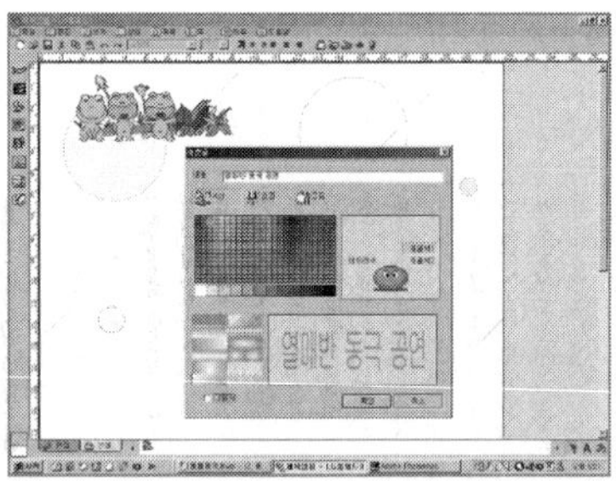

⇨ 확인 을 클릭하면 문서 화면에 작성한 글자가 나타난다.

⇨ 글자에 마우스를 놓으면 글자에 점이 생기는데, 이 점을 마우스로 끌기하면 원하는 크기와 위치로 바꿀 수 있다.

⑥ 을 클릭한다.

⑦ 조각 그림 중 '동물—조류' 그림을 선택하여 마우스로 끌기하여 문서 여백에 놓는다.

⑧ 완성된 포스터를 인쇄한다.

⑨ 포스터를 교실 문 앞과 유치원 현관에 붙인다.

제5장 공룡

1. 여러 가지 공룡에 대해 알아보기
2. 내가 가장 좋아하는 공룡
3. 공룡 책 만들기
4. 동화 듣기
5. 이야기 꾸미기
6. 공룡 게임판 만들기
7. 동극하기

1 여러 가지 공룡에 대해 알아보기

∥ 교육과정 관련 요소 ∥

- **표현생활**: 자연과 생활에서 아름다움 찾아보기－소리, 움직임, 조형물에 관심 가지기
- **언어생활**: 듣기－이야기 듣고 이해하기
  －바른 태도로 듣기
  말하기－생각과 느낌 말하기
  －바른 태도로 말하기
- **탐구생활**: 과학적 기초 능력 기르기－생명체와 자연환경 소중하게 여기기

1) 'DINOSAURS'를 이용하여 여러 가지 공룡 알아보기 (CD－ROM)

- **활동목표**: 여러 가지 공룡의 생김새 및 특징에 대해 안다.
  다양한 자료를 이용하여 공룡에 대해 안다.
- **활동유형**: 개별 활동 및 소집단 활동
- **활동자료**: 'DINOSAURS' CD, 컴퓨터, 프린터
- **활동방법**

① 'DINOSAURS' CD를 실행한다.

② 

를 클릭하면 CD의 전체 내용들이 소개되어 있다.

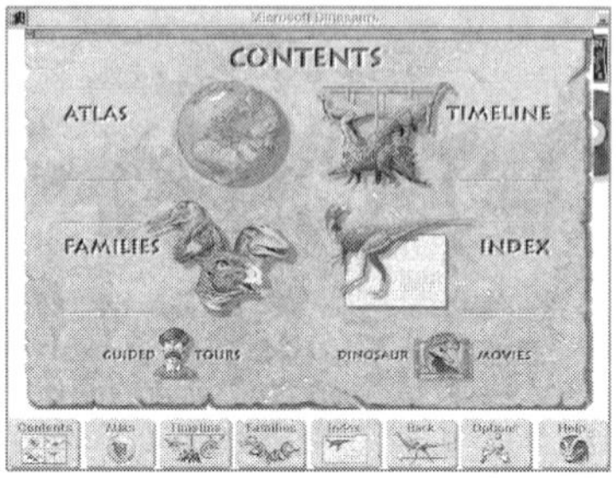

③ 아래에 있는 메뉴 중 유아들의 흥미와 이야기 나누기 주제에 따라 선택한다.

④ 

, 

, 

중 하나를 클릭한다.

⑤ 여러 가지 공룡을 찾아보며 특징 및 생김새를 관찰한다.

- 이 공룡의 이름은 무엇이니?
- 이 공룡은 다른 공룡과 어떤 점이 다르니?

⑥ 궁금하거나 찾아보고 싶은 공룡의 이름을 생각해 본다.

⑦ 

를 클릭한다.

⑧ 찾아보고 싶은 동물의 이름 중 영문 머릿글자를 클릭한다.

⑨ 원하는 공룡의 그림의 

를 클릭하여 인쇄한다.

⑩ 인쇄된 공룡 그림을 보고 공룡의 이름을 적는다.

⑪ 

를 클릭한다.

⑫ 애니메이션으로 된 공룡의 모습을 보고 어떤 장면인지 이야기해 본다.

'DINOSAURS' CD 메뉴

- DINOSAUR MOVIES : 여러 가지 다양한 공룡의 생활 모습을 애니메이션으로 볼 수 있다.
- Atlas : 세계 지도가 나오며 대륙별로 공룡을 알아볼 수 있다.
- Timeline : 시기별로 공룡을 알아볼 수 있다.
- Families : 종에 따라 공룡을 알아볼 수 있다.
- Index : 공룡의 종류를 알파벳 순서로 볼 수 있다.
- Options : 그림 모음 방, 소리 듣기 방, 프린트 방, 슬라이드 쇼 보기 방

2) 공룡이 궁금해요 (CD-ROM)

- **활동목표:** 여러 가지 공룡의 생김새 및 특징에 대해 안다.
  다양한 자료를 이용하여 공룡에 대해 안다.
- **활동유형:** 개별 활동 및 소집단 활동
- **활동자료:** '유아 멀티미디어 교수자료 4' CD, 컴퓨터
- **활동방법**

① '4. 동물의 세계 · 무더운 여름' CD를 실행한다.

② '주제별 학습' > '동물' > '사라져 가는 동물' > '공룡'을 클릭한다.

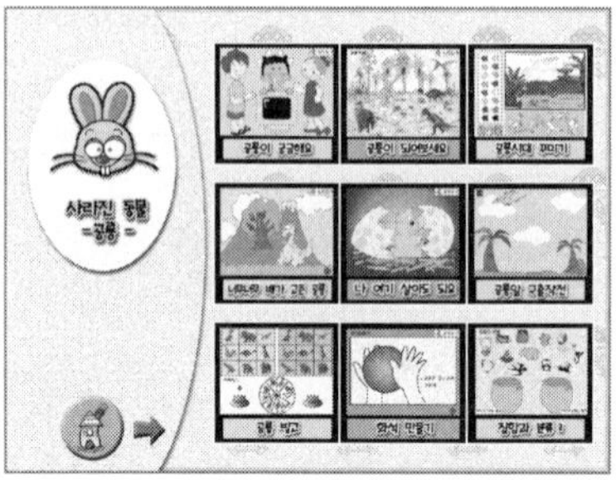

③ '공룡이 궁금해요'를 클릭한다.

④ 공룡에 대해 그림을 보며 이야기 나눈다.

- 어떤 공룡들이 있니?
- 공룡들은 어떻게 생활할까?

3) '공룡테마파크'에서 여러 가지 공룡 알아보기 (인터넷)

- **활동목표**: 여러 가지 공룡의 생김새 및 특징에 대해 안다.
  인터넷에서 공룡에 대한 필요한 정보를 찾아본다.
- **활동유형**: 개별 활동 및 소집단 활동
- **활동자료**: 인터넷 '고성 사이버 공룡 테마파크', 컴퓨터
- **활동방법**

① 인터넷 주소창에 '고성 사이버 공룡 테마파크' http://www.dinopark.net/ 를 입력한다.

②  를 클릭하고 공룡에 대해 궁금한 점들에 대해 알아본다.

- 아주 오랜 옛날에 공룡이 어떻게 생기게 되었을까?
- 어떤 공룡들이 살고 있었을까?
- 왜 지금은 공룡은 살고 있지 않을까?
- 공룡이 왜 사라졌을까?

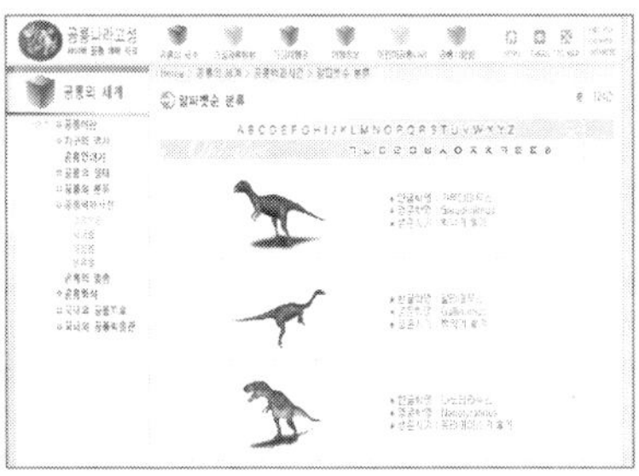

③  을 클릭하여 공룡에 대한 재미있는 이야기를 알아본다.

④  을 클릭하여 시대별 공룡에 대해 알아본다.

⇨ 시대별(트라이아스기, 쥐라기, 백악기)로 지도 보기를 통하여 지역을 이동할 수 있다.

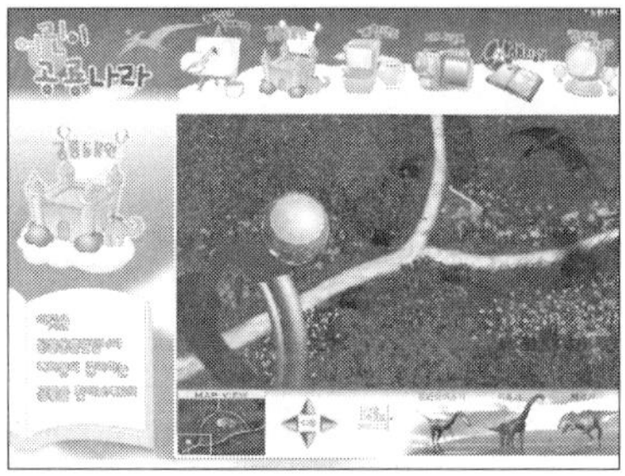

⑤  을 클릭하여 공룡 영화 동영상을 감상한다.

⇨ 공룡에 관한 책과 영화에 관하여 소개한다.

⑥  을 클릭하여 다양한 활동을 해 본다.

⇨ 3D 카드 보내기, 명함 만들기 등의 활동을 선택하여 해 본다.

'공룡' 관련 인터넷 사이트

• '고성 사이버 공룡 테마파크' http://www.dinopark.net/

① 인터넷 주소창에 '공룡나라 고성 사이버 공룡 테마파크'를 입력한다.

② 3D 공룡관을 클릭한다.

③ 보고 싶은 공룡을 선택하여 감상한다.

4) '공룡대탐험'을 통해 공룡에 대해 알아보기 (비디오)

- **활동목표:** 여러 가지 공룡의 생김새 및 특징에 대해 안다.
  다양한 자료를 이용하여 공룡에 대해 안다.
- **활동유형:** 소집단 활동 및 대집단 활동
- **활동자료:** '공룡대탐험' 비디오테이프
- **활동방법**

① 공룡에 대한 유아들의 관심으로 이야기 나누기 주제가 다양해질 때, 비디오 내용을 적절하게 선택하여 보여 준다.

② 공룡이 살았던 옛날에는 어떤 곳이었을까?

③ 어떻게 공룡들이 생겨나기 시작했을까? 어떤 공룡이 제일 먼저 생겨났을까?
⇨ '공룡대탐험' 1부(새로운 생명)를 보여 주며 이야기를 나눈다.

④ 육지에서는 어떤 공룡들이 살았을까?
⇨ '공룡대탐험' 2부(화려한 지배자)를 보여 주며 이야기를 나눈다.

⑤ 바다에서는 어떤 공룡들이 살았을까?
⇨ '공룡대탐험' 3부(잔인한 바다)를 보여 주며 이야기를 나눈다.

⑥ 하늘에서는 어떤 공룡들이 살았을까?
⇨ '공룡대탐험' 4부(하늘의 제왕)를 보여 주며 이야기를 나눈다.

⑦ 공룡들은 어떻게 사라지게 되었을까?
⇨ '공룡대탐험' 5부(얼음 숲의 영혼), 6부(공룡 왕국의 최후)를 보여 주며 이야기를 나눈다.

'공룡대탐험' 비디오 소개

■ **공룡대탐험**

- 제작사: KBS 영상 미디어
- 소개: 공룡대탐험은 철저한 고증과 첨단 컴퓨터 그래픽으로 중생대 지구를 지배했던 공룡의 모습을 재현한 것인데, 2편 6부작으로 구성되어 있다(상영 시간: 180분).
- 내용

[제1편]

–1부: 새로운 생명(2억 2,000만 년 전, '판게아'라는 거대한 대륙에 새로운 생명이 정착한다. 저지대 습지에서 '코엘로피시스'가 공룡시대의 서막을 연다.)

–2부: 화려한 지배자(1억 5,200만 년 전인 쥐라기 후기, 거대한 익룡이 하늘을 지배하고, 해양 파충류가 바다에서 풍부한 먹이를 찾는다.)

–3부: 잔인한 바다(1억 4,900만 년 전, 대륙이 분열되고 수중 화산 활동으로 지각 변동이 심화된다. 바다에는 다양하고 화려한 해양 파충류가 황금기를 맞이한다.)

[제2편]

–4부: 하늘의 제왕(1억 2,700만 년 전인 백악기 중기, 바위 투성이 절벽에는 하늘을 나는 화려한 익룡들로 넘치고, 적도 근처에는 최초로 꽃들이 나타난다.)

–5부: 얼음 숲의 영혼(1억 600만 년 전, 남극대륙의 겨울은 두 달 동안 해가 떠오르지 않아 눈이 크게 진화된 공룡들도 생겼다. 많은 식물들이 겨울 동안 잠을 자고, 봄에 다시 광합성을 하며, 새들도 번성하기 시작한다.)

–6부: 공룡 왕국의 최후(6,500만 년 전인 백악기 후기, 수백 년 동안 엄청난 화산 폭발과 갑작스러운 혜성 충돌로 지구가 황폐화되고, 공룡을 비롯한 생물의 65%가 최후를 맞이한다.)

2 내가 가장 좋아하는 공룡

교육과정 관련 요소

- **사회생활**: 이웃과 더불어 생활하기—다른 사람을 이해하고 존중하기
- **표현생활**: 자연과 생활에서 아름다움 찾아보기—소리, 움직임, 조형물에 관심 가지기
- **언어생활**: 듣기—이야기 듣고 이해하기
  —바른 태도로 듣기
  말하기—생각과 느낌 말하기
  —바른 태도로 말하기
  쓰기—쓰기에 관심 가지기
- **탐구생활**: 과학적 기초 능력 기르기—생명체와 자연환경 소중하게 여기기
  —간단한 도구와 기계 활용하기

1) 공룡 인기투표하기 (인터넷)

- **활동목표**: 내가 좋아하는 공룡을 이야기한다.
  글자에 관심을 가진다.
- **활동유형**: 개별 활동 및 소집단 활동
- **활동자료**: 인터넷 '쥬니어네이버', 컴퓨터
- **활동방법**

① 인터넷 주소창에 '쥬니어네이버' http://www.jr.naver.com/를 입력한다.

② 첫 화면에서 '공룡'을 검색한다.

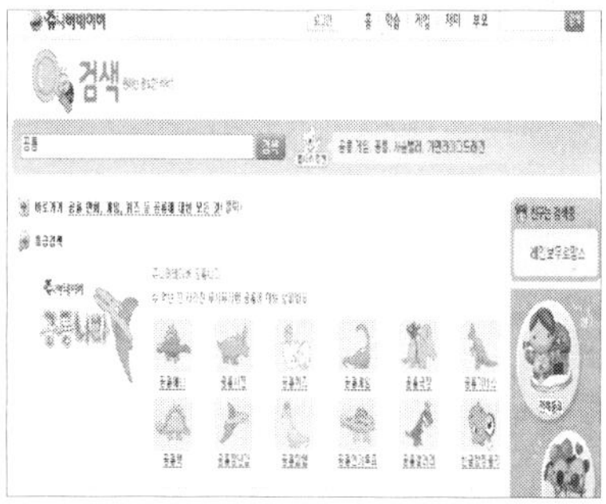

③ 화면에 있는 메뉴 중  를 클릭한다.

④ 내가 좋아하는 공룡을 이야기하고 좋아하는 이유를 설명한다.

⑤ 자신이 가장 좋아하는 공룡에 투표를 한다.

⇨ 가장 좋아하는 공룡이 무엇인지 생각해 보고 공룡 이름을 클릭한다.

⑥ '투표하기'를 클릭하여 투표 결과를 확인한다.

• 가장 좋아하는 공룡으로는 누가 뽑혔니?

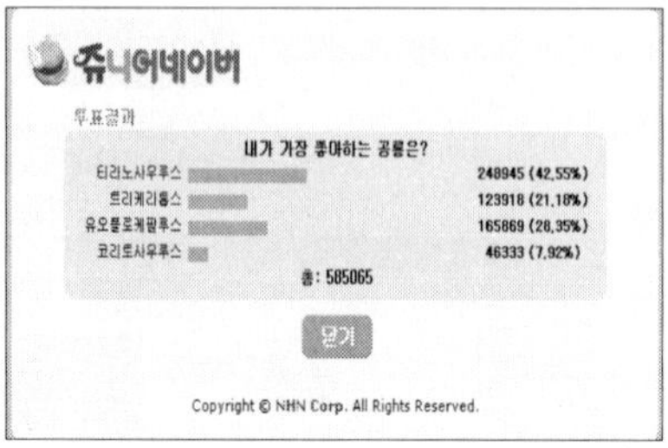

2) 공룡 그래프 만들기 (인터넷, CD-ROM)

• **활동목표:** 내가 좋아하는 공룡을 이야기한다.
글자에 관심을 가진다.

• **활동유형:** 개별 활동 및 소집단 활동

• **활동자료:** 공룡 그림 자료(인터넷, CD에서 인쇄한 그림 자료), 그래프 용지, 사인펜

• **활동방법**

① 인터넷이나 CD에서 찾은 여러 가지 다양한 공룡 그림을 인쇄한다.

② 공룡 그림을 보고 자기가 가장 좋아하는 공룡을 이야기한다.

③ 우리 반 친구들이 가장 좋아하는 공룡이 무엇인지 알아보기 위해 공룡 그래프를 만든다.

④ 커다란 그래프 용지에 공룡 그림을 붙이고 공룡 이름을 쓴다.

⑤ 좋아하는 공룡 칸에 자기 이름을 쓴다.

⑥ 학급의 모든 유아들이 이름을 다 적으면 완성된 그래프에 대해 이야기한다.
  • 어떤 공룡에 이름이 가장 많이 붙어 있니?
  • 우리 반 친구들이 가장 좋아하는 공룡은 어떤 공룡이니?

⑦ 같은 공룡을 좋아하는 유아들끼리 모둠을 만들어 다음 활동할 때 모둠별 이름을 짓는다.

공룡 그림 자료실	
인터넷 사이트	• 신규의 공룡탐험 – http://www.dinosaur.co.kr/dinoflaim.htm • DINO SAURIA ON–LINE – http://www.dinosauria.com/gallery/gallery.htm
CD–ROM	• LG 홈워드 3 – 조각그림(LG 소프트) • DINOSAURS(Microsoft) • 도구와 기계 · 교통기관 · 지구와 환경 Total Art Box: CD–3G 공룡(드림월드–유아동산)

3 공룡 책 만들기

교육과정 관련 요소

• **사회생활**: 이웃과 더불어 생활하기–다른 사람을 이해하고 존중하기

• **표현생활**: 자연과 생활에서 아름다움 찾아보기–소리, 움직임, 조형물에 관심 가지기

예술적 표현 즐기기–창의적인 표현 과정 즐기기

• **언어생활**: 듣기–이야기 듣고 이해하기

–바른 태도로 듣기

말하기–생각과 느낌 말하기

–바른 태도로 말하기

–이야기 지어 말하기

쓰기–쓰기에 관심 가지기

–쓰기 도구 사용하기

• **탐구생활**: 과학적 기초 능력 기르기–생명체와 자연환경 소중하게 여기기

–간단한 도구와 기계 활용하기

1) '공룡 기네스 책' 만들기 (인터넷)

- **활동목표:** 여러 가지 공룡의 특징에 대해 안다.
  글자에 관심을 가진다.
- **활동유형:** 소집단 활동
- **활동자료:** 인터넷 '쥬니어네이버', 컴퓨터, 공룡 그림 자료(인터넷, CD에서 인쇄한 그림 자료), 사인펜, 종이
- **활동방법**

① 인터넷이나 CD에서 찾은 여러 가지 다양한 공룡 그림을 인쇄한다.

② 공룡에 대한 기네스 기록들을 찾는다.

⇨ 인터넷 주소창에 '쥬니어네이버' http://www.jr.naver.com/를 입력한다.

⇨  를 클릭한다.

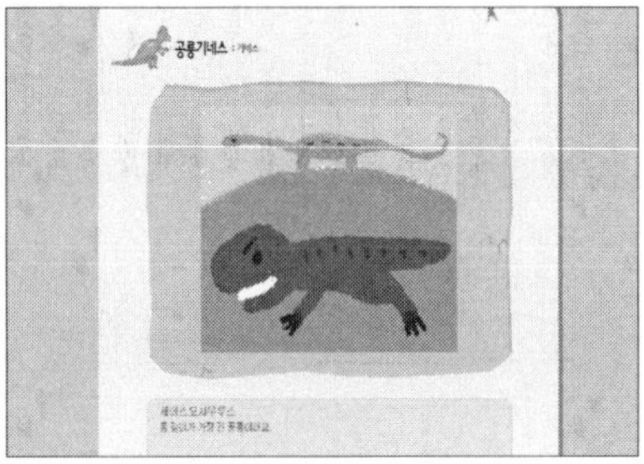

⇨ 화면을 보며 이야기 나눈다.

- 가장 거대한 초식(육식)공룡은 무엇이니?
- 가장 몸집이 작은 공룡은 무엇이니?
- 가장 목(꼬리, 머리길이)이 긴 공룡은 무엇이니?
- 가장 빠른 공룡은 무엇이니?

③ 인터넷에서 본 자료 이외에 자신이 다르게 알고 있는 공룡의 기네스 기록에 대해 이야기한다.

④ 기네스 책에 어떤 기록들을 넣을지 의논한다.

⑤ 종이에 질문을 적는다.

⑥ 질문을 적은 종이 뒷면에 해당되는 공룡의 사진을 붙이고 이름을 쓴다.

⑦ 완성된 질문 종이를 묶어서 책으로 만든다.

⑧ 수수께끼 놀이를 한다.

2) 공룡 책 만들기 (CD-ROM)

- **활동목표**: 여러 가지 공룡의 특징에 대해 안다.
  글자에 관심을 가진다.
- **활동유형**: 소집단 활동
- **활동자료**: 공룡 그림 자료(인터넷, CD에서 인쇄한 그림 자료), 'LG 홈워드 3' CD, 사인펜, 프린터
- **활동방법**

① 인터넷이나 CD에서 찾은 여러 가지 다양한 공룡 그림을 인쇄한다.

② 어떤 방식으로 공룡 책을 만들지 의논한다.

- 같은 자음으로 시작하는 공룡 (예, ㄱ으로 시작하는 공룡)
- 초식 공룡
- 육식 공룡

③ 단어책 제목에 따라 공룡을 분류한다.

④ 단어책에 공룡 그림을 붙이고 공룡 이름을 쓴다.

⑤ 단어책 표지를 만든다.

⇨ 'LG 홈워드 3' CD를 실행한다.

⇨ '빈 문서' > '가로 문서'를 클릭한다.

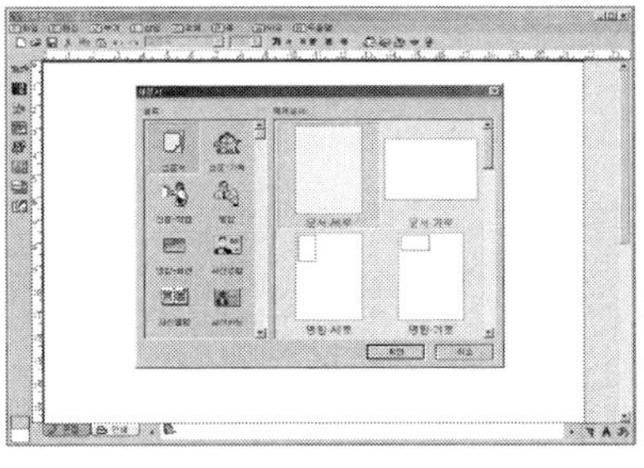

⇨ 문서 화면 왼쪽에 있는 를 클릭한다.

⇨ 내용에 'ㄱ으로 시작하는 공룡책'이라고 입력하고 색깔을 선택한다.

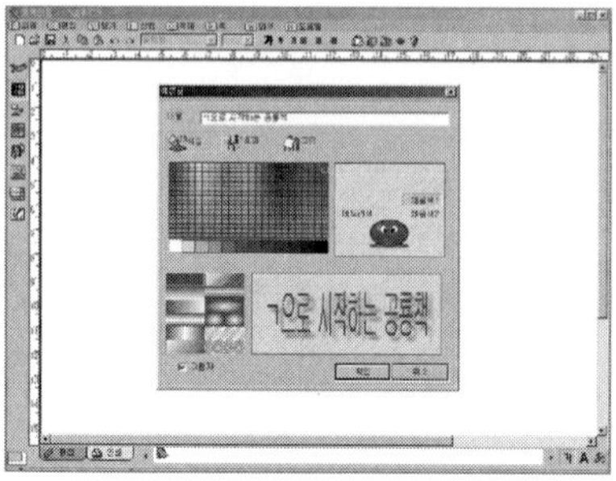

⇨ 을 클릭한다.

⇨ 조각 그림 중 공룡 그림을 선택하여 마우스로 끌기하여 문서 여백에 놓는다.

⇨ 완성된 화면을 인쇄한다.

⑥ 단어책 표지와 단어책을 묶어서 책으로 만든다.

4 동화 듣기

▌교육과정 관련 요소▐

- **언어생활**: 듣기－이야기 듣고 이해하기
  －바른 태도로 듣기
  말하기－생각과 느낌 말하기
  －바른 태도로 말하기
  －이야기 지어 말하기
- **탐구생활**: 과학적 기초 능력 기르기－생명체와 자연환경 소중하게 여기기

1) '배고픈 해수군' (인터넷)

- **활동목표**: 동화를 보고 이해하며 즐긴다.
  동화를 듣고 느낌이나 생각을 이야기한다.
- **활동유형**: 소집단 활동 및 대집단 활동
- **활동자료**: 인터넷 '부키의 동화나라', 컴퓨터
- **활동방법**

① 인터넷 주소창에 '부키의 동화나라' http://www.buki.co.kr/main.php를 입력한다.

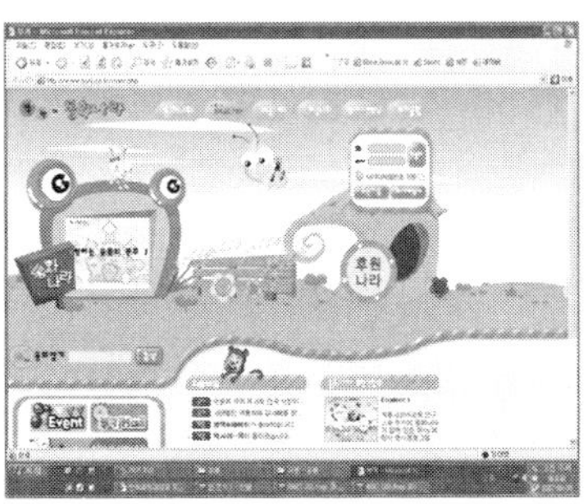

② 홈 > 동화나라 를 클릭한다.

③ 

에 '배고픈 해수군'을 입력한다.

④ 동화를 듣는다.

⑤ 동화를 듣고 난 느낌에 대해 이야기 나눈다.

- 공룡 뱃속에는 무엇이 들어 있을까?
- 공룡이 먹을 수 있는 음식에는 어떤 것들이 있을까?
- 공룡에게 무엇을 먹이면 배가 고프지 않을까?

2) '우리 유치원에 공룡이 놀러왔어요' (인터넷)

- **활동목표:** 동화를 보고 이해하며 즐긴다.
- **활동유형:** 소집단 활동 및 대집단 활동
- **활동자료:** 인터넷 '쥬니어네이버', 컴퓨터
- **활동방법**

① 인터넷 주소창에 '쥬니어네이버' http://jr.naver.com/를 입력한다.

⇨ 홈 > '공룡'을 검색한다.

② 

를 클릭한다.

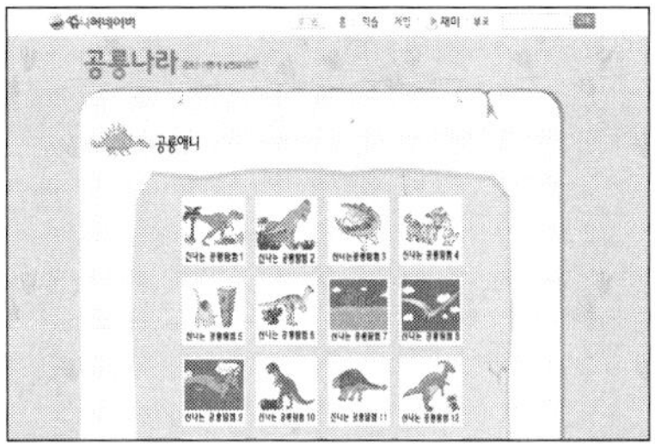

③ '신나는 공룡탐험'을 선택하여 동화를 듣는다.

④ 동화에 대한 느낌을 이야기한다.

- 만약 우리 반에 공룡이 놀러 온다면 어떻게 할거니?

5 이야기 꾸미기

교육과정 관련 요소

- **사회생활**: 이웃과 더불어 생활하기 – 다른 사람을 이해하고 존중하기
- **표현생활**: 예술적 표현 즐기기 – 창의적인 표현 과정 즐기기
- **언어생활**: 듣기 – 이야기 듣고 이해하기
  – 바른 태도로 듣기

말하기—생각과 느낌 말하기

—바른 태도로 말하기

—이야기 지어 말하기

쓰기—쓰기에 관심 가지기

—쓰기 도구 사용하기

- **탐구생활**: 과학적 기초 능력 기르기—생명체와 자연환경 소중하게 여기기

1) '너무너무 배가 고픈 공룡' 뒷이야기 꾸미기 (CD—ROM)

- **활동목표**: 동화를 보고 이해하며 즐긴다.
  창의적으로 생각하여 이야기를 꾸민다.
- **활동유형**: 소집단 활동 및 대집단 활동
- **활동자료**: '유아 멀티미디어 교수자료 4' CD, 컴퓨터, 이야기 꾸미기장, 사인펜
- **활동방법**

① '4. 동물의 세계 · 무더운 여름' CD를 실행한다.

② '주제별 학습' > '동물' > '사라져 가는 동물' > '공룡' 주제를 클릭한다.

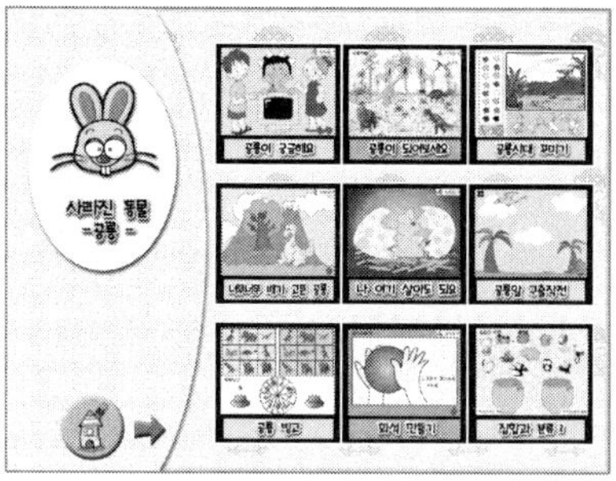

③ '너무너무 배가 고픈 공룡'을 클릭한다.

④ 동화를 듣는다.

⑤ 동화의 내용을 떠올리며 이야기한다.

- 공룡 뱃속에는 무엇이 들어 있을까?

⑥ 만약 이 동화가 끝나지 않았다면 이야기가 어떻게 진행될지 상상해 본다.

- 만약 공룡이 이야기를 먹지 않았다면 또 무엇을 먹었을까?

⑦ 함께 이야기한 것을 그림으로 그리고 글자로 적는다.

⑧ 유아들이 꾸민 뒷이야기를 소개하고 묶어서 책으로 만든다.

6 공룡 게임판 만들기

| 교육과정 관련 요소 |

- **사회생활**: 이웃과 더불어 생활하기－다른 사람을 이해하고 존중하기
  －질서와 규칙 지키기
  －두레의 소중함을 알고 협력하기
- **언어생활**: 듣기－바른 태도로 듣기
  말하기－바른 태도로 말하기
  －이야기 지어 말하기
  쓰기－쓰기에 관심 가지기
  －쓰기 도구 사용하기
- **탐구생활**: 과학적 기초 능력 기르기－생명체와 자연환경 소중하게 여기기

1) '아기 공룡집을 찾아주세요' 게임판 만들기 (CD－ROM, 인터넷)

- **활동목표**: 다른 친구들과 협동하여 게임판을 만든다.
  글자에 관심을 가진다.
- **활동유형**: 소집단 활동
- **활동자료**: 공룡 그림 자료(인터넷, CD에서 인쇄한 그림 자료), 우드락, 게임판 종이, 주사위, 사인펜 등
- **활동방법**

① 인터넷이나 CD에서 찾은 여러 가지 다양한 공룡 그림을 인쇄한다.

② 게임 말은 아기 공룡 그림을 코팅하여 만든다.

③ 주사위에 공룡 알이나 숫자를 적는다.

④ 게임판을 만들 종이에 어떤 모양의 그림을 그릴지 의논한다.

⇨ 출발점과 도착점을 정한다.

⇨ 앞으로 ㅇ칸, 뒤로 ㅇ칸 등 재미있는 내용을 쓴다.

⇨ 기본판을 미술도구를 이용하여 꾸민다.

⇨ 완성된 기본판을 코팅하여 우드락에 붙인다.

⑤ '게임 규칙판'을 만든다.

⇨ 게임 규칙을 의논한다.

⇨ 게임 규칙을 종이에 적는다.

⇨ 게임 규칙판을 코팅한다.

⑥ 완성된 게임판으로 게임을 한다.

7 동극하기

▮ 교육과정 관련 요소 ▮

- **사회생활**: 이웃과 더불어 생활하기 – 다른 사람을 이해하고 존중하기
- **표현생활**: 예술적 표현 즐기기 – 창의적인 표현 과정 즐기기
  – 극놀이로 표현하기
- **언어생활**: 듣기 – 이야기 듣고 이해하기
  – 바른 태도로 듣기
  말하기 – 생각과 느낌 말하기
  – 바른 태도로 말하기
  – 이야기 지어 말하기
  쓰기 – 쓰기에 관심 가지기
  – 쓰기 도구 사용하기
- **탐구생활**: 과학적 기초 능력 기르기 – 생명체와 자연환경 소중하게 여기기
  – 간단한 도구와 기계 활용하기

1) '나 여기 살아도 돼요' 동화 듣기 (CD-ROM)

- **활동목표:** 동화를 보고 이해하며 즐긴다.
  동극 활동에 필요한 준비 과정을 알아본다.
- **활동유형:** 소집단 활동 및 대집단 활동
- **활동자료:** '유아 멀티미디어 교수자료 4' CD, 컴퓨터
- **활동방법**

① '4. 동물의 세계 · 무더운 여름' CD를 실행한다.

② '주제별 학습' > '동물' > '사라져 가는 동물' > '공룡'을 클릭한다.

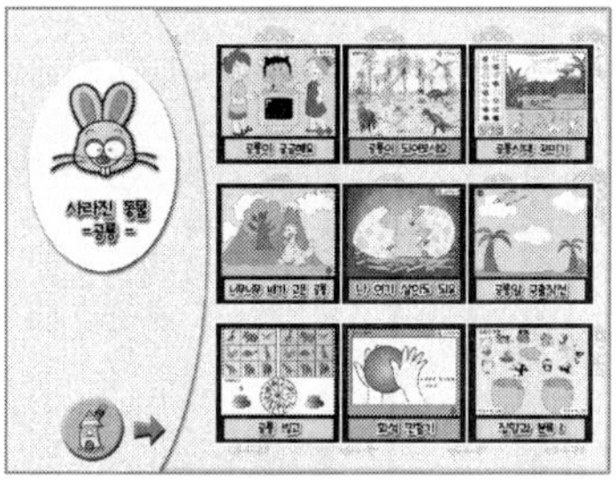

③ '나 여기 살아도 돼요'를 클릭한다.

④ 동화를 듣는다.

⑤ 동화 내용을 회상하면서 이야기한다.

- 동화 속에서 어떤 일이 일어났니?

⑥ 동극을 하기 위해 필요한 준비를 알아본다.

⇨ 동극 대사 만들기

⇨ 역할 정하기

⇨ 소품 준비하기

⇨ 초대장 만들기

⇨ 포스터 만들기

⑦ 자신이 하고 싶은 활동을 선택한다.

2) 동극 대사 만들기 (워드)

- **활동목표**: 동극 활동에 필요한 준비 과정에 즐겁게 참여한다.
  여러 종류의 쓰기 도구를 사용해 본다.
- **활동유형**: 소집단 활동
- **활동자료**: '한글', 컴퓨터, 프린터
- **활동방법**

① '한글'을 실행한다.

② 컴퓨터 자판으로 동극 대사를 입력한다.

③ 인쇄하여 역할을 맡은 배우들에게 나누어 준다.

3) 동극 초대장 만들기 (CD-ROM)

- **활동목표**: 동극 활동에 필요한 준비 과정에 즐겁게 참여한다.
  여러 종류의 쓰기 도구를 사용해 본다.
- **활동유형**: 소집단 활동
- **활동자료**: 'LG 홈워드 3' CD, 컴퓨터, 프린터

• **활동방법**

① 초대장에 어떤 내용을 넣을지 의논한다.

② 'LG 홈워드 3' CD를 실행한다.

③ '빈 문서' > '편지지'를 클릭한다.

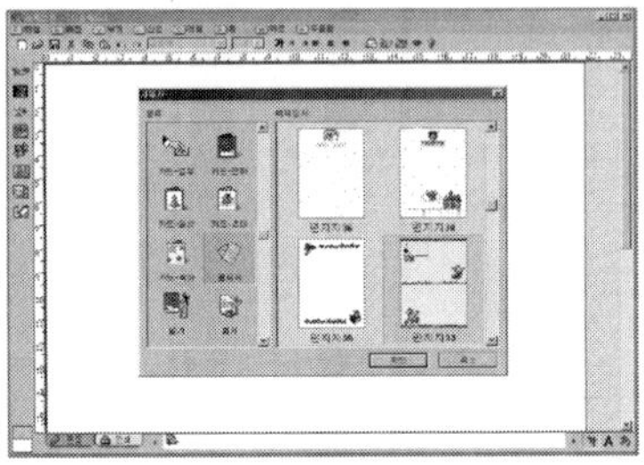

④ 문서 화면 왼쪽에 있는 를 클릭한다.

⑤ 내용에 '초대합니다' 글자를 입력하고 색깔을 선택한다.

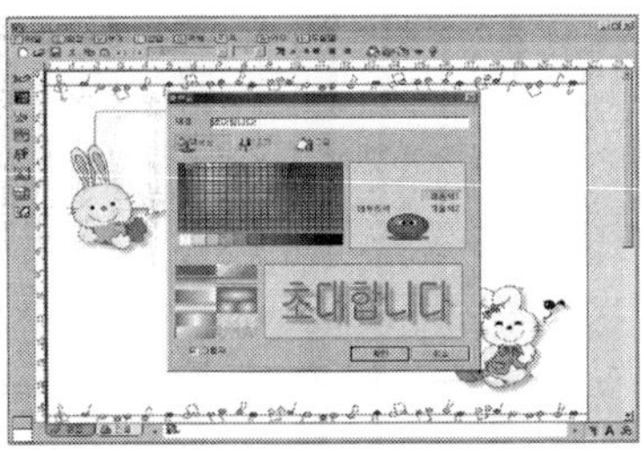

⑥ 을 클릭하여 마음에 드는 그림을 끌기하여 화면에 놓는다.

⑦ 을 클릭하여 마음에 드는 도형을 끌기하여 화면에 놓는다.

⑧ 완성된 초대장을 인쇄한다.

⑨ 초대장을 다른 반 선생님들과 친구들에게 나누어 준다.

4) 동극 포스터 만들기 (CD-ROM)

- **활동목표:** 동극 활동에 필요한 준비 과정에 즐겁게 참여한다.
  여러 종류의 쓰기 도구를 사용해 본다.
- **활동유형:** 소집단 활동
- **활동자료:** 'LG 홈워드 3' CD, 컴퓨터, 프린터
- **활동방법**

① 포스터에 어떤 내용을 넣을지 의논한다.

② 'LG 홈워드 3' CD를 실행한다.

③ '빈 문서' > '카탈로그'를 클릭한다.

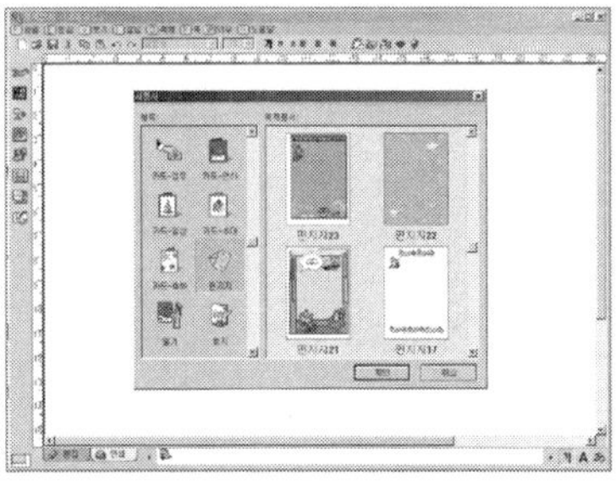

④ 문서 화면 왼쪽에 있는 를 클릭한다.

⑤ 내용에 '신나고 재미있는 동극 마당' 글자를 입력하고 색깔을 선택한다.

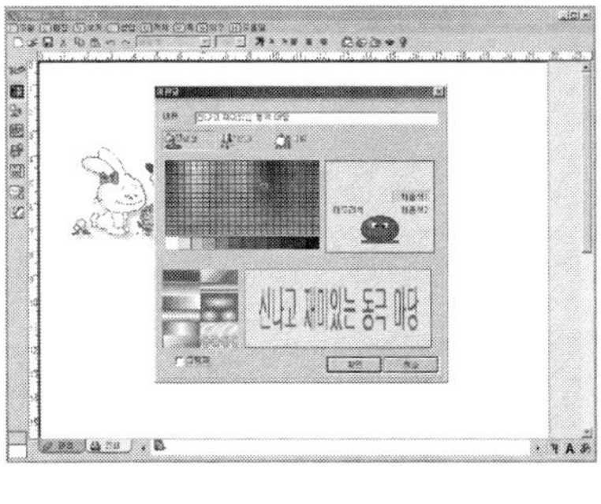

⑥ 을 클릭하여 마음에 드는 그림을 끌기하여 화면에 놓는다.

⑦ 을 클릭하여 마음에 드는 도형을 끌기하여 화면에 놓는다.

⑧ 완성된 포스터를 인쇄한다.

⑨ 포스터를 교실 문 앞과 유치원 현관에 붙인다.

제 6 장 교통기관

1. 여러 가지 교통기관에 대해 알아보기
2. 교통기관 책 만들기
3. 교통 표지판 알아보기
4. 운전기사님께 감사 편지 쓰기
5. 교통 안전 생활 토의하기
6. 동화 듣기
7. 이야기 꾸미기
8. 동시 감상 및 짓기
9. 게임판 만들기

1 여러 가지 교통기관에 대해 알아보기

▌교육과정 관련 요소▐

- **사회생활**: 이웃과 더불어 생활하기－다른 사람을 이해하고 존중하기
- **표현생활**: 자연과 생활에서 아름다움 찾아보기－소리, 움직임, 조형물에 관심 가지기
- **언어생활**: 듣기－이야기 듣고 이해하기
  －바른 태도로 듣기
  말하기－생각과 느낌 말하기
  －바른 태도로 말하기
- **탐구생활**: 과학적 기초 능력 기르기－간단한 도구와 기계 활용하기

1) 다양한 교통기관을 알아보아요 (e 인터넷)

- **활동목표**: 교통기관의 종류에 대해 관심을 가진다.
  교통기관의 종류에 따라 각기 다른 길로 다닌다는 것을 안다.
- **활동유형**: 소집단 활동 및 대집단 활동
- **활동자료**: 인터넷 '경상남도 유아교육원', 컴퓨터
- **활동방법**

① 인터넷 주소창에 '경상남도 유아교육원' http://www.gnchild.go.kr/을 입력한다.

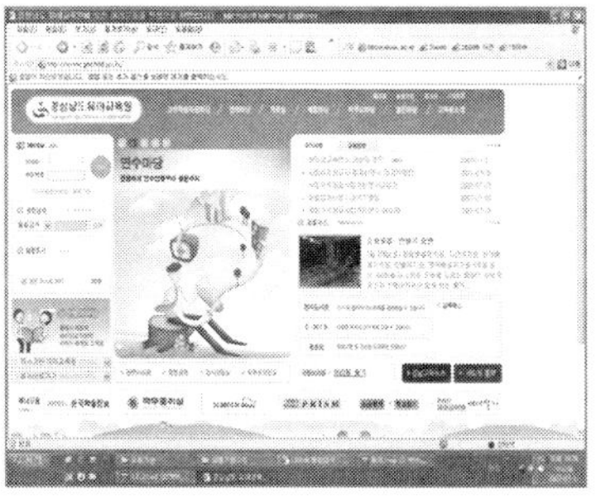

② 홈 > '교수학습지원마당' > '주제별 학습자료' > '교통기관'을 클릭한다.

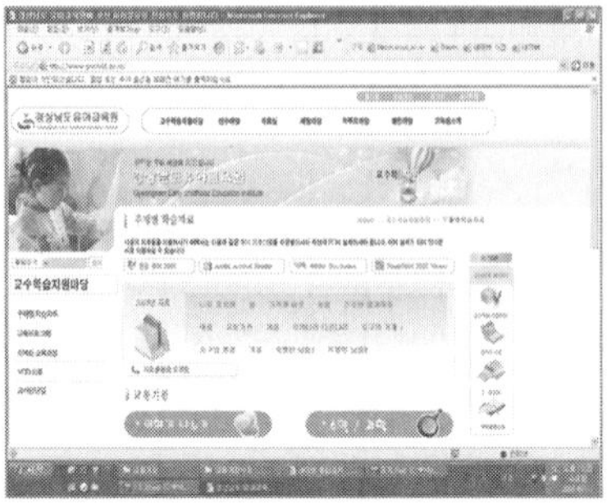

③ '여러 가지 탈 것'을 클릭한다.

④ 여러 가지 탈 것에 관한 그림들을 보며 교통기관의 종류에 대해 이야기를 나눈다.

- 땅 위로 다니는 탈것에는 무엇이 있을까?
- 하늘로 다니는 탈것에는 무엇이 있을까?
- 물 위로 다니는 탈것에는 무엇이 있을까?

⑤ 육상 · 해상 · 항공 교통기관의 차이점을 안다.

- 어떤 차이점 때문에 서로 다른 길로 다닐까?
- 모양이나 움직이는 방법에는 어떤 차이가 있을까?

2) 교통기관 소리 듣고 알아맞히기(파워포인트)

- **활동목표**: 주변 사물의 소리에 관심을 가진다.

교통수단들이 내는 소리에 관심을 가진다.

여러 종류의 교통수단들이 내는 소리를 듣고 구별한다.

- **활동유형**: 소집단 활동 및 대집단 활동
- **활동자료**: '교통기관 소리를 듣고 알아맞혀 보세요' 파워포인트 자료, 컴퓨터
- **활동방법**

① '교통기관 소리를 듣고 알아맞혀 보세요' 파워포인트 자료를 실행한다.

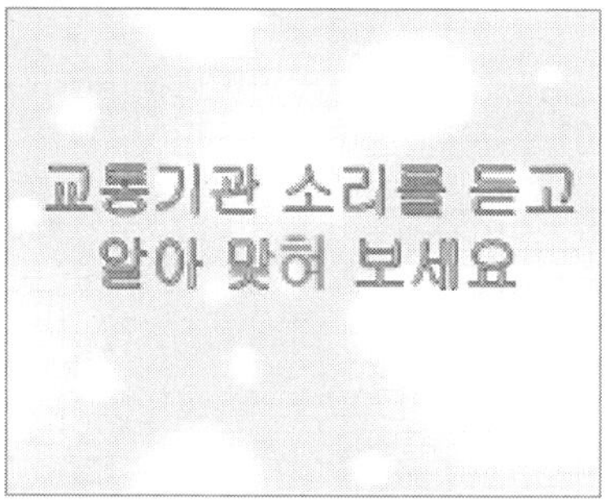

② 를 클릭하여 교통기관 소리를 들어 본다.

③ 유아들과 함께 어떤 교통기관인지 수수께끼를 통해 알아본다.

- 나는 사람들을 많이 태울 수 있어요. 하늘을 날아다녀요. 공항에서 탈 수 있어요.

④ 교통기관의 소리를 들어 본다.

- 소리를 한 번 들어 볼까? 무슨 소리일까? 알 수 있겠니?

  —병원차

  —경찰차

  —승용차

  —오토바이

  —배

⑤ 교통기관의 소리를 듣고 수수께끼를 맞힌다.

3) 교통기관과 관련된 일을 하시는 분들이 있어요 (파워포인트)

- **활동목표**: 자동차를 움직이기 위해 일을 하는 사람과 기관이 있음을 안다. 교통기관에서 일하시는 분들이 하는 일을 이해하고 감사한 마음을 가진다.
- **활동유형**: 개별 활동 및 소집단 활동
- **활동자료**: '무슨 일을 하는 사람일까요?' 파워포인트 자료, 컴퓨터, 프린터
- **활동방법**

① '무슨 일을 하는 사람일까요?' 파워포인트 자료를 실행한다.

② 그림을 보면서 교통기관과 관련된 직업에 대해 이야기를 나눈다.

- 나는 자동차가 고장나면 달려와서 고쳐 줍니다.
- 나는 정비소에서 일을 해요.
- 나는 누구일까요?

③ 만약 이런 분들이 안 계시다면 어떻게 될까? 이런 분들에게 어떤 마음을 가져야 할까?

2 교통기관 책 만들기

▌교육과정 관련 요소▐

- **표현생활**: 예술적 표현 즐기기－창의적인 표현 과정 즐기기
  －조형 활동으로 표현하기
- **언어생활**: 듣기－이야기 듣고 이해하기
  －바른 태도로 듣기
  말하기－생각과 느낌 말하기
  －바른 태도로 말하기
  －이야기 지어 말하기
  읽기－책에 관심 가지기
  쓰기－쓰기에 관심 가지기
  －쓰기 도구 사용하기
- **탐구생활**: 과학적 기초 능력 기르기－간단한 도구와 기계 활용하기

1) 교통기관 그림 사전 만들기 (CD－ROM)

- **활동목표**: 다른 사람에게 교통기관을 소개한다.
  다양한 방법으로 교통기관 소개 책을 만든다.
  책에 관심을 가지고 친숙해진다.
- **활동유형**: 개별 활동 및 소집단 활동
- **활동자료**: '매직 스케치북' CD, 컴퓨터, 프린터
- **활동방법**

① '매직 스케치북' CD를 실행한다.

② , ,  등 교통기관 그림을 클릭한다.

③ 여러 그림 중 선택하여 유아 스스로 그림을 색칠할 수 있도록 격려한다.

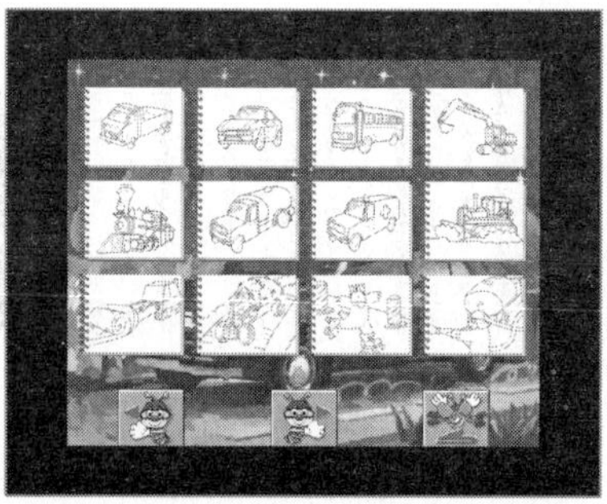

④ 색칠도구 인쇄 아이콘을 눌러서 인쇄한다.

⑤ 그림을 보고 이야기를 꾸민다.

2) '나만의 자동차 책' 만들기 (인터넷)

- **활동목표**: 창의적으로 상상해서 자동차를 만든다.
- **활동유형**: 개별 활동 및 소집단 활동
- **활동자료**: 인터넷 '삼성교통박물관', 컴퓨터, 프린터
- **활동방법**

① 인터넷 주소창에 '삼성교통박물관' http://www.stm.or.kr/intro.htm을 입력한다.

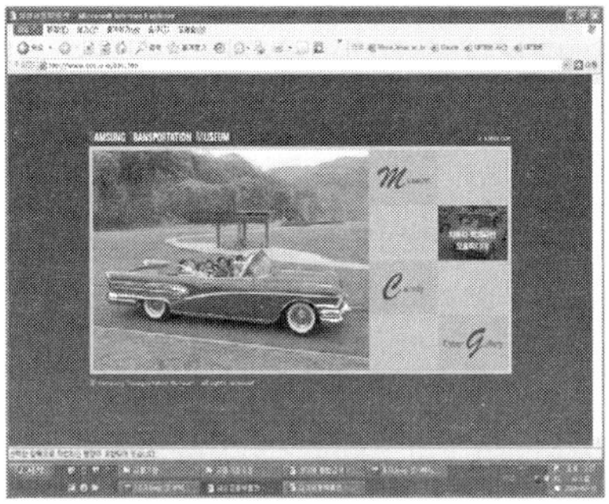

② 홈 > 삼성화재 교통박물관 '자동차 백과사전 오토피디아' > '어린이 자동차 백과' > '초급'을 클릭한다.

③ '별의 별 자동차도 있네요'를 함께 보며 이야기를 나눈다.

- 너희는 어떤 자동차가 있었으면 좋겠니?
- 어떤 자동차가 있으면 더 편리할까?

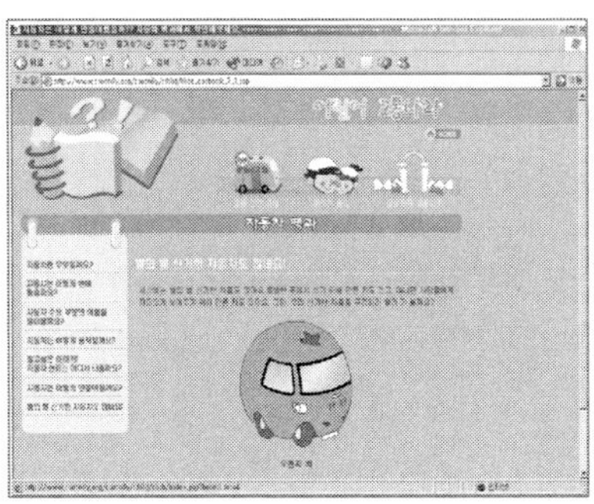

④ 유아들이 원하는 자동차를 그림이나 글로 표현하게 한다.

⑤ 표현한 것들을 다른 유아들에게 소개하거나 설명한다.

3) 미래의 자동차 광고 만들기 (인터넷)

- **활동목표**: 창의적인 표현력을 기른다.
  인터넷에서 필요한 정보를 찾아본다.
- **활동유형**: 개별 활동 및 소집단 활동
- **활동자료**: 인터넷 '인터넷 TV 광고', 컴퓨터
- **활동방법**

① 여러 가지 광고에 대해 이야기 나눈다.

- 너희가 알고 있는 광고에는 어떤 것들이 있니?

② 광고는 어떤 방법으로 이루어지는지 이야기한다.

－텔레비전, 라디오, 신문, 포스터, 전단, 간판, 대형 스크린 등

③ 자동차에 대한 광고를 본 적이 있는지 이야기 나눈다.

- 어디서 보았니?

④ 인터넷으로 광고를 보는 방법에 대해 이야기 나눈다.

⑤ 인터넷 주소창에 'TVCF' http://www.tvcf.co.kr를 입력한다.

⑥ 검색란에 '자동차'를 쓰고 검색한다.

⑦ 검색한 자료를 보며 여러 가지 광고에 대해 이야기 나눈다.

⇨ 광고를 선택하고 [play] 를 클릭하면 광고를 볼 수 있다.

- 광고를 보니까 느낌이 어떠니?

⑧ 광고 만들기에 대해 이야기를 나눈다.

- 우리는 무슨 광고를 만들까?
- 어떤 자동차 광고를 만들까?
- 앞으로는 어떤 자동차를 타고 다닐까?
- 어떤 종류의 광고를 만들까?
- 남과 다르게 생각해서 광고를 만들자.

⑨ 유아가 만든 광고를 듣거나 제시한다.

<사후 활동>

–자동차 그림이나 사진을 내어 주고 직접 광고지를 만드는 활동을 한다.

–유아들이 서로 의논하여 광고 내용을 만든 후 비디오 카메라로 녹화하여 광고를 만든다.

3 교통 표지판 알아보기

▌교육과정 관련 요소 ▌

• **건강생활**: 안전하게 생활하기－교통안전 교칙 지키기

• **표현생활**: 예술적 표현 즐기기－창의적인 표현 과정 즐기기
－조형 활동으로 표현하기

• **언어생활**: 듣기－바른 태도로 듣기
말하기－생각과 느낌 말하기
－바른 태도로 말하기
읽기－책에 관심 가지기
쓰기－쓰기에 관심 가지기
－쓰기 도구 사용하기

• **탐구생활**: 과학적 기초 능력 기르기－간단한 도구와 기계 활용하기

1) 교통 표지판에 대해 알아보아요 (인터넷)

• **활동목표**: 여러 가지 교통 표지판의 종류와 특징에 대해 안다.
인터넷에서 교통 표지판에 대한 필요한 정보를 찾아본다.

• **활동유형**: 개별 활동 및 소집단 활동

• **활동자료**: 인터넷 '네이버 이미지 검색', 컴퓨터

• **활동방법**

① 인터넷 주소창에 '네이버 이미지 검색' http://imagebingo.naver.com/?frm=nt을 입력한다.

② 표지판을 클릭하고 교통 표지판의 제목과 설명에 대해 알아본다.

- 이 표지판을 본 적이 있니?
- 이 표지판은 무엇을 나타내는 걸까?
- 이 표지판이 보이면 어떻게 해야 할까?

③ 다른 여러 가지 표지판을 보며 표지판의 종류와 쓰임에 대해 이야기를 나눈다.

2) 교통 표지판 도미노 만들기 (CD−ROM)

- **활동목표:** 교통 표지판을 안다.
  교통기관을 이용할 때 지켜야 할 규칙이 있음을 안다.
  모양과 글자를 변별하여 규칙성을 찾고 다음을 예상할 수 있다.
- **활동유형:** 소집단 활동
- **활동자료:** 'LG 홈워드 3' CD, 컴퓨터, 프린터, 우드락, 도미노판 12개 , 투명 시트지 또는 비닐, 펜, 막대 자, 칼 등
- **활동방법**

① 'LG 홈워드 3' CD를 실행한다.

- '새 문서' > '빈 문서' > '카드 가로'를 클릭한다.

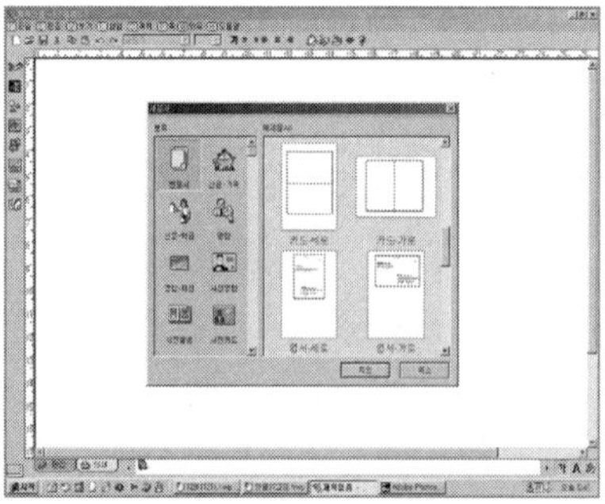

②  을 클릭한다.

- 조각 그림 중 표지판 그림을 선택하여 마우스로 끌기하여 문서 여백에 놓는다.

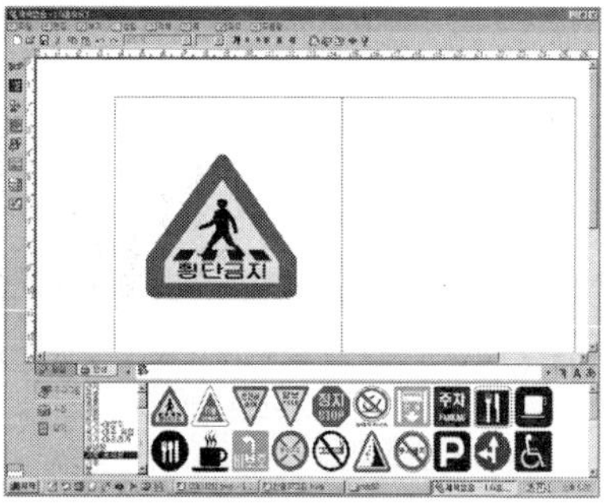

③  를 클릭한다.

- 교통표지판에 적절한 설명을 입력하고 색깔을 선택한다.

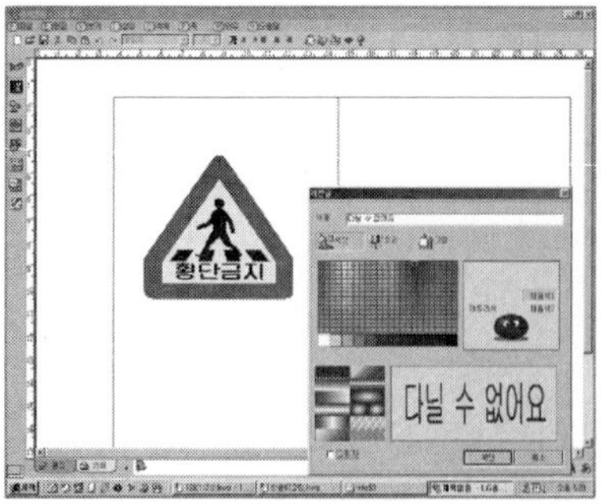

④ 를 클릭하여 인쇄한다.

⑤ 인쇄한 그림을 도미노판에 붙이고, 시작과 끝을 표시한다.

⑥ 교통 표지판이 그려진 도미노판을 살펴보고, 게임 방법에 대해 이야기 나눈다.

- 어떻게 하면 재미있게 게임을 할 수 있을까?

⑦ 유아들과 규칙판에 규칙을 정한다.

⇨ 시작이 씌여진 판을 처음에 둔다.

⇨ 각 각의 카드와 연결되는 교통 표지판을 이어서 놓는다.

⇨ 마지막 끝 카드까지 놓으면 완성한다.

⑧ 소집단으로 게임을 한다.

3) 교통 표지판 그림 사전 만들기 (CD–ROM)

- **활동목표:** 교통 표지판의 종류에 대해 알고, 그 쓰임에 대하여 이야기한다.
  수집된 정보를 이용하여 그림 사전을 만든다.
- **활동유형:** 개별 활동 및 소집단 활동
- **활동자료:** 'LG 홈워드 3' CD, 컴퓨터, 프린터, 그림 사전 책
- **활동방법**

① 'LG 홈워드 3' CD를 실행시킨다.

- '새 문서' > '빈 문서' > '문서 가로'를 클릭한다.

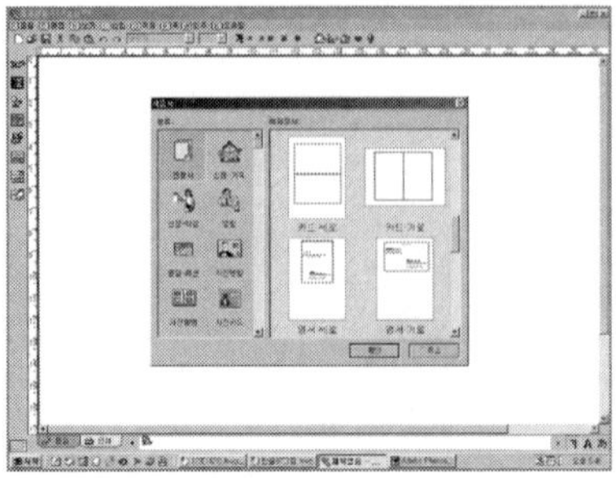

② 을 클릭한다.

- 조각 그림 중 표지판 그림을 선택하여 클릭한다.

③ 화면에 '불러오기'를 한 뒤, 교통 표지판에 대해 이야기 나눈다.

- 이건 무슨 표지판일까?
- 어디에서 볼 수 있니?

④ 표지판에 대해 이야기 나누기를 한 뒤, 표지판을 인쇄한다.

⑤ 인쇄된 자료를 이용하여 '표지판 사전'을 만든다.

4 운전기사님께 감사 편지 쓰기

교육과정 관련 요소

- **사회생활**: 이웃과 더불어 생활하기－다른 사람을 이해하고 존중하기
- **표현생활**: 예술적 표현 즐기기－창의적인 표현 과정 즐기기
  －조형 활동으로 표현하기
- **언어생활**: 말하기－생각과 느낌 말하기
  －바른 태도로 말하기
  쓰기－쓰기에 관심 가지기
  －쓰기 도구 사용하기
- **탐구생활**: 과학적 기초 능력 기르기－간단한 도구와 기계 활용하기

1) 운전기사님께 드릴 엽서 꾸미기 (CD－ROM)

- **활동목표**: 운전기사님께 감사한 마음을 가진다.
  다양한 방법으로 엽서를 꾸민다.
  여러 종류의 쓰기 도구를 사용해 본다.
- **활동유형**: 개별 활동 및 소집단 활동
- **활동자료**: '어린이 훈민정음 3' CD, 컴퓨터, 프린터, 운전기사님 주소
- **활동방법**

① 운전기사님께 감사한 마음을 전할 수 있는 방법에 대해 이야기 나눈다.
　－감사하다고 인사하기, 편지 쓰기, 그림 그리기 등
② 운전기사님께 보낼 엽서의 내용을 생각한다.
③ '어린이 훈민정음 3' CD를 실행한다.

④ 프로그램 선택 화면에서  를 선택한다.

⑤  >  >  를 클릭한다.

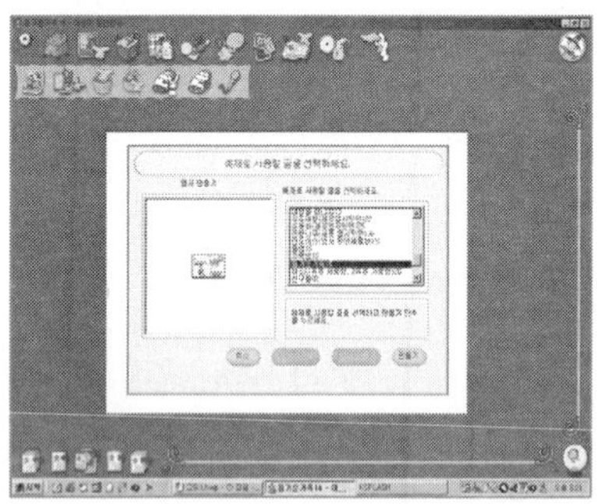

⑥ '즐거운 가족'을 선택하고 만들기 를 클릭한다.

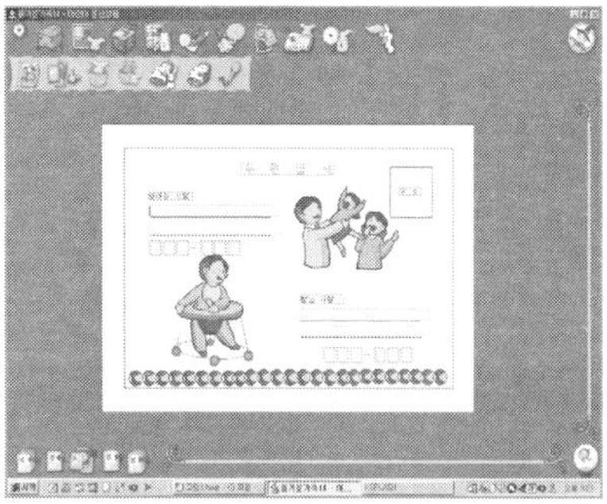

⑦ '보내는 사람'과 '받는 사람'에 주소를 입력한다.

⑧ 를 클릭하여 색을 바꾼다.

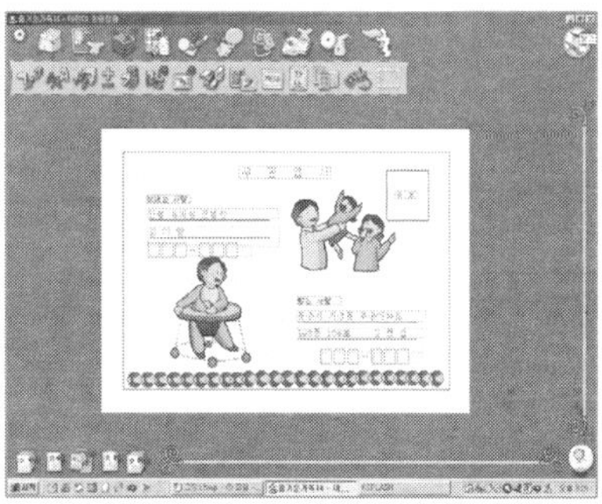

⑨ 를 클릭하여 인쇄한다.

⑩ 엽서 뒷면에 내용을 적는다.

⑪ 우표를 붙이고 우체통에 넣는다.

2) 워드 프로세서를 이용하여 편지 꾸미기 (워드)

- **활동목표:** 운전기사님께 감사한 마음을 가진다.
  다양한 방법으로 편지를 쓴다.
  여러 종류의 쓰기 도구를 사용해 본다.

- **활동유형**: 개별 활동 및 소집단 활동
- **활동자료**: '한글', 컴퓨터, 프린터, 집 주소
- **활동방법**

① '한글'을 실행한다.

② '새 글' > '문서마당 꾸러미' > '편지지 꾸러미' > '편지지 4'를 선택하여 클릭한다.

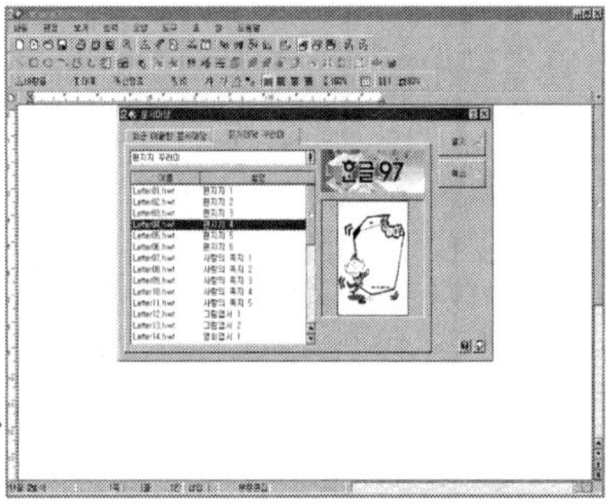

③ 편지지 화면에 기사님께 보낼 편지 내용을 입력한다.

⇨ 글자의 크기, 모양, 크기, 색깔 등을 바꾸어 예쁘게 편집한다.

④ 완성된 내용을 저장하고 인쇄한다.

⑤ '새 글' > '편지지 마당' > '편지봉투 4'를 선택하여 클릭한다.

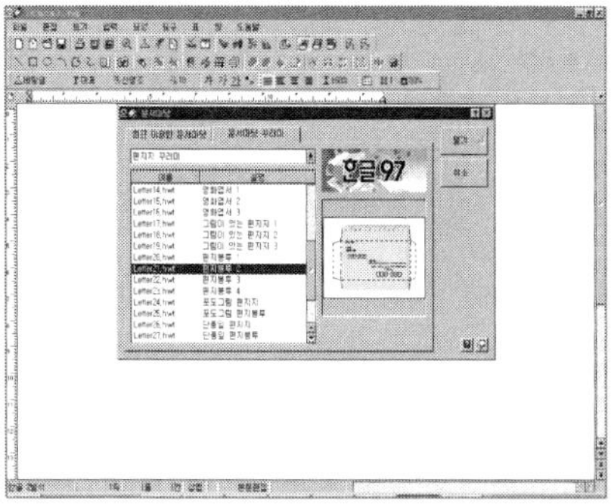

⑥ 주소를 적는 곳에 집 주소를 입력하고 글자의 모양이나 색깔을 바꾼다.

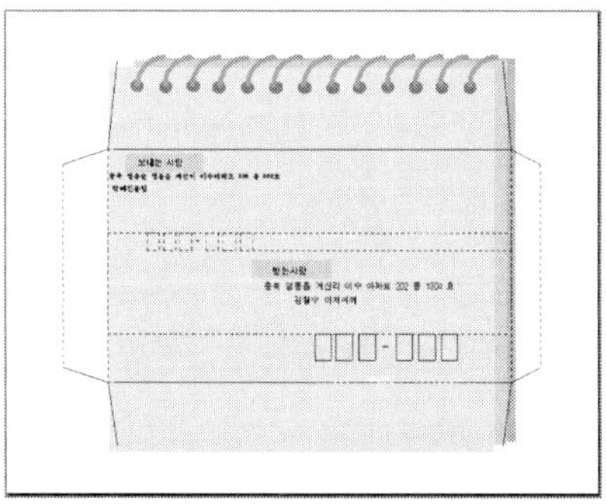

⑦ 완성된 편지 봉투를 저장하고 인쇄한다.

⑧ 봉투에 엽서를 넣고 우표를 붙여서 보낸다.

5 교통 안전 생활 토의하기

▌교육과정 관련 요소 ▌

- **건강생활**: 안전하게 생활하기－교통안전 규칙 지키기
- **사회생활**: 이웃과 더불어 생활하기－다른 사람을 이해하고 존중하기

• **언어생활**: 듣기－바른 태도로 듣기
말하기－생각과 느낌 말하기
－바른 태도로 말하기
쓰기－쓰기에 관심 가지기

• **탐구생활**: 과학적 기초 능력 기르기－간단한 도구와 기계 활용하기

1) 교통 안전 규칙에 대해 알아보아요 (CD－ROM)

• **활동목표**: 교통기관을 이용할 때 지켜야 할 규칙이 있음을 안다.
안전한 교통 생활을 위한 교통 안전 규칙에 대해 안다.

• **활동유형**: 소집단 활동 및 대집단 활동

• **활동자료**: '유아를 위한 안전교육 지도자료' CD, 컴퓨터, 프린터, 토의 약속을 적을 수 있는 큰 종이

• **활동방법**

① '유아를 위한 안전교육 지도자료' CD를 실행한다.

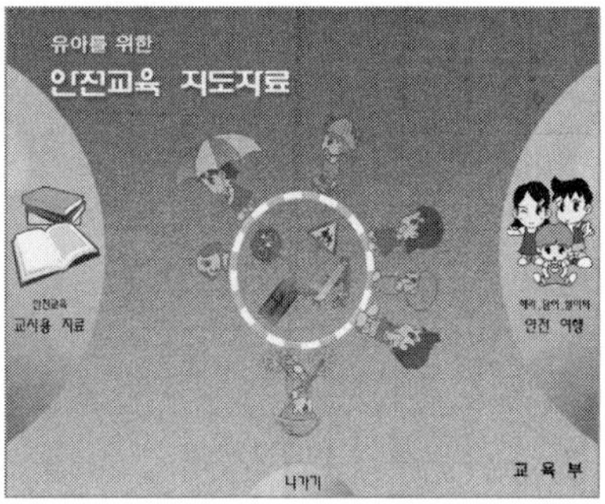

② '교사용' > '교통 안전'을 클릭한다.

③ 10～20번의 사항 중 '버스를 이용하면'과 '어떻게 할까요?'를 클릭한다.

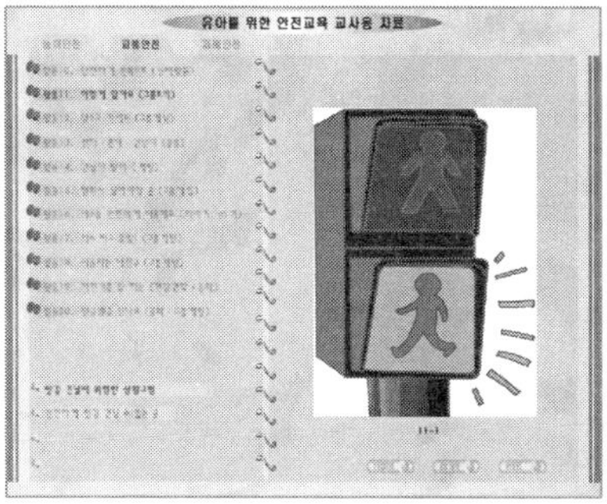

④ '어떻게 할까요?'를 클릭하고, 상황 그림을 보면서 유아들과 함께 토의한다.

- 이럴 때는 어떻게 해야 할까?
- 왜 그렇게 생각하니?

⑤ 유아들과 함께 토의한 내용을 받아 적는다.

<사후 활동>

–가정에서 부모님과 함께할 수 있는 '안전 생활 규칙 조사 활동'을 한다.

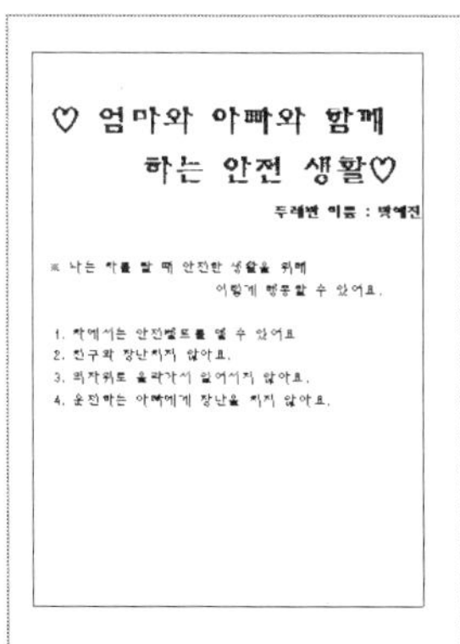

♡ 엄마와 아빠와 함께 하는 안전 생활♡

두레반 이름 : 박예진

※ 나는 차를 탈 때 안전한 생활을 위해 이렇게 행동할 수 있어요.

1. 차에서는 안전벨트를 맬 수 있어요
2. 친구와 장난치지 않아요.
3. 의자위로 올라가서 일어서지 않아요.
4. 운전하는 아빠에게 장난을 치지 않아요.

2) '꼬마 천사 지지 3'와 함께하는 안전 생활 (비디오)

- **활동목표:** 안전한 교통 생활을 위한 교통 안전 규칙에 대해 안다.

위험한 상황에서 안전하게 행동하는 방법을 안다.

- **활동유형**: 소집단 활동 및 대집단 활동
- **활동자료**: '꼬마 천사지지 3' 비디오테이프, 비디오, 프로젝션 TV
- **활동방법**

① 안전한 교통 생활에 대해 이야기 나눈다.
- 아침에 선생님이 차를 타고 오는데, 차 사고가 난 것을 봤단다.
- 안전한 교통생활을 위해서는 어떻게 해야 할까?

② 안전한 생활에 대해 안다.
- 안전한 생활을 위해 다른 친구들은 어떻게 생각하는지 볼까?

③ '꼬마 천사지지 3' 비디오테이프를 실행한다.

④ 비디오를 본다.

⑤ 비디오 내용에 대한 느낌을 이야기한다.
- (　　)한 상황에서는 어떻게 해야 할까?

3) 지하철을 탔어요 (CD-ROM)

- **활동목표**: 지하철에서 지켜야 할 공공 규칙을 이해하고 지킨다.
  교통 예절을 알아보고, 예절을 지켜 행동한다.
  동화를 주의 깊게 듣고 그 내용을 이해한다.
- **활동유형**: 소집단 활동 및 대집단 활동
- **활동자료**: '제6차 유치원 교육활동 지도자료집 활용을 위한 언어생활 교수 · 학습 자료' CD, 컴퓨터, 프린터
- **활동방법**

① '제6차 유치원 교육활동 지도자료집 활용을 위한 언어생활 교수 · 학습 자료' CD를 실행한다.
- 목차 > 동시·동화듣기 > 흑백동화듣기 를 클릭한다.

② '지하철을 탔어요'를 클릭한다.

③ 동화를 듣는다.

④ 동화에 대한 느낌을 이야기한다.

- 만약 너희들이 주인공이라면 어떻게 해야 할까?
- 왜 그렇게 해야 할까?
- 그렇게 하지 않는다면 어떤 일이 일어날까?

⑤ 지하철에서의 예절에 대해 이야기 나눈다.

- 지하철에서는 어떻게 행동해야 할까?
- 왜 그렇게 행동해야 할까?

6 동화 듣기

▮ 교육과정 관련 요소 ▮

- **사회생활**: 이웃과 더불어 생활하기–두레의 소중함을 알고 협력하기
- **언어생활**: 듣기–바른 태도로 듣기
  –문학 작품 즐겨 듣기
  –이야기 듣고 이해하기
  말하기–생각과 느낌 말하기
  –바른 태도로 말하기
- **탐구생활**: 과학적 기초 능력 기르기–간단한 도구와 기계 활용하기

1) '털털털 굴삭기' (CD–ROM)

- **활동목표**: 자동차 종류에 따라 그 쓰임새가 다름을 안다.
  동화를 듣고 느낌이나 생각을 이야기한다.
  다른 사람과 서로 도움을 주고받아야 함을 안다.
- **활동유형**: 소집단 활동 및 대집단 활동
- **활동자료**: '제6차 유치원 교육활동 지도자료집 활용을 위한 사회생활 교수 · 학습 자료' CD, 컴퓨터
- **활동방법**

① '제6차 유치원 교육활동 지도자료집 활용을 위한 사회생활 교수 · 학습 자료' CD를 실행한다.

• 목차 > 동시·동화듣기 > 흑백동화듣기 를 클릭한다.

② '털털털 굴삭기'를 클릭한다.

③ 동화를 듣는다.

④ 동화에 대한 느낌을 이야기한다.

- 굴삭기는 왜 속상해 했지?
- 만약 너희에게 이런 일이 생긴다면 어떻게 해야 할까?

⑤ 일하는 차의 이름과 역할에 대해 이야기 나눈다.

- 견인차(굴삭기, 구급차)는 무엇을 하는 차일까?

2) '비행사 제리' (인터넷)

• **활동목표**: 동화를 즐겁게 듣는다.
교통 기관과 관련된 직업에 대해 관심을 가진다.

• **활동유형**: 소집단 활동 및 대집단 활동

- **활동자료:** 인터넷 '부키의 동화나라', 컴퓨터
- **활동방법**

① 인터넷 주소창에 '부키의 동화나라' http://www.buki.co.kr/main.php를 입력한다.

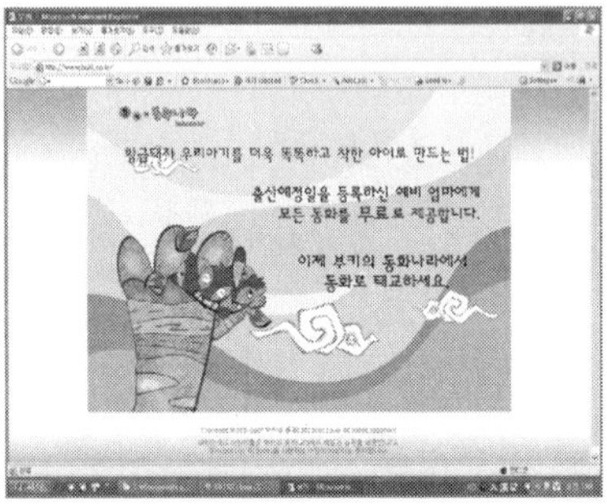

② 홈 > '동화나라' > '일반 분류로 메뉴 보기' > '영어동화'를 클릭한다.

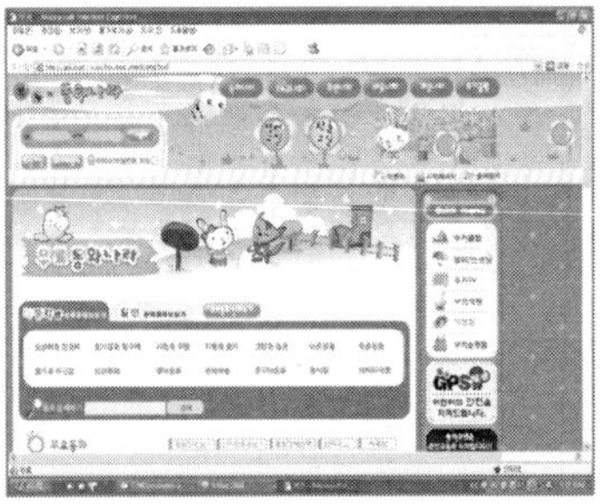

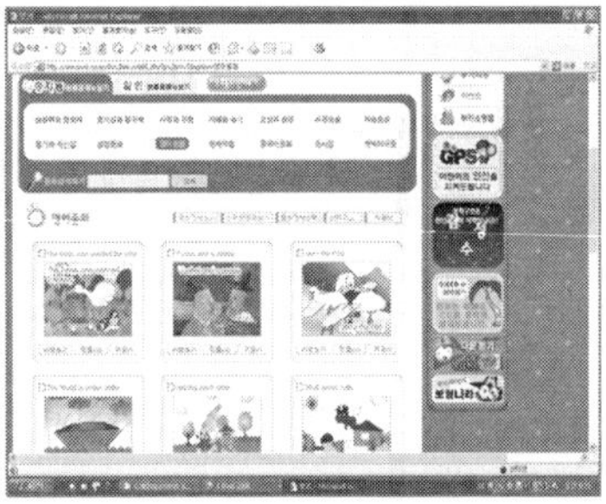

③ '비행사 제리'를 클릭한다.

④ 동화를 듣는다.

⑤ 동화에 대한 느낌을 이야기한다.

7 이야기 꾸미기

▌교육과정 관련 요소▐

- **표현생활:** 예술적 표현 즐기기–창의적인 표현 과정 즐기기
- **언어생활:** 듣기–바른 태도로 듣기
  –문학 작품 즐겨 듣기
  –이야기 듣고 이해하기
  말하기–생각과 느낌 말하기
  –바른 태도로 말하기
  –이야기 지어 말하기
  쓰기–쓰기에 관심 가지기
- **탐구생활:** 과학적 기초 능력 기르기–간단한 도구와 기계 활용하기

1) '노래하는 바퀴' 이야기 꾸미기 (CD–ROM)

- **활동목표:** 동화를 듣고 이해하며 즐긴다.
  동화 내용을 상상하여 이야기를 꾸민다.
  여러 가지 종류의 자동차가 있음을 안다.
- **활동유형:** 개별 활동
- **활동자료:** '제6차 유치원 교육활동 지도자료집 활용을 위한 언어생활 교수 · 학습 자료' CD, 컴퓨터, 프린터
- **활동방법**

① '제6차 유치원 교육활동 지도자료집 활용을 위한 언어생활 교수 · 학습 자료' CD를 실행한다.

- 목차 > 동시·동화듣기 > '애니메이션 동화'를 클릭한다.

② '노래하는 바퀴'를 클릭한다.

③ 동화를 듣는다.

④ 동화에 대한 느낌을 이야기한다.

- 어떤 바퀴가 가장 재미있었니?
- 만약 너희가 노래하는 바퀴를 만든다면 어떤 노래가 나오는 바퀴를 만들거니?
- 왜 그렇게 생각했어?

⑤ 유아들과 이야기한 것을 그림으로 그리고 이야기를 지어 보도록 한다.

⑥ 다른 유아들과 함께 이야기 꾸미기한 자료를 발표한다.

8 동시 감상 및 짓기

▌교육과정 관련 요소▐

- 표현생활: 예술적 표현 즐기기－창의적인 표현 과정 즐기기
- 언어생활: 듣기－바른 태도로 듣기
－문학 작품 즐겨 듣기
－이야기 듣고 이해하기
말하기－생각과 느낌 말하기
－이야기 지어 말하기
쓰기－쓰기에 관심 가지기

1) 신호등 (CD－ROM)

- 활동목표: 신호등을 이용할 때 지켜야 할 규칙이 있음을 안다.

동시를 즐겁게 감상한다.

동시를 듣고 느낌이나 생각을 언어로 표현한다.

- **활동유형**: 개별 활동 및 소집단 활동
- **활동자료**: '제6차 유치원 교육 활동 지도 자료집 활용을 위한 언어생활 교수 · 학습 자료' CD, 컴퓨터, 프린터
- **활동방법**

① '제6차 유치원 교육 활동 지도 자료집 활용을 위한 언어생활 교수 · 학습 자료' CD를 실행한다.

- 목차 > 동시·동화듣기 를 클릭한다.

② '신호등이 말해요'를 클릭한다.

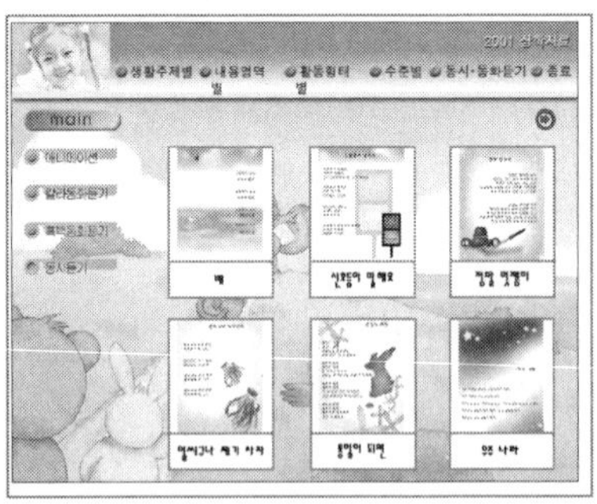

③ 동시를 감상한다.

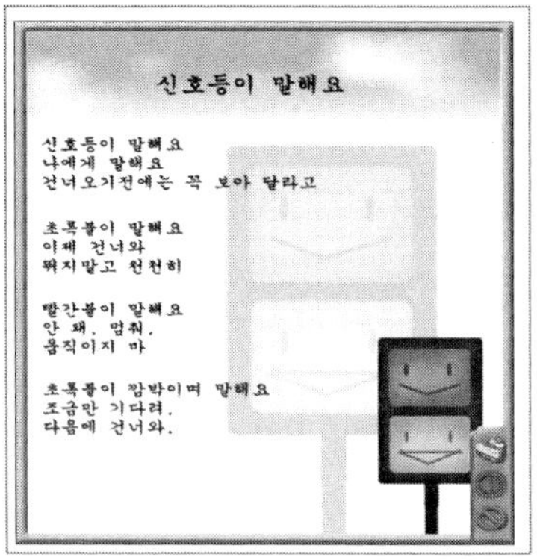

④ 동시에 대한 느낌을 이야기한다.

- 신호등은 어떤 일을 하니?
- 신호등이 없다면 어떻게 될까?

⑤ 동시 내용 중 바꾸고 싶은 내용을 의논한다.

- 신호등이 말해요. 나에게 말해요. ( ) 달라고.

⑥ 동시 짓기 활동지를 인쇄한다.

⑦ 빈 곳에 글자를 적는다.

⑧ 완성되면 다른 친구들에게 자신이 만든 동시를 소개한다.

2) 기차 여행 (인터넷)

- **활동목표**: 인터넷을 통하여 동시를 즐겁게 감상한다.
  동시를 듣고 느낌이나 생각을 이야기한다.
- **활동유형**: 개별 활동 및 소집단 활동
- **활동자료**: 인터넷 '유리누리닷컴', 컴퓨터
- **활동방법**

① 인터넷 주소창에 '유리누리닷컴' http://www. yurinuri.com을 입력한다.

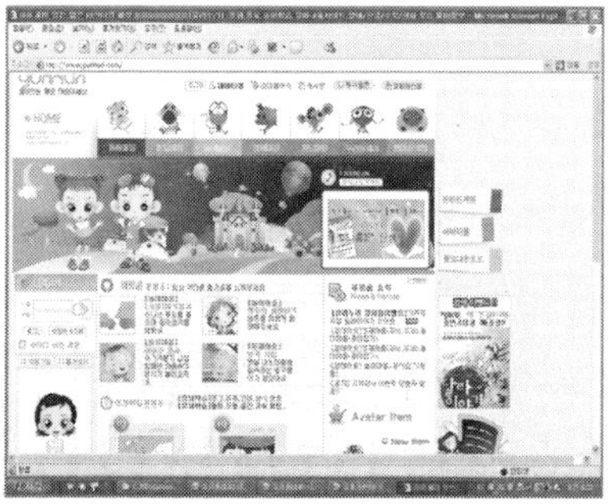

② 홈 > '동화마을' > '창작시'를 클릭한다.

③ 동시 목록 중 '기차 여행'을 클릭한다.

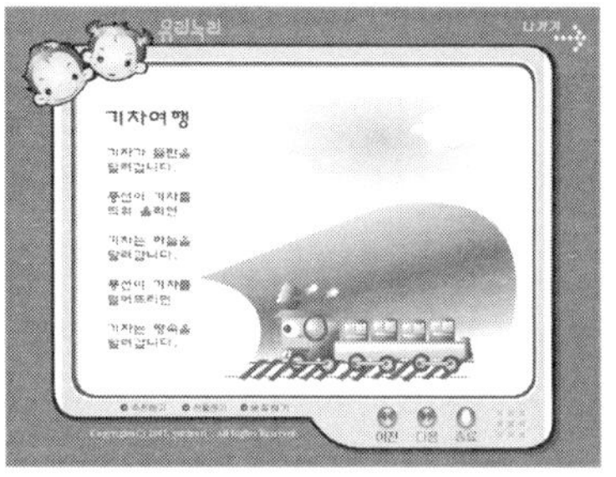

④ 동시를 듣는다.

⑤ 동시 내용 중 바꾸고 싶은 내용을 의논한다.

- 기차가 (　　　)를 달려갑니다.

⑥ 동시 짓기 활동지를 인쇄한다.

♣ 재미있는 동시 짓기 ♣

기 차 여 행

이 름 :

기차가 (　　　)를
달려갑니다.
(　　　)이 기차를
띄워 올리면
기차는 (　　　)를
달려갑니다.
풍선이 기차를
떨어뜨리면
(　　　)는 (　　　)를
달려갑니다.

9 게임판 만들기

▌교육과정 관련 요소▐

- **사회생활:** 이웃과 더불어 생활하기－질서와 규칙 지키기
  －두레의 소중함을 알고 협력하기
- **표현생활:** 예술적 표현 즐기기－창의적인 표현 과정 즐기기
- **언어생활:** 듣기－바른 태도로 듣기
  －문학 작품 즐겨 듣기
  －이야기 듣고 이해하기
  말하기－생각과 느낌 말하기
  －바른 태도로 말하기
  －이야기 지어 말하기
  쓰기－쓰기에 관심 가지기
- **탐구생활:** 과학적 기초 능력 기르기－간단한 도구와 기계 활용하기
  수학적 기초 능력 기르기－공간 및 도형에 대해 알아보기

1) 우리나라 여행하기 (CD－ROM)

- **활동목표:** 다른 친구들과 협동하여 게임판을 만든다.
  글자에 관심을 갖는다.
- **활동유형:** 소집단 활동
- **활동자료:** 'LG 홈워드 3' CD, 컴퓨터, 프린터, 우드락, 말로 사용할 인형 2개, 숫자 주사위, 투명 시트지 또는 비닐, 펜, 막대 자, 칼 등
- **활동방법**

① 게임 기본판 만들기

⇨ 'LG 홈워드 3' CD를 실행한다.

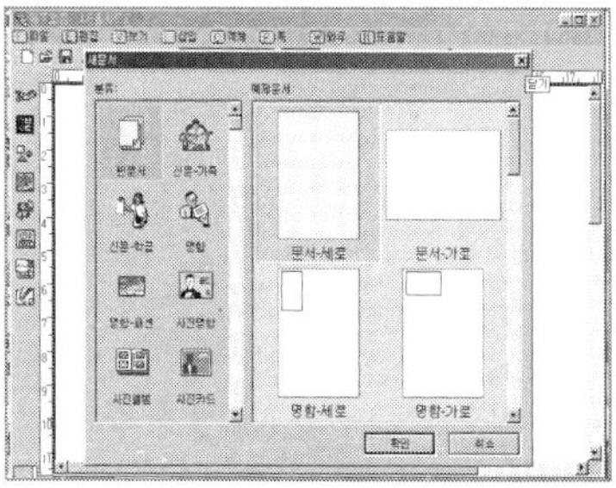

⇨ '파일' > '새 문서' > '빈 문서' > [아이콘] > 지도를 클릭한다.

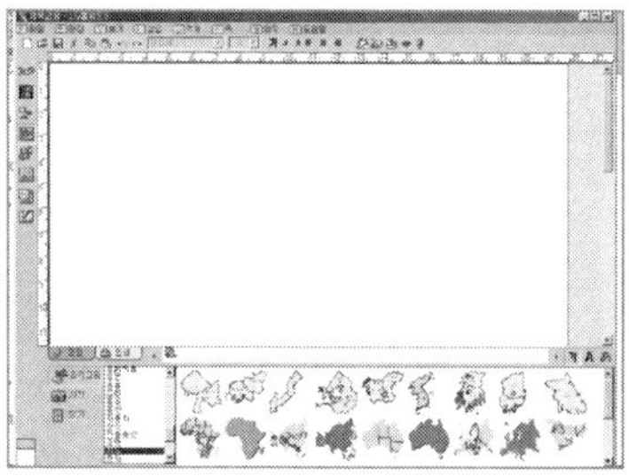

⇨ 대한민국 지도를 선택한 뒤 크기를 조정하고, 끌기하여 화면에 붙인다.

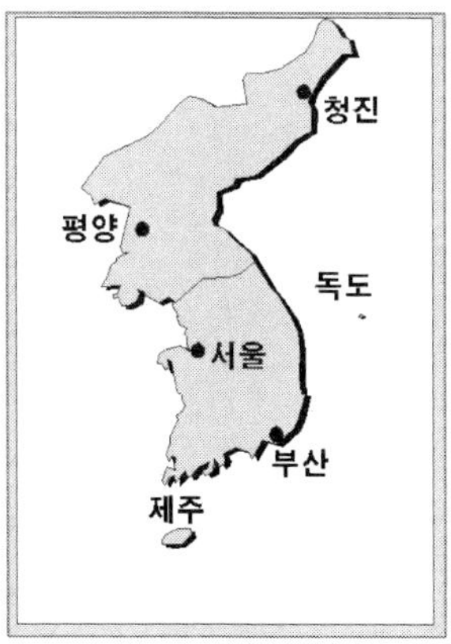

⇨ [아이콘] 를 클릭하여 인쇄한다.

⇨ 인쇄한 그림에 색지를 붙인 뒤 코팅한다.

② 교통기관 말 만들기

⇨  을 클릭한다.

⇨ 조각 그림 중 여러 가지 교통기관 그림을 클릭하여 붙인다.

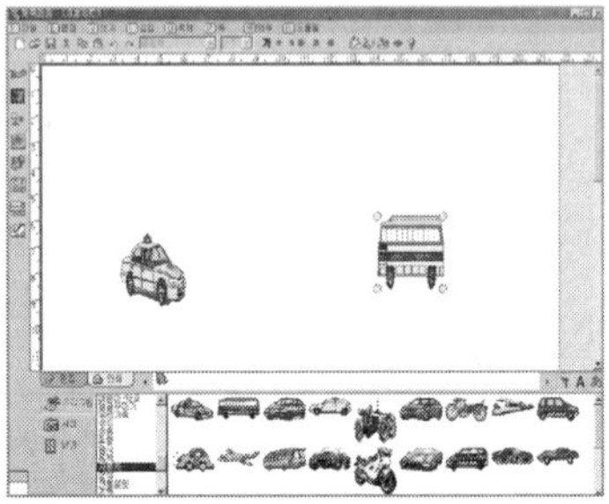

⇨ 화면을 인쇄하여 교통기관을 오린다.

⇨ 교통기관을 코팅하여 말로 사용한다.

③ '게임 규칙판' 만들기

⇨ 게임 규칙을 의논한다.

- 어떻게 하면 재미있게 게임을 할 수 있을까?

⇨ 게임 규칙을 종이에 적는다.

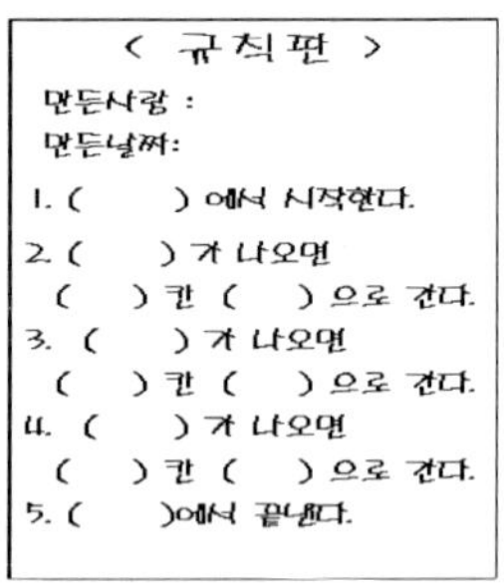

< 규칙판 >

만든사람 :

만든날짜:

1. (   ) 에서 시작한다.
2. (   ) 가 나오면
   (   ) 칸 (   ) 으로 간다.
3. (   ) 가 나오면
   (   ) 칸 (   ) 으로 간다.
4. (   ) 가 나오면
   (   ) 칸 (   ) 으로 간다.
5. (   )에서 끝낸다.

⇨ 게임 규칙판을 코팅한다.

④ 완성된 게임판으로 게임을 한다.

제 7 장 우리나라

1. 우리나라 나타내기
2. 아름다운 우리 옷–한복
3. 우리나라의 전통 집
4. 신나는 전통놀이
5. 전통놀이 한마당
6. 우리나라 전통 춤과 음악
7. 우리나라 옛날 물건
8. 우리나라 문화유산
9. 우리나라 관광지 소개하기
10. 북한에 대해 알아보기
11. 통일을 바라는 마음
12. 동화 듣기
13. 이야기 꾸미기

1 우리나라 나타내기

‖ 교육과정 관련 요소 ‖

- 사회생활: 사회 현상에 관심 가지기－우리나라와 우리 문화에 관심 가지기
- 표현생활: 예술적 표현 즐기기－음악으로 표현하기
  감상하기－우리 전통 예술 감상하기
- 언어생활: 듣기－바른 태도로 듣기
  －이야기 듣고 이해하기
  말하기－생각과 느낌 말하기
  －바른 태도로 말하기
  쓰기－쓰기에 관심 가지기

1) 우리나라의 상징에 대해 알아보아요 (인터넷)

- **활동목표**: 인터넷에서 필요한 자료를 찾는다.
  우리나라를 나타내는 국기, 노래, 꽃 등에 대해 안다.
- **활동유형**: 소집단 활동 및 대집단 활동
- **활동자료**: 인터넷 '대한민국 전자정부', 컴퓨터
- **활동방법**

① 우리나라를 나타내는 것에는 무엇이 있는지 생각해 보고 이야기한다.

② 인터넷 주소창에 '대한민국 전자정부'－http://www.korea.go.kr/를 입력한다.

③ '국가상징 소개'(좌측 하단의 배너)를 클릭한다.

④ '국가상징 소개' > '국기(태극기)'를 클릭한다.

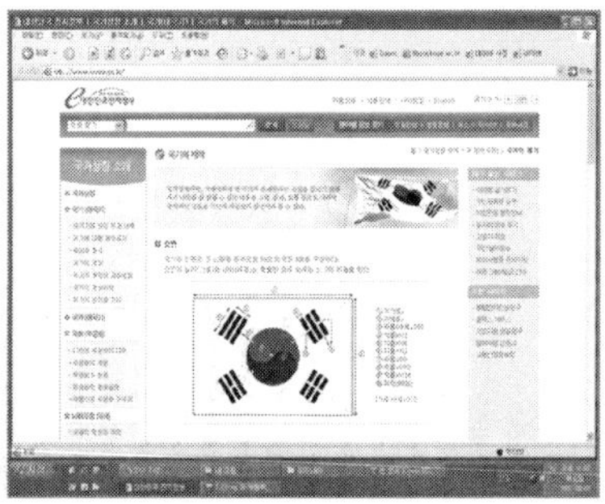

⇨ 우리나라의 국기(태극기)에 대해 이야기 나눈다.

- 이 태극기는 우리나라를 나타내는 깃발이야. 태극기를 본 적이 있니?
- 어디서 태극기를 볼 수 있니?
- 태극기를 보면 우리는 어떻게 해야 할까?

⑤ 인터넷 주소창에 '무궁화 알기'—http://constance.com.ne.kr/를 입력한다.

⇨ 우리나라의 국화(무궁화)에 대해서 이야기 나눈다.

- 이 꽃의 이름은 무엇일까?
- 다양한 종류의 무궁화 사진을 본다.
- 무궁화와 관련된 노래를 듣는다.

⑥ 우리나라의 국가(애국가)에 대해서 이야기 나눈다.

⇨ 인터넷 주소창에 '대한민국 전자정부' http://www.korea.go.kr/를 입력한다.

⇨ '국가상징 소개'를 클릭한다.

⇨ '국가상징 소개' > '애국가'를 클릭한다.

⇨ 【애국가 노래 듣기】를 클릭하여 애국가 노래를 들려 준다.

- 이 노래를 들어 본 적이 있니?
- 언제 어디서 이 노래를 들을 수 있을까?
- 애국가를 작곡하게 된 배경에 대해 이야기를 들려 준다.
- 애국가를 부르거나 들을 때 우리는 어떻게 해야 할까?

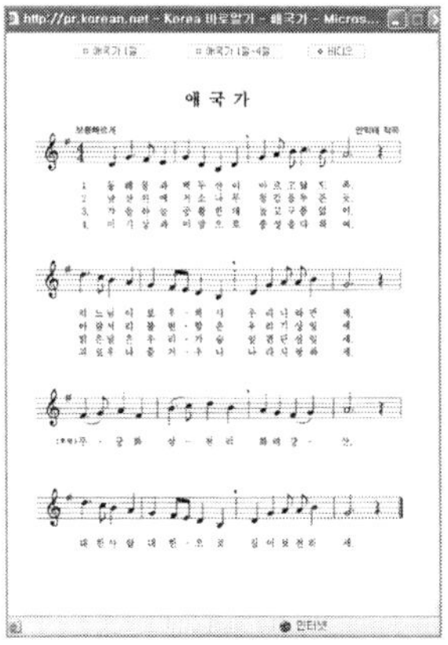

2) 우리나라 상징 글자 쓰기 (CD-ROM)

• 활동목표: 우리나라를 나타내는 것에 대해 관심을 가진다.
'LG 홈워드 3' CD를 이용하여 우리나라 상징물의 글자를 써 본다.

글자와 쓰기에 관심을 가진다.

- **활동유형**: 개별 활동 및 소집단 활동
- **활동자료**: 'LG 홈워드 3' CD, 컴퓨터, 프린터
- **활동방법**

① 우리나라를 나타내는 것에 대해 이야기한다.

–무궁화, 태극기, 지도, 한복 등

② 'LG 홈워드 3' CD를 실행한다.

③ '파일' > '새 문서' > '빈 문서'를 클릭한다.

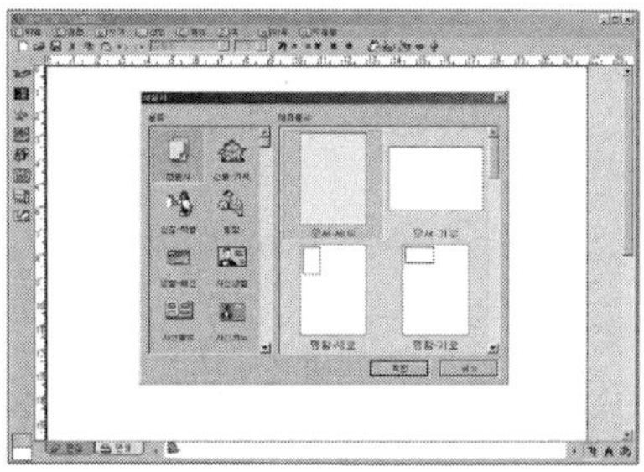

④ 조각그림을 클릭한다.

⇨ 조각그림 중에 '한국'을 클릭한다.

–한복, 탈, 버선, 국기, 전통문양 등

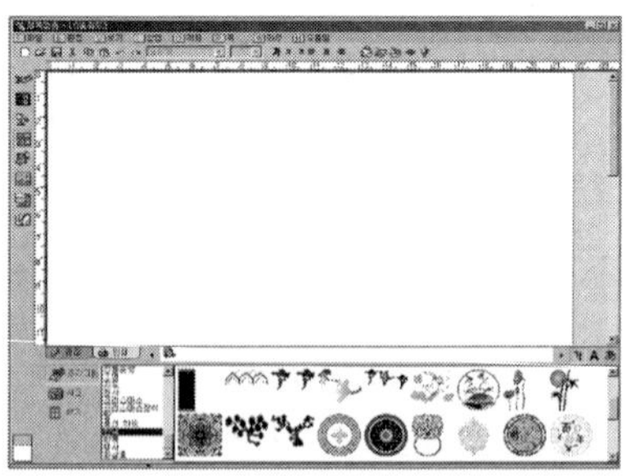

⑤ 한국을 나타내는 그림들을 살펴본다.

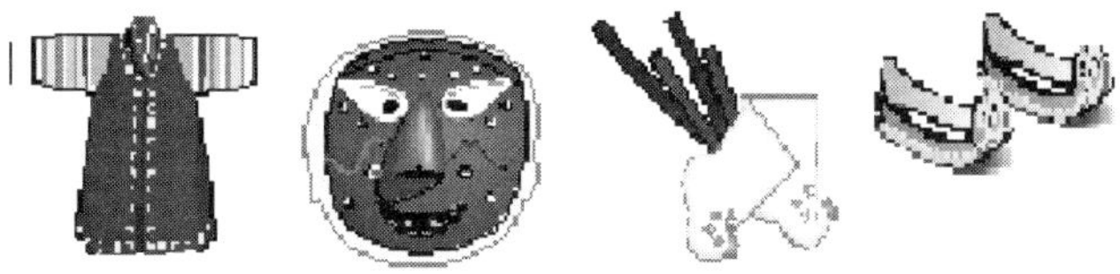

⑥ 조각그림을 선택하여 끌기한 후 화면에 놓는다.

⑦ 글자 버튼을 이용하여 그림에 대한 글자를 쓴다.

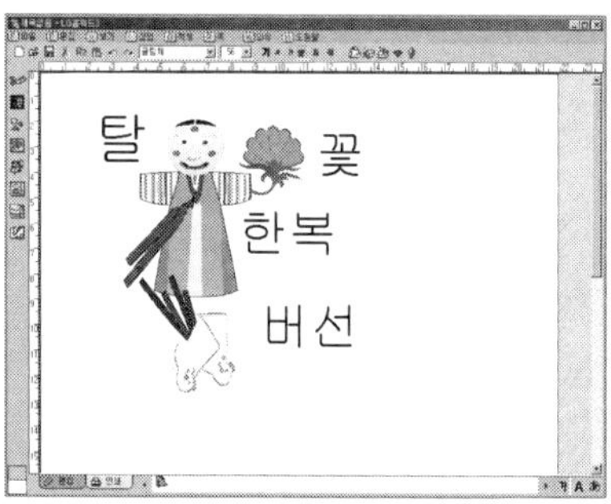

⑧ 완성하면 인쇄하여 '우리나라를 나타내는 것' 책을 만든다.

'우리나라의 상징' 관련 인터넷 사이트

- http://constance.com.ne.kr/
  - 무궁화에 대한 설명을 볼 수 있다.

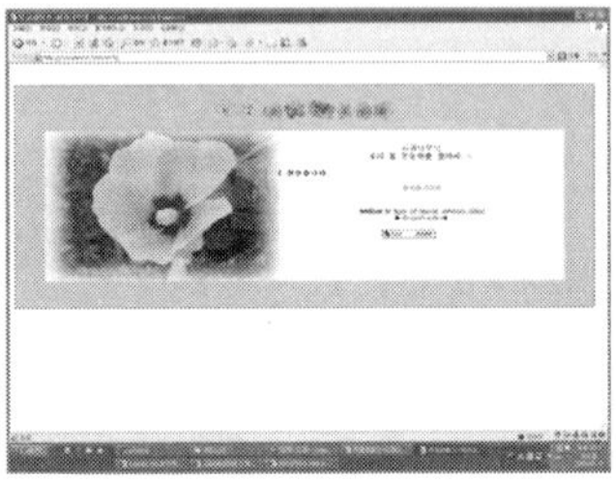

- **무궁나라**–http://www.mugungnara.com/
  - '무궁화 바로 알기'에서 '무궁화 대백과'로 들어가면 '나라꽃 무궁화' '무궁화의 종류' '식물로서의 무궁화' '문예작품 속의 무궁화'에 대한 내용을 볼 수 있다.
  - 무궁화의 종류를 선택하면 다양한 종류의 무궁화에 대한 설명과 사진을 볼 수 있다.

- **'국기홍보중앙회'**–http://www.krflag.org/
  - 태극기에 담긴 뜻, 변천사, 태극기 그리는 법 등을 소개하고 있다.

2 아름다운 우리 옷-한복

‖ 교육과정 관련 요소 ‖

- **사회생활:** 사회 현상에 관심 가지기-우리나라와 우리 문화에 관심 가지기
- **표현생활:** 감상하기-아름다움 느끼기
- **언어생활:** 듣기-바른 태도로 듣기
  -이야기 듣고 이해하기
  말하기-생각과 느낌 말하기
  -바른 태도로 말하기
  읽기-책에 관심 가지기
  쓰기-쓰기에 관심 가지기

1) 한복에 대해 알아보아요 (CD-ROM)

- **활동목표:** 한복의 아름다움을 감상한다.
  한복의 특성을 안다.
- **활동유형:** 소집단 활동 및 대집단 활동
- **활동자료:** '유아를 위한 전통문화 교육활동 지도자료' CD, 컴퓨터, 프린터, 한복(남·녀 한 벌, 버선, 고무신 등)
- **활동방법**

① '유아를 위한 전통문화 교육활동 지도자료' CD를 실행한다.

② '한복'을 살펴보면서 이야기 나눈다.

- 이것을 무엇이라고 부르는지 아니?
- 지금 우리가 입는 옷과 한복이 같은 점과 다른 점은 무엇일까?

③ 한복을 입었던 경험에 대해 이야기한다.

- 한복은 언제 입어야 할까?

④ 한복을 입을 때 함께 갖추어야 할 것들에 대해 알아본다.

- 한복을 입을 때 필요한 것에는 무엇이 있을까?
- 한복을 입고 생활할 때는 어떻게 해야 할까?

2) 아름다운 우리 한복 (인터넷)

- **활동목표**: 인터넷에서 한복에 관련된 필요한 자료를 찾을 수 있다.
  다양한 한복의 종류에 대해 안다.
  한복의 다양한 이름을 알아보고 글자를 써 본다.
- **활동유형**: 소집단 활동 및 대집단 활동
- **활동자료**: 인터넷 '우리학교', 컴퓨터, 프린터, 쓰기 도구
- **활동방법**

① 인터넷 주소창에 '우리학교'–http://www.ourac.com/html/index.html를 입력한다.

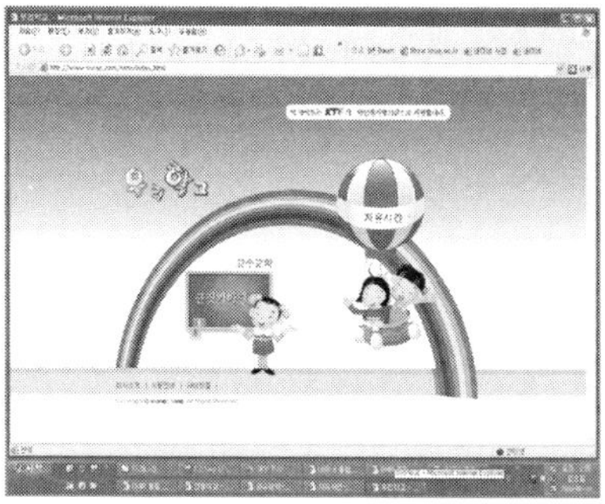

② 홈 > 자유시간 > 전통 을 클릭한다.

③ 전통의상-한복의 다양한 종류에 대해 알아본다.

- 여성 복식에는 어떤 옷이 있을까?
- 남성 복식에는 어떤 옷이 있을까?
- 의례복에는 어떤 옷들이 있으며, 언제 입을까?

④ 자료를 묶어서 '우리나라 민속의상' 책을 만들어 언어 영역에 전시한다.

3) '한복 입는 순서도' 만들기 (인터넷)

- **활동목표:** 인터넷을 활용하여 다양한 활동을 한다.
  한복을 입는 바른 순서를 안다.
  한복 입는 순서도를 만든다.
- **활동유형:** 개별 활동 및 소집단 활동
- **활동자료:** 인터넷 '우리학교', 프린터, 필기 도구
- **활동방법**

① 인터넷 주소창에 '우리학교'−http://www.ourac.com/html/index.html를 입력한다.

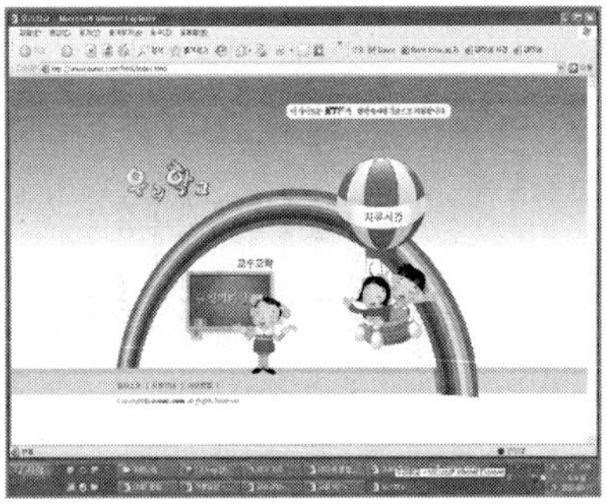

② 우리학교 > 자유시간 > 전통 > 한복입기유희 를 클릭한다.

③ 아빠, 엄마, 누나, 동생 그림 중 하나를 선택하여 클릭한다.

④ 마우스를 이용하여 아빠, 엄마, 누나, 동생의 한복을 순서에 맞게 입힌다.

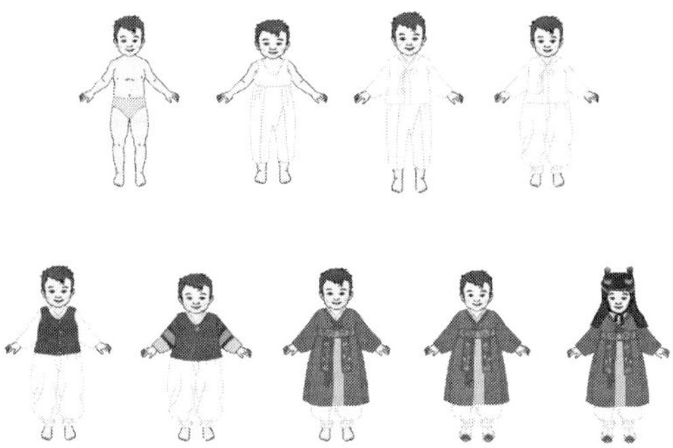

⑤ 인쇄한다.

⑥ 필기 도구를 이용하여 인쇄한 자료에 순서도를 적는다.

⑦ 완성되면 한복 입는 순서도 책을 만들거나 역할놀이 영역에 전시한다.

4) '한복 입은 골목대장' 동화 듣고 뒷이야기 꾸미기 (인터넷)

- **활동목표:** 인터넷으로 동화를 듣는다.
  동화를 바르게 듣는다.
  동화 내용을 회상해 보고 창의적으로 뒷이야기를 꾸민다.

- **활동유형**: 소집단 활동 및 대집단 활동
- **활동자료**: 인터넷 '부키의 동화나라', 컴퓨터, 프린터, 필기 도구
- **활동방법**

① 인터넷 주소창에 '부키의 동화나라'—http://www.buki.co.kr/main.php 를 입력한다.

② 홈 > '동화나라' > '일반 분류로 메뉴 보기' > '창작동화' > '한복 입은 골목대장'을 선택하여 클릭한다.

③ 동화를 듣는다.

④ 동화를 듣고 난 느낌에 대해 이야기 나눈다.

- 동화를 듣고 난 느낌이 어떠니?
- 진우는 그날 밤 무슨 꿈을 꾸었을까?

⑤ 유아들이 이야기한 내용으로 뒷이야기를 꾸민다.

'우리나라 한복' 관련 인터넷 사이트

■ **'우리의 한복'**–http://user.chollian.net/~kjg0520/

• 한복의 역사, 소재, 구조, 보관 및 관리, 한복 입는 법, 한복의 변천사, 특별한 한복, 한복 갤러리 등의 메뉴가 있으며, 한복에 대한 설명과 사진을 함께 볼 수 있다.

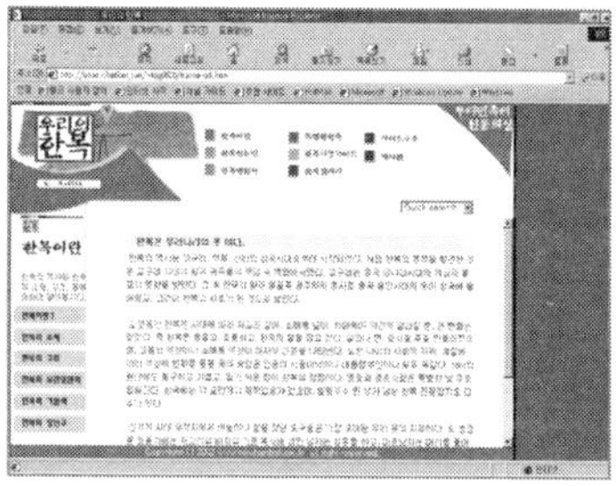

■ **'한국 전통의상과 장신구'**–http://user.chol.com/~juyada/

• 초등 미술 한국 전통의상과 장신구 학습 공간으로 세계의 전통의상과 장신구도 소개하고 있다.

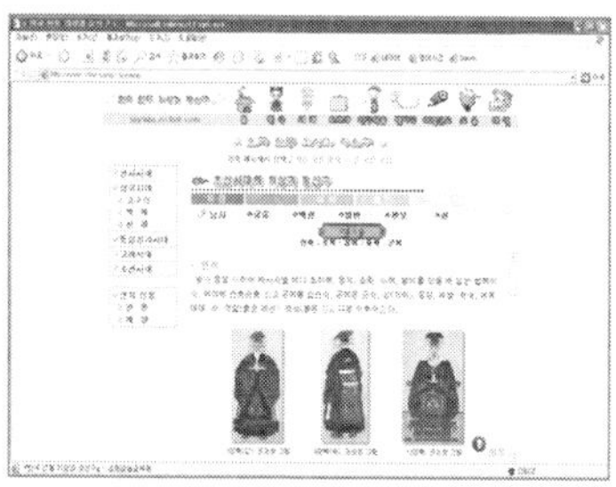

■ **'전통혼례'**–http://myhome.shinbiro.com/~jepark/

• 전통혼례의 의미와 변천사 그리고 전통혼례의 절차 및 용어들에 관하여 소개하고 있다. 음식 및 신랑 신부의 의상을 소개한다.

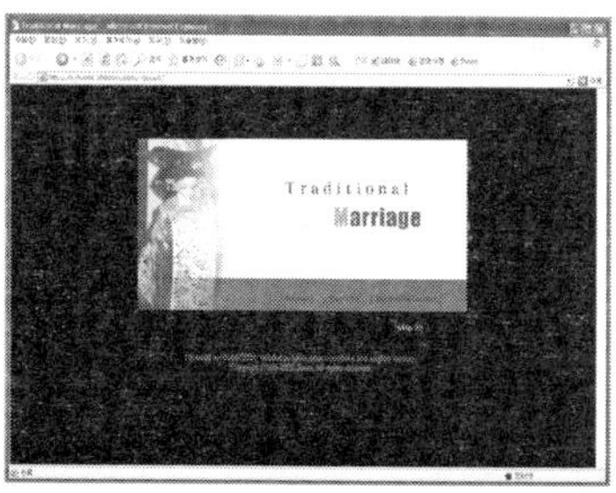

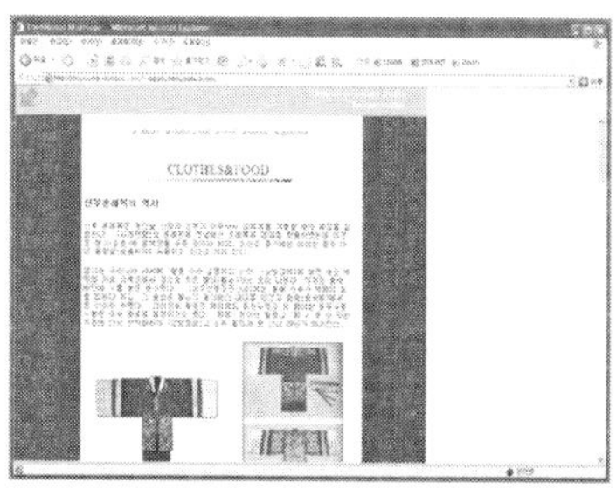

3 우리나라의 전통 집

| 교육과정 관련 요소 |

- 사회생활: 사회 현상에 관심 가지기－우리나라와 우리 문화에 관심 가지기
- 표현생활: 감상하기－아름다움 느끼기
- 언어생활: 듣기－바른 태도로 듣기
  －이야기 듣고 이해하기
  말하기－생각과 느낌 말하기
  －바른 태도로 말하기
  읽기－책에 관심 가지기
  쓰기－쓰기에 관심 가지기

1) '우리나라의 전통 집'에 대해 알아보아요 (CD－ROM)

- 활동목표: 현대 가옥과 전통 가옥의 차이점을 안다.
  집의 이름은 재료와 관계가 있음을 안다.
  옛날 사람들은 지형과 기후 조건에 따라 다른 형태의 집을 짓고 살았음을 안다.
- 활동유형: 소집단 활동 및 대집단 활동
- 활동자료: '유아 멀티미디어 교수자료 6' CD, 컴퓨터, 프린터
- 활동방법

① '6. 유아 멀티미디어 교수자료' CD를 실행한다.

② '주제별 학습' > '우리나라와 다른 나라' > '옛날의 우리나라' > '현대 집과 전통 집'을 클릭한 후, 집의 종류에 대해 이야기한다.

- 우리가 사는 집은 어떤 곳이니?
- 옛날 사람들은 어떤 집에서 살았을까?

③ 여러 종류의 집 그림을 보여 주면서 집의 재료에 따라 집의 이름이 다름을 이야기한다.

- 지붕은 무엇으로 만들어졌을까?
- 벽은 무엇으로 만들어졌을까?

④ 지역에 따라 집의 형태가 다름에 대하여 이야기한다.

- 초가집은 어느 곳에서 많이 지었을까?
- 너와집과 귀틀집은 어느 곳에서 많이 지었을까?
- 돌담집은 어느 곳에서 많이 지었을까?

⑤ 여러 종류의 집 그림을 인쇄하여 언어영역에 내주고 집 이름을 쓰도록 한다.

2) '우리나라의 전통 집' 이야기 나누기 (인터넷)

- **활동목표**: 인터넷에서 필요한 자료를 찾아본다.
  현대 가옥과 전통 가옥의 차이점을 안다.
  집의 이름은 재료와 관계가 있음을 안다.
  옛날 사람들은 지형과 기후 조건에 따라 다른 형태의 집을 짓고 살았음을 안다.
- **활동유형**: 소집단 활동 및 대집단 활동
- **활동자료**: 인터넷 '한국전통초가연구소', 컴퓨터
- **활동방법**

① 우리가 사는 집의 종류에 대해 이야기한다.

- 우리는 사는 집은 어떤 곳이니?

② 옛날 집에 대하여 이야기 나눈다.

⇨ '한국전통초가연구소' http://www.koreachoga.co.kr/에 접속한다.

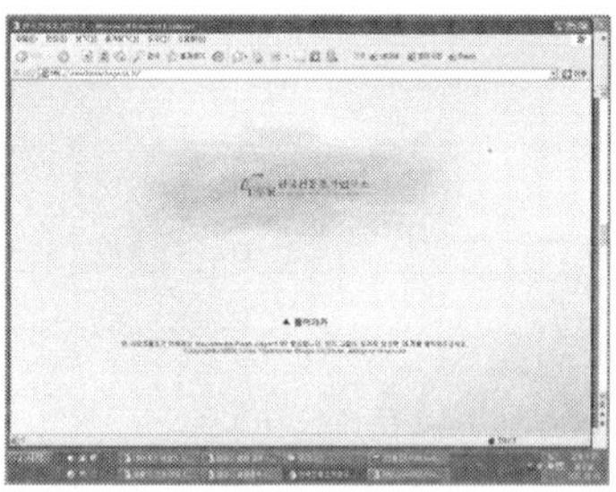

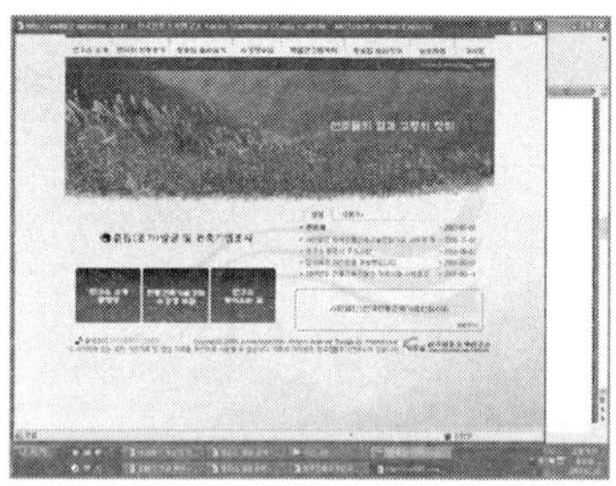

③ 여러 종류의 전통 가옥에 대해 이야기한다.

- 옛날 사람들은 어떤 집에서 살았을까?
- 집들의 비슷한 점과 다른 점이 무엇이니?
- 집을 지을 때 지방에 따라 다른 점은 무엇일까? 왜 그렇게 했을까?

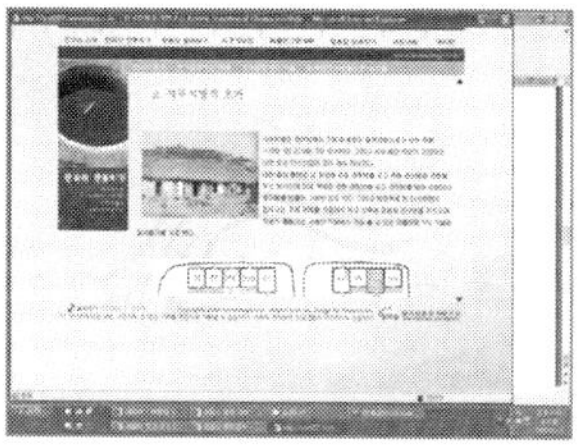
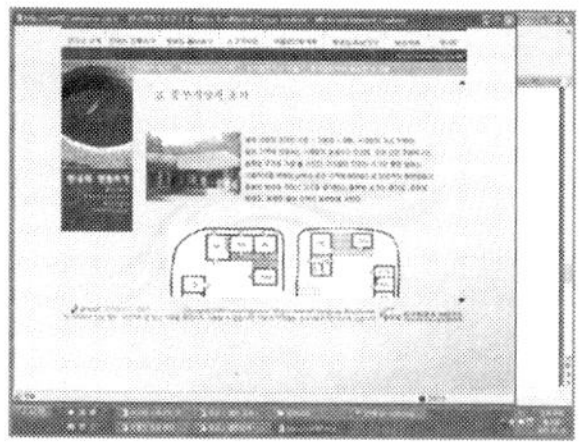
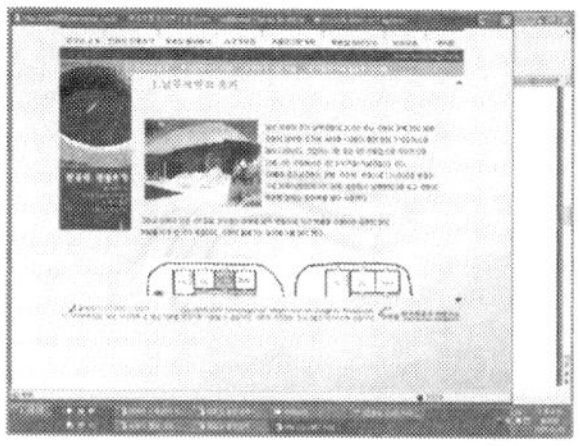

④ 우리가 사는 집과 비교해서 이야기한다.

- 지금 우리가 사는 집과 같은 점은 무엇이니?
- 다른 점은 무엇이니?
- 이런 집에서 살게 된다면 어떨 것 같니?

⑤ 집을 짓는 방법에 대해 이야기한다.

- 집을 어떻게 지을까?
- 지붕의 모양에 따라 이름이 있단다.
- 집을 지을 때 무엇이 필요할까?

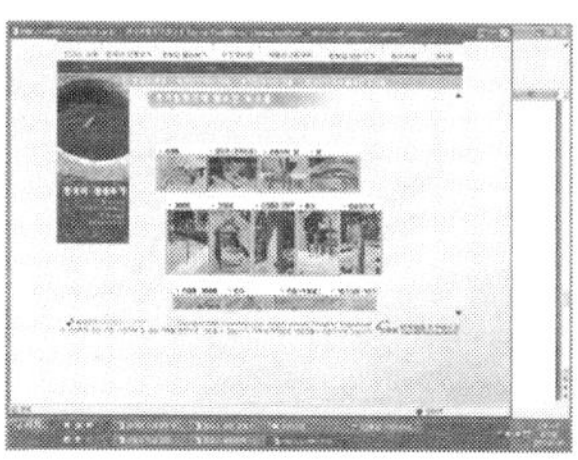
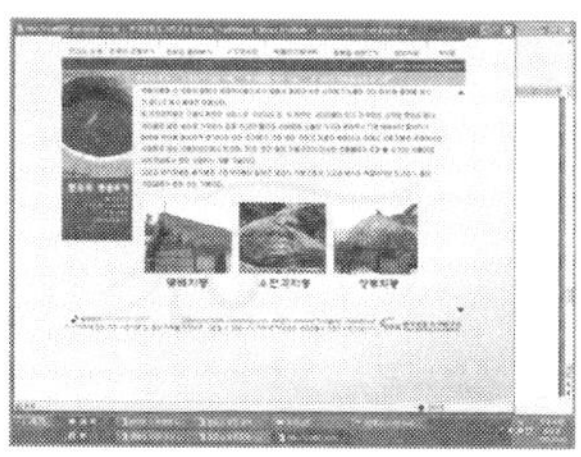

'우리나라 전통가옥' 관련 인터넷 사이트

■ **'한국의 문화'**–http://home.cein.or.kr/~heart101/

다양한 한국의 문화를 소개하고 있으며, '가옥문화'를 클릭하면 가옥의 구조, 특색, 변천, 지방별 가옥을 볼 수 있다.

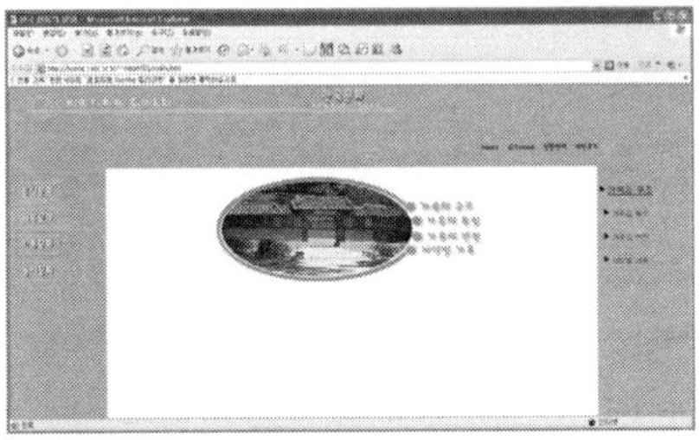

■ **'전통초가'**–http://web.edunet4u.net/~dream/list41.htm

지방마다 특색 있는 초가집에 대한 그림과 자세한 설명을 볼 수 있다.

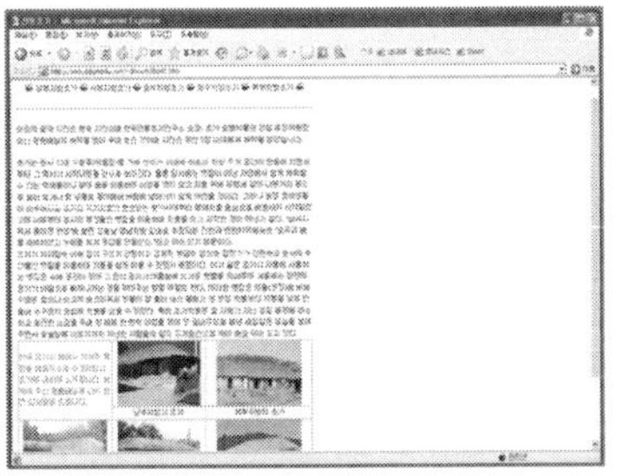

■ **'한옥 이야기'**–http://web.edunet4u.net/~hanok/main.htm

한옥을 기능적, 구조적, 지역별로 분류하여 사진과 설명을 함께 실어 놓았으며, '가상 한옥'에서는 한옥을 3D 애니메이션으로 볼 수 있다.

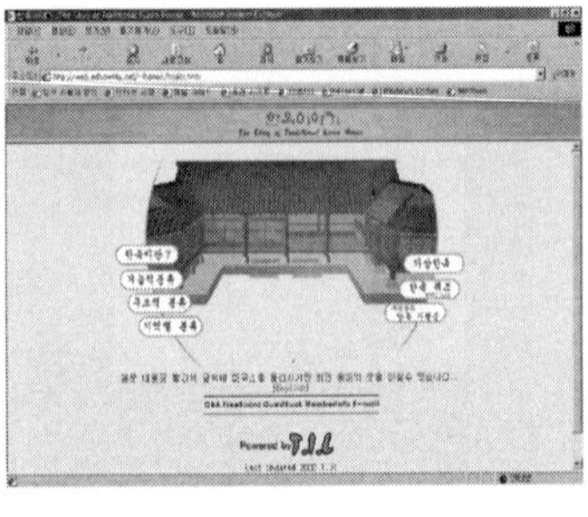

4 신나는 전통놀이

| 교육과정 관련 요소 |

- 건강생활: 건강하게 생활하기–즐겁게 생활하기
- 사회생활: 사회 현상에 관심 가지기–우리나라와 우리 문화에 관심 가지기
  이웃과 더불어 생활하기–질서와 규칙 지키기
  –두레의 소중함을 알고 협력하기
- 표현생활: 예술적 표현 즐기기–통합적으로 표현하기
  –창의적인 표현 과정 즐기기
  감상하기–우리 전통 예술 감상하기
- 언어생활: 듣기–바른 태도로 듣기
  –이야기 듣고 이해하기
  –문학 작품 즐겨 듣기
  말하기–생각과 느낌 말하기
  –이야기를 지어 말하기
  –바른 태도로 말하기
  읽기–책에 관심 가지기
  쓰기–쓰기에 관심 가지기

1) '우리나라의 전통놀이'에 대해 알아보아요 (CD–ROM)

- 활동목표: 우리나라 전통놀이 종류에 대해 안다.
- 활동유형: 소집단 활동 및 대집단 활동
- 활동자료: '유아 멀티미디어 교수자료 6' CD, 컴퓨터, 프린터
- 활동방법

① '6. 유아 멀티미디어 교수자료' CD를 실행한다.

② '우리나라 다른 나라' > '전통놀이' > '우리나라의 전통놀이'를 클릭한다.

③ 그림을 보면서 여러 가지 전통놀이에 대해 이야기를 나눈다.

⇨ 우리나라 전통놀이에는 어떤 놀이들이 있는지 이야기를 나눈다.

- 이 그림은 어떤 전통놀이일까?

⇨ 놀이를 해 본 경험이 있는 전통놀이에 대해 이야기를 나눈다.

2) '우리나라의 전통놀이'에 대해 알아보아요 (e 인터넷)

- **활동목표**: 인터넷에서 필요한 자료를 찾아본다.

우리나라 전통놀이 종류에 대해 안다.

- **활동유형**: 소집단 활동 및 대집단 활동
- **활동자료**: 인터넷 '놀이터', 컴퓨터, 프린터
- **활동방법**

① 우리나라 전통놀이에는 어떤 놀이들이 있는지 이야기한다.

⇨ 놀이를 해 본 경험이 있는 전통놀이에 대해 이야기한다.

② 인터넷 주소창에 '놀이터'—http://www.noriteo.lil.to/를 입력한다.

⇨ 여러 가지 전래놀이에 대하여 알아본다.

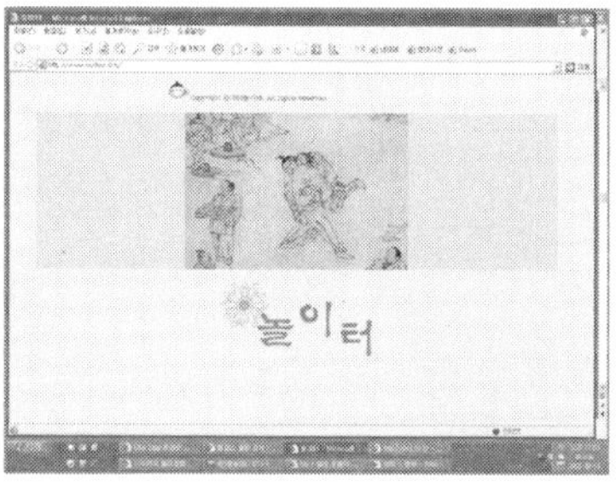

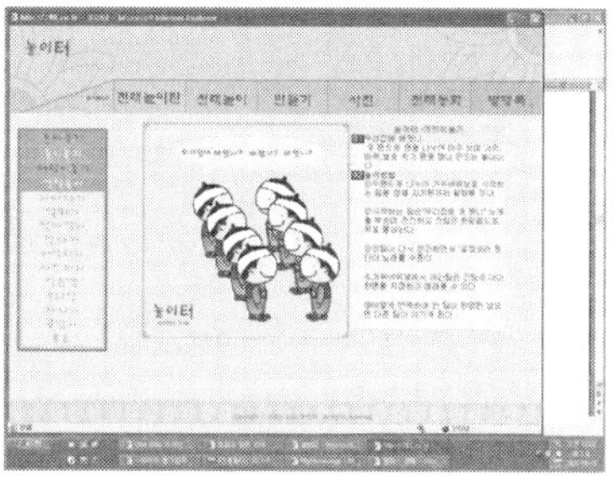

③ 홈 > '놀이터' > '전래놀이'를 클릭하고, 원하는 놀이를 클릭한다.

④ 홈 > '놀이터' > '사진'을 클릭하여 여러 가지 전래놀이의 사진 자료를 본다.

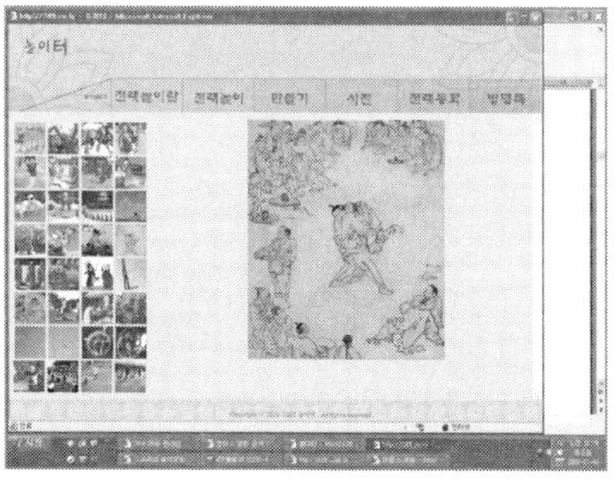

⑤ 홈 > '만들기'를 클릭하여 여러 가지 전래놀이 중 원하는 것을 선택하여 직접 만들어 본다.

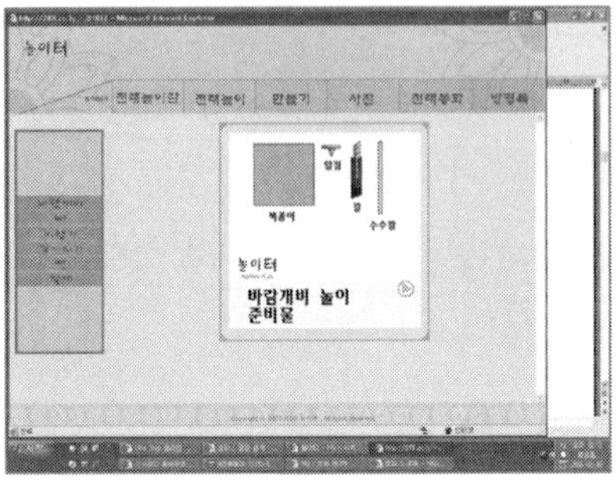

⑥ 홈 > '전래동화'를 클릭하여 듣는다.

'우리나라 전통놀이' 관련 인터넷 사이트

■ **'두산세계대백과－전통문화'**－http://trad.encyber.com/

• 여러 가지 다양한 전통 놀이의 종류와 방법에 대해 알아볼 수 있다.

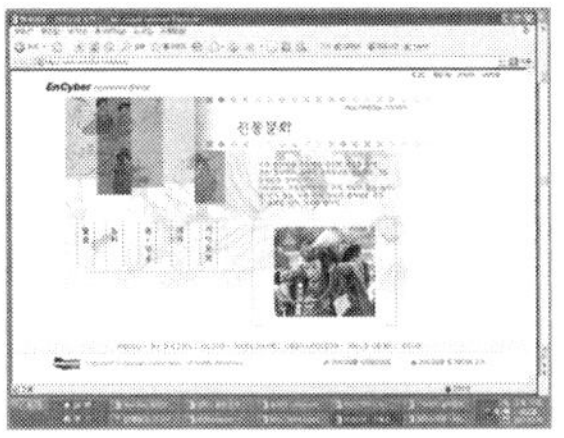

• 전통놀이 이름을 선택한 후, 'MOVIE'를 클릭하면 동영상을 볼 수 있다.

■ **'우리의 놀이 문화 원형을 찾아서'**－http://www.koreangame.net/sample.asp

• 명절별, 계절별로 다양한 민속놀이에 대한 그림과 사진 자료를 볼 수 있다.

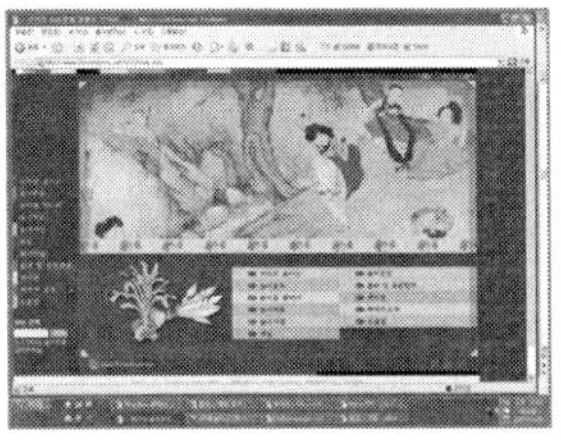

■ **'윤영근의 민속놀이 배움터'**－http://my.dreamwiz.com/ybosco/

• 총 60여 가지의 민속놀이에 대한 설명이 동영상으로 소개되어 있다.
놀이의 유래, 놀이 방법, 놀이의 효과, 유의할 점까지 소개되어 있다.

3) '얼씨구나 제기 차자' 동시 감상하기 (CD-ROM)

- **활동목표:** 동시를 통해 전통 놀이에 친밀감을 가진다.
  동시를 듣고 느낌을 표현한다.
- **활동유형:** 소집단 활동 및 대집단 활동
- **활동자료:** '제6차 유치원 교육활동 지도자료집 활용을 위한 언어생활 교수 · 학습 자료' CD, 컴퓨터, 프린터
- **활동방법**

① '제기'를 수수께끼로 내어 알아맞히게 한다.

② 제기놀이에 대한 경험을 이야기한다.

③ '제6차 유치원 교육활동 지도자료집 활용을 위한 언어생활 교수 · 학습 자료' CD를 실행한다.

④ '우리나라와 다른 나라' > '동시 · 동화 듣기' > '동시 듣기' > '얼씨구나 제기 차자'를 선택한다.

⑤ 동시를 감상한다.

⑥ 동시에 대한 느낌을 이야기한다.

4) '동물의 왕은 여우' 동화 듣기 (인터넷)

- **활동목표:** 동화를 듣고 즐긴다.
  자신의 느낌이나 생각을 이야기한다.
- **활동유형:** 소집단 활동 및 대집단 활동
- **활동자료:** 인터넷 '쥬니어네이버', 컴퓨터
- **활동방법**

① 인터넷 주소창에 '쥬니어네이버' http://jr.naver.com/를 입력한다.

② 홈 > '동화여행'을 클릭한다.

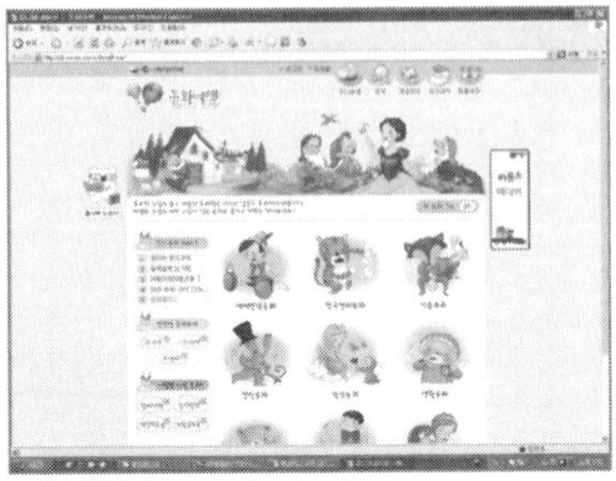

③ 홈 > '동화여행' > '한국전래동화' > '동물의 왕은 여우'를 듣는다.

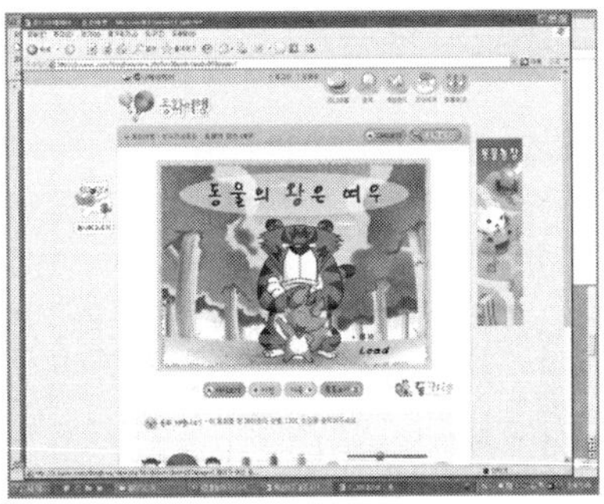

④ 동화에 대한 느낌을 이야기한다.

5) 전통놀이 그림책 만들기 (CD-ROM)

- **활동목표**: 우리나라 전통놀이 종류에 대해 관심을 가진다.
  우리나라의 전통놀이 책을 만든다.
- **활동유형**: 개별 활동 및 소집단 활동
- **활동자료**: '꼬마 크레용' CD, 컴퓨터, 프린터, 사인펜
- **활동방법**

① '꼬마 크레용' CD를 실행한다.

② '메뉴' >  를 클릭한다.

③ 우리나라 전통놀이의 종류에 대해 이야기한다.

⇨ 옛날부터 했던 전통놀이에는 무엇이 있을까?

⇨  를 클릭한다.

⇨ 여러 가지 전통놀이의 그림을 보면서 이야기한다.

⇨ 전통놀이를 해 본 경험에 대해 이야기한다.

④ 여러 가지 전통놀이의 그림 중 마음에 드는 것을 선택하여 색칠한다.

⑤ 완성된 화면을 인쇄한다.

⑥ 인쇄한 그림에 전통놀이의 제목과 그림에 대한 이야기를 적는다.

⑦ 다른 유아들의 작품을 모아서 그림책으로 묶은 후 언어 영역에 내준다.

5 전통놀이 한마당

▌교육과정 관련 요소▐

- **건강생활**: 건강하게 생활하기–즐겁게 생활하기
- **사회생활**: 사회 현상에 관심 가지기–우리나라와 우리 문화에 관심 가지기
  이웃과 더불어 생활하기–질서와 규칙 지키기
  –두레의 소중함을 알고 협력하기
- **표현생활**: 예술적 표현 즐기기–조형 활동으로 표현하기
  –창의적인 표현 과정 즐기기
- **언어생활**: 말하기–생각과 느낌 말하기
  –바른 태도로 말하기
  읽기–책에 관심 가지기
  쓰기–쓰기에 관심 가지기

1) '전통놀이 한마당' 광고 만들기 (CD-ROM)

- **활동목표**: 새로운 소식을 알리는 방법에 대해 안다.
  친구들과 협력하여 '전통놀이 한마당' 광고를 만든다.
- **활동유형**: 소집단 활동
- **활동자료**: 'LG 홈워드 3' CD, 컴퓨터, 프린터
- **활동방법**

① '전통놀이 한마당'을 알리는 방법에 대해 이야기를 나눈다.

- '전통놀이 한마당'을 친구들에게 알리려면 어떻게 해야 할까?

② 광고를 하는 방법에 대하여 이야기 나눈다.

- 광고에 무슨 내용이 들어가면 좋을까?

③ 'LG 홈워드 3' CD를 이용하여 알림장을 만든다.

⇨ 'LG 홈워드 3' CD를 실행한다.

⇨ '파일' > '새 문서' > '문서 세로'를 클릭한다.

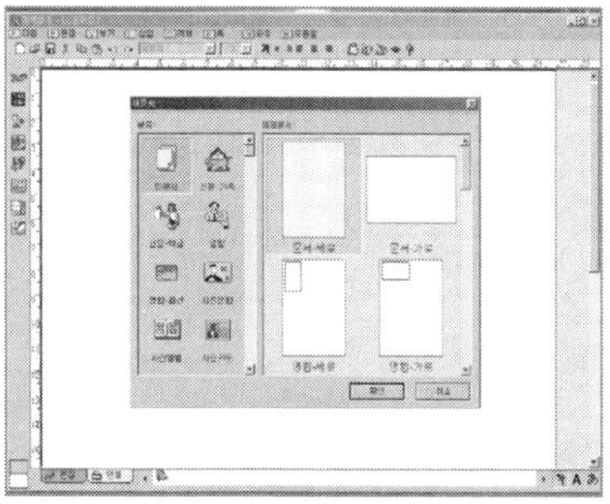

⇨ 를 클릭하여 광고 내용을 입력한다.

⇨ 을 클릭하여 그림을 끌기하여 붙인다.

⇨ 완성된 화면을 인쇄한다.

④ 광고지를 어디에 붙일지 의논하여 붙인다.

2) '전통놀이 한마당' 초대장 만들기 (CD－ROM)

- **활동목표**: 다양한 방법으로 글자를 쓰는 경험을 한다.
  다양한 방법으로 '전통놀이 한마당' 초대장을 만든다.
- **활동유형**: 개별 활동 및 소집단 활동
- **활동자료**: '어린이 훈민정음 3' CD, 컴퓨터, 프린터
- **활동방법**

① '어린이 훈민정음 3' CD를 실행한다.

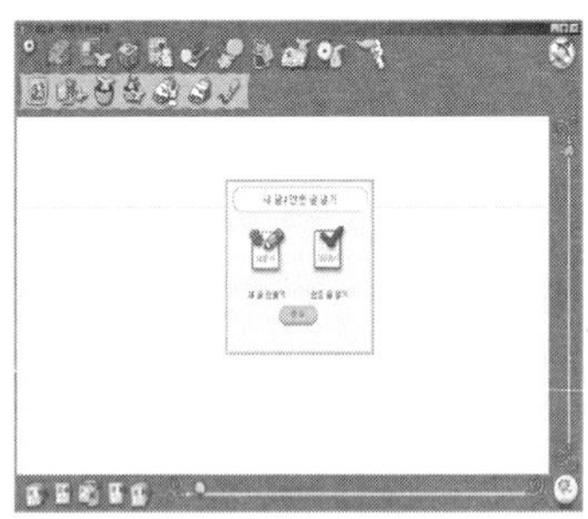

② > > 을 클릭한다.

③ 다양한 '초대장' 양식 중 마음에 드는 것을 선택한다.

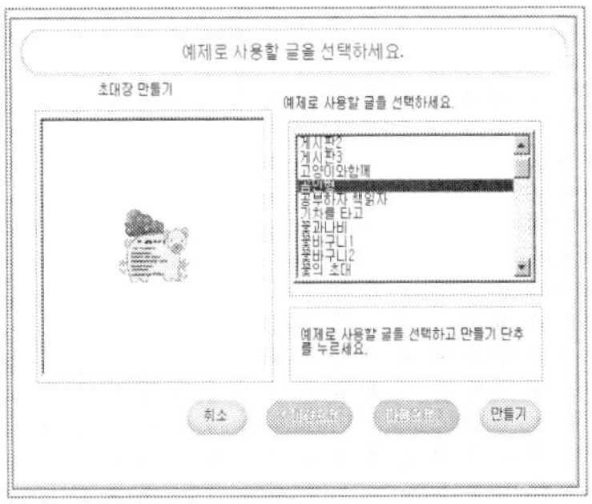

④ '고운 글 부르기'를 이용하여 초대장에 글자를 입력한다.

⑤ 조각그림을 덧붙여서 꾸민다.

⑥  를 선택하여 인쇄한다.

⑦ 완성된 초대장을 다른 반 선생님과 친구들에게 보낸다.

6 우리나라 전통 춤과 음악

교육과정 관련 요소

- **건강생활**: 건강하게 생활하기－즐겁게 생활하기
- **사회생활**: 사회 현상에 관심 가지기－우리나라와 우리 문화에 관심 가지기
- **표현생활**: 예술적 표현 즐기기－움직임과 춤으로 표현하기

—창의적인 표현 과정 즐기기

감상하기—아름다움 느끼기

—예술적 표현 존중하기

—우리 전통 예술 감상하기

- **언어생활:** 듣기—바른 태도로 듣기

—이야기 듣고 이해하기

말하기—생각과 느낌 말하기

—바른 태도로 말하기

읽기—책에 관심 가지기

1) '우리나라 전통 춤'에 대하여 알아보아요 (인터넷)

- **활동목표:** 인터넷에서 필요한 자료를 찾아본다.
  우리나라 전통 춤의 종류와 도구에 대해 친숙해지고 관심을 가진다.
- **활동유형:** 소집단 활동 및 대집단 활동
- **활동자료:** 인터넷 '두산세계대백과—전통문화', 컴퓨터
- **활동방법**

① 인터넷 주소창에 '두산세계대백과—전통문화' http://trad.encyber.com/ 를 입력한다.

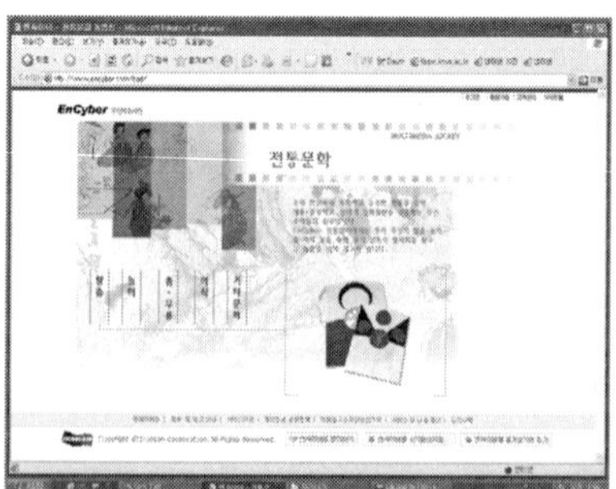

② '춤 · 무용'이나 '탈춤'을 클릭한다.

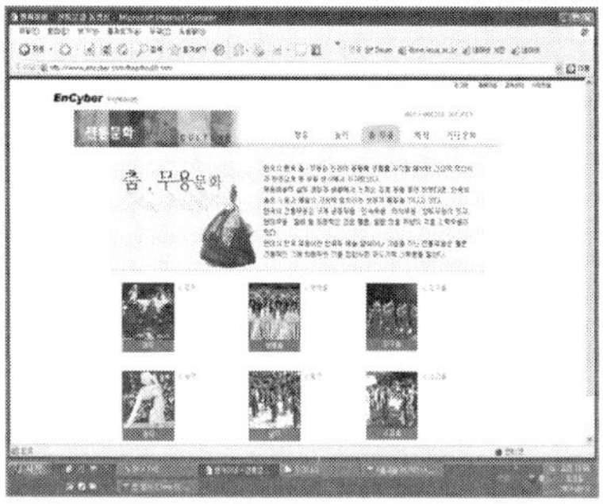

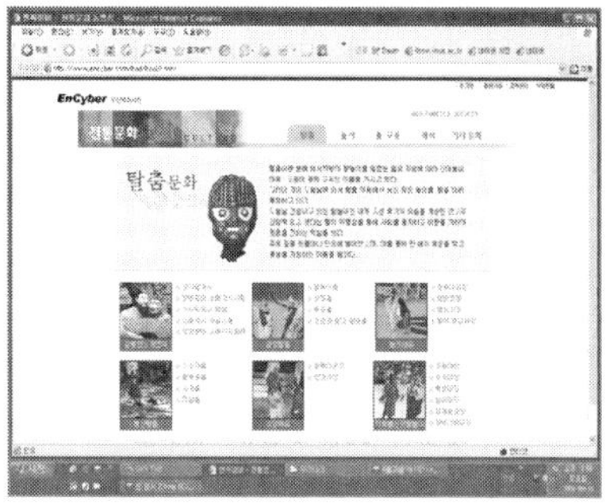

③ 여러 가지 전통 춤 사진을 보며 이야기 나눈다.

- 우리나라 춤 사진을 보니 느낌이 어떠니?
- 이 사람들은 어떤 옷을 입고 춤을 추니?

강령탈춤

동래야유

부채춤

승무

④ 춤에 관한 사진을 보면서 동작에 대해 이야기 나눈다.

- 이런 춤을 추는 것을 본 적이 있니?
- 무슨 춤이라고 할까?
- 이 사람은 어떤 몸짓을 하고 있니?

⑤ 춤의 도구에 대해 이야기 나눈다.

- 이 사람은 춤을 출 때 무엇을 사용하고 있니?
- 춤을 출 때 왜 이런 것을 사용할까?

2) '우리나라 전통 음악'에 대하여 알아보아요 (인터넷)

- **활동목표**: 인터넷에서 필요한 자료를 찾아본다.

전통 음악의 종류와 악기에 대해 친숙해지고 관심을 가진다.

전통 음악을 듣고 즐긴다.

- **활동유형**: 소집단 활동 및 대집단 활동
- **활동자료**: 인터넷 '국립국악원', 컴퓨터
- **활동방법**

① 인터넷 주소창에 '국립국악원' http://www.ncktpa.go.kr/을 입력한다.

② 홈 > '국악자료' > '국악사전'을 클릭한다.

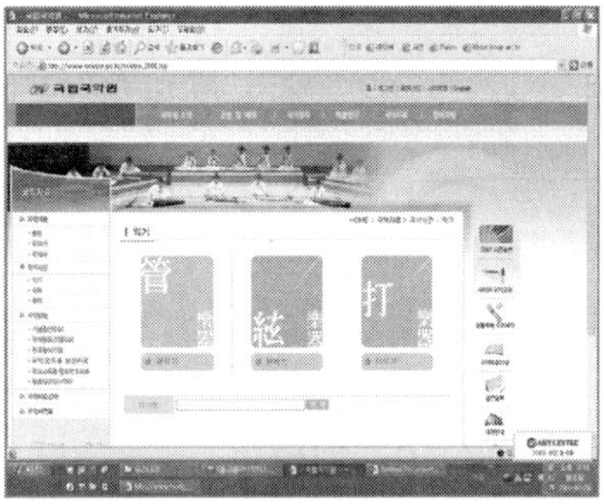

③ 여러 가지 전통 악기의 사진을 보면서 이야기 나눈다.

- 이런 악기들을 본 적이 있니?
- 무엇으로 만들었을까?
- 어떤 소리가 날까?

④ 각 악기의 이름을 알아보고, 악기 소리를 듣는다.

- 어떤 느낌이 드니?

⑤ 홈 > '국악자료' > '국악교육용영상자료'를 클릭하여 악기를 연주하는 모습을 보며 이야기를 나눈다.

- 악기를 연주하는 모습을 본 적이 있니?

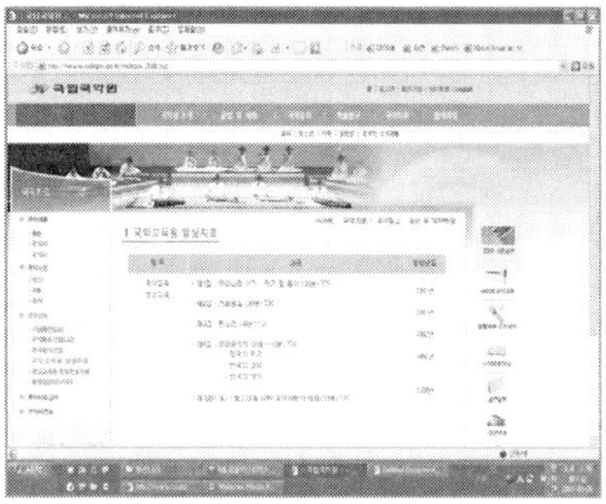

⑥ 홈 > '국악자료' > '동영상 감상'을 클릭하여 악기를 연주하는 모습을 보며 이야기를 나눈다.

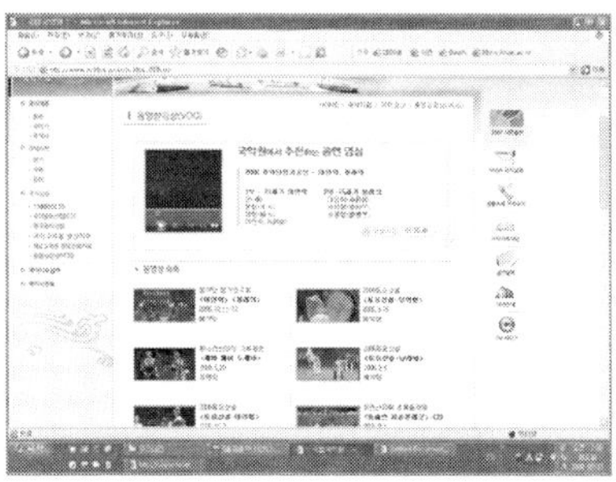

⑦ 전통 음악을 들어 본 느낌에 대해 이야기 나눈다.

- 음악을 들어 보니 어떤 느낌이 드니?

3) '우리나라 악기'에 대해 알아보아요 (인터넷)

- **활동목표**: 우리나라 악기의 종류에 대하여 안다.
  우리나라 악기의 소리에 관심을 가진다.
- **활동유형**: 소집단 활동 및 대집단 활동
- **활동자료**: 인터넷 '교원아이', 컴퓨터

- **활동방법**

① 인터넷 주소창에 '교원아이' http://www.kyowoni.com/를 입력한다.

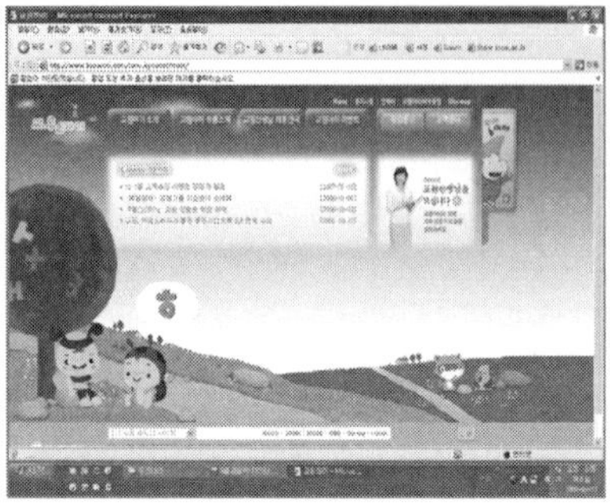

② 홈 > '유아놀이터' > '음악마을' > '악기놀이터' > '우리나라 악기'를 클릭한다.

③ '우리나라 악기'에 대하여 이야기를 나누고, 악기 소리를 들어본다.

: 악기 소리를 들을 수 있다.

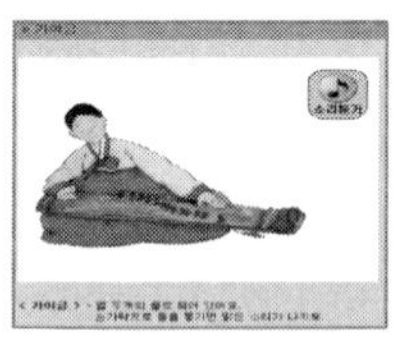

④ 악기 소리를 들어 본 느낌에 대해 이야기를 나눈다.

- 이 악기 소리를 들으니 느낌이 어떠니?

4) '사물악기와 도깨비' 동화 듣고 뒷이야기 꾸미기 (CD-ROM)

- **활동목표**: 동화를 듣고 우리나라 사물놀이에 관심을 가진다.
  동화를 듣고 생각이나 느낌을 이야기한다.
  그림을 보고 상상하여 이야기를 재미있게 꾸민다.
- **활동유형**: 소집단 활동 및 대집단 활동
- **활동자료**: '제6차 유치원 교육활동 지도자료집 활용을 위한 사회생활 교수 · 학습 자료' CD, 컴퓨터, 프린터, 미술도구 등
- **활동방법**

① '제6차 유치원 교육활동 지도자료집 활용을 위한 사회생활 교수 · 학습 자료' CD를 실행한다.

② '우리나라와 다른 나라' > '동화 동시 듣기' > '흑백동화 듣기' > '사물악기와 도깨비'를 클릭한다.

③ 동화를 듣는다.

④ 동화에 대한 느낌을 이야기한다.
- 어떤 부분이 가장 재미있었니?
- 동화 속에 나오는 우리나라 악기들을 본 적이 있니?

⑤ 그림을 보고 이야기를 꾸며 본다.
- 동화의 각 장면을 인쇄한다.
- 유아들에게 한 장씩 선택하게 하여 색칠하고 이야기를 꾸미도록 한다.
- 유아들의 작품을 묶어서 책으로 만든다.
- 언어 영역에 전시하고 동화 구연을 해 보게 한다.

5) '우린 그렇지 않아' 동요 듣고 부르기 (인터넷)

- **활동목표**: 노래를 듣고 즐긴다.
  노래를 듣고 따라 부를 수 있다.
- **활동유형**: 소집단 활동 및 대집단 활동
- **활동자료**: 인터넷 '교원아이', 컴퓨터
- **활동방법**

① 인터넷 주소창에 '교원아이' http://www.kyowoni.com/를 입력한다.

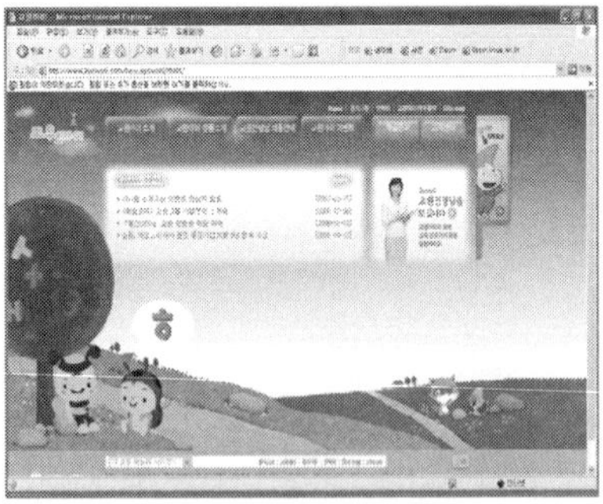

② 홈 > '유아놀이터' > '음악마을' > '동요놀이터' > '우린 그렇지 않아'를 클릭한다.

 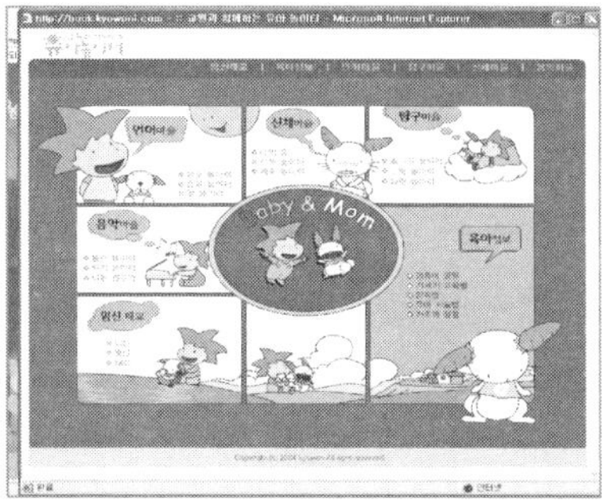

③  를 클릭하여 노래를 듣는다.

④ 노래를 따라 부른다.

7 우리나라 옛날 물건

‖ 교육과정 관련 요소 ‖

- **사회생활**: 사회 현상에 관심 가지기 – 우리나라와 우리 문화에 관심 가지기
- **표현생활**: 자연과 생활에서 아름다움 찾아보기 – 예술적 요소 찾아보기
  감상하기 – 아름다움 느끼기
  – 예술적 표현 존중하기
  – 우리 전통 예술 감상하기
- **언어생활**: 듣기 – 바른 태도로 듣기
  – 이야기 듣고 이해하기
  말하기 – 생각과 느낌 말하기
  – 바른 태도로 말하기

- **탐구생활:** 과학적 기초 능력 기르기–간단한 도구와 기계 활용하기

1) '우리나라의 옛날 물건'에 대해 알아보아요 (CD–ROM)

- **활동목표:** 우리나라의 옛날 물건에 관심을 가진다.
  다른 사람의 말을 주의 깊게 듣고 자신의 생각을 바르게 표현한다.
- **활동유형:** 소집단 활동 및 대집단 활동
- **활동자료:** '제6차 유치원 교육과정 적용 이야기 나누기 2학기' CD, 컴퓨터, 프린터
- **활동방법**

① '제6차 유치원 교육과정 적용 이야기 나누기 2학기' CD를 실행한다.

② '생활주제' > '우리나라 다른 나라'를 클릭한다.

③ '우리나라 옛날 물건'을 클릭한다.

④ 옛날 물건의 그림을 보면서 이야기 나눈다.

- 여기 있는 물건들을 본 적이 있니?
- 이 물건의 이름은 무엇일까?
- 어떻게 사용하는 물건일까?
- 요즘에는 이것 대신 무엇을 사용할까?

⑤ 옛날 물건과 현대 물건의 좋은 점과 나쁜 점을 비교하여 이야기해 본다.

- 옛날 물건이 더 좋은 점은 무엇일까?
- 현대 물건은 어떤 점이 편리할까?

2) '옛날에 사용하던 물건'에 대해 알아보아요 (인터넷)

- **활동목표**: 인터넷을 활용하여 필요한 자료를 찾는다.
  우리나라의 옛날 물건에 관심을 가진다.
  다른 사람의 말을 주의깊게 듣고 자신의 생각을 바르게 표현한다.
- **활동유형**: 소집단 활동 및 대집단 활동
- **활동자료**: 인터넷 '국립민속박물관', 컴퓨터
- **활동방법**

① 인터넷 주소창에 '국립민속박물관' http://www.nfm.go.kr/을 입력한다.

② 홈 > '자료마당' > '소장품 검색' > '국적/시대' > '한국'

- 여기 있는 물건들을 본 적이 있니?
- 이 물건의 이름은 무엇일까?
- 어떻게 사용하는 물건일까?

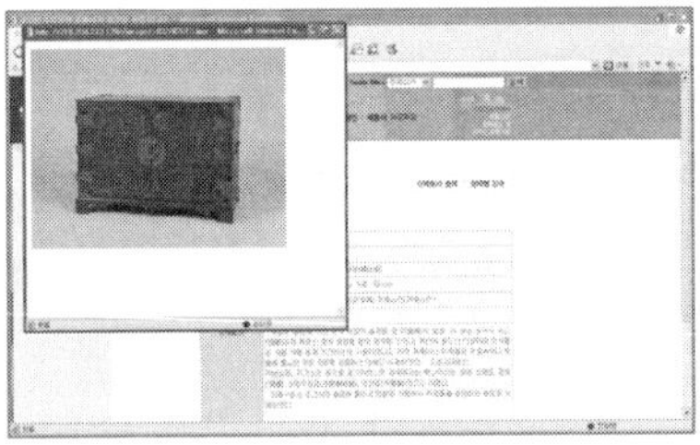
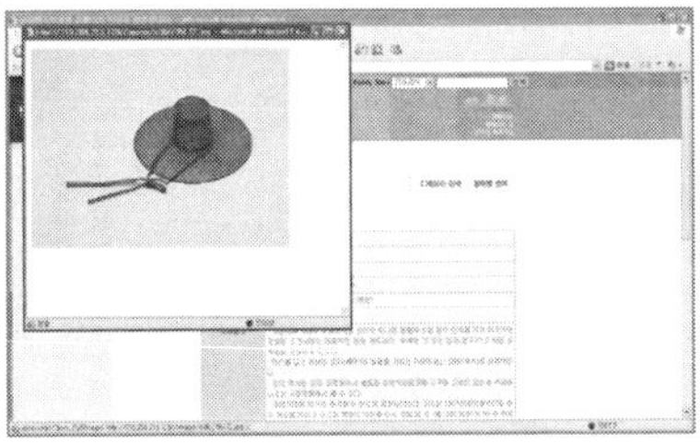
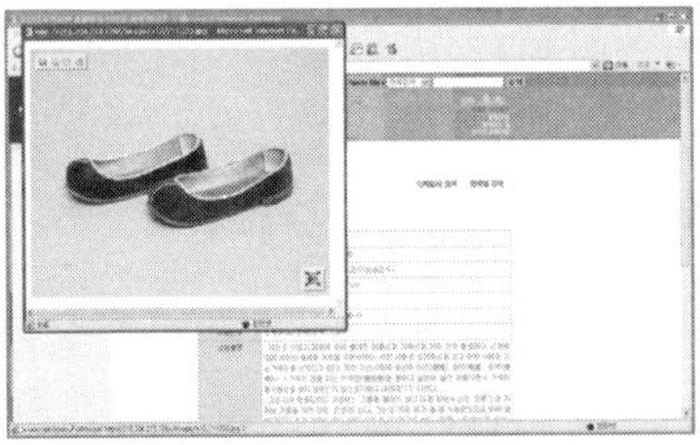
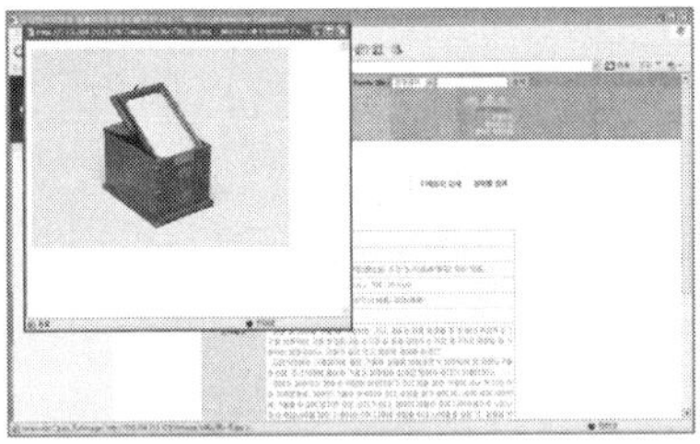
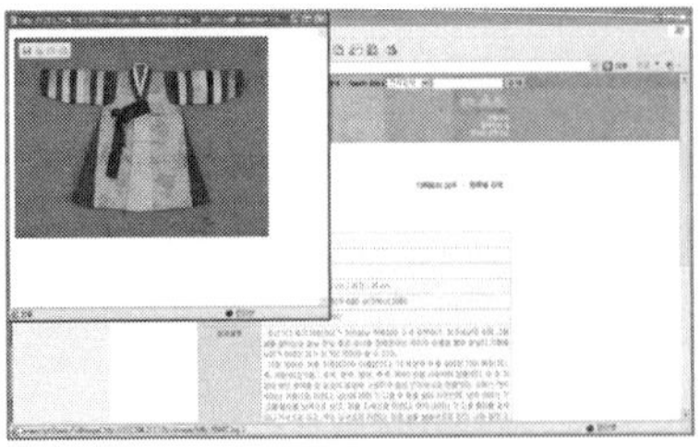
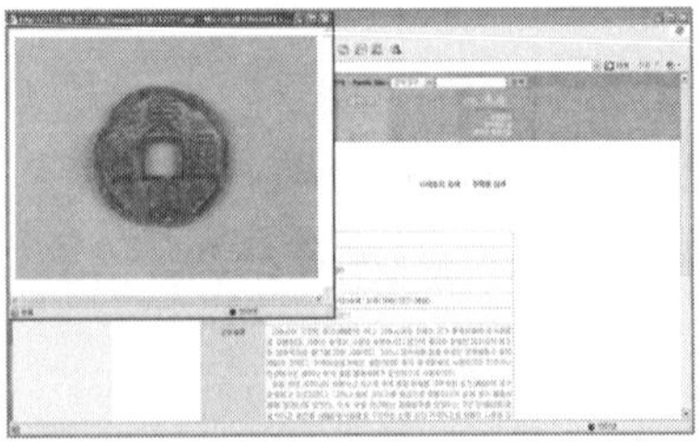

③ 오늘날의 물건들과 비교하여 이야기 나눈다.

- 요즘에는 이것 대신 무엇을 사용할까?

④ 옛날 물건의 사진을 인쇄하여 수수께끼 카드로 만들어 언어 영역에 내준다.

3) '박물관'을 관람해요 (인터넷)

- **활동목표**: 인터넷에서 필요한 자료를 찾아본다.
  박물관의 기능과 특성에 대해 관심을 가진다.
- **활동유형**: 소집단 활동 및 대집단 활동
- **활동자료**: 인터넷 '국립중앙박물관', 컴퓨터, 프린터
- **활동방법**

① 박물관에 가 본 경험에 대해 이야기한다.

- 박물관에 가 본 적 있니?
- 박물관에서 어떤 물건을 보았니?
- 왜 그렇게 여러 물건들을 보관하고 있을까?

② 직접 가는 방법 외에 박물관을 관람하는 방법에 대해 이야기한다.

③ 인터넷 주소창에 '국립중앙박물관' http://www.museum.go.kr/kor/index.jsp을 입력한다.

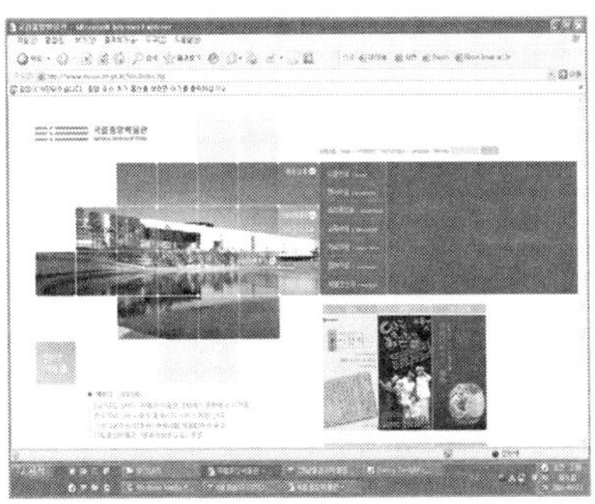

④ 홈 > '어린이 박물관'을 클릭한다.

⑤ '어린이 박물관은?'에서 '전시실 미리보기'을 클릭하여 관람한다.

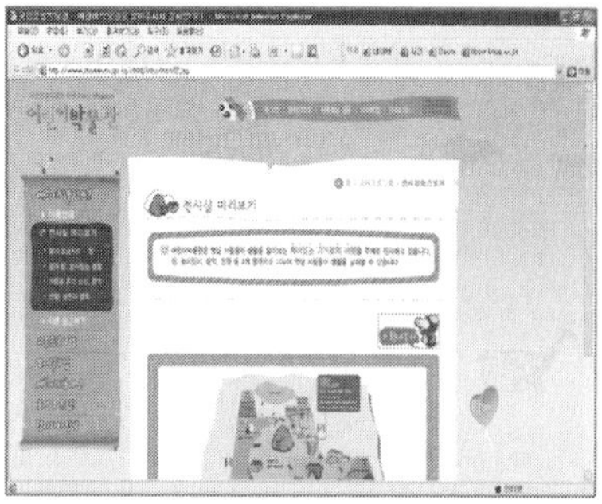

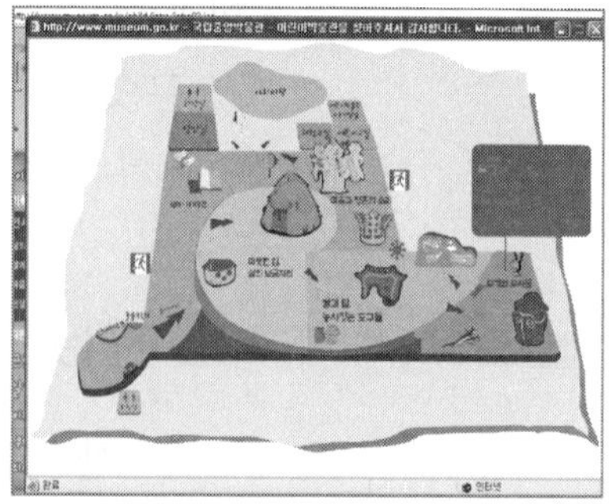

⑥ 박물관을 둘러 본 느낌을 이야기 나눈다.

- 인터넷으로 박물관을 구경한 느낌이 어떠니?

<사후 활동> 박물관 견학 가기

-가까운 박물관에 직접 견학을 간다.

-인터넷 박물관을 구경한 느낌과 비교해 본다.

8 우리나라 문화유산

▌교육과정 관련 요소 ▌

- **사회생활**: 사회 현상에 관심 가지기-우리나라와 우리 문화에 관심 가지기
- **표현생활**: 자연과 생활에서 아름다움 찾아보기-예술적 요소 찾아보기
  감상하기-아름다움 느끼기
  -예술적 표현 존중하기
  -우리 전통 예술 감상하기
- **언어생활**: 듣기-바른 태도로 듣기
  -이야기 듣고 이해하기

말하기-생각과 느낌 말하기
　　　-바른 태도로 말하기

1) 우리나라의 문화유산에 대하여 알아보아요 (인터넷)

- **활동목표**: 인터넷을 통해 우리나라의 문화유산을 찾아본다.
  우리나라의 독특한 문화유산에 대해 알고 자긍심을 가진다.
- **활동유형**: 소집단 활동 및 대집단 활동
- **활동자료**: 인터넷 '사이버문화재탐방', 컴퓨터, 프린터
- **활동방법**

① 우리나라의 문화유산에 대하여 이야기를 나눈다.
  - 우리나라에는 우리나라만 가지고 있어서 다른 나라 사람에게 자랑할 수 있는 문화유산이 있단다. 어떤 것이 있을까?

② 인터넷 주소창에 '사이버문화재탐방' http://visit.ocp.go.kr/visit/을 입력한다.

③ 홈 > '테마여행' > '한국의 세계유산을 찾아서' > '문화유산 탐방'을 클릭하여 여러 가지 문화유산에 대해서 알아본다.
  - 여기에 가 본 적이 있니?
  - 이것을 보니까 어떤 느낌이 드니?

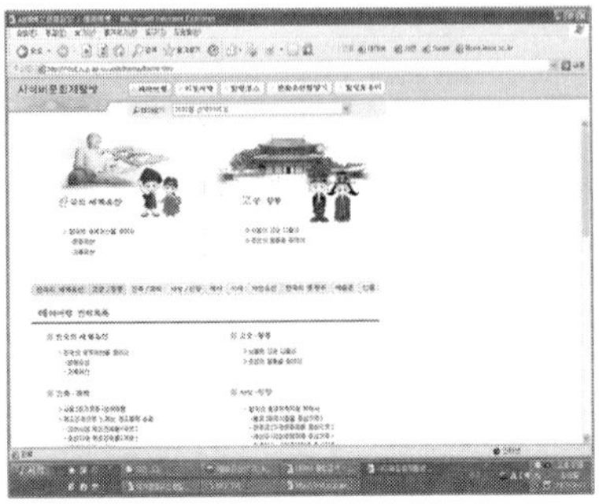

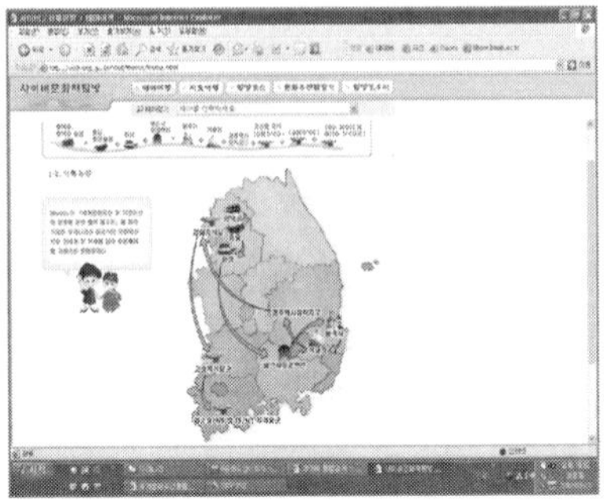

⇨ 문화유산 중 궁금한 곳을 클릭하면 문화유산의 내부를 소개하는 동영상을 볼 수 있다.

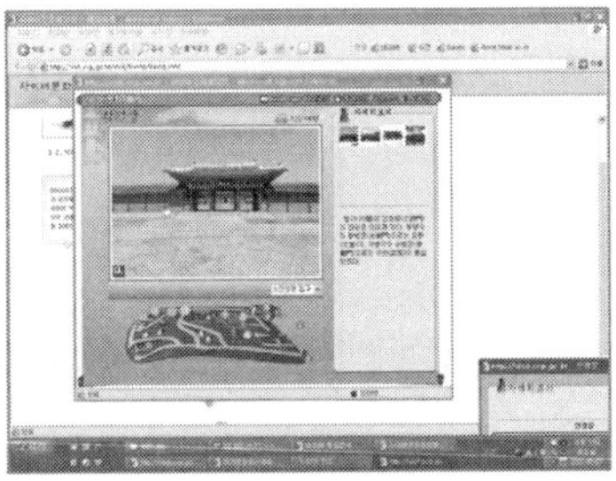

④ 여러 가지 다양한 그림을 인쇄하여 언어 영역에 내준다.

2) 우리의 명절에 대하여 알아보아요 (인터넷)

- **활동목표:** 인터넷을 통해 우리의 명절에 대한 자료를 찾아본다.
  우리의 명절과 관련된 여러 가지 풍습에 대하여 안다.
- **활동유형:** 소집단 활동
- **활동자료:** 인터넷 '한국의 명절', 컴퓨터
- **활동방법**

① 인터넷 주소창에 '한국의 명절' http://rose1001.duri.to/ 를 입력한다.

② 명절개요 를 클릭하여 각 명절에 대해 간단한 소개를 살펴보고 이야기를 나눈다.

- 명절은 어떤 날일까?

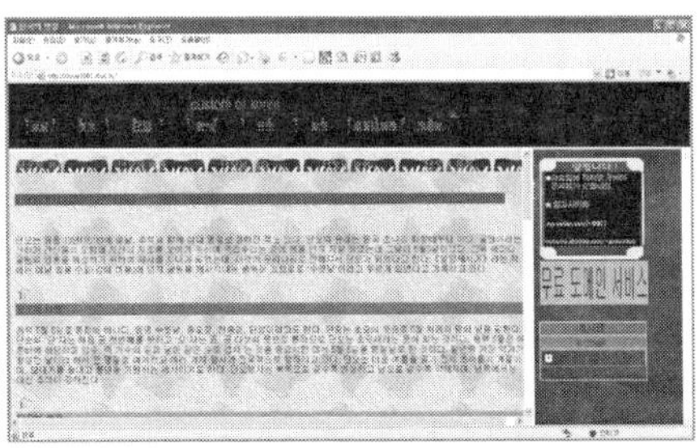

③ 명절음식 을 클릭하여 명절에 많이 먹는 음식에 대하여 이야기를 나눈다.

- 명절에는 어떤 음식을 먹을까?

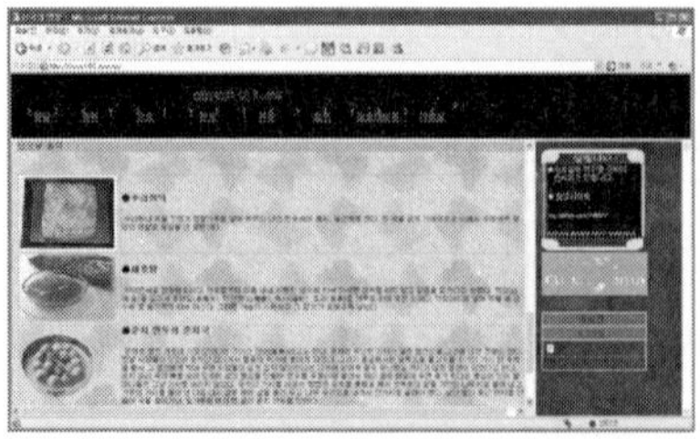

④ 명절놀이 를 클릭하여 명절에 주로 하는 놀이에 대하여 이야기를 나눈다.

- 명절에는 어떤 놀이를 하고 지냈을까?

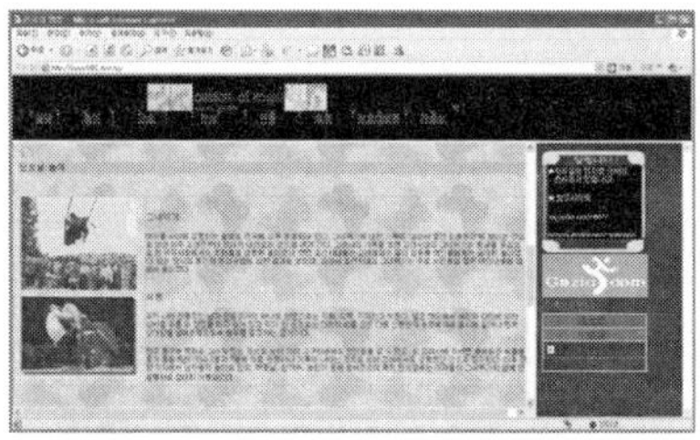

'문화유산' 관련 인터넷 사이트

■ **'국가문화유산포털(문화재청)'** – http://www.heritage.go.kr/

- 문화재청에서 운영하는 '국가문화유산포털'에는 '사이버 박물관' '문화유산 전시관' '사이버문화재탐방' '어린이 박물관'의 홈페이지로 이동할 수 있는 메뉴가 있으며, 문화유산을 분류별로 검색할 수 있다.

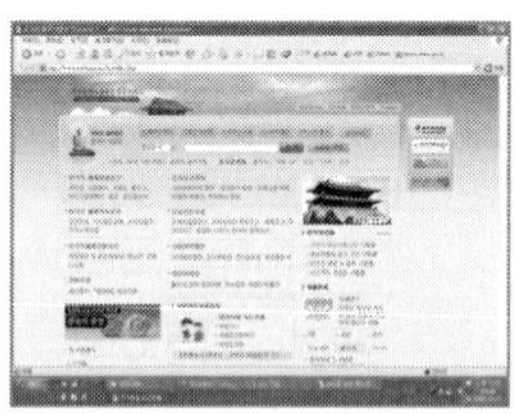

■ **'국립민속박물관(영상민속관)'** – http://www.nfm.go.kr/

- 작은 창을 통해 민속유물을 검색할 수 있으며, 우리의 문화를 영상으로 볼 수 있는 영상민속관이 있다. 영상민속관에서는 '우리의 화폐' '종이문화' '건축장인의 땀과 꿈' '한국의 칠문화' 등의 영상을 볼 수 있다.

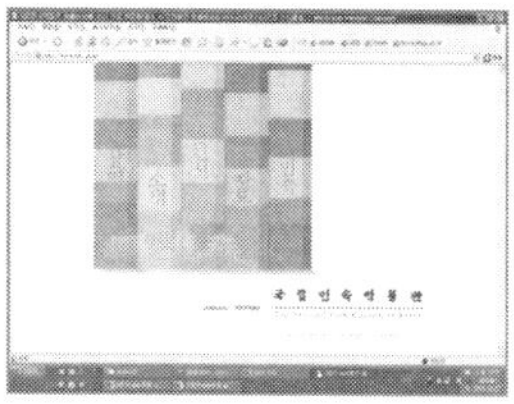

■ **'사이버문화재탐방'**–http://visit.ocp.go.kr/visit/

- '테마 여행' '지도 여행' '문화유산 탐방기' 등의 메뉴가 있으며, 테마별로 분류된 문화유산을 살펴볼 수 있다. 문화유산을 선택하면 사진과 자세한 설명을 볼 수 있으며, 동영상을 함께 볼 수 있다.

■ **세계문화유산(한국문화유산)**–http://www.unesco.or.kr/whc/

- 유네스코에서 지정한 세계문화유산 중 한국문화유산 다섯 가지(불국사, 석굴암, 창덕궁, 종묘, 수원화성)에 대한 사진과 설명이 있다.

■ **문예진흥원의 가상박물관**–http://www.kcaf.or.kr/ehome3/english/vrml/home.htm

- 한국의 대표적인 유적, 유물들을 가상 현실을 이용하여 3차원으로 전시한 가상박물관이다. 고구려 오회분 4호묘의 벽화와 도자기들을 동화상으로 감상할 수 있다.

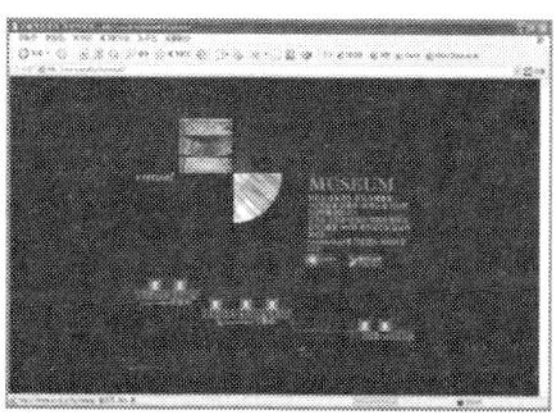

9 우리나라 관광지 소개하기

▌교육과정 관련 요소▐

- **사회생활**: 사회 현상에 관심 가지기－우리나라와 우리 문화에 관심 가지기
- **표현생활**: 자연과 생활에서 아름다움 찾아보기－예술적 요소 찾아보기
  예술적 표현 즐기기－조형 활동으로 표현하기
  －창의적인 표현 과정 즐기기
  감상하기－아름다움 느끼기
  －우리 전통 예술 감상하기
- **언어생활**: 듣기－바른 태도로 듣기
  －이야기 듣고 이해하기
  말하기－생각과 느낌 말하기
  －바른 태도로 말하기
  읽기－책에 관심 가지기
  쓰기－쓰기에 관심 가지기
- **탐구생활**: 수학적 기초 능력 기르기－자료 정리 및 결과 나타내기

1) 사진으로 보는 우리나라 여행 (인터넷)

- **활동목표**: 인터넷에서 필요한 자료를 찾는다.
  우리나라 관광지의 모습을 사진으로 구경한다.
- **활동유형**: 소집단 활동 및 대집단 활동
- **활동자료**: 인터넷 '한국관광공사 여행정보', 컴퓨터
- **활동방법**

① 우리나라를 여행한다면 어느 곳을 가고 싶니?
- 왜 그 곳이 가고 싶니? 제일 보고 싶은 것이 무엇이니?

• 다른 사람이 우리나라의 관광지를 여행하고 찍은 사진을 소개해 놓은 곳이 있단다.

② 인터넷 주소창에 '한국관광공사 여행정보'—http://www.visitkorea.or.kr/를 입력한다.

③ 홈 > '여행정보' > '구석구석 관광명소'를 클릭한다.

④ 원하는 관광지를 클릭하여 여행 사진을 감상한다.

⑤ 각 여행지마다 설명을 해 주며 유아들과 이야기를 나눈다.

2) 우리나라 안내 책 만들기 (e 인터넷)

- **활동목표**: 우리나라의 지리, 문화유산, 관광지에 대한 정보 자료를 활용한다. 여러 가지 자료를 이용하여 안내 책을 꾸민다.
- **활동유형**: 개별 활동 및 소집단 활동
- **활동자료**: 인터넷 '한국관광공사—관광허브네트워크', 컴퓨터, 프린터, 우리나라에 관련된 그림이나 사진 자료
- **활동방법**

① 우리나라를 여행하러 온 외국인에게 우리나라를 소개하려면 어떻게 해야 할까?

② 인터넷에서 우리나라를 소개하는 사이트를 둘러본다.

⇨ 인터넷 주소창에 '한국관광공사—관광허브네트워크' http://www.visit.korea.or.kr/를 입력한다.

③ 홈 > '한국어' > 지역을 선정해서 클릭하여 본다.

⇨ 여러 관광지와 다양한 문화시설을 클릭하여 살펴본다.

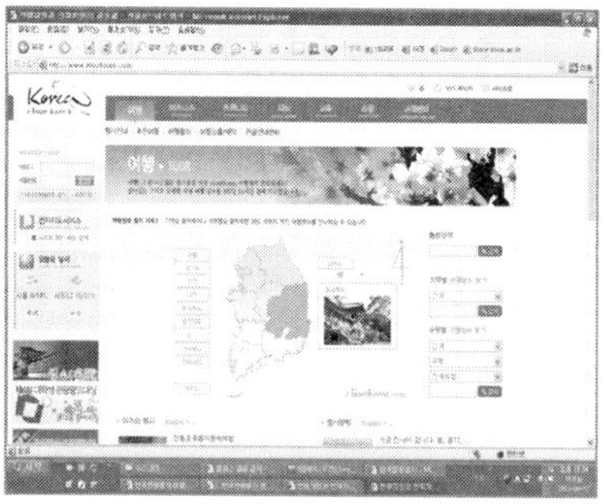
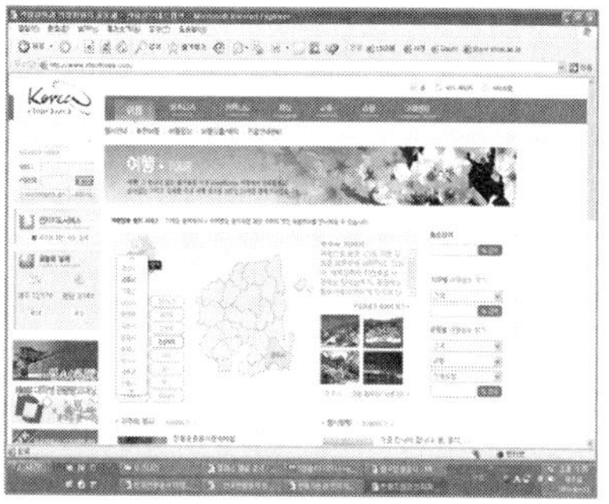

④ 우리나라 안내 책을 만들려면 어떻게 해야 할지 의논한다.

- 우리나라를 소개하거나 여행할 때 도움을 줄 수 있는 안내 책을 만들려면 어떻게 하면 좋을까?

⑤ 안내 책에 붙일 그림이나 사진 자료를 인터넷에서 찾아서 인쇄한다.

- 무슨 그림(사진)을 붙이고 싶니?
- 이 그림(사진)을 어떻게 설명할까?

⑥ 우리나라 안내 책을 만든다.

⇨ 사진 그림에 적절하게 광고하는 글자를 쓴다.

⇨ 책 제목을 지어 표지를 꾸민다.

⇨ 여러 유아들의 책을 묶어서 언어 영역에 전시한다.

'우리나라 관광' 관련 인터넷 사이트

■ **한국관광공사**–http://www.visitkorea.or.kr

- 유형별, 지역별로 우리나라의 관광지를 검색할 수 있고, 관광지에 대한 자세한 설명과 함께 사진을 감상할 수 있다. '사진갤러리'를 클릭하여 감상한다.

■ What's on Korea–http://www.whatsonkorea.com/korean/

- 왼쪽 메뉴 중 '테마여행'을 클릭하면 테마별로 여행할 수 있는 곳이 정리되어 있다. 가고 싶은 곳을 선택하면 사진과 함께 설명을 볼 수 있다.

10 북한에 대해 알아보기

‖ 교육과정 관련 요소 ‖

- 사회생활: 사회 현상에 관심 가지기–우리나라와 우리 문화에 관심 가지기
  –다양한 문화에 관심 가지기
- 언어생활: 듣기–바른 태도로 듣기

　　　　　　　　−이야기 듣고 이해하기

　　　　　말하기−생각과 느낌 말하기

　　　　　　　　−바른 태도로 말하기

　　　　　쓰기−쓰기에 관심 가지기

• **탐구생활:** 과학적 기초 능력 기르기−간단한 도구와 기계 활용하기

1) 남 · 북한 사람들 (CD−ROM)

• **활동목표:** 북한에 대해 관심을 가진다.

남한과 북한은 같은 민족임을 안다.

남한과 북한의 공통점과 차이점에 관심을 갖는다.

• **활동유형:** 소집단 활동 및 대집단 활동

• **활동자료:** '유아를 위한 통일교육활동 지도자료' CD, 컴퓨터, 프린터

• **활동방법**

① '북한'에 대하여 아는 것을 함께 이야기한다.

- '북한'이라는 말을 들어 본 적이 있니?
- 북한은 어디에 있는 나라일까?
- 북한에 대해 알고 있는 것이 있니?

② '유아를 위한 통일 교육 자료' CD를 실행한다.

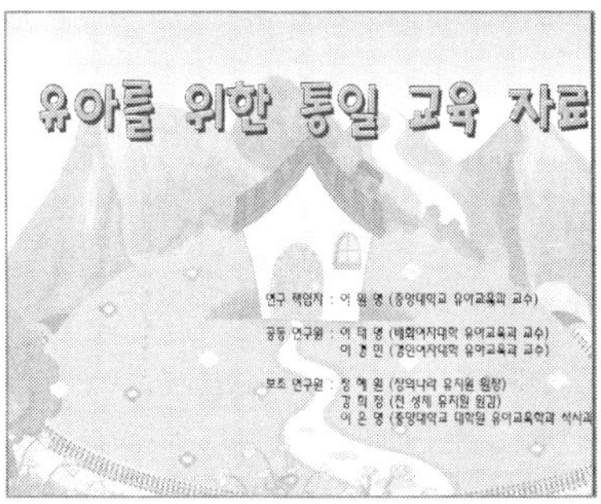

③ '신나는 기차' > '기찻길 퍼즐 맞추기 게임'을 클릭하여 이야기를 나눈다.

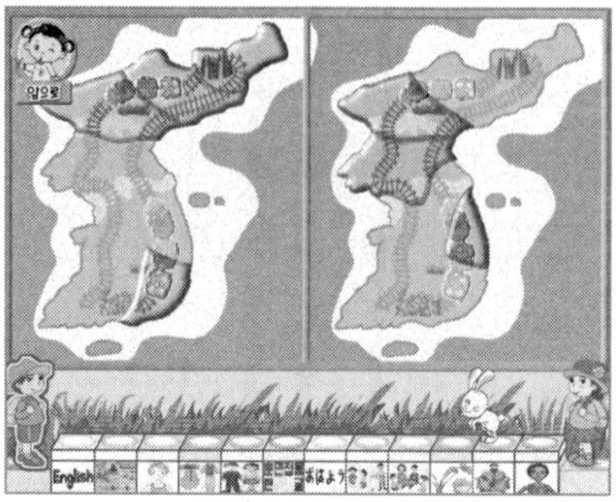

④ 남한과 북한이 같은 민족임을 나타내는 그림(생김새, 글, 계절, 인사, 한복, 단군, 놀이, 단오, 추석, 설날, 쌀)이 나오면 기찻길 퍼즐을 맞춘다.

- 남한과 북한이 같은 민족인 이유는 무엇일까?
  - 생김새: 남북한 사람은 모두 황인종이에요. 피부 색깔이 조금 노란 편이지요.
  - 한글: 남북한은 모두 세종대왕께서 만드신 한글을 사용해요.
  - 한복: 남북한의 전통의상은 한복이에요.
  - 단군: 남북한 사람들은 단군 할아버지가 세우신 한반도에 살아요.
  - 놀이: 남북한 사람들은 널뛰기, 윷놀이, 제기차기 등의 전통놀이를 즐겨요.
  - 추석: 남북한 모두 햇곡식과 과일로 음식을 장만하여 온 가족이 모여 명절을 즐겨요.
  - 쌀: 남북한은 같은 민족으로서 쌀로 밥을 해 먹어요.
  - 김치: 남북한 사람들은 옛날부터 김치를 만들어 먹어요.
  - 계절: 남북한은 모두 봄, 여름, 가을, 겨울 사계절을 가진 나라에요.

2) 북한에 대하여 알아보아요 (인터넷)

- **활동목표**: 인터넷에서 필요한 자료를 찾아본다.
  북한에 대해 관심을 갖는다.
  남한과 북한의 공통점과 차이점에 관심을 갖는다.
- **활동유형**: 소집단 활동 및 대집단 활동
- **활동자료**: 인터넷 '통일부', 컴퓨터
- **활동방법**

① '북한'에 대해서 이야기 나눈다.

- '북한'이라는 말을 들어본 적이 있니?
- '북한'은 어디에 있는 나라일까?
- '북한'에 대해 알아볼까?

② 인터넷 주소창에 '통일부' http://www.unikorea.go.kr/index.jsp 를 입력한다.

③ 홈 > '정책자료' > '멀티미디어 자료실' > '홍보 영상' > '홍보 CF'를 클릭한다.

④ 인터넷 주소창에 '사이버 통일교육센터'—http://www.uniedu.go.kr/ 를 클릭한다.

⇨ 자료방에 있는 사진 자료 및 동영상 자료로 북한의 각 지역의 주요 시설과 명소를 알아본다.

⇨ 사진 자료를 통해 북한 사람이 어떻게 생활하고 있는지 알아보고 이야기를 나눈다.

⇨ 우리나라 사람들의 생활과 같은 점과 다른 점을 알아본다.

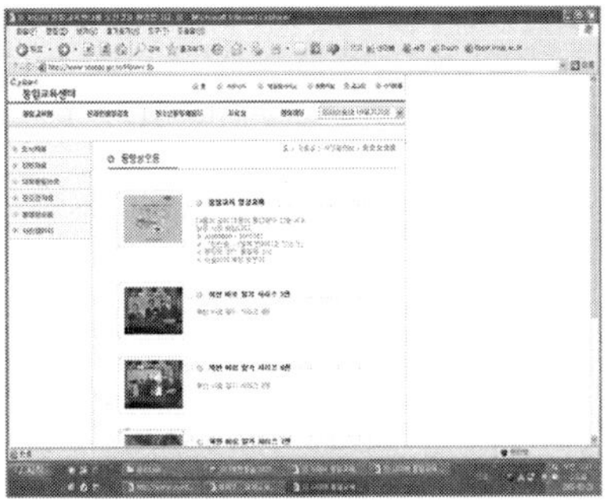

3) 북한 친구에게 편지를 써요 (CD—ROM)

- **활동목표:** 북한 어린이에게 관심을 갖는다.
  다양한 방법으로 편지 쓰기 활동을 한다.
  주변에서 글자의 기초 모양을 변별한다.
  여러 종류의 쓰기 도구를 사용해 본다.
- **활동유형:** 개별 활동
- **활동자료:** '어린이 훈민정음 3' CD, 컴퓨터, 프린터
- **활동방법**

① 북한 어린이들에 대하여 이야기 나눈다.

- 북한 어린이를 만나 본 적이 있니?
- 왜 만날 수가 없을까?

② 북한 어린이들에게 우리의 이야기를 전하는 방법에 대하여 이야기 나눈다.

- 우리가 만날 수 없는 북한 아이들에게 궁금한 점이나 우리의 이야기를 전하고 싶을 때는 어떻게 할 수 있겠니?
- 북한의 유치원 친구들에게 편지를 쓴다면 어떤 내용을 쓰면 좋을지 이야기해 보자.
- 북한 유치원 어린이에게 궁금한 점이 있다면 무엇이니?
- 나, 우리 반, 우리 유치원, 우리나라에 대해서 어떤 점들을 알려 주면 좋을까?

③ 편지를 쓰는 방법에 대해 이야기한다.

④ '어린이 훈민정음 3' CD를 실행한다.

⑤  >  > '편지' '엽서' '카드' 중 하나를 클릭한다.

⑥ 북한 친구들에게 보낼 내용을 입력한다.

⇨ 글자의 크기, 모양, 크기, 색깔 등을 정하고, '고운글 부르기'와 '조각그림'을 이용해 예쁘게 편집한다.

⑦ 완성된 편지를 인쇄한다.

⑧ 다른 친구들의 편지를 모아서 전시한다.

4) 같은 뜻 다른 말 (CD-ROM)

- **활동목표**: 남한과 북한의 말에 관심을 갖는다.
  같은 뜻의 말도 다르게 표현됨을 안다.
- **활동유형**: 소집단 활동
- **활동자료**: '유아를 위한 통일 교육자료' CD, 컴퓨터, 프린터
- **활동방법**

① '유아를 위한 통일 교육자료' CD를 실행한다.

② '같은 뜻의 단어카드를 찾아 쌓아 보아요'를 클릭하여 그림자료를 인쇄한다.

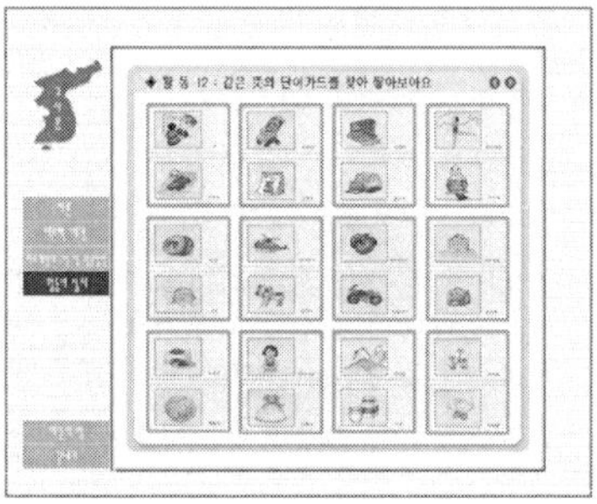

③ 남한과 북한 말에 대하여 이야기 나눈다.

- 북한에서는 우리가 쓰는 말과 다른 말을 사용한단다. 어떤 말들이 있는지 알아보자.
  - ⇨ 그림 카드를 소개하며 우리가 쓰는 단어와 북한에서 쓰는 단어를 소개한다(초등학교: 인민학교, 드레스: 나리옷, 우유: 소젖, 파마머리: 볶음머리, 슛: 차 넣기 등).

④ 그림 카드를 언어 영역에 내주어 수수께끼 놀이를 해 본다.

11 통일을 바라는 마음

▌교육과정 관련 요소▐

• **사회생활:** 사회 현상에 관심 가지기—우리나라와 우리 문화에 관심 가지기
—다양한 문화에 관심 가지기

• **언어생활:** 듣기—바른 태도로 듣기
—이야기 듣고 이해하기
말하기—생각과 느낌 말하기
—바른 태도로 말하기
쓰기—쓰기에 관심 가지기

1) 통일이 되면 좋겠어요 (인터넷)

• **활동목표:** 북한에 대해 관심을 가진다.
남한과 북한은 같은 민족임을 안다.
남한과 북한의 공통점과 차이점에 관심을 갖는다.

• **활동유형:** 소집단 활동

• **활동자료:** 인터넷 '통일학교', 컴퓨터

• **활동방법**

① '통일'이라는 말에 대하여 이야기를 나눈다.

- '통일' 이라는 말을 들어본 적이 있니?
- '통일'이란 무슨 뜻일까?
- '통일'이 되면 어떤 점이 좋을까?

② 인터넷 주소창에 '통일부' http://www.unikorea.go.kr/index.jsp 를 입력한다.

③ 홈 > '어린이 · 청소년 마당' > '통일만화' > '뚱이의 통일이야기' > '통일이 되어야 하는 이유'를 클릭하고 그림을 본다.

⇨ '통일 Q&A'에서 '왜 통일이 되어야 할까? 통일이 되면 어떤 점이 좋을까?'를 클릭한다.

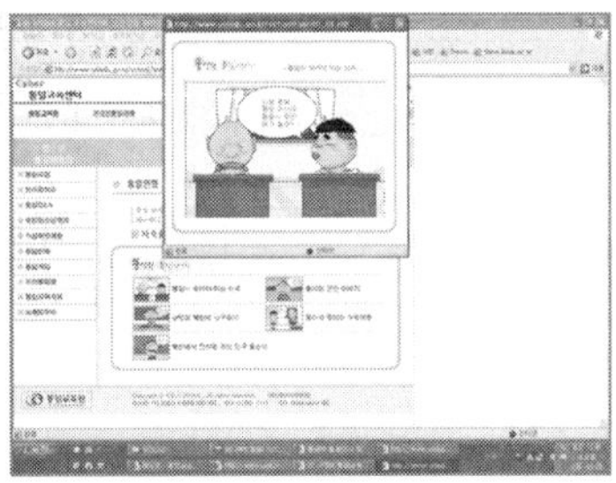

④ 통일이 된다면 어떨지 이야기를 나눈다.

- 통일이 되어 우리가 북한에 간다면 무엇을 하고 싶니?

2) '서울에서 평양까지 하늘을 날아요' 동화 듣기 (인터넷)

- **활동목표:** 인터넷을 활용하여 동화를 듣는다.
  동화를 듣고 느낌이나 생각을 이야기한다.
- **활동유형:** 소집단 활동 및 대집단 활동

• **활동자료**: 인터넷 '교육넷', 컴퓨터

• **활동방법**

① 인터넷 주소창에 '교육넷' http://gyo6.net/을 입력한다.

② 홈 > '어린이 교육넷' > '동화나라' > '동화마을' > '서울에서 평양까지 하늘을 날아요'를 클릭한다.

③ 동화를 듣는다.

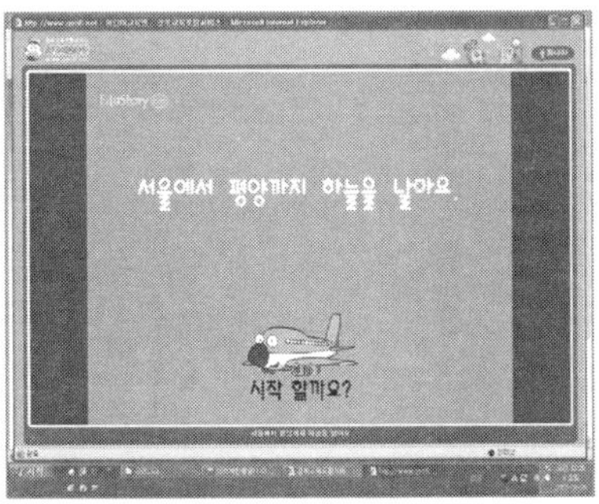

④ 동화에 대한 느낌을 이야기한다.

3) '통일이 되면' 동시 감상하기 (CD-ROM)

• **활동목표**: 북한에 대해 관심을 가지며 통일의 필요성을 안다.
동시를 듣고 느낌이나 생각을 이야기한다.

• **활동유형**: 소집단 활동

- **활동자료:** '제6차 유치원 교육과정 적용 이야기 나누기 2학기' CD, 컴퓨터
- **활동방법**

① '제6차 유치원 교육과정 적용 이야기 나누기 2학기' CD를 실행한다.

② '생활주제' > '우리나라 다른 나라'를 클릭한다.

③ '통일이 되면'을 클릭한다.

④ 동시를 감상한다.

⑤ 동시에 대한 느낌을 이야기 나눈다.

⑥ '금강산'과 '한강 유람선' 부분에 다른 말을 넣어서 동시를 만든다.

'통일' 관련 인터넷 사이트

■ **'인터넷 평화학교'(동영상)**—http://tongil.moe.go.kr/

• 홈 > '통일 자료방'을 클릭하면 북한에 관한 동영상과 사진을 감상할 수 있다. 북한 어린이의 하루, 북한 여행을 보면서 이야기 나누기를 진행할 수 있다.

■ **'통일코리아 21'**—http://www.unikorea21.net/

• 홈 > '멀티미디어 자료'를 클릭하면 북한과 관련된 최신 자료를 볼 수 있다.

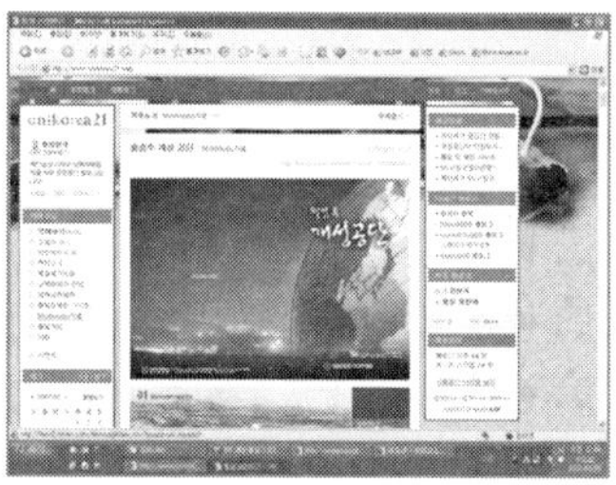

■ **'통일배움터'**—http://www.tongiledu.net/

• 통일을 준비하는 학생들을 위한 통일 교육 사이트로서 학교 현장에서 통일교육을 담당하는 교사들과 통일의 당위성과 의무를 가지고 준비해 오고 있는 현 통일교육문화원(전 남북나눔 교육국)이 기획해서 만든 인터넷 통일 교육 사이트다.

■ **'조선일보 통일교실'**—http://nk.chosun.com/unification/unification.html

- 조선일보의 북한 관련 자료 홈페이지다. '북한사람 북한 이야기'에서는 조선일보에 게재되었던 북한의 생활상에 관한 사진과 기사를 찾아볼 수 있다.

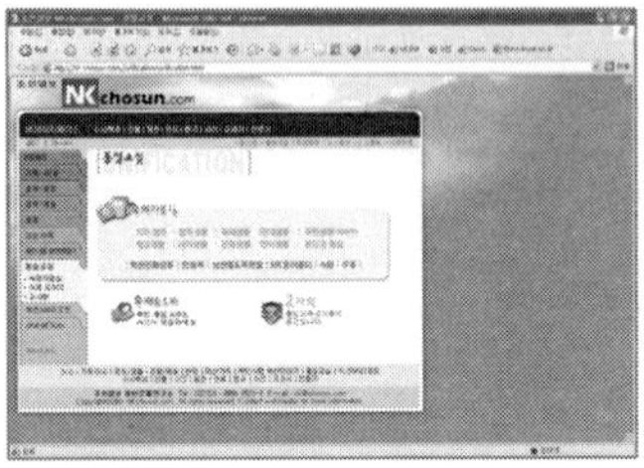

■ **'사이버 통일교육센터'**—http://www.uniedu.go.kr/

- 사이버 통일교육원 홈페이지다. 원격 통일 강좌를 하며, 북한과 관련된 여러 가지 사진과 동영상 자료를 볼 수 있다.

12 동화 듣기

▌교육과정 관련 요소 ▌

- 사회생활: 사회 현상에 관심 가지기—우리나라와 우리 문화에 관심 가지기
- 언어생활: 듣기—바른 태도로 듣기

  —이야기 듣고 이해하기

  —문학 작품 즐겨듣기

말하기－생각과 느낌 말하기
－바른 태도로 말하기

1) '금 나와라 뚝딱' (CD－ROM)

- **활동목표:** 동화를 즐겁게 듣고 감상한다.
  동화를 듣고 느낌이나 생각을 이야기한다.
- **활동유형:** 소집단 활동 및 대집단 활동
- **활동자료:** '금 나와라 뚝딱' CD, 컴퓨터
- **활동방법**

① '금 나와라 뚝딱' CD를 실행한다.

② > 듣기 를 클릭한다.

③ 동화를 듣는다.

④ 동화에 대한 느낌을 함께 이야기한다.

2) '금도끼 은도끼' (인터넷)

- **활동목표**: 인터넷을 활용하여 동화를 듣는다.
  동화를 듣고 느낌이나 생각을 이야기한다.
- **활동유형**: 소집단 활동 및 대집단 활동
- **활동자료**: 인터넷 '쥬니어네이버 놀이학교', 컴퓨터
- **활동방법**

① 인터넷 주소창에 '쥬니어네이버 놀이학교' http://jr.naver.com/genikids/ 를 입력한다.

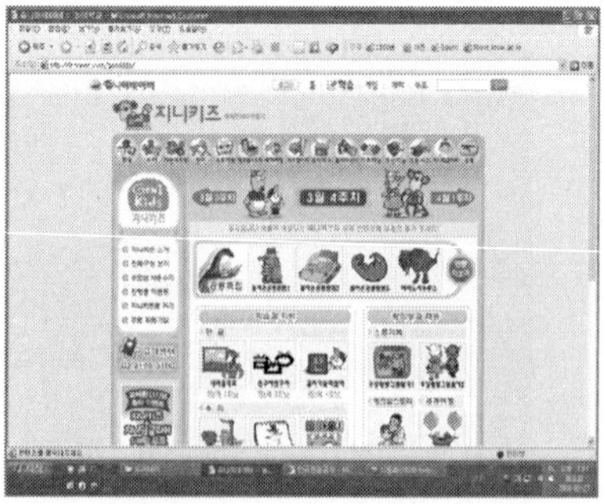

② '스토리북'을 클릭한다.

③ 스토리북의 여러 동화들 중  를 클릭한다.

④ '금도끼 은도끼' 동화를 듣는다.

⑤ 동화에 대한 느낌을 이야기한다.

'전래동화' 관련 인터넷 사이트

- '부키의 동화나라' – http://www.buki.co.kr/main.php

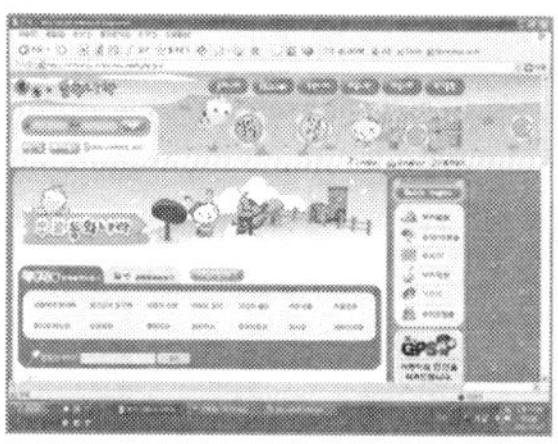

[꼬리로 낚시를 하는 호랑이]

[이야기 장사]

[어리석은 두꺼비]

[똥에 빠진 놀부]

■ '유리누리닷컴'—http://www.yurinuri.com

[금도끼 은도끼]

[소금을 내는 맷돌]

[젊어지는 샘물]

[깨끗해서 좋아요]

13 이야기 꾸미기

| 교육과정 관련 요소 |

- **사회생활**: 사회 현상에 관심 가지기－우리나라와 우리 문화에 관심 가지기
- **표현생활**: 예술적 표현 즐기기－창의적인 표현 과정 즐기기
- **언어생활**: 듣기－이야기 듣고 이해하기
  －문학 작품 즐겨듣기
  말하기－생각과 느낌 말하기
  －이야기 지어 말하기

1) '선녀와 나무꾼' 동화 만들기 (CD－ROM)

- **활동목표**: 동화를 즐겁게 듣고 감상한다.
  다양한 방법으로 동화를 만든다.
- **활동유형**: 개별 활동
- **활동자료**: '꼬마크레용' CD, 컴퓨터, 프린터
- **활동방법**

① '꼬마 크레용' CD를 실행한다.

② > '선녀와 나무꾼'을 클릭한다.

③ 를 클릭하여 '선녀와 나무꾼' 그림을 색칠한다.

④ 완성된 그림을 인쇄한다.

⑤ 그림을 보고 상상하여 동화 내용을 적는다.

⑥ 그림을 묶어서 책으로 만들어 언어 영역에 내준다.

2) '거울을 처음 본 사람들' 이야기 꾸미기 (인터넷)

- **활동목표:** 인터넷을 활용하여 동화의 뒷부분을 꾸며 본다.
  창의적으로 상상하여 뒷이야기를 꾸며 본다.
- **활동유형:** 개별 활동
- **활동자료:** 인터넷 '교육넷', 컴퓨터, 프린터

• **활동방법**

① 인터넷 주소창에 '교육넷' http://www.gyo6.net/po/index.jsp을 입력한다.

② 홈 > 어린이교육넷 > 동화나라 > 전래동화 를 선택한다.

③ '거울'을 클릭하여 구연 동화를 듣는다.

④ 동화의 뒷부분을 꾸며 본다.

⑤ 인쇄하여 묶어서 '내가 만든 동화책'으로 소개한다.

제 8 장 세계 여러 나라

1. 세계 여러 나라를 나타내는 것
2. 세계 여러 나라의 친구들
3. 세계 여러 나라의 민속의상
4. 세계 여러 나라의 집
5. 세계 여러 나라의 인사
6. 세계 여러 나라의 음식
7. 세계 여러 나라의 명화 감상하기
8. 신나는 세계 여행
9. 동화 듣기
10. 동극하기

1 세계 여러 나라를 나타내는 것

‖ 교육과정 관련 요소 ‖

• **사회생활**: 사회 현상에 관심 가지기－다양한 문화에 관심 가지기
• **언어생활**: 듣기－바른 태도로 듣기
말하기－생각과 느낌 말하기
－바른 태도로 말하기
쓰기－쓰기에 관심 가지기
• **탐구생활**: 과학적 기초 능력 기르기－간단한 도구와 기계 활용하기

1) 세계 여러 나라가 있어요 (CD－ROM)

• **활동목표**: 세계 여러 나라에 대해 관심을 가진다.
세계 여러 나라 상징에 대해 경험한 것이나 생각한 것을 이야기 한다.
• **활동유형**: 소집단 활동 및 대집단 활동
• **활동자료**: '유아 멀티미디어 교수자료 6' CD, 컴퓨터
• **활동방법**

① '6. 유아 멀티미디어 교수자료' CD를 실행한다.

② '주제별 학습' > '우리나라 다른 나라' > '세계는 하나'를 클릭한다.

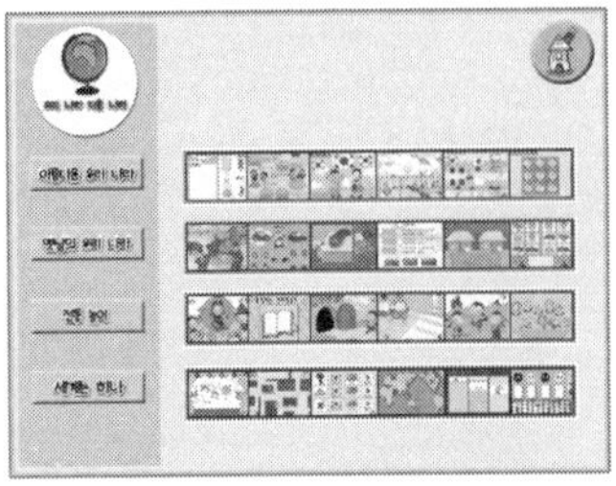

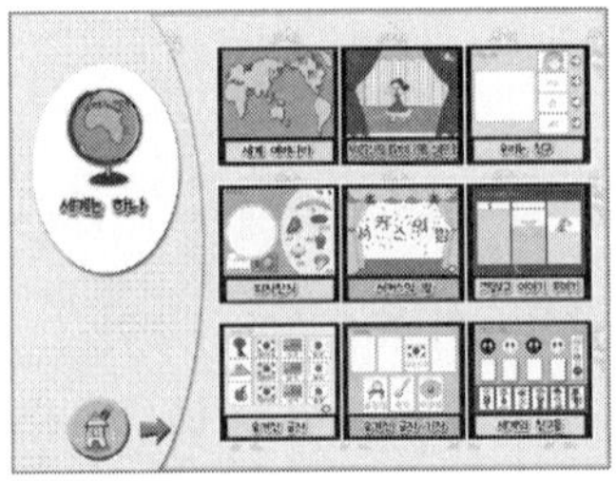

③ '세계 여러 나라'를 클릭한다.

④ 그림을 보면서 이야기를 나눈다.

⇨ 6개의 대륙에 놓여 있는 5개의 국기를 클릭하면 각 나라의 이름과 그 나라를 상징하는 것의 그림이 나온다.

- 이 나라에 대해서 아는 것이 있니?
- 이 나라는 (　)이야. 이 나라에는 (　), (　), (　)이 있단다.

2) 세계 여러 나라가 있어요 (e 인터넷)

- **활동목표:** 인터넷에서 세계 여러 나라에 대한 자료를 찾아본다.
  세계 여러 나라에 대해 관심을 가진다.
- **활동유형:** 소집단 활동 및 대집단 활동
- **활동자료:** 인터넷 '두산백과사전', 컴퓨터, 지구본
- **활동방법**

① 인터넷 주소창에 '두산백과사전' http://www.encyber.com/index.html 을 입력한다.

② '세계 유산' '세계 문화탐방'을 클릭한다.

- 이 지구에는 어떤 나라들이 있을까?
- 어떤 나라들이 있는지 알아보자.

③ 대륙 지도에서 알고 싶은 나라(

)를 클릭한다.

- 이것은 ○○ 나라를 나타내는 국기란다.

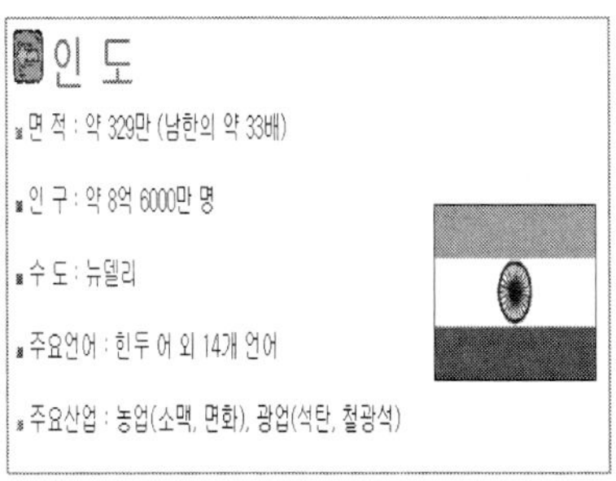

• 이것은 ㅇㅇ 나라의 모습이란다.

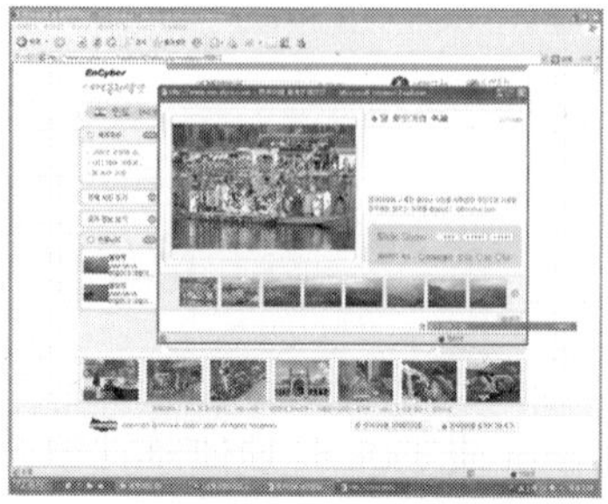

3) 세계 여러 나라마다 국기가 있어요 (파워포인트)

• **활동목표:** 세계 여러 나라의 국기에 관심을 가지고 알아본다.
  자료를 보면서 자신의 경험, 생각, 느낌을 말한다.
• **활동유형:** 소집단 활동 및 대집단 활동
• **활동자료:** '세계의 국기' 파워포인트 자료, 컴퓨터
• **활동방법**

① '세계의 국기' 파워포인트 자료를 실행한다.

세계 여러 나라 국기

② '세계 여러 나라의 국기'를 하나씩 클릭하며 나라 이름과 국기의 특징에 대해 이야기 나눈다.

- 이런 국기를 본 적이 있니?
- 이 국기에는 어떤 색깔이 있니?
- 어느 나라 국기일까?

③ 세계 여러 나라 국기들을 비교하며 이야기를 나눈다.

- 이 중에서 비슷한 국기를 찾을 수 있을까?
- 비슷한 점과 다른 점을 찾아보자.

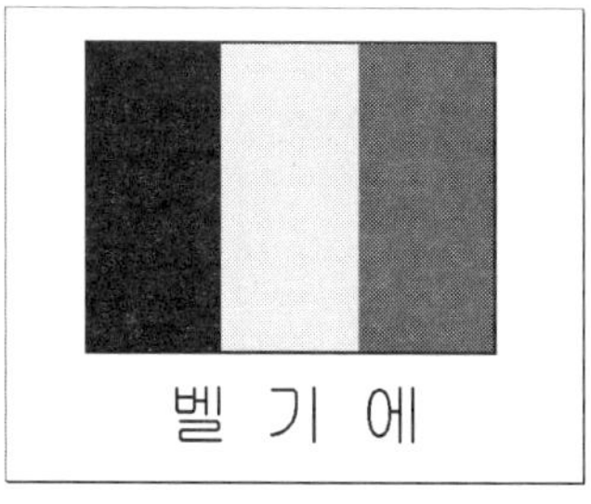

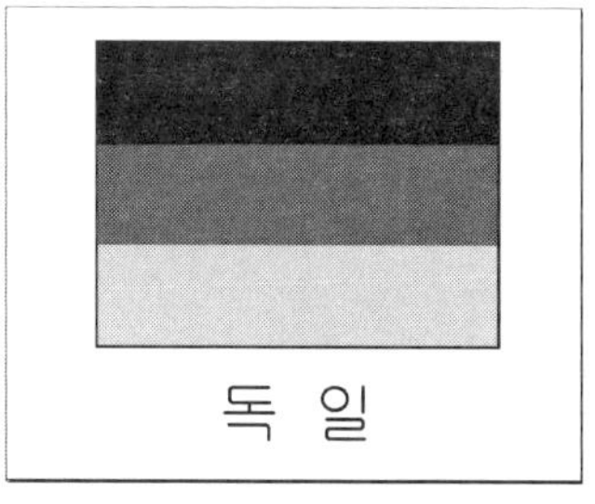

④ 태극기에 대한 특징을 이야기해 본다.

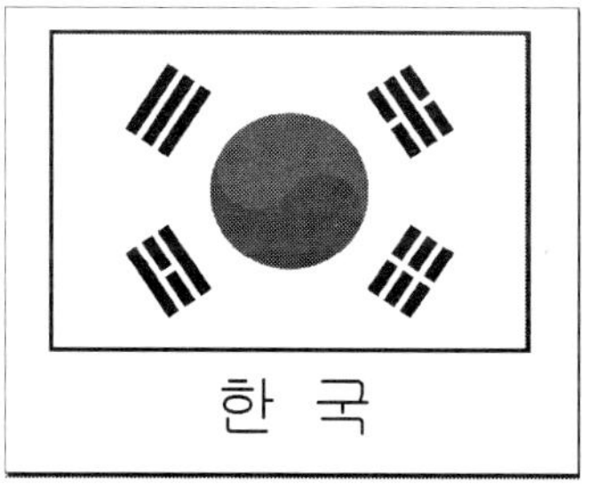

4) 세계 여러 나라 이름과 국기 찾기 (인터넷)

- **활동목표:** 인터넷에서 세계 여러 나라의 국기에 대한 자료를 찾아본다.
  세계 여러 나라의 이름 글자에 관심을 가진다.
- **활동유형:** 소집단 활동 및 대집단 활동
- **활동자료:** 인터넷 '이웃나라 엿보기', 컴퓨터, 프린터
- **활동방법**

① 인터넷 주소창에 '이웃나라 엿보기' http://www.wasuba.com/를 입력한다.

② '이웃나라 엿보기'를 클릭한다.

③ 국기모음 을 클릭하여 ㉠으로 시작하는 나라 이름을 찾아본다.

- ㉠자로 시작하는 나라에는 어떤 나라가 있을까?

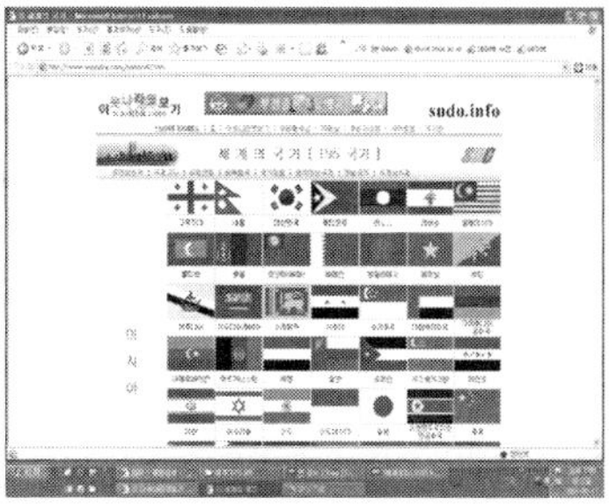

④ '그루지야'를 클릭한다.

- 나라 이름과 위치를 알아본다.

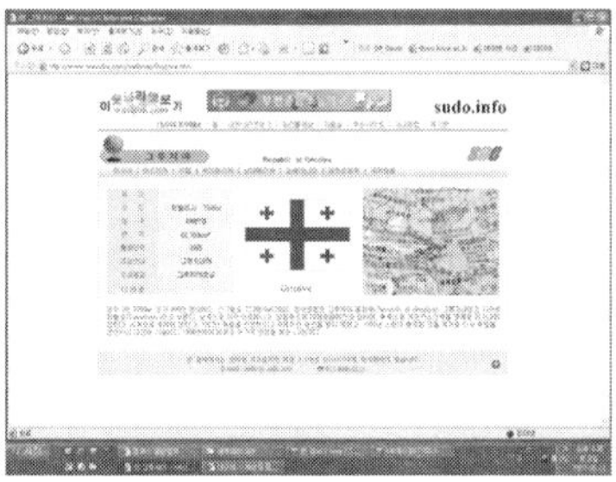

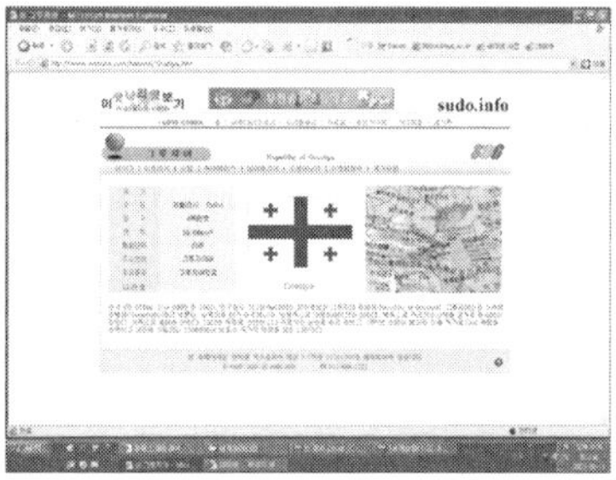

⑤ 자료를 프린터로 인쇄하여 언어 영역에 내주어 글자 모으기 놀이를 해 본다.

5) '세계 여러 나라 국기' 책 만들기 (CD-ROM)

- **활동목표**: 세계 여러 나라의 국기에 관심을 가지고 알아본다.
  세계 여러 나라의 이름 글자에 관심을 가지고 글자를 써본다.
- **활동유형**: 개별 활동 및 소집단 활동
- **활동자료**: '어린이 훈민정음 3' CD, 컴퓨터, 프린터
- **활동방법**

① '어린이 훈민정음 3' CD를 실행한다.

② 프로그램 선택 화면에서  를 선택한다.

③  >  > 

를 클릭한다.

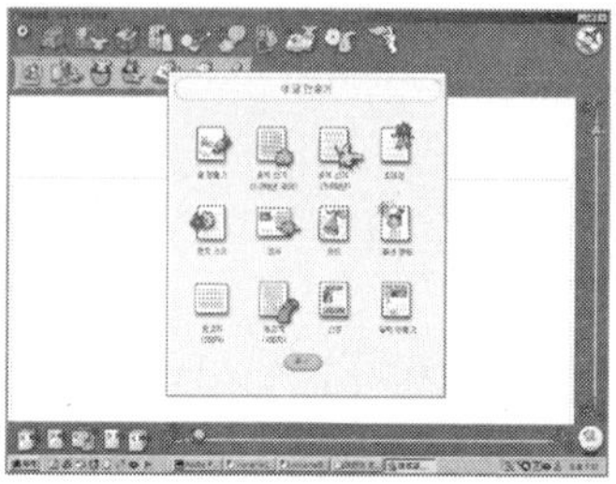

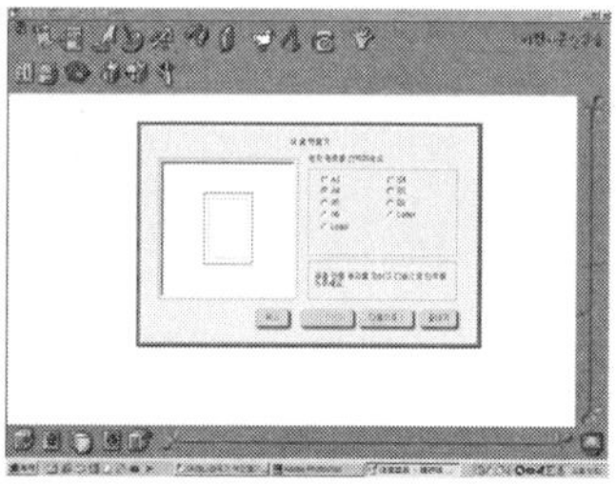

④ 화면 상단의 메뉴 중  을 클릭한 후  를 클릭한다.

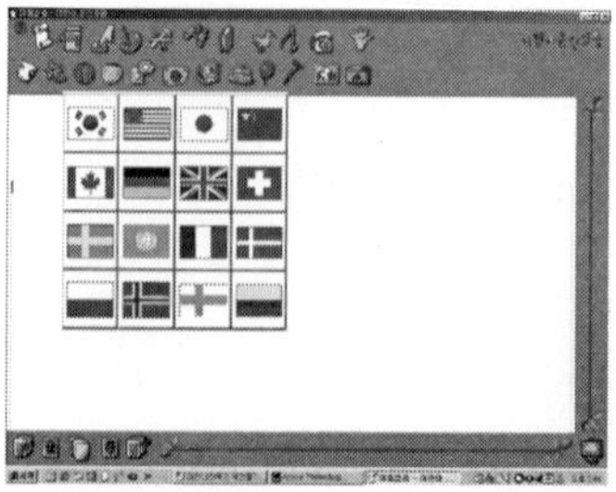

⑤ 화면에 나타난 세계 여러 나라 국기 중 를 클릭한다.

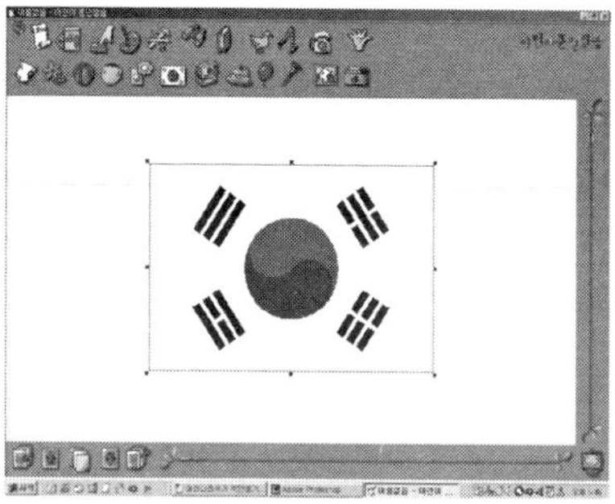

⑥ 세계 여러 나라의 국기 중 하나씩 선택하여 이야기 나눈다.

- 이런 국기를 본 적이 있니?
- 어느 나라의 국기일까?
- 이 국기에는 어떤 색깔이 있니?
- 다른 나라의 국기와 비슷한 점과 다른 점을 찾아보자.

⑦ 국기 그림 밑에 나라 이름을 써 본다.

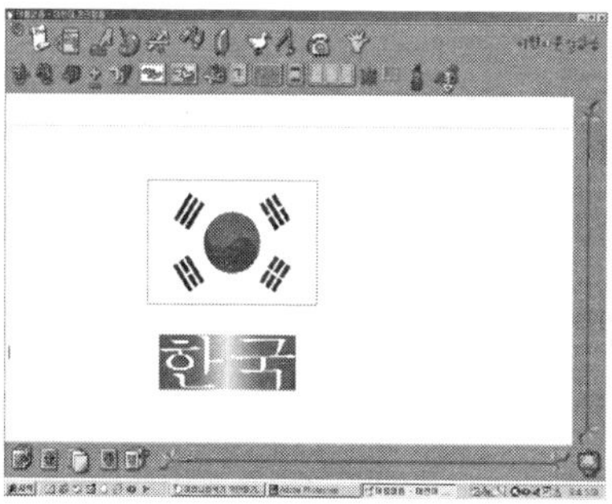

⑧ 활동한 것을 인쇄하여 '세계 여러 나라 책'으로 만든다.

2 세계 여러 나라의 친구들

▌교육과정 관련 요소▐

- **사회생활:** 사회 현상에 관심 가지기–다양한 문화에 관심 가지기
- **표현생활:** 예술적 표현 즐기기–조형 활동으로 표현하기
- **언어생활:** 듣기–바른 태도로 듣기
  말하기–생각과 느낌 말하기
  –바른 태도로 말하기
  쓰기–쓰기에 관심 가지기
- **탐구생활:** 과학적 기초 능력 기르기–간단한 도구와 기계 활용하기

1) 세계 여러 나라 친구들이 있어요 (CD–ROM)

- **활동목표:** 세계 여러 나라 사람의 다양한 모습에 홍미를 가지고 같은 점과 다른 점에 대해 이야기한다.
  자신의 경험, 생각, 느낌을 바른 태도로 말한다.
- **활동유형:** 소집단 활동 및 대집단 활동
- **활동자료:** '제6차 유치원 교육과정 적용 이야기 나누기 2학기' CD, 컴퓨터, 프린터
- **활동방법**

① 다른 나라 사람에 대해서 이야기한다.
- 다른 나라 사람을 본 적이 있니?
- 다른 나라 사람은 어떻게 생겼을까?
- 생김새는 우리와 어떻게 다를까?

② '제6차 유치원 교육과정 적용 이야기 나누기 2학기' CD를 실행한다.

③ '생활주제' > '우리나라 다른 나라'를 클릭한다.

④ 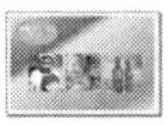 을 클릭하여 세계 여러 나라 사람에 대해 이야기 나눈다.

⇨ 세계 여러 나라의 사람의 모습이 서로 다른 이유에 대하여 함께 이야기 나눈다(황인종, 백인종, 흑인종).

- 아프리카 흑인은 왜 머리가 짧고 곱슬거릴까?
- 서양 사람은 왜 코가 높을까?
- 왜 여러 나라 사람의 모습이 이렇게 다를까?

⑤ 세계 여러 나라 사람의 공통점에 대해서 이야기한다.

- 이렇게 모습은 다르지만 같은 점은 무엇일까?
- 세계 여러 나라 사람과 친구가 되기 위해 우리가 할 수 있는 일은 무엇일까?

2) 세계 여러 나라 친구들 그림책 만들기 (CD-ROM)

- **활동목표**: 세계 여러 나라 사람의 다양한 모습에 흥미를 가지고 같은 점과 다른 점에 대해 이야기한다.
  자신의 경험, 생각, 느낌을 바른 태도로 말한다.
- **활동유형**: 개별 활동 및 소집단 활동
- **활동자료**: '꼬마 크레용' CD, 컴퓨터, 프린터
- **활동방법**

① '꼬마 크레용' CD를 실행한다.

② 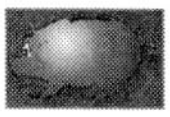 를 클릭한다.

③  를 클릭하면 세계 여러 나라의 지도와 세계 여러 나라 사람들이 나온다.

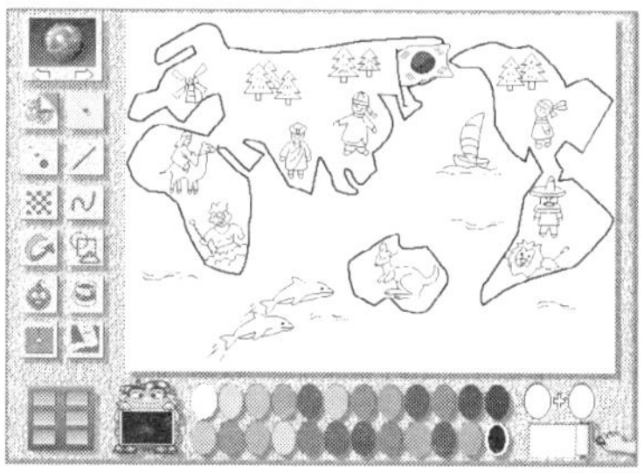

④ 세계 지도, 사막, 인디언, 영국, 네덜란드, 북극 등의 그림들을 하나씩 보면서 이야기 나눈다.

- 이런 나라의 그림을 본 적이 있니? 여기를 사막이라고 한단다.
- 여기의 날씨와 생활은 어떨 것 같니?
- 이 사람들은 어떻게 하고 있는 것 같니?

⑤ 색칠하기 도구를 이용하여 색칠한다.

⑥ 완성된 그림을 저장한 후 인쇄한다.

⑦ 완성된 화면을 인쇄하여 다른 유아들의 그림과 모아서 책으로 만든다.

3) '하양이와 까망이' 동화 듣기 (CD-ROM)

- **활동목표:** 동화를 즐겨 듣는다.
  사람은 서로 다르다는 것을 안다.
- **활동유형:** 소집단 활동 및 대집단 활동
- **활동자료:** '제6차 유치원 교육활동 지도자료집 활용을 위한 언어생활 교수 · 학습 자료' CD, 컴퓨터
- **활동방법**

① '제6차 유치원 교육활동 지도자료집 활용을 위한 언어생활 교수 · 학습 자료' CD를 실행한다.

⇨ 목차 > 동시·동화듣기 > 흑백동화듣기 를 클릭한다.

② '하양이와 까망이'를 클릭한다.

③ '하양이와 까망이' 동화를 듣는다.

④ 동화에 대한 느낌을 이야기한다.

- 나와 다른 친구가 달라도 어떻게 지내야 할까?

3 세계 여러 나라의 민속의상

▌교육과정 관련 요소 ▌

- **사회생활**: 사회 현상에 관심 가지기—다양한 문화에 관심 가지기
- **표현생활**: 예술적 표현 즐기기—조형 활동으로 표현하기
  감상하기—예술적 표현 존중하기
- **언어생활**: 듣기—바른 태도로 듣기
  말하기—생각과 느낌 말하기
  —바른 태도로 말하기
  쓰기—쓰기에 관심 가지기
  —쓰기 도구 사용하기
- **탐구생활**: 과학적 기초 능력 기르기—간단한 도구와 기계 활용하기

1) 아름다운 세계 여러 나라 민속의상 (CD-ROM)

- **활동목표:** 세계 여러 나라의 옷에 관심을 가진다.
  민속의상과 오늘날 옷의 특징을 비교하여 말한다.
- **활동유형:** 소집단 활동 및 대집단 활동
- **활동자료:** '제6차 유치원 교육과정 적용 이야기 나누기 2학기' CD, 컴퓨터, 프린터
- **활동방법**

① '제6차 유치원 교육과정 적용 이야기 나누기 2학기' CD를 실행한다.

② '생활주제' > '우리나라 다른 나라'를 클릭한다.

③ 세계 여러 나라의 민속의상에 대해 알기 위해  를 클릭한다.

- 유아의 흥미나 관심에 따라 각 민속의상의 독특한 점에 대해 자유롭게 이야기한다.
- 나라마다 머리에 쓰는 모자에 대해서 이야기한다.

• 민속의상에 색깔과 모양에 대해서 이야기한다.

④ 요즘 우리가 입는 옷과 민속의상을 비교한다.

• 치마의 길이는 어떻게 달라졌니?

• 색깔은 어떻게 변했니?

• 같은 점과 다른 점은 무엇이니?

⑤ 활동이 끝난 후 인쇄하여 민속의상에 대한 자료를 제시할 수 있다.

2) '세계 여러 나라의 민속의상' 책 만들기 (인터넷)

• **활동목표**: 세계 여러 나라의 민속의상에 관심을 가지고 알아본다.
인터넷에서 세계 여러 나라의 민속의상에 대한 정보를 찾아본다.

• **활동유형**: 개별 활동 및 소집단 활동

• **활동자료**: 인터넷, 컴퓨터, 인터넷에서 찾은 '세계 여러 나라의 민속의상' 자료, 책 만들 종이, 쓰기 도구 등

• **활동방법**

① 세계 여러 나라의 민속의상에 대해 이야기를 나눈다.

② 인터넷 주소창에 http://blog.naver.com/rextailor_?Redirect=Log&logNo=60020749495 을 입력한다.

③ 어떤 나라가 있는지 살펴보며 이야기 나눈다.

④ http://kin.naver.com/db/detail.php?d1id=13&dir_id=130503&eid=15HkHgiYKskw/NKDZS/4lvaxmgGRC6AE&qb=vLyw6CC/qbevILOqtvM= 를 클릭한다.

세계 여러 나라의 민속의상 자료를 보며 이야기 나눈다.

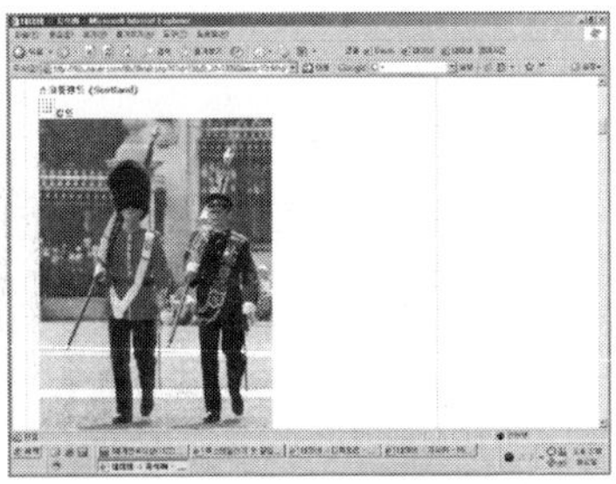

⑤ 민속의상의 그림이나 사진 자료를 오려 나라별로 분류한다.

⑥ 민속의상이나 장신구를 붙여 꾸민 후 나라 이름을 쓴다.

⑦ 여러 유아들이 꾸민 종이를 모아서 책으로 묶는다.

⑧ 완성된 책에 표지를 붙인 후, 제목을 정한다.

4 세계 여러 나라의 집

▎교육과정 관련 요소 ▎

- **사회생활**: 사회 현상에 관심 가지기－다양한 문화에 관심 가지기
- **표현생활**: 예술적 표현 즐기기－조형 활동으로 표현하기
- **언어생활**: 듣기－바른 태도로 듣기
  말하기－생각과 느낌 말하기
  －바른 태도로 말하기
- **탐구생활**: 과학적 기초 능력 기르기－간단한 도구와 기계 활용하기

1) 세계 여러 나라의 집에 대한 이야기 나누기 (CD－ROM)

- **활동목표**: 세계 여러 나라의 집에 관심을 가지고 살펴본 후 생각을 이야기 한다.
  여러 나라의 다양한 문화를 존중한다.
- **활동유형**: 소집단 활동 및 대집단 활동
- **활동자료**: '제6차 유치원 교육과정 적용 이야기 나누기 2학기' CD, 컴퓨터, 프린터
- **활동방법**

① '제6차 유치원 교육과정 적용 이야기 나누기 2학기' CD를 실행한다.

② '생활주제' > '우리나라 다른 나라'를 클릭한다.

③  를 클릭하여 다양한 집을 관찰하며 이야기를 나눈다.

- 이 집은 무엇으로 만들었을까? (초가집－볏짚, 흙, 나무, 통나무집－나무, 파오－가죽, 이글루－얼음 등)
- 이 집은 무엇이라고 부를까?
- 왜 집들이 모양도 다르고 재료도 다를까?

④ 집의 특징을 비교하며 이야기 나눈다.

- 어느 집이 제일 튼튼할까?
- 어느 집이 제일 시원할까?

- 제일 빨리 지을 수 있는 집은 어떤 집일까?
- 어떤 집이 가장 멋져 보이니?
- 어떤 집에서 살고 싶니?

⑤ 그림 자료를 인쇄하여 유아들이 집에 대한 느낌을 적어 책을 만들어 보도록 한다.

2) 누가 살까 (인터넷)

- **활동목표:** 세계 여러 나라의 다양한 집에 관심을 가지고 안다.
  동화를 듣고 느낌을 이야기한다.
- **활동유형:** 소집단 활동 및 대집단 활동
- **활동자료:** 인터넷 '에듀넷', 컴퓨터, 프린터, 미술도구 등
- **활동방법**

① 인터넷 주소창에 '경상남도 유아교육원' http://gnchild.go.kr/을 입력한다.

② 홈 > '교수학습지원마당' > '주제별학습자료' > '우리나라 다른 나라'를 클릭한다.

③ '세계 여러 나라의 집'을 클릭한다.

④ 그림을 보면서 이야기 나눈다.

- 세계 여러 나라 친구들은 왜 손짓을 하고 있을까?
- 우리는 어떤 집에서 살고 있니?

3) '우리 집에 놀러오세요' 동화 듣고 책 꾸미기 (CD-ROM)

- **활동목표:** 세계 여러 나라의 다양한 집에 관심을 가진다.
  동화를 듣고 느낌이나 생각을 이야기한다.
- **활동유형:** 소집단 활동 및 대집단 활동
- **활동자료:** '제6차 유치원 교육활동 지도자료집 활용을 위한 사회 생활 교수 · 학습 자료' CD, 컴퓨터, 프린터, 미술도구 등
- **활동방법**

① '제6차 유치원 교육활동 지도자료집 활용을 위한 사회 생활 교수 · 학습 자료' CD를 실행한다.

⇨ 목차 > 동시·동화듣기 > 흑백동화듣기 를 클릭한다.

② '우리 집에 놀러오세요'를 클릭한다.

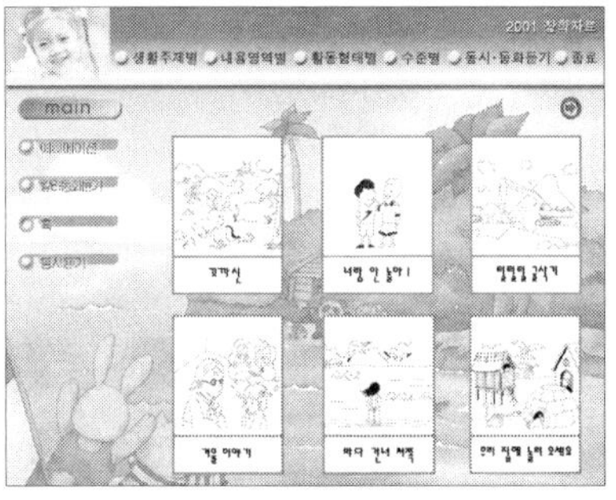

③ 동화를 듣는다.

④ 동화를 듣고 느낌을 이야기한다.

⑤ 유아가 원하는 그림은 선택한 후 를 클릭하여 인쇄한 후 꾸며 본다.

⑥ 각자 꾸민 그림을 보고 다른 유아들의 동화 내용과 모아서 책으로 묶어 준다.

⑦ 언어 영역에 내주고 동화 구연을 해 본다.

⑧ 애니메이션으로 된 세계 여러 나라의 집 모습을 보고 어떤 장면인지 이야기해 본다.

5 세계 여러 나라의 인사

▌교육과정 관련 요소▐

- **사회생활**: 사회 현상에 관심 가지기—다양한 문화에 관심 가지기
- **언어생활**: 듣기—바른 태도로 듣기
  말하기—생각과 느낌 말하기
  —바른 태도로 말하기
  —낱말과 문장으로 말하기

1) 인사하는 말이 달라요 (CD-ROM)

- **활동목표**: 세계 여러 나라의 인사말에 관심을 가지고 사용한다.
  다른 사람의 말을 주의 깊게 듣고 자신의 생각을 바르게 표현한다.
- **활동유형**: 개별 활동 및 소집단 활동
- **활동자료**: '제6차 유치원 교육활동 지도자료집 활용을 위한 표현생활 교수 · 학습 자료' CD, 컴퓨터, 인사말 카드, 프린터
- **활동방법**

① 다른 나라 사람들을 만나 본 경험에 대해 이야기 나눈다.

- 다른 나라에 가 본적이 있니?
- 우리와 다른 말을 하는 사람을 만나본 적이 있니?
- 어떤 말로 인사했니?

② 다양한 인사말에 대해 이야기 나눈다.

- 우리는 친구와 만나면 무엇이라고 말하지?
- 미국 사람은 친구와 만나면 어떻게 말할까?

③ '제6차 유치원 교육활동 지도자료집 활용을 위한 표현생활 교수 · 학습 자료' CD를 실행한다.

④ '목차' > '생활주제별' > '우리나라와 다른 나라' > '세계의 인사'를 클릭한다.

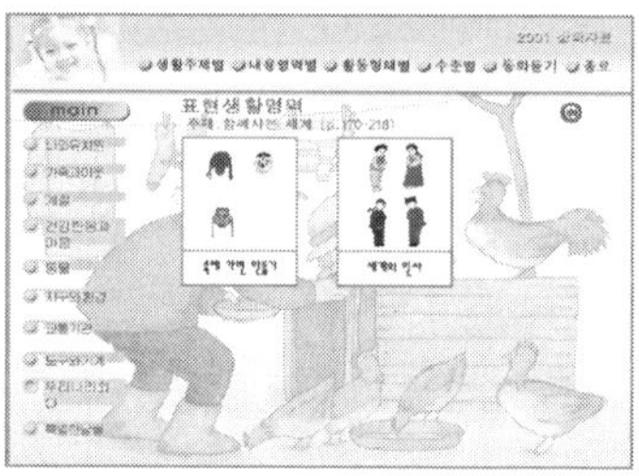

⑤ 각 나라에 따른 인사말을 소개한다.

- 이 사람은 어느 나라 사람일까?
- 이 나라 사람들은 무슨 말로 인사를 할까?

⑥ 각 나라 사람 그림 밑에 그 나라의 인사말을 쓴 카드를 붙인다.

- 이 그림의 사람들은 ~라고 인사를 한다고 해. 우리도 따라 해 볼까?

⑦ 어떤 나라의 인사말이 가장 재미있었는지 이야기한다.

⑧ 외국사람 그림과 인사말 자료를 역할놀이 영역에 넣어서 역할놀이를 할 수 있도록 한다.

6 세계 여러 나라의 음식

▌교육과정 관련 요소▐

- **사회생활:** 사회 현상에 관심 가지기－다양한 문화에 관심 가지기
- **표현생활:** 예술적 표현 즐기기－조형 활동으로 표현하기
  －창의적인 표현 과정 즐기기
  감상하기－예술적 표현 존중하기
- **언어생활:** 듣기－바른 태도로 듣기
  말하기－생각과 느낌 말하기
  －바른 태도로 말하기

1) 세계 여러 나라의 음식이 있어요. (CD－ROM)

- **활동목표:** 세계 여러 나라의 음식에 관심을 가진다.
  우리나라의 음식에 대해 자부심을 가진다.
- **활동유형:** 소집단 활동 및 대집단 활동
- **활동자료:** '제6차 유치원 교육활동 지도자료집 활용을 위한 사회생활 교수 · 학습 자료' CD, 컴퓨터, 프린터
- **활동방법**

① 유아들과 다른 나라의 음식에 대해 이야기 나눈다.

- 다른 나라 음식을 먹어 본 적이 있니?
- 어떤 음식들을 먹어 보았니?

② '제6차 유치원 교육활동 지도 자료집 활용을 위한 사회생활 교수 · 학습 자료' CD를 실행한다.

⇨ 목차 > 생활주제별 을 클릭한다.

③ 우리나라와 다른나라 를 클릭한다.

④  을 클릭한다.

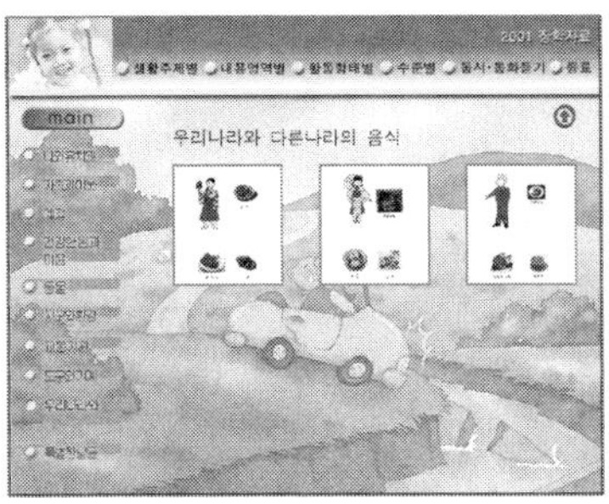

⑤ 메뉴에 제시된 그림을 를 클릭하며 이야기를 나눈다.

- 이 음식은 어떤 음식이니?
- 첫 번째 음식은 어느 나라에서 만든 음식일까?

⇨ 내가 제일 좋아하는 음식에 대해 이야기를 나눈다.

- 어떤 음식을 제일 좋아하니?

⇨ 세계 여러 나라에 자랑하고 싶은 우리나라 음식에 대해 이야기를 나눈다.

- 다른 나라 사람도 우리나라 음식을 먹고 싶을까?
- 세계 여러 나라 사람에게 소개하고 싶은 우리나라 음식이 있니?
- 왜 ○○○을 소개하고 싶니?

2) 세계 여러 나라의 음식 메뉴판 만들기 (인터넷)

- **활동목표:** 인터넷에서 '세계 여러 나라의 음식'에 대한 자료를 찾아본다.
  세계 여러 나라의 음식에 관심을 가진다.

- **활동유형**: 개별 활동 및 소집단 활동
- **활동자료**: 인터넷 '경상남도 유아교육원', 컴퓨터, 프린터, 미술도구
- **활동방법**

① 인터넷 주소창에 '경상남도 유아교육원' http://gnchild.go.kr을 입력한다.

② 홈 > '교수학습지원마당' > '주제별학습자료' > '우리나라 다른 나라'를 클릭한다.

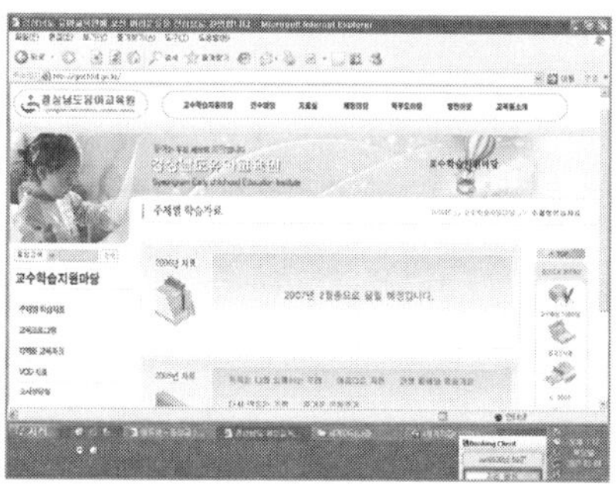

③ '세계 여러 나라 음식'을 클릭한다.

④ 세계 여러 나라의 음식에 대해 이야기를 나눈다.

⑤ 나라별 음식에 대하여 이야기를 나눈다.

⑥ 나라별 음식을 클릭하여 인쇄한다.

⑦ '세계 여러 나라의 음식' 메뉴판을 만든다.

- 인쇄한 음식 자료에 나라 이름, 음식 이름, 음식 가격 등을 적는다.

⑧ 다른 유아들의 메뉴판을 모아서 책으로 묶는다.

⑨ 완성된 메뉴판을 역할놀이 영역에 내주어 음식점 놀이에 사용할 수 있도록 한다.

3) '땅콩, 땅콩 버터' 동화 듣기 (CD-ROM)

- **활동목표:** 즐겁게 동화를 듣는다.
  동화를 듣고 다른 나라의 음식에 관심을 가진다.
- **활동유형:** 소집단 활동 및 대집단 활동
- **활동자료:** '제6차 유치원 교육활동 지도자료집 활용을 위한 사회생활 교

수 · 학습 자료' CD, 컴퓨터

• **활동방법**

① '제6차 유치원 교육활동 지도자료집 활용을 위한 사회생활 교수 · 학습 자료' CD를 실행한다.

⇨ 목차 > 동시·동화듣기 > 애니메이션 을 클릭한다.

② '땅콩, 땅콩 버터'를 클릭한다.

③ 동화를 듣는다.

④ 동화의 내용에 대해서 이야기를 나눈다.

- 별이는 땅콩을 가지고 어떤 일을 해 보았니?
- 땅콩 버터를 어떻게 만들었을까?

7 세계 여러 나라의 명화 감상하기

| 교육과정 관련 요소 |

- **사회생활:** 사회 현상에 관심 가지기－다양한 문화에 관심 가지기
- **표현생활:** 감상하기－아름다움 느끼기
  －예술적 표현 존중하기
- **언어생활:** 듣기－바른 태도로 듣기
  말하기－생각과 느낌 말하기
  －바른 태도로 말하기

1) '명화'를 감상해요 (CD－ROM)

- **활동목표:** 세계 명화를 감상하는 기회를 가진다.
  세계 여러 나라 화가의 다양한 그림에 흥미와 관심을 가진다.
  그림을 보고 자신의 생각을 자유롭게 말한다.
- **활동유형:** 개별 활동
- **활동자료:** '어린이 명화' CD, 컴퓨터
- **활동방법**

① 미술관에 가본 경험에 대해 이야기 나눈다.

- 미술관에 가본 적이 있니?
- 미술관에는 무엇이 있을까?

• 세계 여러 나라 화가들이 그린 그림을 본 적이 있니?

• 다른 나라의 화가들은 어떤 그림을 그렸는지 감상해 볼까?

② '어린이 명화' CD를 실행한다.

③ '어린이 명화' CD 속의 명화를 유아들과 함께 감상한다.

⇨ 그림에 대하여 유아들과 이야기를 나눈다.

• 이 그림의 제목은 무엇일까?

• 누가 그렸을까?

⇨ 그림을 보고 느낌을 이야기한다.

• 이 그림은 무엇을 그린 걸까?

• 이 그림을 보니까 어떤 느낌이 드니?

<사후 활동>

–이야기 나누기가 끝난 후, 명화를 감상하면서 명화와 관련된 게임을 하고 싶은 유아들은 CD를 활용하여 개별적으로 다섯 가지 활동을 할 수 있다.

–  【같은 화가의 그림을 찾아 주세요】

–  【재미있는 그림 맞추기】

–  【모나리자】

–  【무엇을 더 그려 볼까요?】

–  【스케이트를 타는 겨울 풍경과 새 덫】

2) 명화 감상하기 (인터넷)

- **활동목표:** 세계 명화를 감상하는 기회를 가진다.
  세계 여러 나라 화가의 다양한 그림에 흥미와 관심을 가진다.
  그림을 보고 자신의 생각을 자유롭게 말한다.
- **활동유형:** 개별 활동 및 소집단 활동
- **활동자료:** 인터넷 '베스트키드', 컴퓨터, 프린터
- **활동방법**

① 인터넷 주소창에 '베스트키드' http://www.wonline.co.kr/bestkid/를 입력한다.

② 명화감상 을 클릭한다.

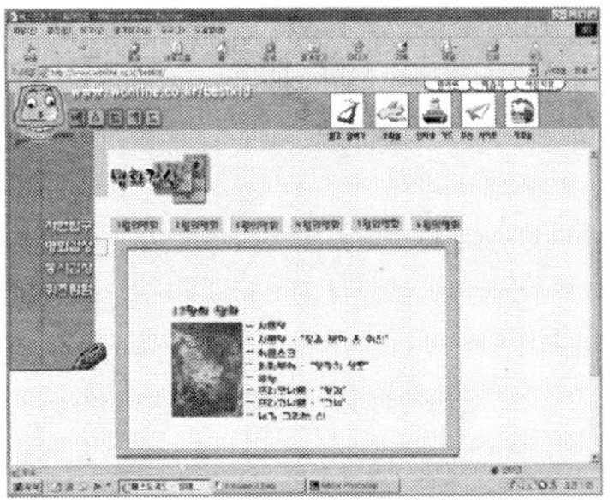

③ 월마다 명화를 감상할 수 있는 메뉴 중 10월의명화 를 클릭한다.

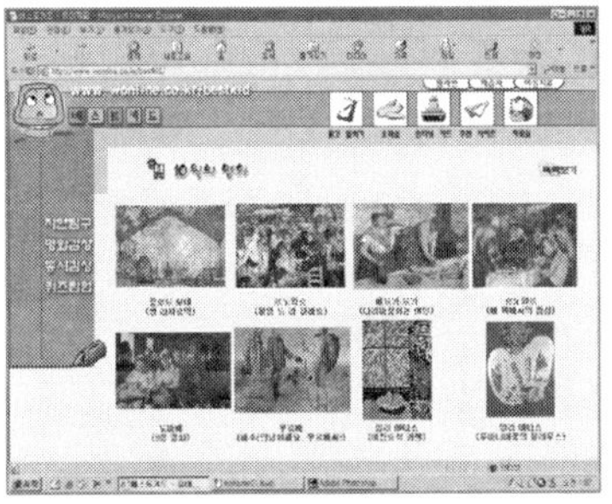

④ 보고 싶은 화가와 명화를 클릭한다.

⑤ 그림에 대해서 이야기한다.

- 이 그림은 ㅇㅇ가 그린 거란다.
- 이 그림은 무엇을 그린 걸까?
- 이 그림을 보니 어떤 생각이 드니?

⑥  를 클릭하여 인쇄한다.

⑦ 유아들이 명화를 보고 난 느낌을 글로 써 본다.

8 신나는 세계 여행

▌교육과정 관련 요소 ▌

- **사회생활**: 사회 현상에 관심 가지기－다양한 문화에 관심 가지기
- **표현생활**: 예술적 표현 즐기기－조형 활동으로 표현하기
  －창의적인 표현 과정 즐기기
  감상하기－아름다움 느끼기
  －예술적 표현 존중하기
- **언어생활**: 듣기－바른 태도로 듣기
  말하기－생각과 느낌 말하기
  －바른 태도로 말하기
- **탐구생활**: 과학적 기초 능력 기르기－간단한 도구와 기계 활용하기

1) 사진으로 보는 세계 여행 (인터넷)

- **활동목표**: 인터넷에서 세계 여행과 관련된 필요한 자료를 찾는다.
  세계 여러 나라의 모습을 사진으로 구경한다.
- **활동유형**: 소집단 활동
- **활동자료**: 인터넷 '두산백과사전', 컴퓨터
- **활동방법**

① 세계 여러 나라를 여행한다면 어느 나라를 가고 싶니?

- 왜 그 나라에 가고 싶니? 그 나라에서 가장 보고 싶은 것이 무엇이니?
- 다른 사람이 세계 여행을 하고 찍은 사진을 소개해 놓은 것이 있단다.

② 인터넷 주소창에 '두산백과사전' http://www.encyber.com/index.html를 입력한다.

③ 해외여행을 하고 싶은 곳으로 '세계 문화 탐방' > '유럽'을 클릭한다.
—아시아, 아프리카, 중동, 유럽, 북아메리카 등

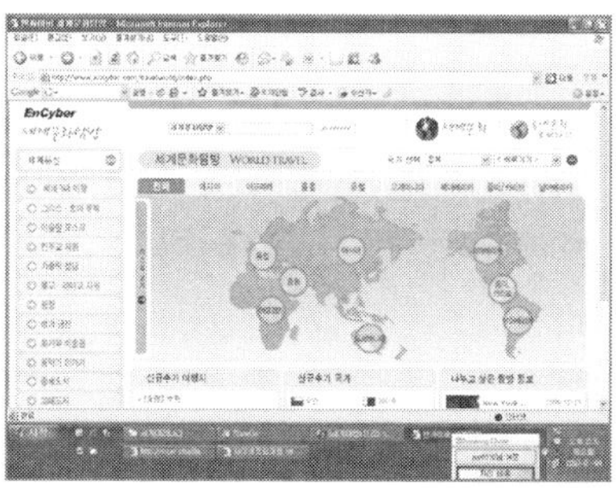

④ 여러 나라 중 '이탈리아'를 클릭한다.

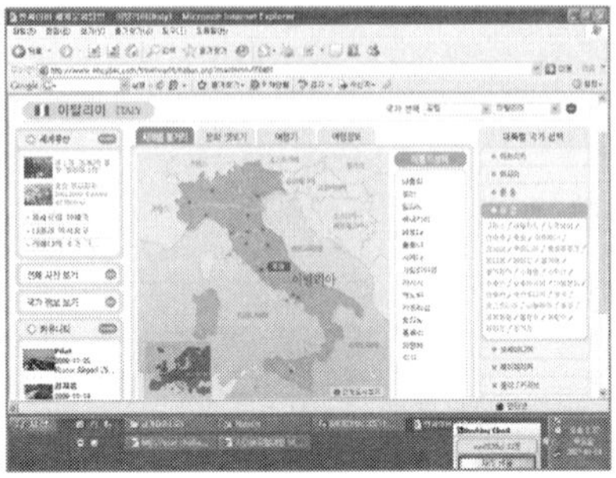

⑤ 보고 싶은 사진을 클릭하여 감상한다.

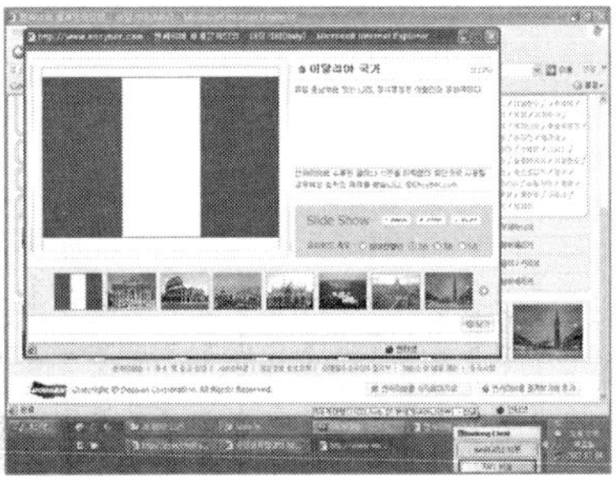

2) 여권 만들기 (CD－ROM)

- **활동목표**: 세계 여행을 할 때 필요한 것을 안다.
  다양한 방법으로 여권을 만든다.
- **활동유형**: 개별 활동 및 소집단 활동
- **활동자료**: '어린이 훈민정음 3' CD, 컴퓨터, 프린터
- **활동방법**

① 세계 여행을 하려면 무엇이 필요한지 이야기 나눈다.
　－여권, 돈, 가방, 필요한 물건, 세계 지도 등

② 여권을 만드는 방법에 대해 의논한다.

③ '어린이 훈민정음 3' CD를 실행한다.

④ 프로그램 선택 화면에서  를 선택한다.

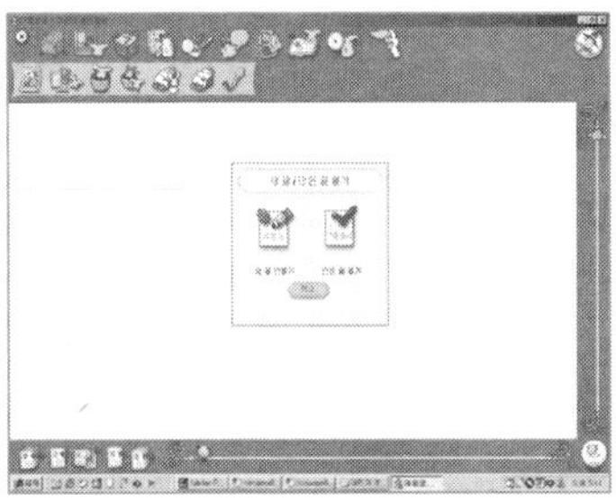

⑤  >  >  을 클릭한다.

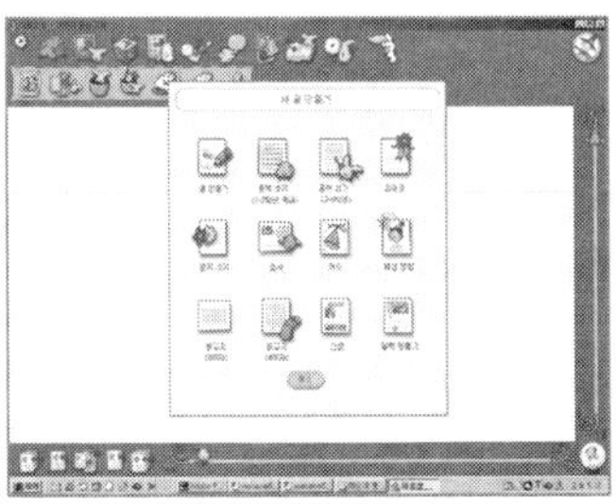

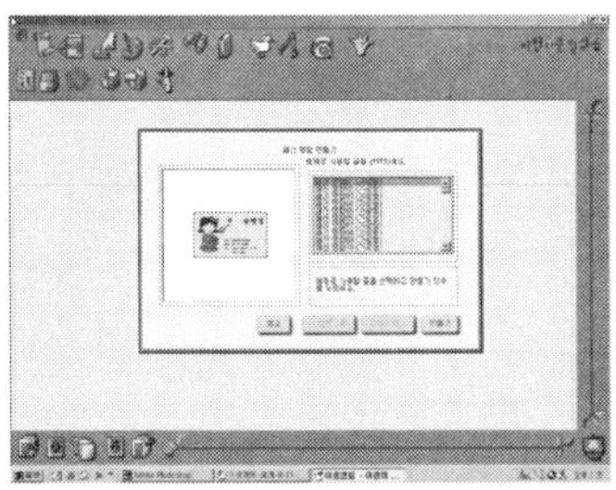

⑥ '패션명함' 예제 대화상자에서 원하는 양식을 클릭한다.

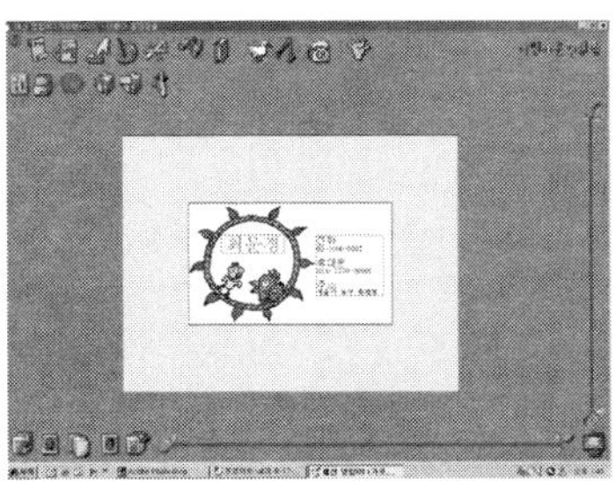

⑦ 만들기 를 클릭한다.

⑧ ‘고운글 부르기’와 ‘조각그림’을 이용하여 글자를 입력한다.

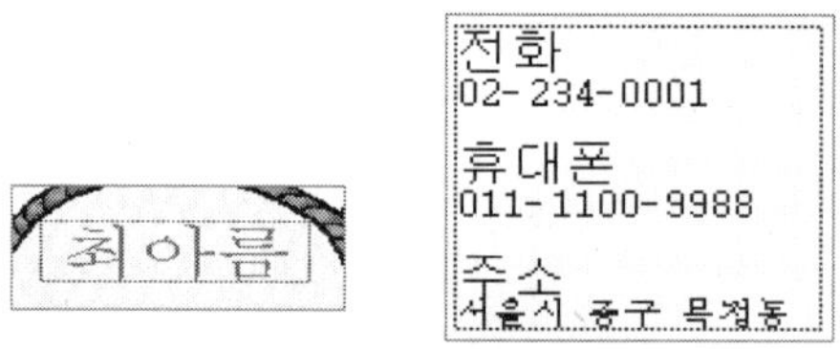

⑨ 마우스로 끌기하여 그림의 크기를 조절한다.

⑩ 완성된 여권을  로 인쇄한다.

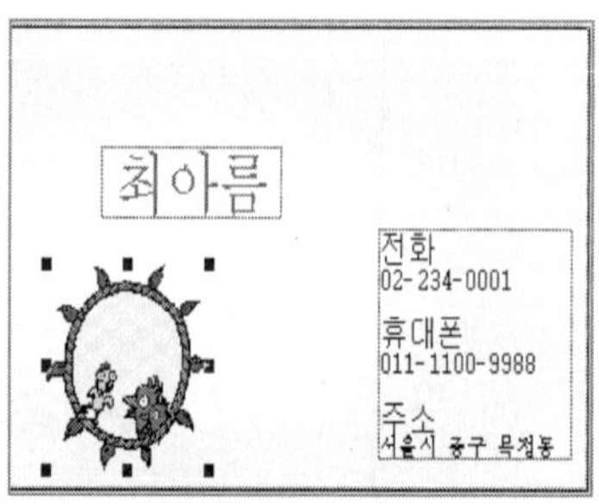

⑪ 여권을 역할놀이 영역에 내주어 '세계 여행 놀이'에 자료로 사용한다.

3) 유럽 여행하기 (인터넷)

- **활동목표:** 유럽 여러 나라의 여행지와 관광 명소에 대해 관심을 가진다.
  자신의 경험을 나름대로 조리 있게 여러 사람에게 이야기한다.
- **활동유형:** 소집단 활동
- **활동자료:** 인터넷 '사이버 유럽여행', 컴퓨터
- **활동방법**

① 인터넷 주소창에 '사이버 유럽여행' http://user.chollian.net/~wpjune/intro.htm을 입력한다.

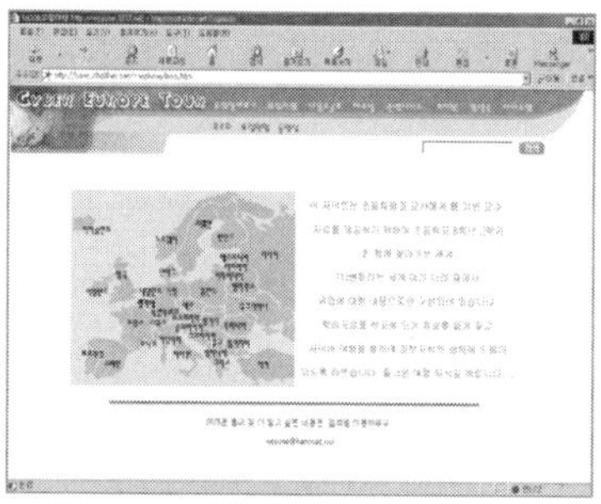

② 유럽살펴보기 > 동영상 을 클릭한다.

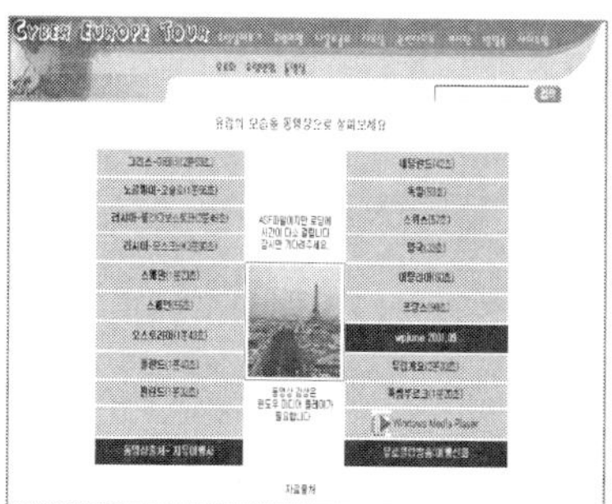

③ 유럽의 여러 나라 중 마음에 드는 곳을 골라 클릭하여 동영상을 본다.

④ 유럽의 나라 중 더 자세히 알고 싶은 곳이 있으면 유럽여행 > 지역별여행이나 나라별여행 을 클릭하여 각 나라에 대한 정보를 찾아본다.

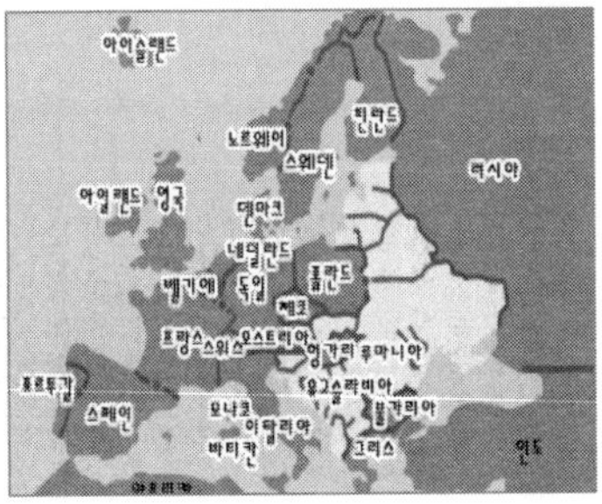

⇨ 나라별여행 에서는 국기를 클릭하면 각 나라에 대한 정보를 볼 수 있다.

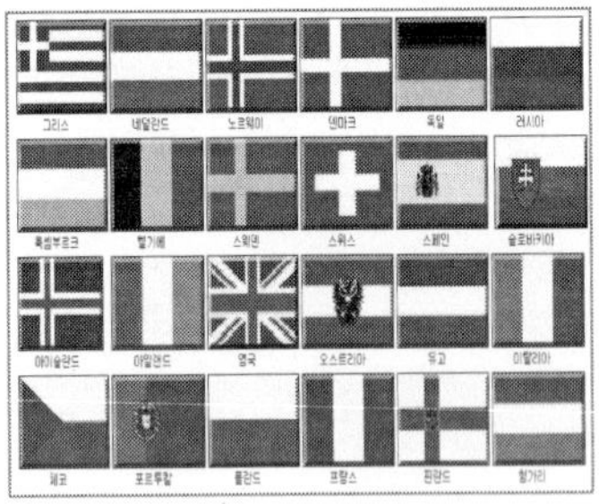

9 동화 듣기

‖ 교육과정 관련 요소 ‖

- 사회생활: 사회 현상에 관심 가지기－다양한 문화에 관심 가지기
- 언어생활: 듣기－문학 작품 즐겨 듣기
  －바른 태도로 듣기
  말하기－생각과 느낌 말하기
  －이야기 지어 말하기
  －바른 태도로 말하기

1) '바다 건너 저쪽' (CD－ROM)

- **활동목표:** 세계 여러 나라에 대해 관심을 가진다.
  동화를 즐겨 듣는다.
- **활동유형:** 소집단 활동 및 대집단 활동
- **활동자료:** '제6차 유치원 교육활동 지도자료집 활용을 위한 사회 생활 교수 · 학습 자료' CD, 컴퓨터, 프린터, 미술도구 등
- **활동방법**

① '제6차 유치원 교육활동 지도자료집 활용을 위한 사회 생활 교수 · 학습 자료' CD를 실행한다.
  - 목차 > 동시·동화듣기 > 흑백동화듣기 를 클릭한다.

② '바다 건너 저쪽'을 클릭한다.

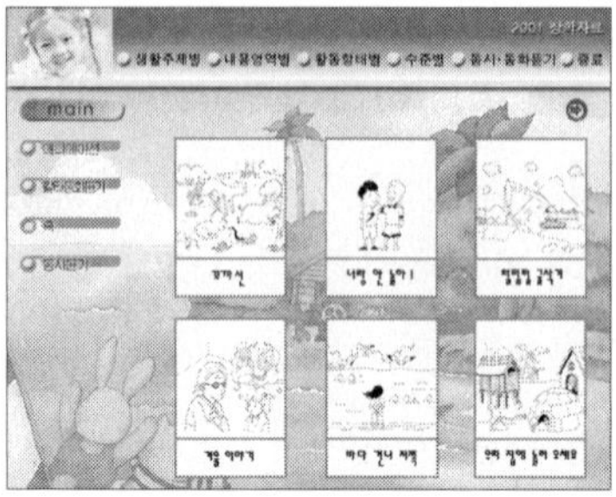

③ 동화를 듣는다.

④ 동화에 대한 느낌을 이야기한다.

<확장 활동>

—동화 장면을 인쇄하여 뒷 이야기를 꾸며보도록 한다.

2) 여기가 겨울나라니니? (인터넷)

- **활동목표**: 세계 여러 나라 사람의 다양한 모습에 흥미를 가지고 같은 점과 다른 점에 대해 이야기한다.
  자신의 경험, 생각, 느낌을 바른 태도로 말한다.
- **활동유형**: 소집단 활동 및 대집단 활동
- **활동자료**: 인터넷 '교원아이', 컴퓨터
- **활동방법**

① 인터넷 주소창에 '교원아이' http://www.kyowoni.com/를 입력한다.

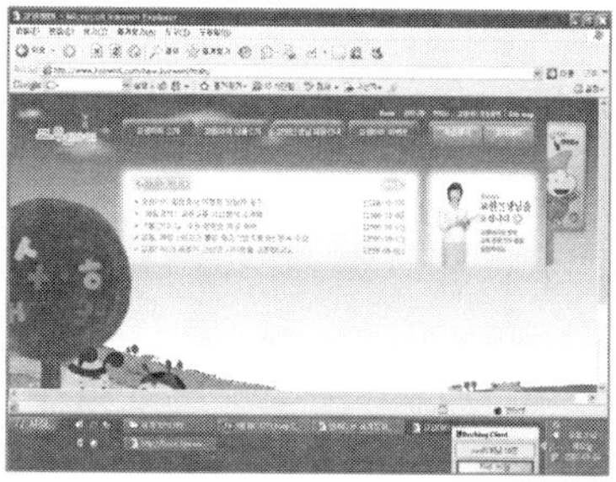

② 홈 > 유아놀이터 > '언어마을' > '동화 놀이터' > '술술 이야기책'을 클릭한다.

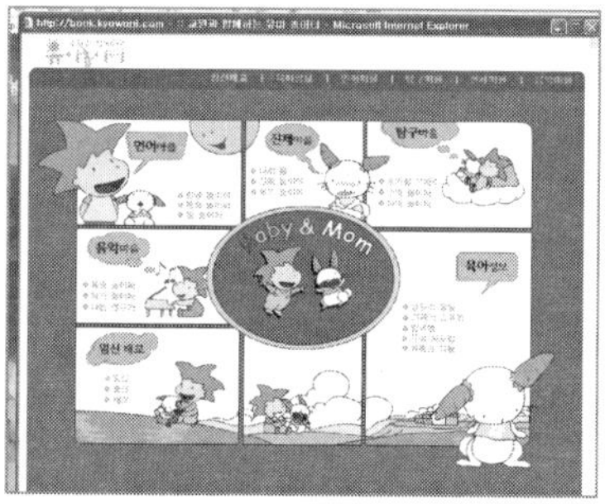

③ '여기가 겨울나라니?'를 클릭한다.

④ 동화를 듣는다.

⑤ 동화에 대한 느낌을 이야기한다.

10 동극하기

교육과정 관련 요소

- **사회생활**: 사회 현상에 관심 가지기－다양한 문화에 관심 가지기
- **표현생활**: 예술적 표현 즐기기－극놀이로 표현하기
  －조형 활동으로 표현하기
  감상하기－예술적 표현 존중하기
- **언어생활**: 듣기－바른 태도로 듣기
  －문학 작품 즐겨 듣기
  말하기－생각과 느낌 말하기
  －바른 태도로 말하기
  －이야기 지어 말하기
  쓰기－쓰기에 관심 가지기
- **탐구생활**: 과학적 기초 능력 기르기－간단한 도구와 기계 활용하기

1) '서커스의 밤' 동화 듣기 (CD－ROM)

- **활동목표**: 동화를 즐겁게 듣는다.
  동화를 듣고 각 나라의 곡예사들에 대한 느낌을 이야기한다.
- **활동유형**: 소집단 활동 및 대집단 활동
- **활동자료**: '유아 멀티미디어 교수자료' CD, 컴퓨터
- **활동방법**

① 서커스에 대해 알고 있는 것을 서로 이야기한다.
- 서커스를 본 적이 있니?
- 서커스에는 어떤 사람들이 나왔니?

② '유아 멀티미디어 교수자료' CD를 실행한다.

③ '우리나라 다른 나라' > '세계는 하나' > '세계 여러 나라'를 클릭한다.

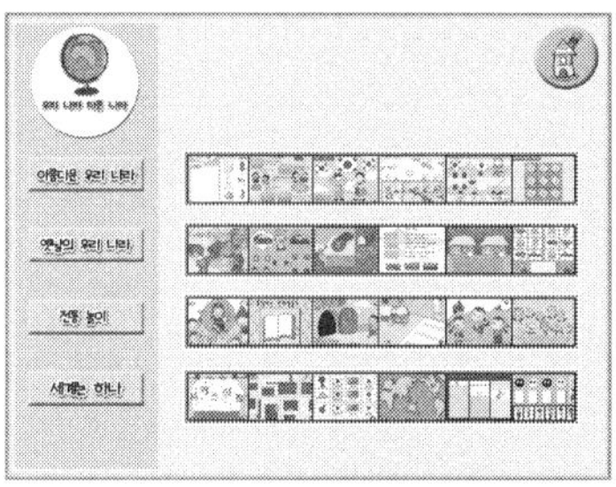

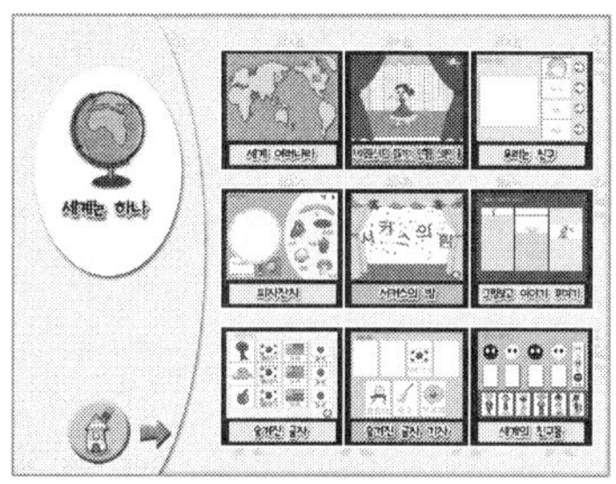

④ '서커스의 밤'을 클릭한다.

⑤ 동화를 듣는다.

⑥ 동화에 대한 느낌이나 생각을 이야기한다.

- 어느 나라의 곡예사가 가장 마음에 들었니?
- 중국인 곡예사는 어떤 쇼를 보여 주었니?

⑦ 동극을 하기 위해 필요한 준비를 알아본다.

- 동극 대사 만들기
- 역할 정하기
- 소품 준비하기
- 초대장 만들기
- 포스터 만들기

⑧ 자신이 하고 싶은 활동을 선택한다.

2) 동극 대사 만들기 (워드)

- **활동목표**: 동극 활동에 필요한 준비 과정에 즐겁게 참여한다.
  여러 종류의 쓰기 도구를 사용해 본다.
- **활동유형**: 소집단 활동
- **활동자료**: '한글', 컴퓨터, 프린터
- **활동방법**

① '한글'을 실행한다.

② 컴퓨터 자판으로 동극 대사를 입력한다.

③ 인쇄하여 역할을 맡은 배우들에게 나누어 준다.

3) 동극 초대장 만들기 (CD-ROM)

- **활동목표**: 동극 활동에 필요한 준비 과정에 즐겁게 참여한다.
  여러 종류의 쓰기 도구를 사용해 본다.
- **활동유형**: 소집단 활동
- **활동자료**: 'LG 홈워드 3' CD, 컴퓨터, 프린터

• **활동방법**

① 초대장에 넣을 내용을 의논한다.

② 'LG 홈워드 3' CD를 실행한다.

③ '파일' > '새 문서' > '빈 문서' > '카드 가로'를 선택하여 클릭한다.

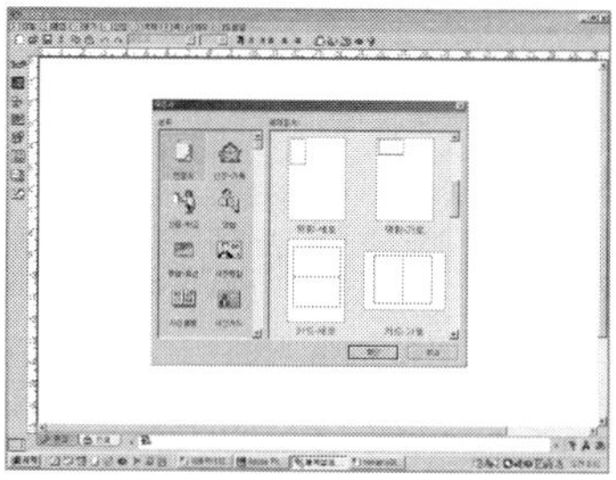

④ 문서 화면 왼쪽에 있는  를 클릭한다.

⑤ 내용에 글자를 입력하고 색깔을 선택한다.

⑥ 

을 클릭하면 문서 화면에 작성한 글자가 나타난다.

⑦ 글자에 마우스를 놓으면 글자에 점이 생기는데, 이 점을 마우스로 끌기하면 원하는 크기와 위치로 바꿀 수 있다.

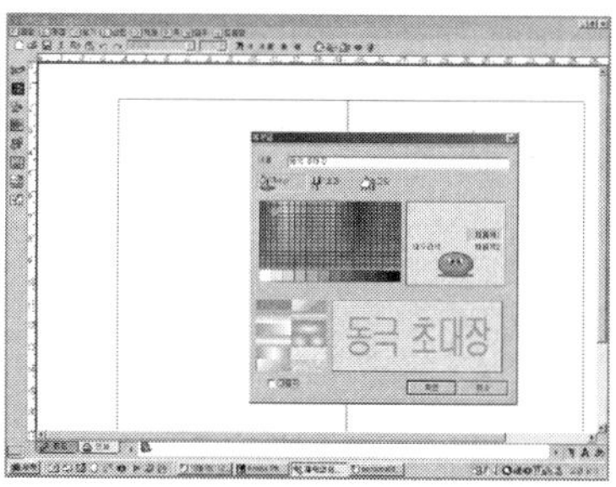

⑧  을 클릭한다.

⑨ 조각 그림 중 '식물' 그림을 선택하여 마우스로 끌기하여 문서 여백에 놓는다.

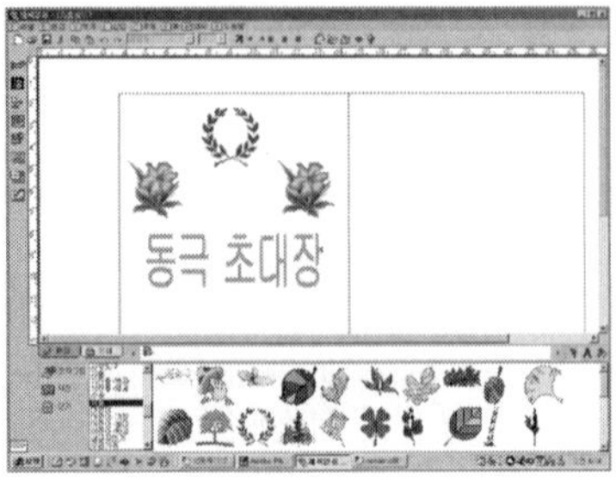

⑩ 완성된 초대장을 인쇄하여 반으로 접는다.

⑪ 초대장을 다른 반 선생님들과 친구들에게 나누어 준다.

4) 동극 포스터 만들기 (CD-ROM)

• **활동목표:** 동극 활동에 필요한 준비 과정에 즐겁게 참여한다.
 여러 종류의 쓰기 도구를 사용해 본다.
• **활동유형:** 소집단 활동
• **활동자료:** 'LG 홈워드 3' CD, 컴퓨터, 프린터
• **활동방법**

① 포스터에 넣을 내용을 의논한다.

② 'LG 홈워드 3' CD를 실행한다.

③ '파일' > '새 문서' > '빈 문서' > '편지지'를 클릭한다.

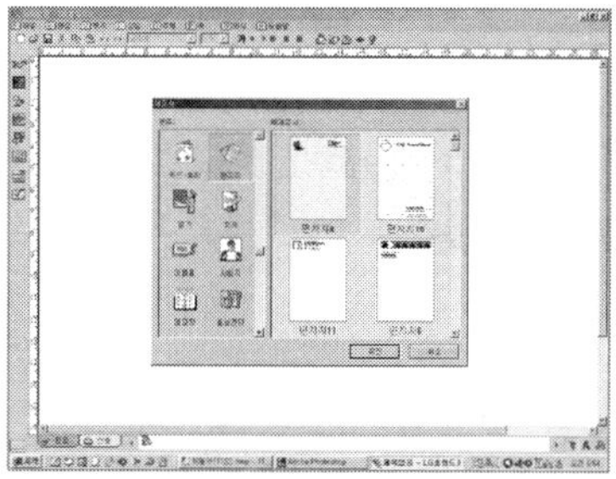

④ 문서 화면 왼쪽에 있는  를 클릭한다.

⑤ 내용에 글자를 입력하고 색깔을 선택한다.

⑥ [확인] 을 클릭하면 문서 화면에 작성한 글자가 나타난다.

⑦ 글자에 마우스를 놓으면 글자에 점이 생기는데, 이 점을 마우스로 끌기하면 원하는 크기와 위치로 바꿀 수 있다.

⑧  을 클릭한다.

⑨ 조각그림 중 '로보트' 그림을 선택하여 마우스로 끌기하여 문서 여백에 놓는다.

⑩ 완성된 포스터를 인쇄한다.

⑪ 포스터를 교실 문 앞과 유치원 현관에 붙인다.

부록

1. 멀티미디어 교수학습 참고 자료
2. 생활 주제별 참고 자료

멀티미디어 교수학습 참고 자료

이 책에서 전반적으로 참고할 수 있는 CD-ROM 자료와 인터넷 자료를 다음과 같이 제시함으로써 각각의 생활 주제에 맞는 내용을 선정하여 교수학습 시에 적용할 수 있다.

1. CD-ROM

소프트웨어명		개발처
제6차 유치원 교육활동 지도 자료집 활용을 위한 「언어생활」 교수 · 학습 자료		부산광역시 교육청
제6차 유치원 교육활동 지도 자료집 활용을 위한 「사회생활」 교수 · 학습 자료		부산광역시 교육청

제6차 유치원 교육활동 지도 자료집 활용을 위한 「표현생활」 교수·학습 자료		부산광역시 교육청
제6차 유치원 교육과정 적용 이야기 나누기 1학기		대구광역시 서부교육청
제6차 유치원 교육과정 적용 이야기 나누기 2학기		대구광역시 서부교육청
유아 멀티미디어 교수자료		교육나라
어린이 훈민정음 3		한글과 컴퓨터

매직 스케치북	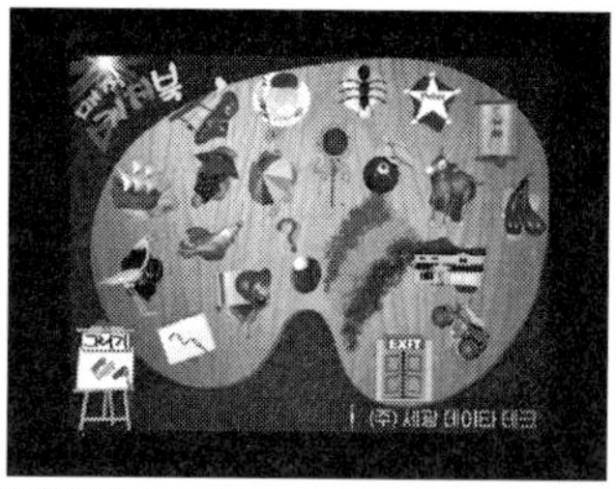	세광 미디어
꼬마 크레용		웅진 미디어
LG 홈워드 3		LG 소프트
어린이 명화		중앙 애듀
인물 일러스트 CD 뱅크	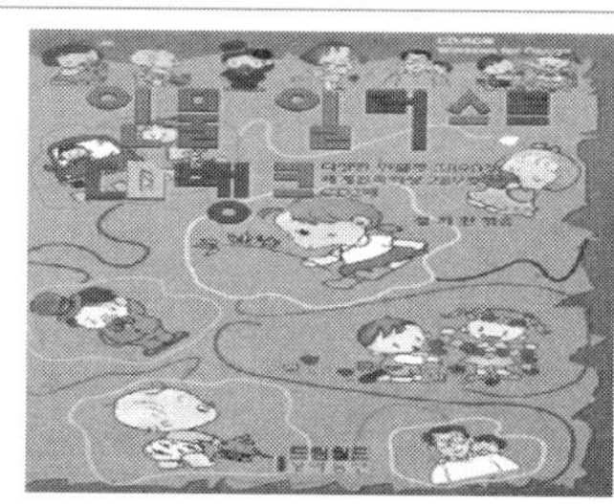	드림월드 -유아동산

인물 clipart		통로 멀티미디어
한국 전통 일러스트 CD 뱅크		드림월드 -유아동산

2. 인터넷

교 수 학 습 자 료	
서울교수학습지원센터	http://www.ssem.or.kr/
경상남도 유아교육원	http://www.gnchild.go.kr/
교원아이	http://www.kyowoni.com/
어린이사랑 어린이존중 동심	http://www.edpia.com/
베스트키드	http://www.wonline.co.kr/bestkid/
쥬니어네이버	http://www.jr.naver.com/
야후 꾸러기	http://kr.kids.yahoo.com/
바른손 카드	http://www.barunson.com
두산백과사전	http://www.encyber.com/index.html
동 화	
부키의 동화나라	http://www.buki.co.kr/main.php
유리누리닷컴	http://www.yurinuri.com/
E-동화	http://www.e-donghwa.com/
동키넷	http://www.dongky.net/

동화박스	http://www.donghwabang.com/main.htm
야후 꾸러기 동화나라	http://kr.infant.kids.yahoo.com/infantzone/index.html?service=story
쥬니어네이버 동화여행	http://jr.naver.com/donghwa/
쥬니어네이버 놀이학교	http://jr.naver.com/genikids/
동화사랑	http://www.donghwasarang.com/
깨비키즈	http://www.kebikids.com/
동 시	
동시모음	http://www.irang.net/dongsi/index5.htm
동시 프로젝트	http://www.changsa.com/re_chang/dongsi_6se.htm
에드피아닷컴	http://www.edpia.com
동 요	
아름다운 동요세상	http://www.1004sori.com/cs/main.htm
풀잎 동요마을	http://pullip.ktdom.com/

생활주제별 참고 자료

아래의 PPT 자료, 인터넷 자료, CD-ROM 자료, 비디오 자료는 이 책의 내용뿐만 아니라 각각의 생활 주제에서 참고할 수 있는 목록을 제시함으로써 쉽고 빠르게 찾아 적용할 수 있다.

1. 계 절

봄	봄의 사람의 생활	PPT
겨 울	겨울의 날씨 겨울의 식물 식물들은 겨울을 어떻게 보낼까 눈이 내려요 불이 났어요	PPT
오스카의 신기한 자연 이야기 (한국방송출판－Tivola)		CD-ROM
보리 어린이 식물도감 (푸른 하늘을 여는 사람들)		CD-ROM

나는 찾아요 인형극장 (케이유니버스)		CD-ROM
보리 어린이 동물도감 (푸른 하늘을 여는 사람들)		CD-ROM
원라인	http://wonline.co.kr	인터넷
나비의 신비	http://dulyweb.com/nabi/	인터넷
개구리의 한살이	http://my.dreamwiz.com/jini200/	인터넷
용문초등학교 공부방	http://www.yongmun.es.kr	인터넷
꽃에 관한 어떤 이야기	http://forestwind.com.ne.kr	인터넷
사이버 식물원 플라워 포토	http://www.flowerphoto.co.kr/	인터넷
재미있는 식물세계	http://healer.pe.kr	인터넷
농림부 어린이 교실	http://child.maf.go.kr/index.jsp	인터넷
사이버 곤충생태원	http://goodinsect.niast.go.kr/cig/	인터넷
한국의 잠자리	http://jasa.pe.kr/	인터넷
한국의 메뚜기	http://jasa.pe.kr/pulmuchi/	인터넷
한국의 수서곤충	http://waterinsect.ecsoft.co.kr/index.php	인터넷
국가생물종지식정보시스템	http://www.nature.go.kr/	인터넷
한국의 희귀식물	http://www.kna.go.kr:9320/	인터넷
어린이 생물교실	http://www.nature.go.kr/kid_2005/	인터넷
나무모아닷컴	http://www.namumore.com/	인터넷

기상청－어린이 기상교실	http://web.kma.go.kr/child/main.htm	인터넷
크리스마스의 모든 것	http://kcm.co.kr/christmas/index1.html	인터넷
배고픈 애벌레 (인피니스)		비디오
가시덤불 울타리 (브에나비스타홈엔터테인먼트)		비디오
뛰뛰빵빵 (미라클인터테인먼트)		비디오
산타 할아버지의 휴가 (인피니스)		비디오

하얀 꼬마곰 라스 (성베네딕도 수도원)		비디오

2. 우리 가족

할머니와 둘이서 (Broderbund)		CD-ROM
아빠와 둘이서 (Broderbund)		CD-ROM
엄마와 둘이서 (Broderbund)		CD-ROM

우리 할아버지 (인피니스)		비디오

3. 우리 동네

살기 좋은 우리 동네	우리가 사는 동네는 서로 달라요	PPT
살기 좋은 우리 동네	친절한 행동과 불친절한 행동	PPT
Paran 지도	http://local.paran.com/map	인터넷
네이버 지도	http://map.naver.com	인터넷
사이버 우정박물관	http://www.postmuseum.go.kr/	인터넷
사이버 경찰청	http://kid.police.go.kr/index.jsp	인터넷
소방서	http://www.fire.sc.kr/firesafe/homepage/	인터넷
가락시장	http://www.garak.co.kr/	인터넷
소방관 샘 아저씨 3 (성일 미디어)		비디오
딩동댕 우체부 아저씨 (엘엔씨 미디어)		비디오

4. 동 물

여러 가지 동물에 대해 알아보아요	동물들은 사는 곳이 달라요	PPT
나는 찾아요 인형극장 (scholastic / 케이유니버스)		CD-ROM
토끼와 거북이 (아리수 미디어)		CD-ROM
보리 어린이 동물도감 (푸른 하늘을 여는 사람들)		CD-ROM
신비의 세계 동물의 왕국		CD-ROM

매직 스케치북 (세광데이터)		CD-ROM
동물 일러스트 CD뱅크 (드림월드-유아동산)		CD-ROM
LG 홈워드 3 (LG 소프트)		CD-ROM
조이펫	http://www.joypet.net/	인터넷
사이버 동물원	http://www.cyberzoo.net/	인터넷
한국동물보호연합	http://www.kaap.or.kr/	인터넷
어린이동물이야기	http://bestfamily.pe.kr/animal	인터넷
동물그림창고	http://www.animalpicturesarchive.com/?lang=kr	인터넷
애니멀파크	http://www.animalpark.pe.kr/	인터넷
애완 동물 기르기	http://user.chollian.net/~saramson/main.html	인터넷
주진국의 동물사진	http://www.bali.co.kr/zoo/00-index-zoo.htm	인터넷

배고픈 애벌레 (인피니스)		비디오
레오리오니의 동물우화 5편 (베네딕도 미디어)		비디오
지오키드 세트 (내셔널지오그래픽)		비디오

5. 공 룡

DINOSAURS		CD-ROM
고성 사이버 공룡 테마파크	http://www.dinopark.net/	인터넷

신규의 공룡탐험	http://www.dinosaur.co.kr/dinoflaim.htm	인터넷
DINOSAURIA ON-LINE	http://www.dinosauria.com/gallery/gallery.htm	인터넷
공룡대탐험 (KBS 영상 미디어)		비디오

6. 교통기관

여러 가지 다양한 교통기관 알아보기	교통기관 소리를 듣고 알아맞혀 보세요	PPT
여러 가지 다양한 교통기관 알아보기	무슨 일을 하는 사람일까요?	PPT
삼성교통박물관	http://www.stm.or.kr/intro.htm	인터넷
TVCF	http://www.tvcf.co.kr	인터넷

7. 우리나라

유아를 위한 전통문화 교육활동 지도자료		CD-ROM

<table>
<tr><td>유아를 위한 통일 교육자료</td><td></td><td>CD-ROM</td></tr>
<tr><td>금 나와라 뚝딱
(웅진 미디어)</td><td></td><td>CD-ROM</td></tr>
<tr><td>대한민국 전자정부</td><td>http://www.korea.go.kr/</td><td>인터넷</td></tr>
<tr><td>무궁화 알기</td><td>http://constance.com.ne.kr/</td><td>인터넷</td></tr>
<tr><td>무궁나라</td><td>http://www.mugungnara.com/</td><td>인터넷</td></tr>
<tr><td>국가홍보중앙회</td><td>http://www.krflag.org/</td><td>인터넷</td></tr>
<tr><td>우리학교</td><td>http://www.ourac.com/html/index.html</td><td>인터넷</td></tr>
<tr><td>우리의 한복</td><td>http://user.chollian.net/~kjg0520/</td><td>인터넷</td></tr>
<tr><td>한국 전통의상과 장신구</td><td>http://user.chol.com/~juyada/</td><td>인터넷</td></tr>
<tr><td>전통혼례</td><td>http://myhome.shinbiro.com/~jepark/</td><td>인터넷</td></tr>
<tr><td>한국전통초가연구소</td><td>http://www.koreachoga.co.kr/</td><td>인터넷</td></tr>
<tr><td>한국의 문화</td><td>http://home.cein.or.kr/~heart101/</td><td>인터넷</td></tr>
<tr><td>전통초가</td><td>http://web.edunet4u.net/~dream/list41.htm</td><td>인터넷</td></tr>
<tr><td>한옥 이야기</td><td>http://web.edunet4u.net/~hanok/main.htm</td><td>인터넷</td></tr>
<tr><td>놀이터</td><td>http://www.noriteo.lil.to/</td><td>인터넷</td></tr>
<tr><td>두산세계대백과-전통문화</td><td>http://trad.encyber.com/</td><td>인터넷</td></tr>
<tr><td>우리의 놀이 문화 원형을 찾아서</td><td>http://www.koreangame.net/sample.asp</td><td>인터넷</td></tr>
<tr><td>윤영근의 민속놀이 배움터</td><td>http://my.dreamwiz.com/ybosco/</td><td>인터넷</td></tr>
<tr><td>기수의 동요이야기</td><td>http://myhome.naver.com/wmlks/</td><td>인터넷</td></tr>
</table>

국립국악원	http://www.ncktpa.go.kr/	인터넷
사이버 박물관－한양대학교	http://www.museumuf.hanyang.ac.kr/	인터넷
국립중앙박물관	http://www.museum.go.kr/kor/index.jsp	인터넷
사이버문화재탐방	http://visit.ocp.go.kr/visit/	인터넷
한국의 명절	http://rose1001.dori.to/	인터넷
국가문화유산포털(문화재청)	http://www.heritage.go.kr	인터넷
국립민속박물관(영상민속관)	http://www.nfm.go.kr/	인터넷
세계문화유산(한국문화유산)	http://www.unesco.or.kr/whc/	인터넷
문예진흥원의 가상박물관	http://www.kcaf.or.kr/ehome3/english/vrml/home.htm	인터넷
한국관광공사－관광허브네트워크	http://www.visitkorea.or.kr	인터넷
What's on Korea	http://www.whatsonkorea.com/korean/	인터넷
통일부	http://www.unikorea.go.kr/index.jsp	인터넷
교육넷	http://gyo6.net/	인터넷
인터넷 평화학교(동영상)	http://tongil.moe.go.kr/	인터넷
통일코리아 21	http://www.unikorea21.net/	인터넷
통일배움터	http://www.tongiledu.net/	인터넷
조선일보 통일교실	http://nk.chosun.com/unification/unification.html	인터넷
사이버 통일교육센터	http://www.uniedu.go.kr/	인터넷

8. 세계 여러 나라

세계 여러 나라를 나타내는 것	세계의 국기	PPT
어린이 명화 (중앙 애듀)		CD-ROM

이웃나라 엿보기	http://www.wasuba.com/	인터넷
사이버 유럽여행	http://user.chollian.net/~wpjune/intro.htm	인터넷
세계 여러 나라의 민속의상	http://blog.naver.com/rextailor_?Redirect=Log&logNo=60020749495	인터넷

| 저자 소개 |

• 김경철

한국교원대학교 교수
한국어린이미디어학회 회장
한국열린유아교육학회 부회장 및 편집위원장

〈저 · 역서〉
유아와 컴퓨터(2002, 교육과학사)
유아교육개론(공저, 2004, 학지사)
유아수학교육(공저, 2005, 양서원)
영유아발달(공저, 2007, 양서원)
발달과 학습에 대한 유아 평가(공역, 2008, 학지사)

멀티미디어를 활용한 유어언어활동

2008년 8월 30일 1판 1쇄 인쇄
2008년 9월 5일 1판 1쇄 발행

지은이 • 김경철
펴낸이 • 김진환
펴낸곳 • 학지사
121-837 서울특별시 마포구 서교동 352-29 마인드월드빌딩 5층
대표전화 • 02)330-5114 / 팩스 02)324-2345
홈페이지 • http://www.hakjisa.co.kr
등 록 • 1992년 2월 19일 제2-1329호

ISBN 978-89-5891-741-0 93370

정가 18,000원